Franziska Zaugg

Albanien, wir überlebten dank deiner Menschlichkeit

Hilfe für verfolgte Jüdinnen und Juden in Albanien 1939–1944

Franziska Zaugg

ALBANIEN, WIR ÜBERLEBTEN DANK DEINER MENSCH-LICHKEIT

Hilfe für verfolgte Jüdinnen und Juden
in Albanien 1939–1944

Stille Helden

Widerstand
gegen die Judenverfolgung
in Europa 1933 bis 1945

INHALT

MONTENEGRO
Italienisches Protektorat
Novi Pazar
SERBIEN
Unter deutscher Besatzung
Mitrovica/
Kosovska Mitrovica
Rožaje
Vushtrria/
Vučitrn
Nikšić
Prishtina/
Priština
Peja/
Peć
KOSOVO
Vranje
Podgorica
Gjilani/
Gnjilane
Cetinje
Gjakova/
Đjakovica
Prizren
Kumanovo
Kukës
Tetovo
Skopje
Shkodra
ALBANIEN
1939 von Italien annektiert
Veles
Kruja
Dibra/
Debar
ADRIA
BULGARIEN
Preza
Durrës
Tirana
Prilep
Struga
Kavaja
Ohrid
Elbasan
Bitola
Lushnja
Devoll
Deutsche Besatzungszone
Edessa
Fier
Berat
Korça
Kastoria
Vlora
Vjosa
Kozani
GRIECHENLAND
Italienische Besatzungszone
Gjirokastra
Grevena
Albanien 1939
Neualbanische Gebiete werden mit Albanien zu Großalbanien 1941–1943
Länder- und Gebietsgrenzen 1943
Heutige Landesgrenzen
Korfu
Ioannina

JÜDINNEN UND JUDEN IN ALBANIEN UNTER ITALIENISCHER UND DEUTSCHER BESATZUNG

Bis heute wissen Westeuropäer im Allgemeinen wenig über Albanien und noch weniger über die Verfolgung und Rettung jüdischer Flüchtlinge in „Großalbanien" während des Zweiten Weltkriegs. Dieses Unwissen ist zweierlei Umständen geschuldet: Erstens war durch die knapp fünfzig Jahre währende Diktatur Enver Hoxhas und seines Nachfolgers Ramiz Alia an eine historische Aufarbeitung dieser außerordentliche Geschichte nicht zu denken.[1] Viel zu groß war die Angst, sich in irgendeiner Weise als Regimekritiker zu exponieren. Daher erschienen erst in den letzten dreißig Jahren in Albanien und Kosovo vermehrt Bücher zum Thema.[2]

Zweitens fokussierte die Erforschung des Holocaust, betrieben insbesondere von westeuropäischen und amerikanischen Wissenschaftlern, lange Zeit auf Mittel-, Nord- und Osteuropa. Südosteuropa blieb im Hintergrund.[3] Kam doch einmal „der Balkan" zur Sprache, dann nur in Bezug auf das Erste Jugoslawien (Königreich Jugoslawien/Königreich der Serben, Kroaten und Slowenen) und seine Nachfolgestaaten, dem faschistischen Unabhängigen Staat Kroatien, Nezavisna Država Hrvatska (NDH), und Serbien unter deutscher Militärbesatzung.[4] Albanien aber blieb ein weißer Fleck auf der Landkarte und in den Köpfen der Menschen.

1 Wie Michael Schmidt-Neke schreibt, standen die faschistischen Besatzer und die kommunistischen Partisanen im Zentrum des Forschungsinteresses. Michael Schmidt-Neke: Albanien – Ein sicherer Zufluchtsort?, in: Wolfgang Benz, Juliane Wetzel (Hgg.), Solidarität und Hilfe für Juden während der NS-Zeit, Regionalstudien Bd. 3, Berlin 1999, S. 247–270.

2 Schmidt-Neke nennt hierzu zwei Publikationen – einen Zeitungsartikel und einen Aufsatz –, die am Ende der sozialistischen Ära zu den ersten gehört haben dürften: Fahri Balliu, Streha e madhe e shpirtit te popullit (Das große Asyl in der Seele des Volkes), in: Zeri i Popullit vom 8. 4. 1988. Apostol Kotani, Disa te dhena mbi qendrimin dhe trajtimin e izraeliteve ne Shqiperi (Einige Angaben über den Aufenthalt und die Behandlung der Juden in Albanien), in: Studime Historike 4 (1990), S. 45–61. Vgl. Schmidt-Neke: Albanien, S. 247.

3 In südosteuropäischen Publikationen wird der Holocaust oft instrumentalisiert, um nationalistische Positionen zu stärken. Als 1992 der Krieg in Bosnien-Herzegowina tobte, wurde beispielsweise durch die serbische Nationalversammlung das Museum für Opfer des Genozids gegründet. Hier werden Juden- und Serbenverfolgung vermischt, um so die eigene Opferposition zu stärken und zu legitimieren. Durch eine Gesetzesänderung zu Museumsaktivitäten wurde das Museum noch stärker in den nationalen Mittelpunkt gerückt. https://www.2.muzejgenocida.rs/o-nama (eingesehen: 20. 8. 2024).

4 Siehe hierzu die umfangreichen Werke Slavko Goldsteins. Eines der letzten vielbeachteten: Slavko Goldstein, 1941. The Year That Keeps Returning, New York 2013. Walter Manoschek, „Serbien ist judenfrei": Militärische Besatzungspolitik und Judenvernichtung in Serbien 1941/42, München 1993.

Nach dem Fall des Sozialismus in Albanien Anfang der 1990er Jahre veränderte sich die Forschungssituation. Studien zur Rettung von Jüdinnen und Juden in Albanien nahmen zu. Der Historiker Bojan Aleksow betont jedoch, dass viele der aufsehenerregenden Publikationen, die nach dem Zusammenbruch des Sozialismus in Albanien und Jugoslawien veröffentlicht wurden, unter einer Romantisierung und Stereotypisierung des am wenigsten bekannten und entwickelten Landes Europas litten. Sowohl Aleksow als auch Shaban Sinani unterstreichen, dass auf diese Weise das Handeln der Retter vielfach mit der im Gewohnheitsrecht integrierten „Besa",[5] einem Ehrenwort, gleichgesetzt wurde, und dadurch andere, komplexere Beweggründe und Motivationen in den Hintergrund traten.[6] Daniel Perez betonte zudem, dass in solchen Publikationen das außergewöhnliche Überleben der Jüdinnen und Juden in Albanien während des Krieges oft zum Gegenstand nationalistischer Kampagnen wurde, um die eigene Geschichte – nach dem Sozialismus – neu zu schreiben.[7]

Die Autoren dieser Bücher nutzten die Geschichten der Rettung jüdischer Flüchtlinge in „Großalbanien", um ein Narrativ zur albanische Opferrolle unter dem kommunistischen Regime und insbesondere unter der jugoslawischen und serbischen Herrschaft im Kosovo zu konstruieren und zu untermauern.[8] Albert Ramaj schreibt, dass daher zahlreiche kosovoalbanische Publikationen von höchstens einigen Juden bzw. jüdischen Familien ausgehen, welche an die Waffen-SS ausgeliefert worden wären.[9] Mit solchen Publikationen werde versucht, so Ramaj, die Verbrechen von damals zu bagatellisieren, denn Ultranationalisten, die gleichzeitig auch eine antiserbische und antisemitische Einstellung hegten, wie Bedri Pejani oder Xhafer Deva, genießen in Kosovo bis heute große Verehrung.[10]

5 Siehe hierzu das Kapitel "Vom Gewohnheitsrecht und der ‚Besa' zum Gastrecht jüdischer Flüchtlinge".

6 Bojan Aleksow: Jewish Refugees in the Balkans, 1933–1945, Paderborn 2023, S. 259, S. 261. Shaban Sinani: Jews in Albania. The Presence and Salvation, Tirana, 2009, S. 140–145.

7 Daniel Perez: "Our Conscience is Clean". Albanian Elites and the Memory of the Holocaust in Postsocialist Albania, in: Bringing the Dark Past to Light: The Reception of the Holocaust in Postcommunist Europe, ed. by John-Paul Himka and Joanna Beata Michlic, Lincoln 2013, S. 25.

8 Ebd.

9 Ramaj nennt hier beispielsweise Myrteza Studenica oder Hakif Bajrami. Albert Ramaj: Bedrängte Juden im Kosovo, Ökumenisches Forum für Religion und Gesellschaft in Ost und West, 2 (2007), S. 21.

10 Beide waren nacheinander Präsident der pro-deutschen Zweiten Liga von Prizren und letzterer amtierte seit Ende 1943 als albanischer Innenminister.

Dabei wird auch versucht, ihre Schuld an und Mithilfe bei der Deportation jüdischer Familien nach Möglichkeit klein zu halten oder ganz auszublenden.[11]

Auch Dank südosteuropäischer Forscher ist in den letzten fünfzehn Jahren das Wissen über Jüdinnen und Juden in Südosteuropa während des Zweiten Weltkriegs gestiegen. Neben teilweise national gefärbten Büchern fanden mehr und mehr Studien zur Situation jüdischer Menschen, die bereits in Südosteuropa lebten oder dorthin geflohen waren, Eingang in den wissenschaftlichen Diskurs. Als bahnbrechend ist dabei die bereits 1993 erschienene Arbeit von Walter Manoschek „‚Serbien ist judenfrei': militärische Besatzungspolitik und Judenvernichtung in Serbien 1941/42" zu bezeichnen, die das radikale Vorgehen der NS-Vertreter und ihre enge Zusammenarbeit mit lokalen serbischen Behörden gegenüber Jüdinnen und Juden thematisiert. Auch Slavko Goldstein und sein Sohn Ivo Goldstein haben intensiv zum Holocaust in Kroatien unter Ante Pavelić geforscht und zahlreiche Studien publiziert.[12] Zwei der jüngsten wichtigen Veröffentlichungen möchte ich hier außerdem nennen: Bojan Aleksows Studie über jüdische Flüchtlinge auf dem Balkan und Nadège Ragarus Wissensgeschichte zur Verfolgung und Rettung jüdischer Menschen in Bulgarien.[13] In diesen Studien finden sich auch wichtige Hinweise zur Flucht jüdischer Menschen aus anderen Balkanstaaten nach Albanien. Die zwei neuesten Publikationen zum Thema sind von Marija Vulesica und Marie-Janine Calic Ende 2025 erschienen.[14]

11 Ramaj, Bedrängte Juden im Kosovo, S. 21. Xhafer Devas Verhalten bzgl. der Judenverfolgung in „Großalbanien" ist als höchst ambivalent zu bezeichnen. Während er im ersten halben Jahr deutscher Besatzung die Herausgabe einer Liste mit allen in Albanien registrierten Jüdinnen und Juden verweigerte, war er im zweiten halben Jahr als Innenminister und Präsident der Zweiten Liga von Prizren für den Aufbau der 21. Waffen-Gebirgsdivision der SS „Skanderbeg" verantwortlich, die im Gebiet „Neualbanien" zahlreiche jüdische Menschen verhaftete und deportierte. Franziska Zaugg: Xhafer Deva. Nationalism, Collaboration and Mass Murder in Pursuit of a 'Greater Albanian' State, in: Journal of Modern European History, 2 (2024), S. 151–168.

12 Zu den neuesten Werken gehören u.a. Slavko Goldstein, Ivo Goldstein: The Holocaust in Croatia, Pittsburgh 2016. Ivo Goldstein schrieb auch zur jüdischen Lebenswelt vor dem deutsch-italienischen Balkanfeldzug 1941 und der einsetzenden Judenverfolgung in den Folgestaaten des Ersten Jugoslawien, darunter ders.: Židovi u Zagrebu 1918–1941, Zagreb 2004.

13 Bojan Aleksov: Jewish Refugees in the Balkans, 1933–1945, Paderborn 2023. Nadège Ragaru: „Et les Juifs bulgares furent sauvés …". Une histoire des savoirs sur la Shoah en Bulgarie, Paris 2020.

14 Marija Vulesica: From Zagreb to Palestine. Yugoslav Zionist Aid Networks for European Jews, 1933–1941, Berlin 2025. Marie-Jeanine Calic: Balkan-Odyssee 1933–1941. Auf der Flucht vor Hitler durch Südosteuropa, München 2025.

Jüdinnen und Juden lebten in der Region Südosteuropas, in welcher sich heute Albanien und Kosovo befinden, bereits seit der ausgehenden Antike bzw. dem frühen Mittelalter. Es waren nie viele, aber anhand verschiedener gefundener Relikte zeigt sich, dass sie einen konstanten Teil der dortigen Gesellschaften darstellten. Als im April 1939, am Vorabend des Zweiten Weltkriegs, Benito Mussolini Albanien besetzte und zusammen mit Adolf Hitler im Frühjahr 1941, nach dem deutsch-italienischen Balkanfeldzug, auch Kosovo unter sich aufteilte, veränderte sich vieles: „Großalbanien" entstand und integrierte die als „Neualbanien" bezeichneten Teile Mittel- und Südkosovo, sowie Grenzgebiete des heutigen Montenegro und Nordmazedonien. Doch trotz einiger Versuche wurden weder die italienischen antijüdischen Vorschriften, die seit 1939 galten, noch antisemitische Weisungen des Achsenpartners in Albanien konsequent umgesetzt. Stattdessen blieb das Land ein Zufluchtsort für Jüdinnen und Juden aus Deutschland und Österreich und seit 1941 insbesondere aus Nachbarländern. Nach dem Einmarsch der Nationalsozialisten in das Königreich Jugoslawien im Frühjahr 1941 und ihrer frühen Umsetzung der „Endlösung" insbesondere in Serbien fanden zahlreiche ehemals jugoslawische (serbische, kroatische, bosnische und mazedonische) sowie griechische Jüdinnen und Juden in Albanien Zuflucht.

Die Zahlen der sich in Albanien während des Zweiten Weltkriegs aufhaltenden jüdischen Personen sind unsicher und weisen eine große Spannbreite auf. Forscher gehen von rund 600 bis über 3.000 aus. Darin sind jedoch diejenigen jüdischen Menschen nicht eingerechnet, die Albanien nur als Transitland nutzten, womit Flüchtlinge gemeint sind, die erfolgreich durch Kosovo nach Albanien gelangten, um von dort ein Schiff nach Italien, in die Türkei oder nach Übersee zu nehmen.

Zu den kleinen, bereits existierenden jüdischen Gemeinden in Albanien und Kosovo mischten sich nun tausende jüdische Flüchtlinge, die Albanien entweder nur durchquerten und kaum Spuren hinterließen oder aber dort bis zur Befreiung im Herbst 1944 gestrandet waren und teilweise lang anhaltende Beziehungen aufbauten. Einige verharrten nach dem Rückzug der Deutschen Ende 1944 im nun sozialistischen Land bis weit in die Nachkriegszeit.[15] Andere konnten Albanien sogar erst 1991 in Richtung Israel verlassen.[16]

---

15 Anna Kohen: Flower of Vlora. Growing up Jewish in Communist Albania, Amsterdam 2022.

16 Schmitdt-Neke, Albanien, S. 253.

Jüdische Gemeinden in albanisch bewohnten Gebieten Südosteuropas

Die Spuren jüdischer Menschen in Südosteuropa gehen weit zurück. Verschiedene jüdische Gemeinden existierten auf dem Gebiet des heutigen Albanien spätestens seit dem frühen Mittelalter. Sie waren Teil von Gesellschaften, die ihrerseits bereits aus einer Vielzahl unterschiedlicher Gruppen bestanden. Die Bevölkerung dieser Region Südosteuropas weist zwar illyrische Wurzeln auf, wurde aber durch die Romanisierung und die seit der Spätantike einsetzenden Einfälle von Hunnen und Slawen gründlich durchmischt.[1]

Im Gebiet des heutigen Staates Albanien werden erste jüdische Niederlassungen auf das 5.–7. Jahrhundert datiert.[2] Solche Spuren finden sich einerseits in Südalbanien, etwa in der Küstenstadt Saranda (Lateinisch: Santi Quaranta), andererseits auch in Nordalbanien. Noch frühere Spuren der Anwesenheit von Juden finden sich in Nachbarregionen, so etwa die Synagoge in Štip im heutigen Nordmazedonien aus dem 2. Jahrhundert n. Chr. oder einige jüdische Grabmäler aus dem 4. Jahrhundert n. Chr. in Montenegro.[3]

Die Ruinen der Basilika in Saranda haben einst als Synagoge gedient. In den 1980er Jahren – vor gut 40 Jahren – wurden sie wieder „entdeckt" und noch im Sozialismus erste Ausgrabungen in die Wege geleitet. Anfang der 2000er Jahre nahm eine israelisch-albanische Mission die Grabungen wieder auf. So wurden die bereits früher freigelegten Überreste des Gebäudekomplexes erst nach einer zweiten Ausgrabungsphase umfassend restauriert. Die Synagoge stammt aus dem 4. bis 6. Jahrhundert n. Chr. und weist mehrfache architektonische Umgestaltungen auf.

1 Peter Jordan: Ethnisches Bewusstsein in Mittel- und Südosteuropa um 2000, Atlas Ost und Südosteuropa: Aktuelle Karten zu Ökologie, Bevölkerung und Wirtschaft, Berlin 2007, S. 9.

2 Hierzu finden sich bei Finger und Villari abweichende Angaben.

3 Albert Ramaj: Shpëtimi i Hebrenjve në Shqipëri dhe në Kosovë, Universitas, 8 (2006), S. 41.

Die Zeugnisse aus der frühesten Bauphase zeigen eindeutige jüdische Merkmale, etwa eine siebenarmige Menora, ein Schofar (Widderhorn), Zitrusfrüchte und Palmzweige. Ylber Hysi geht aufgrund der Grabungsberichte davon aus, dass die Synagoge schon früh, kurz nach der Zerstörung Sarandas während der Einfälle der aus dem Osten kommenden Slawen, zur Kirche umfunktioniert wurde.[4] Danach wurde sie offenbar über Jahrhunderte als Kirche genutzt. Im Ersten Weltkrieg erfolgte eine Zweckentfremdung durch österreichisch-ungarische Truppen, die das Gotteshaus zum Waffendepot umfunktionierten. Als Enver Hoxha Albanien 1967 zum weltweit ersten atheistischen Staat ausrief, verlor der Bau endgültig seine kultische Funktion.[5]

Auch in Nordalbanien lassen sich jüdische Spuren nachweisen, etwa bei Mati, wo Gräber romaniotischer Juden zu finden sind. Diese siedelten im Byzantinischen Reich, zu welchem auch das Gebiet des heutigen Albanien gehörte, nachdem sie im 4. Jahrhundert von den Römern aus Judäa vertrieben worden waren.[6] Materielle Überreste bzw. archäologische Spuren deuten also auf eine relativ frühe jüdische Besiedlung des Gebiets hin.

In schriftlichen Quellen werden jüdische Gemeinden aber wesentlich später erwähnt. Die ersten sporadischen Berichte stammen von Benjamin von Tudela, einem mittelalterlichen Chronisten und Reisenden, der um 1170 die Existenz einer wahrscheinlich walachischen Gemeinschaft feststellte, die der jüdischen Religion folgte und jüdische Namen verwendete.[7]
In der Hafenstadt Durrës sind Jüdinnen und Juden seit 1281 in Dokumenten nachgewiesen. Es handelt sich wohl um Einwanderer aus älteren griechisch sprechenden Gemeinden in Thessaloniki und Veria.[8] Weiter lassen sich im Bericht von Simeon, einem 1332 in Durrës gelandeten anglo-irischen Franziskanermönch, jüdische Spuren in dieser Stadt nachweisen. In seinen Reiseaufzeichnungen von Südosteuropa erwähnte er die Anwesenheit von Jüdinnen und Juden in Durrës bereits seit dem Jahr 1273. Für die Hafenstadt ist in dieser Phase auch die Anwesenheit jüdischer Händler nachgewiesen, die den Import von Textilien und den Export von Salz organisierten.[9]

---

4 Ylber Hysi: Saranda. A different view of its history, archeology and religious cults, Tirana 2007, S. 11.

5 Zusanna Finger: Albanien, in: Wolfgang Benz, Brigitte Mihok, Werner Bergmann u.a.: (Hgg.), Handbuch des Antisemitismus. Judenfeindschaft in Geschichte und Gegenwart, Bd.1, Berlin 2008, https://www.degruyter.com/database/HDAO/entry/hdao.1.003/html (Stand: 10.10.2024).

6 Ebd.

7 Giovanni Villari: La presenza ebraica in Albania, Italia contemporanea, (2005), S. 333.

8 Finger, Albanien, https://www.degruyter.com/database/HDAO/entry/hdao.1.003/html (Stand: 10.10.2024).

9 Villari, La presenza ebraica in Albania, S. 334.

Jüdische Siedlungen in Albanien, welche eine konstantere Dauer aufwiesen, können auf Ende des 14. bzw. den Beginn des 15. Jahrhunderts datiert werden. Es handelte sich dabei um sephardische Flüchtlinge aus Teilen Südeuropas. Seit der Rückeroberung Spaniens durch die Katholiken im Jahr 1492 wurden die Jüdinnen und Juden aus Spanien, Portugal und Süditalien vertrieben und verteilten sich auf andere Regionen Europas, darunter rund 170.000 auf Südosteuropa.[10] In Berat, Durrës, Elbasan und Vlora gründeten die Neuankömmlinge nun größere Gemeinden.

Das nur langsame Anwachsen jüdischer Präsenz in Albanien habe, so Giovanni Villari, mit der mangelnden Attraktivität Albaniens als Handelsort zu tun. Es existierten keine großen kommerziellen Zentren in dieser Region. Allerdings lagen aber einige Orte in Zentralalbanien auf wichtigen internationalen Handelsrouten, so Durrës, Vlora und Berat. Nach der Vertreibung aus dem südlichen Europa, welche der Rückeroberung durch die Katholiken folgte, konnten die Juden durch ihre Niederlassungen in diesen Orten und durch das wachsende Osmanische Reich in Südosteuropa Fuß fassen. Seit Ende des 14. Jahrhunderts hatten osmanische Heere bereits vereinzelte Streifzüge durch südalbanische Gebiete durchgeführt. Schon Anfang des 15. Jahrhunderts mussten einige südalbanische Fürstentümer ihre Autonomie aufgeben und sich der osmanischen Herrschaft unterwerfen. Unter diesen Orten fanden sich auch Vlora und Berat, die bereits seit 1415 in das Osmanischen Reich eingegliedert waren. Dort, wie auch in Durrës, waren dann auch die ersten aus Apulien und Sizilien stammenden Juden zu finden, deren Gemeinden rasch wuchsen.[11]

Für die kommenden rund vierhundert Jahre, von 1501 bis 1912, standen sämtliche albanisch bewohnten Gebiete unter der Herrschaft der Osmanen. Diese schätzten jüdische Händler, Unternehmer und Verwalter. Daher fanden verfolgte sephardische Jüdinnen und Juden im späten 15. und frühen 16. Jahrhundert auch Zuflucht in den albanischen Teilen des Osmanischen Reichs. Über die Küstenstädte Durrës und Vlora zogen sie weiter ins Landesinnere nach Elbasan und Berat. Die Neuankömmlinge durften ihre eigenen Sitten und Bräuche beibehalten, ihr eigenes Handwerk ausüben, Handel treiben und letztlich sogar wichtige Posten in der staatlichen osmanischen Bürokratie einnehmen.[12]

10 Božidar Jezernik: Das wilde Europa. Der Balkan in den Augen westlicher Reisender, Wien 2015, S. 222.

11 Villari, La presenza ebraica, S. 335.

12 Ebd., S. 334.

Mitte des 16. Jahrhunderts kamen weitere Jüdinnen und Juden aus dem bis an die Adria reichenden Herrschaftsgebiet des Papstes, dem Kirchenstaat, nach Albanien. 1519/1520 lebten in Vlora 609 jüdische Familien. Hier stand zu jener Zeit die einzige Synagoge auf heute albanischem Gebiet. Auch sie wurde im Ersten Weltkrieg von der italienischen Armee als Lager umgenutzt und schließlich zerstört. Die eingewanderten Juden übernahmen im Laufe des 16. Jahrhunderts mit Erfolg den Handel in den Küstenstädten Lezha und Vlora. Da sie aber als osmanische Verbündete galten, wurden sie wiederholt Opfer anti-osmanischer Aufstände und flohen im 17. Jahrhundert aus der Küstenstadt Vlora in das Landesinnere nach Berat.

Auch westliche Reisende erlebten das alltägliche multireligiöse Zusammenleben während ihrer Aufenthalte in osmanischen Gebieten. 1788 stellte ein italienischer Besucher erstaunt fest:

„Ein Fremder, der in Paris und London überall auf Merkmale von Religions-Intoleranz gestoßen ist, kann sich hier nicht genug wundern, eine Kirche zwischen einer Moschee und einer Synagoge, und einen Derwisch neben einem Kapuziner zu sehen. […] Der Türke, der Jude, der Katholik, der Armenier, so wie der Grieche und der Protestant sprechen zusam-men im größten Vertrauen über ihre Geschäfte und ihre Vergnügungen.“[13]

Dennoch gab es, wie Eva Anne Frantz schreibt, neben diesem Miteinander verschiedener Sprach- und Konfessionsgruppen auch wiederkehrende Gewalt gegen gesellschaftliche Minderheiten, darunter auch gegen Jüdinnen und Juden.[14]

13 N. Bisani, A Picturesque Tour through part of Europe, Asia, and Africa, S. 152. Zitiert nach: Jezernik, Das Wilde Europa, S. 223.

14 Eva Anne Frantz: Gewalt und Koexistenz. Muslime und Christen im spätosmanischen Kosovo (1870–1913), München 2016, S. 11.

Bereits im frühen 19. Jahrhundert, noch unter osmanischer Herrschaft, zogen sie sich aus dem nördlichen und zentralen Albanien in die südlichen Landesteile zurück. Diese Regionen wiesen einen stärkeren Urbanisierungsgrad auf. Sie boten damit auch bessere Bedingungen zur Ausübung ihrer Berufe. Doch auch hier waren sie vor teils kriminellen, teils anti-osmanisch motivierten Übergriffen nicht sicher, denn im 19. Jahrhundert setzten osmanische Zentralisierungsbestrebungen ein, die schließlich im so genannten Tanzimat ihren Ausdruck fanden.[15] Jüdische Handwerker und Händler waren eher geneigt, solche Bestrebungen positiv aufzunehmen und wurden daher von ihren Mitbürgern als Zentralisierungsbefürworter wahrgenommen. Damit boten sie eine Zielscheibe für anti-osmanische Attacken, und dies, obwohl der Anteil der Jüdinnen und Juden an der albanischen Gesamtbevölkerung stets gering blieb.[16] In das Vilayet Kosovo, welches in seiner Ausdehnung bis Skopje (Üsküb) reichte, fand in der zweiten Hälfte des 19. Jahrhunderts eine Zuwanderung statt. Diese wurde durch die Eröffnung der Eisenbahnlinie Skopje–Prishtina/Priština–Thessaloniki und dadurch verbesserten Handelsmöglichkeiten gefördert.[17] Ende des 19. Jahrhunderts lebten im gesamten europäischen Teil des Osmanischen Reichs nur rund 105.000 Jüdinnen und Juden.

Aufgrund einer lückenhafte Quellenlage ist nicht viel dazu bekannt, wie die albanischen Jüdinnen und Juden den Ersten Weltkrieg er- und überleben. Auch darüber, wie sich ihre Stellung im jungen Albanien entwickelte, dessen Elite im November 1912 die staatliche Unabhängigkeit ausrief, wissen wir heute wenig.[18] Laura Brazzo schreibt, dass sich in dieser Zeit Jüdinnen und Juden insbesondere auf die städtischen Zentren im Balkan konzentrierten, etwa Belgrad, Thessaloniki, Sarajevo, Zagreb, Sofia, Skopje oder Manastir.[19] Anders als zahlreiche in Südosteuropa vertretenen Ethnien hatten sie in jener Zeit keinen Nationalstaat aufzubauen oder sich gegen Groß- und Binnenmächte zu verteidigen. Die urbanen Zentren waren – teilweise seit hunderten von Jahren – ihre Heimat.

15 Laura Brazzo: Dall'Impero agli Stati. Gli ebrei nei Balcani e in Albania fra la seconda metà dell'Ottocento e la vigilia della seconda guerra mondiale, in: Dies., Michele Sarfatti: Gli Ebrei in Albania sotto il fascismo. Una storia da ricostruire, Firenze 2011, S. 15–16.

16 Villari, La presenza ebraica, S. 336.

17 Haxhi Bajraktari: Marrëdhëniet shqiptaro-hebraike, Prishtina 2009, S. 63–65. Kotani schreibt, dass sie meisten Juden im Kosovo Händler gewesen waren. Apostol Kotani: The Hebrews in Albania During Centuries, Tirana 1996, S. 155.

18 Zu einzelnen Familiengeschichten finden sich in Josef Jakoels Buch „Juden in Albanien" Hinweise aus der Zwischenkriegszeit. Josef Jakoel: Izraelitet në Shqiperi, Tirana 2020.

19 Brazzo, Dall'Impero agli Stati, S. 17.

Dort pflegten sie ihre Traditionen und ihre Geschichte. Für die südosteuropäischen Jüdinnen und Juden, die seit Jahrhunderten nur eine Unterscheidung zwischen Muslimen und Nicht-Muslimen kannten, war die Bildung von Nationalstaaten und die Einteilung in Mehrheiten- und Minderheitenbevölkerungen, die an bestimmten Orten in Südosteuropa mit zunehmendem Antisemitismus und ökonomischen Schwierigkeiten für die jüdische Bevölkerung einherging, eine neue Erfahrung.[20] Aus den genannten Städten, die die jahrhundertealten jüdischen Zentren Südosteuropas bildeten, würden 1941 viele Menschen in Richtung Albanien fliehen.

Belegt ist, dass Juden in Albanien in den ersten zwei Jahrzehnten des 20. Jahrhundert keine Gemeinden, sondern „Kolonien" bildeten. Vom neu gegründeten Staat Albanien (1913) wurden sie zuerst nicht als religiöse Minderheit anerkannt. Außerdem muss betont werden, dass die nun albanischen Jüdinnen und Juden erst aufgrund der durch die Londoner Botschafter-Konferenz gezogenen Grenzlinien zu „Albanern" geworden waren, denn die an den südlichen Grenzen Albaniens lebenden jüdischen Menschen zählten eher zum griechisch-romaniotischen Judentum. Nach 1913 emigrierten Jüdinnen und Juden aus den nun griechischen Grenzgebieten, etwa Janina/Ioannina, nach Südalbanien, da dort die Gefahr von Übergriffen geringer war.[21]

In einer Anfang der 1930er Jahre durchgeführten Volkszählung wurden nur 204 Personen jüdischen Glaubens in Albanien festgestellt.[22] In jener Zeit kam es in Vlora zu Auseinandersetzungen mit der Stadtverwaltung, weil auch jüdische Läden an Samstagen geöffnet werden und an Sonntagen geschlossen bleiben sollten. Die bei Nichteinhaltung zu zahlenden Geldstrafen erhöhten sich von Woche zu Woche, was dazu führte, dass ärmere jüdische Kaufleute gezwungen waren, ihre Läden samstags offen zu halten und nach Möglichkeit nichts zu verkaufen, während die reichere Schicht, um nicht das Gebot des Schabbat zu verletzen, die Strafen bezahlten und ihre Läden geschlossen hielten. Schließlich wurde einer Klage der jüdischen Bevölkerung gegen die Stadtverwaltung stattgegeben.[23]

---

20 Ivo Goldstein: The Jews in Yugoslavia 1918–1941. Antisemitism and the Struggle for Equality, in: Jewish Studies at the Central European University, Bd. 2, 1999–2001, S. 51–52. Brazzo, Dall'Impero agli Stati, S. 27.

21 Josef Jakoel: Izraelitët në Shqiperi, Tirana 2020, S. 63–72. Brazzo, Dall'Impero agli Stati, S. 41.

22 Ebd.

23 Finger, Albanien, https://www.degruyter.com/database/HDAO/entry/hdao.1.003/html (Stand: 10.10.2024). Albanien, Schmidt-Neke, Albanien, S. 250.

Anders verhielt es sich in der Region Kosovo, die zwar zu großen Teilen von ethnischen Albanern bewohnt war, aber seit 1913 zu Serbien bzw. nach 1918 zum Königreich der Serben, Kroaten und Slowenen (seit 1929 als Königreich Jugoslawien bezeichnet) gehörte. In diesem Gebiet, das im Zuge des deutsch-italienischen Balkanfeldzugs 1941 in „Großalbanien" aufging, zählte die jüdischen Gemeinde kurz vor dem Zweiten Weltkrieg rund 450 Jüdinnen und Juden, etwas über einhundert befanden sich in und um Mitrovica, das nach dem Balkanfeldzug zu Serbien unter deutscher Militärherrschaft kam. Die Zahl jüdischer Menschen in diesem Gebiet war somit umfangreicher und pflegte Kontakte zu anderen religiösen Zentren im Königreich Jugoslawien, etwa nach Belgrad oder Skopje.[24] Die bereits 1923 gegründete Liga der Rabbiner des Königreichs Jugoslawien hatte mit einem 1929 eingeführten Gesetz die Bildung jüdischer Räte (Gemeinden) in ganz Jugoslawien erreicht, so auch im Kosovo die Gemeinden in Prishtina/Priština und Mitrovica.[25] Die jüdischen Gemeinden in diesem Gebiet fungierten somit, wie die gesamte Region Kosovo, als Scharnierstelle zwischen dem Königreich Jugoslawien und Albanien. Dies lässt sich deutlich an Biographien aus der Region erkennen: Ein späterer Unterstützer der Familie Mandil, der aus Prizren stammende Neshad Ismail Prizreni, hatte in Belgrad seine Fotografenausbildung absolviert und später in Tirana ein Geschäft eröffnet.

Josef Jakoel zufolge kamen 1930 erste Jüdinnen und Juden aus Polen und Ungarn nach Albanien. Ob sie aus wirtschaftlicher Not oder aufgrund des rasch zunehmenden Antisemitismus emigriert waren, bleibt unklar.[26] Auch in den Kosovo wanderten in der Zwischenkriegszeit Jüdinnen und Juden aus Polen ein, so etwa Familie von Raul Teitelbaum.[27] Josef und Paula Teitelbaum (geborene Weisselberger) stammten beide aus Galizien und hatten sich in Wien kennengelernt. Josef Teitelbaum hatte bereits während des Ersten Weltkriegs als österreichisch-ungarischer Militärarzt in Prizren gedient und kam nach dem Krieg zurück, um sich dort als Gemeindearzt niederzulassen.[28]

24 Kosovo Holokaust, 1941–1945, https://kosovoholocaust.org/index.html (2.1.2025).
25 Bajraktari, Marrëdhëniet shqiptaro-hebraike, S. 88–90.
26 Bspw. Jakoel, Izraelitët në Shqiperi, S. 73.
27 Raul Teitelbaum, in: https://www.yadvashem.org/remembrance/archive/torch-lighters/teitelbaum.html (Stand: 5.12.2024).
28 Teitelbaum, in: https://verlorenertransport.de/raul-teitelbaum.html (Stand: 5.12.2024).

Am Vorabend des Zweiten Weltkriegs – König Zogus liberaler Kurs

Albanien, von den Großmächten seit 1913 als unabhängiger Staat anerkannt, durchlebte nach dem Ersten Weltkrieg eine bewegte Zeit. Diplomatische Beziehungen wurden auf- und ausgebaut. Verschiedene Regierungen wechselten sich ab. Unter dem Reformer Fan Noli erfuhr das Land einen Modernisierungs- und Demokratisierungsschub, doch diese Phase hielt nicht lange an. Ahmet Zogu putschte sich mit jugoslawischer Unterstützung im Dezember 1924 an die Macht. Er verdrängte Fan Noli und krönte sich selbst 1928 zum König. Politische Gegner ließ er ermorden, sogar, wenn sie im Exil weilten. Doch in anderer Hinsicht wies Zogus Regierungszeit, die mit der italienischen Invasion im April 1939 ein abruptes Ende fand, liberale Züge auf. Albanien entwickelte sich zu einem Land, das für jüdische Einwanderung offen war; mehr noch, Zogu hieß jüdische Einwanderer regelrecht willkommen. So schreibt etwa T. Scarlett Epstein in ihren Memoiren, dass Zogu zu seinem zehnjährigem Krönungsjubiläum im Herbst 1938 allen, die das Land besuchen wollten, Besuchervisa ausstellen ließ – auch Jüdinnen und Juden.[1]

Welche Überlegungen standen hinter der für diese Zeit untypischen Offenheit? Wie der Historiker Bernd Fischer schreibt, war sich Zogu bewusst, dass allzu dominante religiöse Strömungen dem jungen Land schaden könnten. Es war ihm daher ein Anliegen, zu starke Religionsbewegungen zu unterbinden. Gleichzeitig definierte er alle im Land vorhandenen Religionen als gleichwertig und etablierte so die persönliche Religionsfreiheit.[2] Auch in der Frage der Einreise jüdischer Flüchtlinge ließ sich Zogu von seiner monarchischen Verfassung von 1928 und seinem eigenen Gesetz über „albanische Religionsgemeinschaften" leiten, das im Januar 1930 durch das von ihm kontrollierten Parlament verabschiedet worden war. Darin war verankert, dass der Staat das Recht hatte, alle Religionsgemeinschaften zu kontrollieren. Artikel 8 des Gesetzes schrieb zudem vor, dass „die religiösen Führer, ihre unmittelbaren Untergebenen, die

1 T. Scarlett Epstein, Es gibt einen Weg, S. 58.

2 Bernd Fischer, The Jews of Albania During the Zogist Period and the Second World War, Regensburg 2007, S. 95.

Koadjutoren und ihre Vikare, albanischer Abstammung und Sprache sein müssen". Gleichzeitig proklamierte Zogu die individuelle Religionsfreiheit für alle Albaner. Die Verfassung von 1928 garantierte, dass „alle Religionen und Glaubensrichtungen geachtet werden und ihre freie Ausübung gewährleistet ist. Die Religion kann in keiner Weise rechtliche Schranken bilden und kann nicht zu politischen Zwecken missbraucht werden."[3]

Vordergründig, um die religiöse Vielfalt im Land zu etablieren, wohl aber mit dem Ziel, so die unterschiedlichen Religionsgemeinschaften in Schach zu halten, und aus Angst, die Katholiken in Nordalbanien könnten die Nähe zu den Italienern suchen, ließ Zogu umfangreiche Programme aufbauen. So etwa Kommunikations- und Transportprogramme, die eine kulturelle und religiöse Durchmischung zwischen den verschiedenen religiösen Gruppen Albaniens fördern sollten, denn der selbsternannte König legte großen Wert auf Nationsbildung. Selbst die Ausbildung in der Armee nutzte er, um soziale Schranken abzubauen und für eine religiöse Durchmischung zu sorgen. Er bestand beispielsweise darauf, dass sich die Einheiten aus Personen verschiedener Regionen und unterschiedlichen Religionen zusammensetzten, was vorher kaum der Fall gewesen war.[4]

Was die Förderung weiterer religiöser Vielfalt angeht, auch von so kleinen Minderheiten wie der jüdischen Gemeinde in Albanien, so steht Zogus Politik in krassem Gegensatz zur Mehrheit der europäischen Staaten in jener Zeit. Zunächst akzeptierte Zogu die albanischen Jüdinnen und Juden vollständig als Teil der albanischen Religionsgemeinschaft: Die jüdische Gemeinde wurde im April 1937 offiziell anerkannt. In den 1930er Jahren fand in der jüdischen Gemeinde in Vlora die erste orthodox-jüdische Heirat statt. Es folgten weitere. Zogu aber ging – auch aufgrund seiner zunehmend enger werdenden finanziellen Situation und Abhängigkeit von den Italienern – noch einen Schritt weiter, indem er auch die jüdische Einwanderung nach Albanien unterstützte. Aufgrund dieser, wenn auch berechnenden, Politik der Toleranz bezeichnen Mitglieder der albanischen jüdischen Gemeinde Zogus Regierungszeit noch immer als das „Goldene Zeitalter der Juden in Albanien".[5]

---

3 Ebd.

4 Ebd., S. 96. Siehe hier die zeitgenössische Beschreibung von Willibald Kolleger, der betont, dass der Abbau sozialer Unterschiede im Militär auch unter dem italienischen Faschismus weitergeführt wurde. Willibald Kollegger, Albaniens Wiedergeburt, S. 59.

5 Fischer, The Jews of Albania, S. 97.

Gleichzeitig kam es auch in Albanien, trotz Zogus Toleranzpolitik, zu Übergriffen an religiösen Minderheiten, so beispielsweise an der christlich-orthodoxen Bevölkerung in den Grenzregionen Südalbaniens; aber auch an albanischen Muslimen direkt außerhalb der Grenze auf dem Gebiet Nordgriechenlands – aus dieser Region sind nach 1913 bis zum Zweiten Weltkrieg auch Auswanderungen jüdischer Menschen Richtung Albanien bekannt.[6] Dasselbe gilt für albanische Muslime und Katholiken in den Grenzgebieten des in dieser Zeit zu Serbien bzw. dem Königreich Jugoslawien gehörenden Kosovo und Sandžak. Belegt sind solche Fälle, weil Vorsteher der jeweiligen religiösen Gemeinschaften Petitionen an den nach dem Ersten Weltkrieg gegründeten Völkerbund richteten. Christlich-orthodoxe Minderheiten in Albanien und albanischen Minderheiten auf der anderen Seite der Grenze, in Griechenland und Jugoslawien, baten um die Aufklärung der gewalttätiger Übergriffe.[7] Auch Jüdinnen und Juden waren von Alltagsgewalt betroffen.[8]

Seit den 1930er Jahren begann sich der Druck auf Minderheiten in Albanien zu erhöhen. Dies betraf aber in erster Linie Menschen slawischer Herkunft, etwa solche mit bulgarischen Wurzeln oder jene, die sich als ethnische Griechen betrachteten. Von den zunehmenden Restriktionen waren aber auch Jüdinnen und Juden betroffen. Wie Michael Schmidt-Neke schreibt, enthielten die albanischen Zwischenkriegsverfassungen für die Exekutive, nicht aber für die Parlamente einen Rasseparagraphen. Der Kandidat musste, wie erwähnt, „von albanischer Abstammung" bzw. „von albanischer Rasse und albanischem Blut sein". Eingebürgerten Ausländern waren diese Positionen daher verwehrt. Diese Bestimmung richtete sich zwar vorrangig gegen Slawen und Griechen, traf aber auch jüdische Menschen.[9]

---

6 Zu den Einwanderungen nach 1913 auf albanisches Gebiet siehe Jakoel, Izraelitët në Shqiperi, S. 63–72.

7 Bspw. "Protection of Minorities in Albania", Report by the British Representative of the League of Nations, 1.9.1921, UNA, S 363/1/12.

8 Protest von Einwohnern aus Vlora, darunter Mateo Matathia und Nesim Levi, an den Premierminister, in dem sie um Ermittlungen bezüglich der Brandstiftung am Haus von Epaminonda Koleka bitten, 7.4.1921, A.Q.SH., F. 155, V. 1921, D. III-69, Bl. 5–6.

9 Schmidt-Neke, Albanien, S. 255.

Der albanische Staat tauchte bei prominenten deutsch-jüdischen Aktivisten bereits früh als mögliche Auswanderungsdestination auf. Doch aus verschiedenen Gründen wurde der kleine Staat letzten Endes nur von wenigen in Deutschland lebenden jüdischen Menschen als Fluchtoption gewählt. Einige mehr kamen aus Österreich. Dieser Umstand zeigt sich etwa beim Durchsehen der Namen von Flüchtlingen im Konzentrationslager Prishtina/Priština oder den von der italienisch-albanischen Verwaltung zusammengestellten Listen im Sommer 1943.[10] Unter den Flüchtlingen befanden sich wesentlich mehr Familien aus umliegenden Regionen, etwa dem ehemaligen Königreich Jugoslawien, Bulgarien oder Griechenland, als aus Mittel- und Nordeuropa.[11]

Zogu wollte die Fluchtbewegung deutscher und seit 1938 auch österreichischer Jüdinnen und Juden gezielt für wirtschaftliche Zwecke nutzen. Er beabsichtigte, durch reiche jüdische Familien Devisen ins Land zu holen, um so seine rasch zunehmende Abhängigkeit von Italien einzudämmen, denn durch seine notorische Geldnot war Zogu bereits kurz nach seiner Machtübernahme in eine starke wirtschaftliche, politische und militärische Bindung an Italien geraten. Diese äußerte sich in zwei Verträgen: 1926 im Ersten Tiranapakt, dem „Freundschafts- und Sicherheitspakt“ auf fünf Jahre, 1927 im Zweiten Tiranapakt, der „Verteidigungsallianz“ auf zwanzig Jahre. Letztere hatte einen geheimen Zusatz: Die albanische Miliz sollte fortan von italienischen Offizieren organisiert werden.[12]

Die Bestrebungen des amerikanisch-jüdischen Diplomaten Herman Bernstein[13], das Land für jüdische Einwanderer zu öffnen, stießen somit bei Zogu auf offene Ohren. Bernstein erreichte, dass die zogistische Verwaltung Transit- und Touristenvisa für Jüdinnen und Juden aus Europa ausstellte. Dies führte dazu, dass seit 1933, nach dem Sieg der NSDAP und Hitlers Wahl zum Reichskanzler, mitteleuropäische Jüdinnen und Juden Albanien vermehrt als Transitland nutzten, um von dort nach Übersee in die Vereinigten Staaten, nach Südamerika oder aber auch in näher gelegene Länder wie die die Türkei zu gelangen.

10 Robert Elsie: http://www.albanianhistory.net/1944_Prisoners-of-the-Nazis-in-Kosovo/index.html (Stand: 25.8.2024). Albanisches Innenministerium, Abteilung Polizei, 13.7.1943, USHMM, RG-79.001.0007, Kopie aus A.Q.SH.

11 Aleksov, Jewish Refugees in the Balkans, S. 260.

12 Franziska Zaugg: Albanische Muslime in der Waffen-SS, Paderborn 2016, S. 43–44.

13 Herman Bernstein war von 1930 bis 1933 Botschafter in Albanien. Zu Bernsteins Zeit in Albanien und seinen Verbindungen u.a. zu Albert Einstein und Chaim Weizmann siehe Sinani, Albanians and Jews, S. 39–50.

1934 verhandelten jüdische Organisationen mit der albanischen Regierung darüber, ob sie eine dauerhafte oder zeitweilige Immigration von Jüdinnen und Juden aus Deutschland genehmigen würde. Mitte 1935 lehnte Albanien die Gewährung eines allgemeinen Asyls ab. Zogu forderte lediglich jene Jüdinnen und Juden auf, in sein Land einzureisen, welche über die nötigen finanziellen Mittel verfügten, um sich als Investoren zu betätigen. Der rein wirtschaftliche Anreiz, jüdische Flüchtlinge zu unterstützen, wird hier deutlich erkennbar. Später musste Zogu diese Initiative auf Druck Mussolinis zurückziehen.[14]

Dennoch blieb Albanien auch 1938 eine europaweit diskutierte Option, wie Marija Vulesica in ihrem Buch zu jüdischen Hilfsnetzwerken in Jugoslawien zeigt. Im Februar 1938 teilte die Vereinigung jüdischer Gemeinden in Belgrad dem Hilfsverein in Berlin mit, dass ihr Präsident Friedrich Pops in Kontakt mit dem albanischen Gesandten in Belgrad stehe und mit ihm die Frage einer Aufnahme jüdischer Flüchtlinge ausführlich diskutiert habe.[15] Dass bereits zu diesem Zeitpunkt Flüchtlinge aus Deutschland und Österreich, aber auch Italien und Jugoslawien sich in Albanien organisierten, zeigte sich, nach Marie-Jeanine Calic, in einem frühen Zusammenschluss einer in Albanien gestrandeten jüdischen Elite um Ferdinand Blumenthal. Er selbst war vor 1933 Professor für Onkologie an der Charité Berlin gewesen und in einer Odyssee über die Schweiz, Jugoslawien und Wien schließlich nach Albanien geflohen. Der italienische Konsul, Francesco Jacomoni di San Savino, meldete nach Rom, dass sich die Vorsitzenden dieser Gemeinschaft auf internationaler Ebene bestens auskennen würden.[16] Den zunehmenden Organisationsgrad zeigt auch eine Petition vom Herbst 1938, in welcher die Flüchtlinge aufgrund ihrer prekären Situation in Albanien das Zagreber Lokalkomitee um Hilfe baten. Aleksa Klein, Sekretär der jüdischen Gemeinde in Zagreb, leitete ihre Bitte Anfang November 1938 an das American Jewish Joint Distribution Committee (JDC), auch Joint genannt, und das HICEM[17] weiter und bat um die Entsendung eines Vertreters nach Albanien.[18]

---

14 Zuzana Finger: Albanien, in: Handbuch des Antisemitismus, Bd. 1, München 2008, S. 20–24.

15 Vulesica, From Zagreb to Palestine, S. 285–286

16 Calic, Balkan-Odyssee, S. 182.

17 Dachorganisation und Abkürzung, die 1927 auf den drei Organisationen Hebrew Immigrant Aid Society (HIAS), Jewish Colonisation Association (ICA) und Vereinigtes Komitee für jüdische Auswanderung (Emigdirekt) gründeten.

18 Vulesica, From Zagreb to Palestine, S. 286.

Das Zagreber Komitee schlug vor, Wilhelm Kleiner, ein Mitglied des Gemeinderats, nach Albanien zu schicken, um die Flüchtlinge zu registrieren und mit den albanischen Behörden Kontakt aufzunehmen. Am 18. November 1938 teilte aber das HICEM per Telegramm mit, dass das JDC bereits einen Vertreter in Albanien habe, den jüdischen Geschäftsmann Isaac Kohn/Cohen aus Durrës. Neben ihm traten auch die albanischen Unternehmer Nissim Levy und Rafael Jakoel als Gelgeber und Vermittler für die Geflohenen auf. Die Zahl der Flüchtlinge nahm stetig zu.[19]

Alarmiert von der einsetzenden Flüchtlingswelle aus dem nun an das Dritte Reich „angeschlossenen" Österreich verschärfte die albanische Regierung 1938/1939 die Auflagen für die Visavergabe. Auf Druck der Achsenmächte verkürzte Zogu die Touristenvisa von 60 auf 30 Tage und erhöhte die Summe, die die Einreisenden mit sich führen mussten. Am 28. Januar 1939 beschloss der Ministerrat, dass Touristenvisa für Jüdinnen und Juden nur noch einen Monat gültig sein sollten. In Ausnahmefällen konnten die Visa um 30 Tage verlängert werden. Nach Ablauf dieser Frist drohte die Ausweisung. Der mitzuführende Betrag wurde zuerst auf 250, später auf 500 Goldfranken erhöht. Auch das Äquivalent in einer Fremdwährung war möglich. Außerdem sollte bei jedem Visum ein Staat angegeben werden, der bereit war, die „Touristen" am Ende ihres Albanienaufenthalts auf- bzw. zurückzunehmen.[20] Die neuen Regeln wurden jedoch von den einzelnen, mitunter korrupten Konsularbeamten nicht konsequent angewendet. Auch nach Beginn des Zweiten Weltkriegs im September 1939 hielten sich längst nicht alle Verwaltungsstellen an diese Restriktionen, wie Fischer schreibt. So war es zu diesem Zeitpunkt immer noch möglich, ein Visum zu erhalten, auch wenn man nicht über die genannte Geldsumme verfügte.[21] Die zunehmenden Restriktionen führten aber dazu, dass jüdische Flüchtlinge vermehrt illegal die Grenze passierten.[22]

19 Ebd., S. 286–287.

20 Carlo Spartaco Capogreco: Les Juifs en Albanie sous l'occupation italienne, in: Revue d'Histoire de la Shoah 1(2016), S. 318.

21 Fischer, The Jews of Albania, S. 98.

22 Kanzler, Flucht nach Albanien, S. 197 und Kotani, A History of Jews in Albania, S. 20–21; Kotani, Albania and the Jews, S. 43–44

Über die Zahl jüdischer Menschen, welche Albanien auf der Flucht als Durchgangsland genutzt haben, existieren keine genauen Angaben. Wie erwähnt reichen die Schätzungen zu denjenigen, die sich länger oder während des gesamten Kriegs in Albanien aufgehalten haben, von 600 bis 3.000.[23] Es ist heute schwierig, diese Zahlen zu verifizieren, denn die Dunkelziffer der über die grüne Grenze nach Albanien eingereisten jüdischen Flüchtlinge kann kaum geschätzt werden. Da es sich bei den Helfern für diese Grenzübertritte um klandestine Netzwerke handelte, deren Mitglieder die Geflohenen nur mit Vornamen oder gar nicht kannten, konnte von „Righteous among the Nations", der israelischen Gedenkstätte Yad Vashem, nachträglich nur ein geringer Teil identifiziert und geehrt werden.[24]

1938 gab es offiziell etwa 250 bis 300 Albaner jüdischen Glaubens, aber wahrscheinlich bereits Hunderte von ausländischen Jüdinnen und Juden, die im Land lebten. Von letzteren hatten nur wenige die Absicht, länger in Albanien zu bleiben, sondern sahen es als Transitland. Eine große Einschränkung für die Weiterreise kam mit der italienischen Invasion Albaniens im April 1939, denn das amerikanische Konsulat in Tirana schloss seine Tore. Das nächste US-Konsulat lag nun in Neapel. Gleichzeitig wiesen die Deutschen die Italiener an, jüdische Menschen nicht mehr nach Italien einreisen zu lassen. Eine Fährreise nach Neapel war somit – spätestens seit Frühjahr 1940 – nicht mehr möglich, auch wenn in Neapel das heißersehnte Visum bereitlag.[25] Bis 1941 waren es vor allem deutsche und österreichische Flüchtlinge, die sich in Albanien befanden und nun nicht mehr in der Lage waren, das Land zu verlassen. Sie waren gestrandet.

Christina Kanzler konnte für die Gruppe jüdischer Flüchtlinge aus Mitteleuropa 119 Österreicher identifizieren, die Albanien als Transit- oder als Fluchtland nutzten. Davon harrten mindestens 20 von ihnen seit 1938/39 bis Ende des Zweiten Weltkriegs 1945/46 in Albanien aus. Sowohl Österreicher als auch Menschen, deren Herkunftsort bis zum Ende des Ersten Weltkriegs zu Österreich-Ungarn gehört und deren Lebensmittelpunkt in Österreich gelegen hatte, konnten sich um ein albanisches Visum bewerben.

---

23 Sinani, Albanians and Jews, S. 132, 159–160. Marie-Jeanine Calic schreibt, dass bis zum Beginn des Zweiten Weltkriegs bereits rund 800 jüdische Flüchtlinge aus Deutschland und Österreich nach Albanien eingereist seien: Calic, Balkan-Odyssee, S. 180.

24 Finger, Albanien, https://www.degruyter.com/database/HDAO/entry/hdao.1.003/html (Stand: 2.11.2024).

25 Neumann, Umweg über Albanien, S. 39.

Bernd Fischer geht von höheren Zahlen aus und schreibt, dass im Februar 1939 100 jüdische Familien aus Wien, und im März 1939 95 jüdische Familien, die hauptsächlich aus Österreich und Deutschland stammten, in Albanien ankamen.[26] Diese Zahlen sind wohl zu hoch gegriffen. Denn Kanzler weist darauf hin, dass sich am Vorabend der italienischen Invasion in Albanien, laut einem Vertreter der Auswanderungshilfsorganisation HICEM, 126 Flüchtlinge aus dem Deutschen Reich, vorwiegend aus Österreich, in Albanien aufgehalten hätten.[27]

In Albanien angekommen unterstützte die albanische jüdischen Gemeinde die neuen Einwanderer. Viele von ihnen hätten auch eine Aufenthaltsgenehmigung erhalten, damit sie arbeiten konnten, so Fischer. Die Regierung unter Zogu ermöglichte mit dieser Politik nicht nur, dass Jüdinnen und Juden nach Albanien kamen, sondern auch, dass sie sich im Land niederlassen und einen Lebensunterhalt finden konnten.[28] Kanzler betont hingegen, dass der albanische Ministerrat bereits im September 1938 eine Reihe von restriktiven Bedingungen für Einreise und Aufenthalt jüdischer Flüchtlinge beschlossen hatte. Das albanische Außenministerium war damit beauftragt worden, die Konsulate im Ausland anzuweisen, ausländischen Juden keine Einreisevisa mehr auszustellen, jedoch konnten weiterhin Touristenvisa vergeben werden.[29] Obwohl diese, wie bereits beschrieben, nur noch einen einmonatigen (legalen) Aufenthalt im Land erlaubten und de jure ein Arbeitsverbot bedeuteten, nutzten zahlreiche Flüchtlinge diese Möglichkeit. Es ist bekannt, dass viele von ihnen vor und nach der italienischen Invasion in Albanien einer oder mehreren Arbeiten nachgingen, um zu überleben.[30]

26 Fischer, Jews of Albania, S. 97.
27 Kanzler, Flucht nach Albanien, S. 95.
28 Fischer, Jews of Albania, S. 97.
29 Kanzler, Flucht nach Albanien, S. 196–197.
30 Dies war sowohl unter zogistischer Herrschaft als auch während der italienischen Besatzung möglich: Johanna Neumann schreibt beispielsweise, dass ihr Vater, Siegbert Gerechter, als Plakate- und Schildermaler Geld verdiente und gemeinsam mit seiner Frau und weiteren Bekannten eine improvisierte Wäscherei für italienische Lastwagenfahrer betrieb. Interview mit Johanna J. Neumann (geb. Gerechter), geführt von Linda G. Kuzmack, 06.03.1990, USHMM, RG-50.030.0170, Part 2 und 3. Auch T. Scarlett Epstein verdiente Geld mit Unterrichten, Irene Grünbaum (früher Eskenazi) verdiente Geld mit unterschiedlichsten Jobs, von Haushälterin bis Lehrerin. Vgl. Epstein, Es gibt einen Weg, S. 66–67, 73 und Grünbaum, Escape, S. 52–53, 83, 86–87, 93–94.

Dass die albanischen Behörden über das stete Anwachsen der Flüchtlingsgemeinschaft, insbesondere in Durrës, bestens informiert waren, zeigt eine Korrespondenz des Innenministeriums an den Ministerpräsidenten Kostaq Kota am Vorabend der italienischen Invasion. Darin zählt die Präfektur in Durrës 56 Individuen aus 27 Familien.[31]

Obwohl Zogus Herrschaft insgesamt eine außerordentliche Ausnahme darstellt, war der Alltag jüdischer Flüchtlinge am Ende der zogistischen Herrschaft doch auch geprägt von anti-jüdischen Maßnahmen. Kurz vor der italienischen Invasion im Frühjahr 1939 mussten sich jüdische Menschen als solche ausweisen, wie T. Scarlett Epstein schreibt: „Erst galten wir hier als die bewundernswerten Ausländer, jetzt bekommen wir Touristenkarten, auf denen schon ‚Jude' steht".[32] Gleichzeitig hatte aber die zogistische Regierung Minimalzahlungen an jüdische Flüchtlinge etabliert, welche auch nach der italienischen Besetzung unter dem italienischen Generalstatthalter Francesco Jacomoni di San Savino weitergeführt wurden. Zudem wurden die jüdischen Flüchtlinge in dieser Zeit auch durch das JDC mit Minimalbeträgen unterstützt.[33]

Der seit April 1939 in britischem Exil lebende Zogu bot noch im Januar 1944 in einem Gespräch mit Mitgliedern der Anglo-Jewish Association an, nach dem Krieg den Bau einer großen jüdischen Siedlung in Albanien zu unterstützen. Er wollte sein Land für rund 50.000 Familien öffnen. Allerdings sollten ihm die Briten zuerst helfen, seinen Thron in Albanien zurückzugewinnen. So abenteuerlich das heute klingen mag, Zogu errechnete sich damals durchaus Chancen, wieder an die Macht zu kommen, denn die westlichen Alliierten unterstützten auch zogistische Vertreter im albanischen Widerstand, etwa Abaz Kupi. Seit 1940 war die Special Operation Executive (SOE), eine Spezialeinheit des britischen Nachrichtendienstes, im Land aktiv, um den albanischen Widerstand zu einen, zu koordinieren und zu motivieren, gemeinsam gegen die italienischen, und seit September 1943 gegen die deutschen Besatzer vorzugehen.[34]

31 Innenministerium an Ministerpräsidenten, 29. 3. 1939, USHMM, RG-79.001, Kopie aus A.Q.SH..
32 Epstein, Tagebucheintrag 1./2. 1939, USHMM, Nachlass Scarlett Epstein.
33 Neumann, Umweg über Albanien, S. 34.
34 Franziska Zaugg: Rekrutierungen für die Waffen-SS in Südosteuropa. Ideen, Ideale und Realitäten einer Vielvölkerarmee, Berlin 2021, S. 316. Detailliert zur SOE siehe Roderick Bailey: The Wildest Province. SOE in the Land of the Eagle, London 2009. Zur frühen Koordination des Widerstands in Albanien siehe Julian Amery: Sons of the Eagle: A Study in Guerilla War, London 1948, S. 36–37. Zur Neuausrichtung der SOE in Albanien nach 1941 Bernd J. Fischer: Albania at War, 1939–1945, West Lafayette 1999, S. 144–149.

Mussolinis Invasion und das Ende der liberalen Einwanderungspolitik

Bereits vor der militärischen Besetzung Albaniens sah Benito Mussolini das kleine Land als eine Art Provinz Italiens. Dabei unterstützte er insbesondere die Italien und dem Vatikan gegenüber positiv eingestellten katholischen Albaner. Er hoffte, durch eine militärische Intervention endgültig die Vorherrschaft über die Adriaregion zu erlangen und auf diese Weise seinem Traum vom „mare nostro“ einen Schritt näherzukommen.[1] Die bereits seit Ende der 1920er Jahre zunehmende wirtschaftliche, politische und militärische Einflussnahme Italiens, sichtbar im Ersten und Zweiten Tiranapakt 1926/27, erklomm im April 1939 mit der Besetzung Albaniens eine neue Stufe. Mussolini wollte das Land an der Adria einerseits wirtschaftlich ausbeuten und politisch gleichschalten, andererseits aber auch rund 300.000 Italiener ansiedeln.[2] Außenminister Galeazzo Cianos Tagebucheinträge unterstreichen die Absicht, Albanien zur italienischen „Festung“ auszubauen, einem Brückenkopf, um von hier aus weitere Expansionen in Südosteuropa voranzutreiben.[3]

Um diese Pläne zu realisieren, war die Besetzung von langer Hand geplant worden. Bereits Anfang Mai 1938 überreichte Ciano dem Duce ein Memorandum, in welchem er persönliche Eindrücke zu Albanien und konkrete Überlegungen zur Invasion darlegte. Ciano definierte drei mögliche Vorgehensweisen: Erstens eine „friedliche“ Unterwerfung Albaniens, indem seine wirtschaftliche Abhängigkeit weiter ausgebaut würde; zweitens eine Besetzung und anschließende Aufteilung des Landes zwischen Italien, Jugoslawien und möglicherweise Griechenland; drittens die Besetzung Albaniens durch italienische Truppen mit anschließender Krönung des italienischen Königs Vittorio Emanuele III. zum König von Albanien in Personalunion. Mussolini und Ciano entschieden sich für die dritte Vorgehensweise.

1 Elena Aga Rossi, Maria Teresa Giusti: Una guerra a parte. I militari italiani nei Balcani, 1940–1945, Bologna 2011, S. 27. Zaugg, Rekrutierungen, S. 44.

2 Neuwirth, Widerstand und Kollaboration, S. 21. Rodogno, Fascism's European Empire, S. 58.

3 Ciano, Tagebücher, 22.5.1939, S. 92.

Sie erhöhten die Anzahl italienischer Ausbilder in der bereits italienisch dominierten, sehr bescheidenen albanischen Armee und arbeiteten daran, italienische Firmenniederlassungen als politische Stützpunkte und Sammelbecken für proitalienische und antizogistische Kräfte auszubauen.[4]

Nur einen Monat später, im Juni 1938, besprach Ciano mit dem Generalstabschef der italienischen Armee, General Alberto Pariani, konkrete Vorbereitungen. Die Infrastruktur in Albanien müsse verbessert werden, um später mit den eigenen Truppen rascher vorrücken zu können. Ciano täuschte Zogu, indem er den Ausbau albanischer Straßen unter wirtschaftlichen Gesichtspunkten propagierte.[5] Bereits im September 1938 arbeitete Ciano gemeinsam mit den verantwortlichen Generälen die exakten Linien des militärischen Vorgehens in Albanien aus. Dabei gingen er und Mussolini von einer jugoslawischen und griechischen Neutralitätspolitik aus. Der wirtschaftlichen Ausbeutung Albaniens wurde bei den Vorbereitungen besondere Aufmerksamkeit geschenkt. Der Abbau von Bodenschätzen, etwa im Erdölbecken von Devolli, schien den Italienern für kommende Konflikte zentral.[6]

In diese Zeit zwischen Ende 1938 und Anfang 1939 fallen zahlreiche Einreisen deutscher und österreichischer jüdischer Flüchtlinge. Obwohl König Zogu auf Druck Mussolinis Ende 1938 bzw. Anfang 1939 bereits die Visavergabe für jüdische Flüchtlinge eingeschränkt hatte, blieb Albanien weiterhin eine Option, um von dort aus die eigene Weiterflucht zu organisieren.[7] Am 8. Januar 1939 erhielt Ciano von Mussolini für seine Pläne zur militärischen Besetzung Albaniens grünes Licht. Um einer jugoslawischen Intervention vorzubeugen, informierte Ciano die Regierung unter Ministerpräsident Milan Stojadinović über das Vorhaben. Stojadinović hätte zwar lieber ein von Italien unabhängiges Albanien gesehen. Er selbst wurde
aber am 4. Februar 1939 zum Rücktritt gezwungen und konnte auf das weitere Geschehen keinen Einfluss mehr nehmen. Sein Nachfolger Dragiša Cvetković und Prinzregent Paul Karađorđević waren an Albanien nicht interessiert und ließ den Italienern freie Hand.[8]

---

4 Bernhard Tönnes: Sonderfall Albanien. Enver Hoxhas „eigener Weg“ und die historischen Ursprünge seiner Ideologie, München 1980, S. 408f. Vgl. hierzu auch Schreiben von Mackensen an AA, 12.7.1938, PAAA, R103286, Bl. 063.

5 Massimo Borgogni: Tra continuità e incertezza. Italia e Albania (1914–1939). La strategia politico-militare dell'Italia in Albania fino all'Operazione "Oltre Mare Tirana" S. 256.

6 Ebd., S. 257.

7 Capogreco, Les Juifs en Albanie, S. 318.

8 Zu den militärischen Vorbereitungen der Operation „Oltre Mare Albania“ ab Mitte Februar 1939 siehe Borgogni, Tra continuità e incertezza, S. 268.

Ciano sah die Gelegenheit zur Invasion gekommen, nachdem deutsche Truppen am 15. März 1939 in die Tschechoslowakei einmarschiert und die „Rest-Tschechei" zerschlagen hatten. Er las die diesbezüglich ausbleibenden internationalen Reaktionen richtig und war überzeugt, dass ihn kein anderer Staat an der Besetzung Albaniens hindern würde: „Niemand wird sich rühren, nicht einmal Jugoslawien [...]."[9] Propagandawirksam vertrat Ciano nach außen die Meinung, dass dem italienischen Volk nach der deutschen Demütigung, nicht über die bevorstehende Besetzung der Tschechoslowakei informiert worden zu sein, eine Genugtuung in Form der Besetzung Albaniens zustehen würde. Außenminister Ciano telegrafierte dem italienischen Konsul in Tirana, Francesco Jacomoni di San Savino Mitte März 1939 den Auftrag, für Anfang April lokale Unruhen in Albanien vorzubereiten.[10]

Am 23. März setzte Mussolini eine an Zogu gerichtete Vereinbarung mit drei Punkten auf, die letzterer unterzeichnen sollte. Gemäß Ciano glich die Vereinbarung mehr einem Erlass als einem Vertrag. In der Zwischenzeit ließ er in Apulien vier Regimenter Bersaglieri, eine Infanteriedivision, eine Abteilung der Luftwaffe und das gesamte erste Flottengeschwader zusammenziehen.[11] Mussolini informierte seinen Achsenpartner über die bevorstehende Invasion. Hitler ließ wohlwollend verlauten, dass Deutschland die Adria bereits jetzt als binnenitalienisches Meer betrachten würde.[12]

Der seit längerem absehbare Sieg Francisco Francos in Spanien unter Mithilfe der Achsenmächte wurde mit dem Einzug in die Hauptstadt Madrid am 28. März 1939 de facto Realität. Am 1. April verkündete Franco seinen Sieg über das republikanische Spanien. Mussolini und Ciano sahen nun den idealen Zeitpunkt für die Besetzung Albaniens gekommen.[13] Der italienische König Vittorio Emanuele III. hingegen hielt die geplante Invasion für ein zu riskantes Abenteuer, bloß um „vier Steine zu ergattern". Dies hinderte Mussolini allerdings nicht daran, die Kriegsvorbereitungen fortzusetzen.[14]

9 Ciano, Tagebücher, 29.3.1939, S. 64.
10 Ebd., 15.3.1939, S. 52f.
11 Ciano, Tagebücher, 23.3.1939, S. 60.
12 Tönnes, Sonderfall Albanien, S. 415. Hierzu auch Neuwirth, Widerstand und Kollaboration, S. 26f.
13 Ciano, Tagebücher, 28.3.1939, S. 63.
14 Ebd., 27.3.1939, S. 62.

Ciano und Mussolini übertrugen General Alfredo Guzzoni die militärische Leitung. Als Endpunkt militärischer Einmischung schlug Ciano Zogu vor, in den vier größten Häfen Albaniens italienische Truppen zu stationieren. Auf diese Forderung konnte und wollte Zogu nicht eingehen. Die Italiener stellten den albanischen König nun als Vertragsbrüchigen hin, der eine militärische Besetzung provoziert hätte.[15] Zogu hingegen versuchte, die Besetzung hinauszuzögern, indem er darauf pochte, ihr durch eine militärische Konvention eine legale Basis zu verleihen. Gleichzeitig hatte die albanische Bevölkerung von der drohenden Invasion erfahren; verschiedene Gruppierungen organisierten daraufhin antiitalienische Demonstrationen.[16]

Für die Invasion war ein zweistufiges Vorgehen geplant. Gemeinsam mit dem faschistischen Parteikollegen der ersten Stunde und späteren Sekretär der Faschistischen Partei Italiens, Ettore Muti, hatte Ciano in Rom Aufstände im Innern Albaniens vorbereitet. Muti sollte mit einer kleinen Gruppe nach Tirana reisen und dort die von italienischen Agenten geplanten Aufstände zum Ausbruch bringen, falls Zogu nicht auf die Forderungen eingehen würde. Muti wurde von Ciano beauftragt, „während der Nacht [...] den Terror aus[zu]lösen und sich am frühen Morgen in die Wälder [zu] schlagen, um die Ankunft unserer Truppen abzuwarten".[17]

Als zweite Stufe folgte die militärische Invasion der bereits in Küstennähe, insbesondere vor Durrës, stationierten italienischen Truppen. Als die ersten italienischen Kriegsschiffe am Horizont auftauchten, brach in Durrës Chaos aus, die meisten Albaner flohen. Die bereits seit 1938 bzw. Anfang 1939 in der Stadt lebenden jüdischen Flüchtlinge verblieben in der von ihnen angemieteten Herberge. Sie hatten keinen Ort, wohin sie als Gruppe hätten fliehen können.[18] Mussolini setzte Zogu ein Ultimatum bis zum 6. April mittags, um seine Vorschläge anzunehmen. Die albanische Regierung bat den italienischen Konsul Jacomoni, die Frist zu verlängern, um Gegenvorschläge auszuarbeiten. Der Duce gestattete daraufhin pro forma eine Verlängerung bis um 24 Uhr des angebrochenen Tages.[19]

---

15 Ebd., 29.3.1939, S. 63f.

16 Schreiben von Pannwitz an AA, 2.4.1939/3.4.1939, PAAA, R103286, Bl. 088, 091.

17 Ciano, Tagebücher, 2.4.1939, S. 66. Ettore Muti war bereits auf Seiten Francos im Spanischen Bürgerkrieg aktiv gewesen und vom 31.10.1939 bis 30.10.1940 Parteisekretär der Faschistischen Partei Italiens.

18 Epstein, Es gibt einen Weg, S. 74–75.

19 Schreiben von Pannwitz an AA, 6.4.1939, PAAA, R103286, Bl. 095f., 098.

Die Besetzung erfolgte am 7. April 1939, der in diesem Jahr mit dem Karfreitag zusammenfiel. In den frühen Morgenstunden landeten die Truppen, begleitet von sieben Kreuzern, zwei Zerstörern, einer Vielzahl von Torpedo- und U-Booten und einem Flugzeuggeschwader. Auch die in der Kommune verbliebenen jüdischen Flüchtlinge flohen nun Hals über Kopf in Richtung der offenen Felder hinter dem Haus.[20] Die Landung verlief jedoch ohne größere Zwischenfälle, nur wenige stellten sich der italienischen Übermacht entgegen, so etwa der zogutreue Offizier Abaz Kupi mit seiner Privatarmee.[21] Als Mehdi Bey Frashëri, in seiner Funktion als Ratgeber des Königs, Jacomoni tags darauf noch einmal aufsuchen wollte, wurde ihm als neuer Verhandlungspartner bereits General Guzzoni angegeben.[22] Jacomoni war zum italienischen Generalstatthalter aufgestiegen.

Benachbarte Länder und Großmächte schauten der Besetzung tatenlos zu. Nur Jugoslawien hatte einige Maßnahmen zur Verstärkung der Grenzsicherung getroffen. Die Briten reagierten lediglich mit einer Verbalnote und sahen von einer Besetzung Korfus ab. Die übrigen Staaten ersetzten ihre Botschafter durch konsularische Vertreter – da Albanien nun zu Italien gehörte.[23] Die USA schlossen ihr Konsulat in Tirana und das Abholen erteilter Visa rückte für die jüdischen Flüchtlinge buchstäblich in weite Ferne, denn das nächstmögliche Konsulat befand sich nun in Neapel.[24]

Am 8. April 1939, als die Italiener Tirana besetzten, war Zogu bereits nach Griechenland geflohen. Deutsche Beobachter vor Ort waren überzeugt, dass diese „Angelegenheit", die Übernahme Albaniens durch die Italiener, in ein bis zwei Tagen erledigt sein würde.[25] Sie sollten Recht behalten. Am 9. April nahmen die italienischen Truppen Shkodër als nördlichste Stadt und Gjirokastër ganz im Süden ein. Am 10. April galt ganz Albanien als besetzt und Ciano reiste zur Regierungsbildung nach Tirana.[26] Dabei griff er auf die herkömmliche albanische Elite zurück, die bereits seit den 1920er Jahren in die Staatspolitik involviert gewesen war.

20 Epstein, Es gibt einen Weg, S. 75.
21 Tönnes, Sonderfall Albanien, S. 417. Alberto Basciani: L'impero nei Balcani. L'occupazione dell'Albania 1939–1943, Roma 2022, S. 83. Siehe auch Telegramm Ernst von Weizsäckers an Viktor von Heeren, 6.4.1939, PAAA, R103286, Bl. 125.
22 Tönnes, Sonderfall Albanien, S. 415f.
23 Ebd., S. 418–420. Neuwirth, Widerstand und Kollaboration, S. 27.
24 Neumann, Umweg über Albanien, S. 838.
25 Meldung für den Führer auf Weisung des RAM, Gesandter Schmidt AA, 8.4.1939, PAAA, R28845, Bl. 17.
26 Tönnes: Sonderfall Albanien, S. 417.

Sie bestand aus Beys/Begs, traditionellen Großgrundbesitzern insbesondere Mittel- und Südalbaniens und Bajraktaren, den Clanchefs des Nordens (bzw. seit 1941 auch „Neualbaniens"). Als Ministerpräsident setzte er Shefqet Bey Vërlaci, einen reichen Großgrundbesitzer und Gegner Zogus, ein. Dieser blieb bis Dezember 1941 im Amt.[27]

Von Anfang an waren die italienischen Besatzer gegenüber den katholischen Albanern besonders positiv eingestellt und erhielten von dieser Seite auch die größte Unterstützung. Die faschistische Politik der Italiener begann so, das Land nicht nur in politischer, sondern auch in religiöser Hinsicht zu spalten. Unter italienischer Besatzung erhielt etwa die katholische Kirche Albaniens fast die Hälfte der Mittel, die der mehrfach größeren muslimischen Gemeinschaft zur Verfügung standen.[28]

Albanien wurde nun für die hierher geflohenen ausländischen Jüdinnen und Juden zur Sackgasse. Unter den Italienern gestaltete sich die Auswanderung bzw. Weiterreise schwieriger als noch Anfang 1939. Bernd Fischer schreibt von „möglicherweise Tausenden, die dadurch [in Albanien] strandeten".[29] Diese Zahl ist nach neueren Erkenntnissen zu hoch gegriffen. Zu diesem Zeitpunkt hielten sich nachweislich einige hundert jüdische Flüchtlinge in Albanien auf. Diese Zahlen sind jedoch schwierig zu verifizieren, da einerseits zahlreiche Flüchtlinge „schwarz" über die Grenze kamen und andererseits auch viele eine muslimische Identität annahmen. Für die jüdischen Flüchtlinge endete damit auch das Kapitel der liberalen Einwanderungspolitik Zogus. Die Organisation einer Weiterflucht war nun fast unmöglich geworden. So erzählt beispielsweise Johanna Neumann (geb. Gerechter) später von den monatelangen Versuchen ihrer Eltern, auf allen möglichen Konsulaten Visa für ihre Weiterreise in irgendeinen Staat zu erhalten.[30] Die mit ihnen befreundete Familie Meyer schaffte es allerdings auch nach der italienischen Besatzung noch im Dezember 1939, in Neapel Visa für die Weiterreise in die USA in Empfang zu nehmen.[31]

27 Bernd J. Fischer: Kollaborationsregimes in Albanien 1939–1944, in: Bundesarchiv (Hg.), Europa unterm Hakenkreuz. Okkupation und Kollaboration (1938–1945), Berlin/Heidelberg 1994, S. 368. Nachfolger waren von 4.12.1941 bis 19.1.1943 Mustafa Kruja und danach in rascher Abfolge bis zur Kapitulation Italiens im September 1943: Eqrem Libohova, Maliq Bushati und danach nochmals Eqrem Libohova.

28 Fischer, The Jews of Albania, S. 98.

29 Ebd.

30 Neumann, Umweg über Albanien, S. 39–40.

31 Ebd., S. 38.

Überfall auf Albanien am 7. April 1939, anti-italienisches Flugblatt, um 1940

Jüdinnen und Juden in Albanien 1939 bis 1941 unter italienischer Besatzung

Die Einreise jüdischer Flüchtlinge hielt trotz zunehmender Einschränkungen auch nach dem Einmarsch der Italiener im April 1939 an. Nach der erfolgreichen Invasion sollte der albanische Staat gründlich „faschistisiert" werden. Dies zeigte sich in der Einrichtung typisch faschistischer Institutionen wie etwa dem Opera Nazionale Dopolavoro (OND) oder faschistischer Jugend- und Frauenorganisationen.[1] Seit dem Einmarsch der Italiener war das Erlangen bestimmter Positionen außerdem an eine faschistische Parteimitgliedschaft geknüpft. Jüdinnen und Juden waren von ihr ausgeschlossen, denn das Statut der Partia Fashiste e Shqipërisë (PFSh), der albanischen Faschistischen Partei, verbot Menschen jüdischer Religion den Beitritt. Die Partei existierte seit Juni 1939 und war ein Ableger des italienischen Partito Nazionale Fascista (PNF).[2] Albanien wurde Teil des Königreichs Italien mit König Vittorio Emanuele III. in Personalunion an seiner Spitze. Die albanische Armee hatte de facto bereits vorher unter starkem italienischem Einfluss gestanden, was eine Gleichschaltung auf militärischer Ebene erleichterte. Auch auf administrativer Ebene sollte die albanische Verwaltung nach faschistischem Vorbild umgestaltet werden. Der Verwaltungsapparat erfuhr wesentliche Veränderungen: Die Führungspositionen wurden nun überwiegend mit Italienern besetzt. Der ehemalige Konsul Jacomoni stieg zum Generalstatthalter auf.[3] Von Johanna Neumann (geb. Gerechter) wird er sogar als „Vizekönig" bezeichnet, was seine Machtposition in Albanien deutlich unterstreicht.[4] Er war es auch, der bereits in den 1960er Jahren auf Judenrettungen unter italienischer Besatzung aufmerksam machte.[5]

---

1 Kollegger, Albaniens Wiedergeburt, S. 82.

2 Finger, Albanien, https://www.degruyter.com/database/HDAO/entry/hdao.1.003/html (Stand: 3.11.2024). Inspektor der PNF beim amtierenden Ministerpräsidenten Shefqet Bey Vërlaci war Piero Parini. Als Inspektor der PNSh innerhalb Albaniens amtierte Raffaele Breda. Basciani, L'impero nei Balcani, S. 75.

3 Basciani, L'impero nei Balcani, S. 56. Zur neuen Verfassung ausführlich Romeo Gurakuqi, Shqipëria dhe Tokat e Lirueme, 1939–1946, Tirana 2018, S. 104–122.

4 Neumann, Umweg über Albanien, S. 42.

5 Francesco Jacomoni di San Savino. La Politica dell'Italia in Albania: nelle testimonianze del luogotenente del Re, Bologna 1965, S. 288–289.

Während die Entscheidungsmacht vor Ort eindeutig bei ihm und weniger bei der albanischen Marionettenregierung lag, wurden für weitreichendere Entscheidungen auch Außenminister Ciano und Mussolini beigezogen.[6]

Kurz nach der italienischen Besetzung Albaniens begannen die Deutschen, auf die italienische Regierung und diese auf die italienisch-albanische Administration Druck auszuüben, um ausländische Jüdinnen und Juden auszuweisen. Zwar leisteten die Behörden den Ausweisungsbegehren keine Folge, doch die neue Regierung erließ weitere Einschränkungen, die den Alltag albanischer Jüdinnen und Juden beeinträchtigten. Nach dem 7. April 1939 galten nun auch in Albanien Rassengesetze, welche in Italien bereits am 17. November 1938 ratifiziert worden waren. Dabei gab es verschiedene Vorschriften zu beachten, wenn auch spezifisch für Albanien entworfenen Bestimmungen nie verabschiedet wurden.[7] Die ausländischen Jüdinnen und Juden wurden nun als „Feind-Ausländer" betrachtet und waren einer intensiven Beobachtung und Bespitzelung ausgesetzt, wie sich Johanna Neumann (geb. Gerechter) erinnert.[8] Ausländische jüdische Ärzte wurden vom Staatsdienst suspendiert.[9] Die Polizeistellen erstellten regelmäßig Verzeichnisse mit persönlichen Daten zu den jüdischen Flüchtlingen und Mitbürgern. Allerdings setzten die aus Italienern und Albanern bestehenden Behörden solche Überwachungsmaßnahmen und deren Dokumentation nicht konsequent um.[10] Außerdem ließ der neu eingesetzte italienische Generalstatthalter Jacomoni die bereits unter Zogu existierenden Minimalzahlungen an jüdische Flüchtlinge fortsetzen. Diese reichten allerdings nicht aus, um zu überleben. In der ersten Zeit italienischer Besatzung versorgte außerdem die Hebrew Sheltering and Immigrant Aid Society (HIAS) die in Albanien gestrandeten Flüchtlinge mit ungesäuertem Brot (Mazza). Für die Verteilung zuständig war die ursprünglich aus Griechenland stammende Unternehmerfamilie Familie Jakoel.[11]

6 Fischer, The Jews of Albania, S. 98.

7 Kanzler, Flucht nach Albanien, S. 197. Zu bereits vorgefertigten, aber nie verabschiedeten Texte dieser Dekrete siehe Sarfatti, La condizione degli ebrei in Albania fra il 1938 e il 1943, S. 147–151.

8 Interview Neumann, USHMM, RG-50.030.0170, Part 2.

9 Schmidt-Neke, Albanien, S. 253.

10 Kanzler, Flucht nach Albanien, S. 197.

11 Neumann, Umweg über Albanien, S. 40.

Das Schicksal jüdischer Flüchtlinge in Albanien hing stark von den jeweiligen Personen in bestimmten Positionen ab. So galten zwar die erwähnten Gesetze zum Schutz der „italienischen Rasse“ auch in Albanien. Da sie aber nicht konsequent umgesetzt wurden, konnten sich Jüdinnen und Juden auf der Straße und in der Öffentlichkeit frei bewegen. Jüdinnen und Juden konnten sich auf der Straße und in der Öffentlichkeit frei bewegen. Bezeugt ist etwa das Café Berlin in Tirana, in dem sich jeden Tag Ausländer trafen, um Neuigkeiten auszutauschen, darunter auch zahlreiche jüdische Flüchtlinge.[12] Doch auf der anderen Seite standen sie seit dem italienischen Einmarsch vermehrt unter polizeilicher Beobachtung und konnten auch jederzeit an die Gestapo in die benachbarten deutsch-besetzten Gebieten ausgeliefert werden. Somit war das Vorgehen der Italiener und der pro-italienischen Albaner zwar höchst widersprüchlich, allerdings in vielerlei Hinsicht moderater als das ihrer deutschen Verbündeten im Norden Kosovos und in Serbien.[13] Belegt ist, dass der italienische Generalstatthalter Jacomoni noch im Januar 1940 Einreise- und Transitvisa für ausländischen Juden erteilte.

Ab April 1940 galt jedoch eine neue Weisung: nichtalbanische Jüdinnen und Juden sollten abgeschoben werden. Kurz darauf, im Juli 1940, ordnete Jacomoni offiziell an, dass alle Jüdinnen und Juden mit ausländischer Staatsangehörigkeit so rasch wie möglich in ihre Herkunftsländer zurückgeschickt werden sollten. Die neuen Auflagen wurden allerdings kaum umgesetzt, denn für jene Zeitspanne sind keine jüdischen Flüchtlinge belegt, die in die Herkunftsländer ausgewiesen worden wären.[14] In diesen Zeitraum fällt aber die Deportation jüdischer Ausländer aus der Küstenregion ins Landesinnere, da der geplante italienische Griechenlandfeldzug bevorstand.[15] Die als militärisch-strategisch wichtiges Gebiet deklarierte Küste mussten alle Jüdinnen und Juden verlassen, die seit Ende der 1930er Jahre in der Hafenstadt Durrës und umliegenden Dörfern lebten. Da für Oktober 1940 der Angriff auf Griechenland geplant war, wurden die jüdischen Familien als Sicherheitsrisiko eingestuft, weil sie als „feindliche Ausländer“ galten.[16] Sie sollten in Städte im Landesinneren wie etwa Berat, Lushnja oder Fier umgesiedelt werden.

---

12 Grünbaum, Escape, S. 98–90.

13 Siehe hierzu umfassende Unterlagen aus dem USHMM, Kopien aus dem deutschen Bundesarchiv Ludwigsburg/Zentralstelle der Landesjustizverwaltungen: BArchL, B162/28.276, B162/28.281 und B162/25.915.

14 Schmidt-Neke, Albanien, S. 256.

15 Neumann, Umweg über Albanien, S. 41. Siehe hierzu auch Basciani, L'impero nei Balcani, S. 149–168.

16 Interview Neumann, USHMM, RG-50.030.0170, Part 2.

Aus Dokumenten geht hervor, dass in jener Zeit 26 Familien nach Berat und sechs nach Lushnja zwangsverschickt wurden.[17] Davon betroffen war auch die seit Anfang 1939 in Durrës lebende Familie Gerechter. Sie wurde im Sommer 1940 nach Berat und von dort im März 1941 nach Lushnja deportiert.[18] Der Griechenlandfeldzug im Herbst/Winter 1940/1941 entpuppte sich für die Italiener als Desaster.[19] Luftangriffe der Alliierten, welche die Griechen unterstützten, trafen auch Berat. Später wurde die Konzentration jüdischer Flüchtlinge im Landesinneren wieder aufgegeben, und die Jüdinnen und Juden durften erneut in Küstenstädten wie Durrës oder in Tirana wohnen.[20]

Das Vorgehen in Albanien war höchst personenabhängig und folgte keinem nachvollziehbaren Muster. Jacomoni empfing jüdische Flüchtlinge sogar persönlich und kümmerte sich um ihre Anliegen.[21] Manchmal brachten die Italiener die Flüchtlinge nach Italien und internierten sie dort, wie etwa ein Transport von 192 jugoslawischen jüdischen Flüchtlingen nach Ferramonti di Tarsia, einem Zivilinternierungslager in der Provinz Cosenza in Süditalien, im Oktober 1941.[22] Die meisten jüdischen Flüchtlingsfamilien blieben jedoch im Land. Manche, so wie das Ehepaar Gerechter, wurden von den italienischen Behörden auch willkürlich verhaftet. Ein albanischer Freund, Njazi Pilku, konnte allerdings ihre rasche Entlassung erwirken.[23]

Dieses „Laisser Faire“ seitens der italienischen Faschisten unter der Leitung Jacomonis führte zu Verstimmungen zwischen den Achsenpartnern. Die Deutschen warfen ihren Verbündeten vor, die „Judenpolitik“ nicht konsequent umzusetzen. Jacomoni berichtet in seinen Memoiren auch davon, dass mit Hilfe des Leiters der Abteilung für vertrauliche Angelegenheiten im italienischen Außenministerium, Luigi Vidau, in italienischen Niederlassungen im Ausland für deutsche, böhmische, polnische, ungarische und rumänische Jüdinnen und Juden albanische Pässe ausgestellt worden seien. „So konnten sie der rassischen Verfolgung entgehen, indem sie nach Albanien reisten“, wie er schreibt.[24]

17 Fischer, Jews of Albania, S. 98.
18 Neumann, Umweg über Albanien, S. 41, 47.
19 Rodogno, Il nuovo ordine mediterraneo, S. 53.
20 Schmidt-Neke, Albanien, S. 256.
21 Neumann, Umweg über Albanien, S. 41, 45. Zur Rolle Jacomonis auch Capogreco, S. 325.
22 Capogreco, I profughi ebrei rastrellati in Montenegro nel luglio 1941 e il loro internamento in Albania e in Italia, in: Brazzo et Sarfatti, Gli ebrei in Albania sotto il fascismo. Una storia da ricostruire, S. 162–163.
23 Neumann, Umweg über Albanien, S. 62.
24 Jacomoni, La Politica dell'Italia in Albania, S. 289.

Obwohl heute nicht nachgewiesen werden kann, um wie viele solcher Fälle es sich gehandelt hat, war die bezüglich der deutschen „Judenpolitik" nachlässige Haltung von den Italienern durchaus gewollt, um so den deutschen Verbündeten „ihre Grenzen aufzeigen zu können", wie Federico Goddi schreibt.[25]

Trotz ihrer oft prekären finanziellen Situation konnten jüdischen Flüchtlingsfamilien in Albanien unter italienischer Besatzung ein im Vergleich zu anderen Staaten Europas wesentlich freieres Leben führen. So hielten sich die wenigsten von ihnen in Verstecken auf, sondern wohnten in den Städten und Dörfern des Landes und nahmen auch an öffentlichen Veranstaltungen wie etwa Konzerten teil.[26] Falls sie nicht in einem der Lager interniert waren, mussten sich einige, aber längst nicht alle, täglich bei einer Polizeistation melden. Die campi di concentramento wiesen eine große Durchlässigkeit auf. In Kavaja beispielsweise konnten die Lagerinsassen das Lager verlassen, um in der Stadt Besorgungen zu verrichten. Kinder gingen – spätestens 1942 – teilweise zu Schule. Wer nicht im Lager selbst wohnte, konnte sich in einem Stadthaus einmieten, davon am bekanntesten und in diesem Buch mehrfach erwähnt sind das „Rote" und das „Weiße Haus". Einige hatten sich in der Zwischenzeit auch eine muslimische Identität zugelegt, so etwa Irene Eskenazi (später: Grünbaum) oder Gavra Mandil.[27]

Der Alltag gestaltete sich aufgrund finanzieller Sorgen oft schwierig und war geprägt von der ständigen Suche nach Arbeit, einer Unterkunft und bezahlbaren Nahrungsmitteln.[28] Eine koschere Ernährung konnte kaum oder nur zu Feiertagen eingehalten werden.[29] Einige hatten das Glück, einen Beruf erlernt zu haben, den man überall ausüben konnte, wie etwa der Fotograf Mandil. Andere waren gezwungen, ihre Talente zu überdenken und gezielt einzusetzen. Der ehemalige Kaufmann Gerechter aus Hamburg war vor der Flucht ein passionierter Hobbymaler gewesen. Nun fand er Arbeit als Plakate- und Werbetafelmaler.[30]

---

25 Goddi, Die italienische Besatzungsherrschaft, S. 55. Siehe zu den ständigen Auseinandersetzungen zwischen deutschen und italienischen Besatzungsbehörden in der Region auch: Zaugg, "Un centro d'intrighi": The Tainted Collaboration of the Axis Powers in the Borderlands of "Greater Albania", in: Franziska Zaugg, Jovo Mildaniović (Hgg.): War, Peace and Politics in Contested Territories, special volume in Journal of Balkan and Black Sea Studies, 2 (2021), S. 51–73.

26 Neumann, Umweg über Albanien, S. 52.

27 Grünbaum, Escape, S. 44–45, 47. Interview Gavra Mandil, 1.10.2003, USHMM, RG-50.999.0109.

28 Interview Neumann, USHMM, RG-50.030.0170, Part 1 and 2.

29 Neumann, Umweg über Albanien, S. 40. Christine Kanzler, S. 200.

30 Neumann, Umweg über Albanien, S. 43.

Propagandistische Impfkampagne
der Italiener, "Bonifica umana"

Propagandistische Darstellung
des Straßenbaus unter italienischer Besatzung

Frauen fanden in dieser Zeit auch als Haushälterinnen oder Lehrerinnen ein Einkommen.[31] Männer halfen im Haushalt mit und übernahmen auch weiblich konnotierte Arbeiten. So etwa als die Gerechters gemeinsam mit Walter und Finny Mandel eine „Wäscherei" eröffneten: „Die Männer wuschen und die Frauen bügelten", wie Johanna Neumann später schrieb.[32]

Viele der jüdischen Flüchtlingsfamilien und auch Einzelpersonen standen bereits vor 1941 miteinander in Austausch. Für Albanien lassen sich für die Zeit zwischen 1938 und 1941 zwei Gruppen feststellen: Bei der einen handelte es sich um jüdische Familien, die bereits seit dem ausgehenden 19. Jahrhundert, vor allem aber nach 1913 bis in die 1930er Jahre aus umliegenden Gebieten, etwa von Griechenland, nach Albanien eingewandert waren. Die andere Gruppe bestand hauptsächlich aus jüdischen Deutschen und Österreichern, die seit Mitte der 1930er Jahre, insbesondere aber seit 1938 nach Albanien gelangt waren. Die praktizierenden Jüdinnen und Juden unter ihnen feierten jüdische Feiertage, an welchen auch bisher nicht praktizierende jüdische Flüchtlinge teilnahmen.[33]

Die medizinische Situation in Albanien kann für die 1930er und 1940er Jahre als prekär bezeichnet werden. Obwohl die Italiener nach der Besetzung propagandistisch in Straßenbau und Impfkampagnen investierten, kam es zu gefährlichen Typhus- und Malariaepidemien.[34] Auch viele der jüdischen Flüchtlinge erkrankten daran. Diejenigen, die aus Mitteleuropa, aus Österreich und Deutschland gekommen waren, mussten sich erst daran gewöhnen, alles Wasser abzukochen und kein Eis zu konsumieren.[35]

31 Epstein, Es gibt einen Weg, S. 66, 73.
32 Neumann, Umweg über Albanien, S. 49. Interview Mandil, USHMM, RG-50.999.0109.
33 Fischer, Jews of Albania, 99. Epstein, Es gibt einen Weg, S. 71. Neumann, Umweg über Albanien, S. 40.
34 Ebd., S. 37.
35 Interview Neumann, USHMM, RG-50.030.0170, Part 1.

Jüdinnen und Juden in „Großalbanien" 1941 bis 1943 unter italienischer Besatzung

Mit dem deutsch-italienischen Balkanfeldzug von April 1941 änderte sich die Situation der Jüdinnen und Juden in ganz Südosteuropa grundlegend. Viele, die in den nun von Deutschland besetzten Gebieten lebten, entschieden sich in den kommenden Monaten aufgrund radikaler Verfolgung zur Flucht. Für die Zeit zwischen 1941 und 1943 lassen sich drei größere Einwanderungsphasen jüdischer Flüchtlinge aus anderen südosteuropäischen Gebieten in das von Italien kontrollierte „Großalbanien" erkennen.[1] Eine erste fand nach dem deutsch-italienischen Balkanfeldzug seit April, mit einem Höhepunkt im September 1941, statt, eine zweite Welle lässt sich im April 1942 verorten und eine dritte im Juli 1942.[2]

Anfang April 1941 beschloss Hitler, Jugoslawien zu zerschlagen, nachdem die Führungselite in Belgrad gewechselt und sich gegen ihn gewendet hatte. Am Morgen des 6. April 1941 überfiel die deutsche Wehrmacht Jugoslawien ohne Kriegserklärung. 611 Bomber und Jagdflugzeuge griffen Belgrad an. Die Hauptstadt war, wie auch andere Städte, ohne jegliche Luftabwehr. In zwei Tagen und einer Nacht zerstörten 440 Tonnen Brand- und Splitterbomben weite Teile der jugoslawischen Hauptstadt. Gemeinsam mit der italienischen Armee und bulgarischen Kontingenten eroberte die Wehrmacht in nur zwei Wochen große südosteuropäische Gebiete: Am 18. April kapitulierte Jugoslawien, am 21. April Griechenland.[3]

Jugoslawien wurde neu aufgeteilt: Italien erhielt adriatische Küstenregionen in slowenischen und kroatischen Gebieten, das pro-faschistische Kroatien wurde zusammen mit großen Teilen Bosnien-Herzegowinas zum Nezavisna Država Hrvatska (NDH) ausgebaut und Serbien kam unter deutsche Militärherrschaft. Kosovo hingegen, das seit den Balkankriegen 1912/13 als „Südserbien" bezeichnet wurde, teilten die Achsenmächten im Mai 1941 auf.

1 Fischer, The Jews of Albania, S. 98.
2 Ebd.
3 Manoschek, Serbien ist judenfrei, S. 18–19.

Nordkosovo, mit Mitrovica und den vielversprechenden Trepça/Trepča-Minen, kam zu Serbien unter deutsche Militärverwaltung, Mittel- und Südkosovo hingegen zu Albanien unter italienische Herrschaft. Auch einige Teile des heutigen Nordmazedonien und Südmontenegro wurden Albanien zugeschlagen. Von nun an hieß der Staat „Großalbanien". Die übrigen Gebiete des benachbarten Mazedonien sowie die kosovarischen Orte Gjilan/Gnjilane und Viti/Vitina kamen unter bulgarische Herrschaft.[4]

In allen vorher zu Jugoslawien gehörenden Gebieten, somit auch im Kosovo, waren bereits seit den 1930er Jahren, ähnlich wie in anderen Ländern Europas, Rassengesetze erlassen worden. Vor allem Jüdinnen und Juden, aber auch andere Minderheiten, wie etwa die Romnja und Roma litten sehr darunter. Aufgrund der zunehmend antisemitischen Haltung breiter Bevölkerungsteile im Königreich Jugoslawien war der Parlamentsabgeordnete und Oberrabbiner Isaj Alkalaj bereits 1938 gezwungen gewesen, das jugoslawische Parlament in Belgrad zu verlassen.[5] Schon bald nach der Zerschlagung des Königreichs Jugoslawien begann im Frühjahr und Sommer 1941 eine Fluchtwelle jüdischer Jugoslawen Richtung Südwesten. Sie sahen sich nun in serbischen und „neubulgarischen" (ehemals mazedonischen) Gebieten mit einer radikalen Verfolgung seitens der beiden Besatzungsmächte, Deutschland und Bulgarien, aber auch der lokalen Behörden konfrontiert und entschieden sich trotz großer Gefahren für eine Flucht. Die verzweifelten Menschen versuchten, durch „neualbanische" Gebiete nach „Altalbanien" zu gelangen.[6]

In der ersten Zeit nach dem Balkanfeldzug, rund ein bis zwei Monate bis zur definitiven Grenzziehung, waren in ganz Kosovo deutsche Kontingente stationiert, darunter auch eine Abteilung der Gestapo. Diese griffen jüdische Flüchtlinge auf und deportierten sie. Die deutschen Behörden arbeiteten eng mit nationalistischen Albanern zusammen. In diese Zeit fallen bereits verschiedene Inhaftierungen, Enteignungen und Erschießungen lokaler Jüdinnen und Juden im Kosovo.

---

4 Zaugg, Rekrutierungen, S. 47. Zur Aufteilung siehe auch: Fatmira Rama: Dukuri arsimore gjatë Luftës Së Dytë Botërore në Shqipëri, Tirana 2005, S. 49–50.

5 Ramaj, Bedrängte Juden im Kosovo, S. 20.

6 Bspw. Grünbaum, Escape, S. 11, S. 27–49.

So berichtete der ehemalige Präsident der jüdischen Gemeinde in Prishtina/Priština im sozialistischen Jugoslawien, Nisim Navonović, später:

„Nach dem Einmarsch der Deutschen in die Stadt [Prishtina/Priština] im Jahr 1941 sammelten sie alle Juden, die aus anderen Ländern gekommen waren, ein, sperrten sie ins Gefängnis und brachten sie nach einigen Tagen in Lastwagen in eine unbekannte Richtung. Das war Mitte April. Zur gleichen Zeit, vielleicht einen Tag später, nahmen Gestapo-Agenten vier Juden gefangen und sperrten sie ein: Mushon Asher und seinen Sohn Salomon, meinen Großvater Jakov Buhor Navon, der Kaufmann war, und den Lebensmittelhändler David Mandilo. Drei von ihnen wurden auf dem städtischen Schießstand erschossen, mein Großvater Jakov wurde im Gefängnis festgehalten, da sie an den Familienschmuck und das Geld gelangen wollten, von denen sie durch einige Ballisten[7] aus Pristina [sic] erfahren hatten, die mit seinem Vermögen vertraut waren."[8]

7 Der Balli Kombëtar war eine Dachorganisation, welche unterschiedliche nationalistisch gesinnte Albaner vereinte. Er arbeitete teilweise auch eng mit den Deutschen zusammen.

8 Interview mit Nisim Navonović, bis 1966 Präsident der jüdischen Gemeinde in Prishtina/Priština, https://kosovoholocaust.org/page59/page59.html (Stand: 2.1.2025).

Nach Mai 1941, mit der neuen Gebietsaufteilung, beruhigte sich die Situation in Mittel- und Südkosovo etwas, da die Region nun unter italienischer Herrschaft stand. Allerdings betonen Zeitzeugen, dass auch in dieser Zeit ein punktuelles, willkürliches Eingreifen der Gestapo auf dem Gebiet möglich war – und somit die jüdischen Flüchtlinge in Prishtina/Priština und die lokalen Jüdinnen und Juden „Neualbaniens" konstant gefährdet blieben.[9]

Leider sind zu den Grenzübertritten jüdischer Flüchtlinge zwischen Nordkosovo und Mittel-/Südkosovo keine genauen Zahlen bekannt. Sicher ist jedoch, dass serbische und albanische, in einigen Fällen auch deutsche Grenzwärter jüdische Flüchtlinge passieren ließen. Ein Beispiel für eine solche Hilfestellung bietet der Gemeindesekretär von Prishtina/Priština, Preng Uli. Er fälschte Reisedokumente für Jüdinnen und Juden aus Kroatien, Serbien und auch aus dem nördlichen Kosovo.[10] Damit ermöglichte er ihnen die Weiterreise nach Albanien. Busse brachten die von Uli mit gefälschten Papieren ausgestatteten jüdischen Familien von Kosovo („Neualbanien") nach „Altalbanien". Auch die Familie Mandil und Irene Eskenazi (später Grünbaum) berichten von Kontrolleuren, die sie durchwinkten oder ihnen hilfreiche Hinweise gaben.[11] Preng Uli fiel im Frühsommer 1944 einer Razzia durch die 21. Waffen-Gebirgs-Division der SS „Skanderbeg" zum Opfer. Er wurde am 28. Mai 1944 verhaftet und ins Konzentrationslager Prishtina/Priština gebracht, um von dort zur Zwangsarbeit ins Reich deportiert zu werden.[12]

Rückblickend lässt sich erkennen, dass den jugoslawischen jüdischen Flüchtlingen nur bestimmte Zeitfenster ein Überleben ermöglichten. Waren sie zu früh, noch im April 1941, aus Belgrad oder Skopje nach Prishtina/Priština geflohen, drohte ihnen Deportation und Ermordung. Doch es gibt auch einen Zeitpunkt, der als zu spät gelten kann. Wer seine Flucht erst 1942 oder 1943 plante, hatte größere Schwierigkeiten, zu überleben. Für „Neubulgarien", diejenigen mazedonischen Gebiete also, welche nach April 1941 in Bulgarien integriert wurden, galt dies in besonderem Maße.

---

9 Ebd.

10 Ramaj, Bedrängte Juden im Kosovo, S. 20–21. Siehe auch Bajraktari, Marrëdhëniet shqiptaro-hebraike, S. 122–126.

11 Grünbaum, Escape, S. 11 und Zeitzeugenaussage von Gavra Mandil, Yad Vashem 03.11543, Band Nr. VT-2652f, S. 11–12.

12 Robert Elsie hat die Listen mit insgesamt 789 Personen zusammengestellt, die in diesen letzten Monaten deutscher Besatzung bei verschiedenen Razzien verhaftet wurden. http://www.albanianhistory.net/1944_Prisoners-of-the-Nazis-in-Kosovo/index.html (Stand: 2.1.2025).

Mayer Altaracs Zwangsarbeitsbuch, April 1941

Die Verfolgung jugoslawischer Jüdinnen und Juden in Serbien und bei dem in Serbien verbliebenen Nordkosovo setzte nur Tage nach dem Einmarsch der Deutschen im April 1941 mit voller Härte ein. Sie mussten sich auf dem Platz im Tašmaidan Park sammeln und wurden registriert. Bereits am 16. April 1941, noch vor der Kapitulation Jugoslawiens, gab der Chef der Einsatzgruppe des Sicherheitsdienstes, SS-Standartenführer und Befehlshaber der Sicherheitspolizei und des SD (BdS) Wilhelm Fuchs, per Anschlag bekannt, dass sich alle Jüdinnen und Juden am 19. April um 8 Uhr morgens bei der Städtischen Schutzpolizei im Feuerwehrkommando am Tašmaidan zu melden hätten. Wer dieser Aufforderung nicht nachkäme, würde auf der Stelle erschossen.[13] Daraufhin flohen bereits zahlreiche serbischen Jüdinnen und Juden Richtung Kosovo. Diejenigen, die fliehen konnten, sahen ihre schlimmsten Befürchtungen bald Realität werden.

13 Manoschek, Serbien ist judenfrei, S. 35.

In Serbien und dem Serbien zugeschlagenen Teil Kosovos wurden schon zwischen Ende April und Mitte Juni 1941 alle arbeitsfähigen männlichen Juden zwischen 14 und 60, und alle Jüdinnen zwischen 16 und 60 Jahren zur Zwangsarbeit rekrutiert. Bei den Aufräumarbeiten der durch deutsche Bomben getroffenen Gebäude in Belgrad waren 3.500 bis 4.000 Jüdinnen und Juden im Einsatz.[14] Dazu gezwungen worden waren auch der eigentlich in Novi Sad wohnhafte, zu diesem Zeitpunkt aber in Belgrad weilende Fotograf Moshe/Mosa Mandil und der Unternehmer Mayer Altarac.[15]

Nach einem 10-Punkte-Programm sollten alle jüdischen Menschen in Serbien schrittweise aus der Gesellschaft ausgeschlossen werden.[16] Vor Ort waren, neben der Wehrmacht, insbesondere Sicherheitspolizei und Sicherheitsdienst (Sipo und SD) wie auch Teile der SS und Waffen-SS für die Verfolgung der Jüdinnen und Juden verantwortlich. In Belgrad liefen die Fäden bei Dr. Emanuel Schäfer zusammen. Dieser war am 6. Januar 1942 zum Befehlshaber der Sicherheitspolizei und des Sicherheitsdienstes (BdS) in Serbien ernannt worden, weil Reinhard Heydrich, Chef des Reichssicherheitshauptamtes (RSHA), der Meinung war, dass Schäfers Amtsvorgänger in Serbien, BdS Wilhelm Fuchs, versagt habe. Das Außenkommando Kosovska Mitrovica, zuständig für Nordkosovo und den Sandžak, leitete SS-Hauptsturmführer Kriminalkommissar Günther Hausding, der die gute Zusammenarbeit mit lokalen Muslimen lobte.[17] Hausding setzte mit Hilfe Angehöriger der Besatzungsverwaltung, der Wehrmacht und mit lokaler Unterstützung die Verhaftung und Deportation von Jüdinnen und Juden im Nordkosovo um.[18] Daneben war in Serbien und Nordkosovo auch die faschistische serbische Organisation Zadružna borbena organizacija rada (Zbor) aktiv an der Inhaftierung von und Gewalt an jüdischen Mitmenschen beteiligt. Die Zbor durfte sich nach dem deutschen Einmarsch offiziell bewaffnen und wurde fortan von deutscher Seite als Serbisches Freiwilligen-Korps (SFK) geführt.[19]

---

14 Ebd., S. 38–39. Aleksow, Jewish Refugees, S. 115.

15 In Jaša Altarac Nachlass befindet sich auch das Büchlein, welches die Zwangsarbeit in Belgrad dokumentiert. Siehe Kapitel: „Wie Jaša Altarac zum Taschentuch mit dem Doppeladler kam".

16 Manoschek, Serbien ist judenfrei, S. 38–39.

17 Lagebericht des Außenkommandos Kosovska-Mitrovica für August 1942, Hausding, 27. 8. 1942, USHMM/BArchL, B162/15.668, Bl. 41.

18 Schlussvermerk Staatsanwalt Werner, Anklage gegen Günther Hausding, 27. 6. 1974, USHMM, BArchL, B162/28.276, Bl. 4. Siehe zu weiteren Verantwortlichen bei der Deportation und Ermordung der jüdischen Bevölkerung im Raum Mitrovica auch USHMM, BArchL, B162/28.281.

19 Ramaj, Bedrängte Juden im Kosovo, S. 21. Zaugg, Rekrutierungen, S. 378. Noel Malcolm: Kosovo. A Short History, S. 295. Das „Serbische Freiwilligenkorps" war auch noch Anfang Dezember in den „neualbanischen" Gebieten aktiv, 8. 12. 1944, PAAA, R101011, Inland IIg.

Weiter wurden bereits kurz nach der Invasion zwei Regimenter der deutschen 717. Infanteriedivision nach „Südserbien" bzw. in die Region Nordkosovo und Sandžak verlegt.[20] Auch die 7. SS-Freiwilligen-Gebirgsdivision „Prinz Eugen" operierte zeitweise in diesem Raum.[21] Daneben sind lokal aufgebaute Verbände, etwa die „Albanisch-Muselmanische Freiwilligenlegion der SS", seit spätestens 1942 nachgewiesen, die eng mit den deutschen Besatzern zusammenarbeiteten.[22]

In der Hauptstadt Belgrad erfolgte nun schrittweise die Inhaftierung und Ermordung der serbischen Jüdinnen und Juden auf dem ehemaligen Messegelände Sajmište.[23] Dort wurde das Konzentrationslager Semlin/Zemun, auch „Judenlager" genannt, aufgebaut. Eine der treibenden Kräfte für den Aufbau war der SS-Gruppenführer und Militärverwaltungschef Harald Turner. Zahlreiche männliche Juden wurden dort im Laufe des Jahres 1941 erschossen. Im Frühjahr 1942 fanden in bzw. um dieses Gelände herum erste Versuche mit der Methode des Vergasens von jüdischen Menschen statt. Dazu wurde ein Prototyp der Lastwagenmarke „Saurer" im Lager Sajmište mit jüdischen Frauen und Kindern gefüllt. Während des Herumfahrens wurde durch eine Verbindung mit dem Auspuff Kohlenmonoxid in den Raum mit den Menschen geleitet. Die Fahrt wurde beendet, sobald alle erstickt waren. Auf diese Weise brachten die deutschen Besatzer die verbliebenen serbischen Jüdinnen und Juden bereits bis zur ersten Junihälfte 1942 um.[24] Befehlshaber der Sicherheitspolizei-Sicherheitsdienst (Sipo-SD) Belgrad, Dr. Emanuel Schäfer, meldete zu diesem Zeitpunkt nach Berlin: „Serbien ist judenfrei".[25] Bei diesen Vergasungen waren rund 8.000 jüdische Frauen und Kinder umgebracht worden.[26] In Belgrad blieben von der vor dem Krieg aus 12.500 Menschen bestehenden jüdischen Gemeinde nach dem Krieg noch etwa 1.500 übrig. Alle anderen waren entweder geflohen oder umgebracht worden.[27]

20 Manoschek, Serbien ist judenfrei, S. 30.
21 Zaugg, Rekrutierungen, S. 117, 121. Bei den Freiwilligenmeldungen ethnischer Deutscher gab es auch solche, die sich trotz ihrer jüdischen Ehefrau zum Dienst in der Waffen-SS meldeten. So etwa Karl Sattler aus Pančevo, wohnhaft in Belgrad, 28.6.1942, AJ, Collection 110 Arhiv Komizija (DK), Box F723/J755, Nr. 18747.
22 Zaugg, Rekrutierungen, S. 373.
23 Zum Lager Sajmište: Milovan Pisarri, La Shoah in Serbia a Macedonia (1941–1943), in: Laura Brazzo, Michele Sarfatti, (Hgg.) Gli ebrei in Albania sotto il fascism Una storia da ricostruire, Florenz 2010, S. 178–181. Siehe hierzu auch das Interview mit Ljiljana Djordjević zur Deportation ihrer Familie von Mitrovica nach Belgrad in das Konzentrationslager Sajmište, 5.8.2006, USHMM, RG-50.585.0014.
24 Manoschek, Serbien ist judenfrei, S. 169–171, 179–180.
25 Ebd., S. 184.
26 Die Ermordung der Juden des Balkans und der Slowakei, in: https://www.yadvashem.org/de/holocaust/about/fate-of-jews/balkans-and-slovakia.html (Stand: 2.1.2025).
27 Ramaj, Bedrängte Juden Im Kosovo, S. 20.

Durch die rasch einsetzende Verfolgung lokaler Jüdinnen und Juden in Serbien entstand sehr bald eine Fluchtbewegung nicht nur Richtung Mittel- und Südkosovo, sondern auch in Richtung Skopje. Mazedonien war nun als „Neubulgarien" Teil des bulgarischen Reiches. Als Vasallenstaat und Mitglied der erweiterten „Achse" folgte Bulgarien hinsichtlich der Verfolgung jüdischer Menschen in den „neubulgarischen" Gebieten dem Dritten Reich.[28] Doch Irene Eskenazi (später Grünbaum) betonte rückblickend, dass die bulgarische Einstellung gegenüber Jüdinnen und Juden von Opportunismus geprägt war, denn die Bulgaren hätten „die Juden" lediglich als Ware gesehen, die es gewinnbringend einzusetzen galt. Sie teilten die radikale antisemitische Haltung der Deutschen in Bezug auf das „jüdische Problem" nicht. Diese Haltung ergab bei der Inhaftierung, Konzentration, Deportation und Ermordung der jüdischen Menschen in Mazedonien eine zeitliche Verzögerung.[29] Für die aus Belgrad und anderen serbischen Städten geflohenen Jüdinnen und Juden entstand so ein falsches Gefühl einer weniger bedrohlichen Situation.

Für Berlin verliefen die antijüdischen Maßnahmen in Bulgarien zunächst zu langsam. Die Deutschen fanden jedoch einen Weg, um mehr jüdische Menschen in Bulgarien zu vernichten. SS-Hauptsturmführer Theodor Dannecker, ein Vertreter Adolf Eichmanns – dem Verantwortlichen für die „Endlösung der Judenfrage" – traf im Januar 1942 in Bulgarien ein, um so viele Jüdinnen und Juden wie möglich, zu deportieren. Kommissar Aleksandar Belev, Leiter des „Kommissariats für jüdische Probleme" vor Ort, half im nun folgenden Jahr bei der Konzentration und Deportation von rund 20.000 jüdischen Menschen Richtung Treblinka.[30]

Infolge weiterer neuer Gesetze umstellten das bulgarische Militär und die bulgarische Polizei die Städte Skopje, Bitola und Štip in der Nacht vom 10. zum 11. März 1943 mit einer Blockade.[31] Bis zum 11. März 1943 deportierten bulgarische Polizisten mit Unterstützung des Militärs 793 Familien.

28 Bis heute ist das Narrativ der geretteten Jüdinnen und Juden tief im bulgarischen Bewusstsein verankert. Nadège Ragaru zeigt in ihrer Studie die komplexen Verflechtungen zwischen der Rettung der „eigenen" Jüdinnen und Juden in „Altbulgarien" und der Deportation jüdischer Flüchtlinge in osteuropäische Vernichtungslager in „Neubulgarien" bzw. Mazedonien auf. Ragaru, Et les juifs bulgares, S. 7–10.

29 Pisarri, La Shoah in Serbia a Macedonia, S. 183.

30 Grünbaum, Escape, XV.

31 Pisarri, La Shoah in Serbia a Macedonia, S. 187.

Diese setzten sich neben den in Skopje lebenden jüdischen Menschen aus 3.351 Jüdinnen und Juden aus Bitola und einigen Hundert aus Štip, einem der ältesten jüdischen Siedlungsorte, zusammen. Im Gebiet um Skopje wurden weitere 3.800 Jüdinnen und Juden verhaftet und dann in der Stadt Skopje in einem provisorischen Lager untergebracht. Aus diesen drei Städten wurden schließlich zwischen dem 22. und 29. März 1943 in mehreren Güterzügen 7.144 Juden, und somit 98 % der gesamten jüdischen Bevölkerung des heutigen Mazedonien, in das Sammellager Sajmište (Semlin/ Zemun) und von da in das Vernichtungslager Treblinka in Polen deportiert.[32] Nach Grünbaum stammten von der Gesamtzahl der Deportierten rund 8.000 aus dem „neubulgarischen" Teil Mazedonien, etwa 6.000 aus Thrakien und weitere etwa 6.000 aus „Altbulgarien".[33]

Auch in Kroatien und Bosnien verschlechterte sich die Situation der lokalen und dorthin geflohenen Jüdinnen und Juden nach April 1941 radikal. Der neu aufgebaute faschistische kroatische Staat, Nezavisna Država Hrvatska (NDH), umfasste neben Kroatien auch weite Teile Bosniens und der Herzegowina. Mit seinen radikalen Ideen passte sich Ante Pavelić rasch an das Vorgehen der Nationalsozialisten an. Gleich nach dem deutsch-italienischen Balkanfeldzug eskalierte die Gewalt im NDH. Opfer waren Serben, Jüdinnen und Juden sowie Romnja und Roma. Die beiden jahrhundertealten jüdischen Zentren Sarajevo und Zagreb verloren durch Verfolgung und Ermordung beinahe alle ihre jüdischen Einwohner. Die von den Ustaše, den kroatischen (para-)militärischen Verbänden geführten kroatischen Konzentrationslager gehörten zu den schlimmsten in Südosteuropa. Den größten Lagerkomplex bildete das KZ Jasenovac, bestehend aus fünf Hauptabteilungen.[34] Rund 25.000 Jüdinnen und Juden wurden in kroatischen Konzentrationslagern ermordet.[35]

32 Albert Ramaj and Skender Asani, Rrugëtimi, Патешествие, Journey, Skopje: 2017, 20. Ragaru, Et les juifs bulgares, S. 7.
33 Grünbaum, Escape, XV.
34 Alexander Korb, Im Schatten des Weltkriegs. Massengewalt der Ustaša gegen Serben, Juden und Roma in Kroatien 1941–1945, Hamburg 2013, S. 261–262, 390.
35 https://www.yadvashem.org/de/holocaust/about/fate-of-jews/balkans-and-slovakia.html (Stand: 2.1.2025).

Auch aus den Gebieten des NDH versuchten jüdische Menschen nach Albanien zu entkommen oder aber zumindest in die von Italien besetzten Küstengebiete zu gelangen. Von dort brachten die Italiener sie teilweise nach Albanien, wie ein Schreiben vom 8. August 1941 belegt. Jacomoni informiert darin das Oberkommando des Italienischen Heeres in Albanien, dass Mussolini „einem weiteren temporären Transfer von 200 bis 300 Juden aus Split nach Albanien“ zugestimmt habe.[36]

Das Leben der griechischen Jüdinnen und Juden war nach April 1941 ebenfalls in extremer Gefahr. Griechenland wurde unter Italien, Deutschland und Bulgarien aufgeteilt. Ein bekanntes Beispiel liefert die Inhaftierung, Deportation und Ermordung fast aller Jüdinnen und Juden aus Thessaloniki, einer Stadt in Nordgriechenland. In dieser Stadt, die auch das „Jerusalem des Balkans“ genannt wurde, lebten vor dem Krieg rund 50.000 der etwa 77.000 griechischen Jüdinnen und Juden. Von März bis August 1943 deportierten deutsche und bulgarische Einsatzkräfte bereits einen Großteil der jüdischen Bevölkerung nach Treblinka und Auschwitz. Ein Jahr später, von März bis August 1944, wurden auch noch die bis September 1943 im italienischen Teil Griechenlands verbliebenen Jüdinnen und Juden deportiert und ermordet. Einige der bereits 1941 unter deutsche Militärherrschaft geratenen jüdischen Griechen konnten fliehen; entweder bis September 1943 in den von Italien besetzten Teil Griechenlands,[37] oder aber nach Albanien. Etwa 60.000 jüdische Menschen überlebten den Holocaust in Griechenland nicht.[38]

Auch aus Montenegro flohen jüdische Menschen nach Albanien oder wurden von Italienern sogar dorthin gebracht. Montenegro war zwei Jahre nach Albanien, am 17. April 1941, unter italienische Kontrolle gekommen.[39]

---

36 Italienischer Generalstatthalter Albanien Jacomoni an das Oberkommando des Italienischen Heeres in Albanien, 8.8.1941, USHMM, RG-79.001.0002.00000063, Kopie aus A.Q.SH..

37 Paolo Fonzi zeigt auf, dass zwar die Judenverfolgung in dem von Italien besetzten Teil nicht konsequent umgesetzt wurde, Gewalt aber an der Tagesordnung war und sich bis zur Kapitulation Italiens schrittweise steigerte. Paolo Fonzi, Fame di guerra. L'occupazione italiana della Grecia (1941–1943), Rom 2019, S. 123, siehe auch 172–190.

38 https://www.yadvashem.org/righteous/stories/greece.html (Stand: 2.1.2025). Paolo Fonzi

39 Milovan Pisarri, Ebrei profughi in Kosovo, Montenegro e Albania, in: Lia Tosi (Hg.), Caro Nemico, Pisa 2018, S. 164.

Die italienische Herrschaft in Montenegro lässt sich in drei Phasen einteilen: Die erste Phase umfasste die Monate von April 1941 bis zum Aufstand im Juli 1941.[40] Danach kam eine zweite Phase, die durch eine Normalisierung der Verhältnisse bis zum Dezember 1941 gekennzeichnet war. Die dritte Phase beinhaltete ein Kondominium von italienischen Besatzern und serbisch-montenegrinischen Nationalisten zwischen Januar 1942 und September 1943, welches mit der Kapitulation Italiens endete. Das Internieren von Menschen blieb in allen Phasen eine Grundkonstante der italienischen Besatzungspraxis. Bereits April 1941 wurde an der montenegrinischen Küste, in Kotor und Herceg Novi/Castelnuovo di Cattaro, zwei campi di concentramento aufgebaut. Gedacht waren sie eigentlich für Kriegsgefangene aus der jugoslawischen Armee. Nach den Aufständen im Juli 1941 waren dort aber auch sogenannte Rebellen und Geiseln interniert. In Bar wurde am 2. September 1942 ein weiteres Lager eröffnet. Es blieb bis zum 1. Oktober 1943 in Betrieb.[41]

Eine Gruppe von 192 vor allem serbischen jüdischen Flüchtlingen erreichte im April 1941 Herceg Novi/Castelnuovo di Cattaro. Sie wurden zwar zunächst im Lager festgehalten, sollten jedoch Anfang Juli 1941 auf Anweisung des deutschen Achsenpartners in ihre Herkunftsländer ausgewiesen werden. Die italienischen Behörden in Montenegro sahen schließlich aus „Gründen der öffentlichen Ordnung" davon ab, da sie davon ausgingen, dass die jüdischen Flüchtlinge sonst „Feindseligkeiten" zum Opfer fallen würden. Nachdem Polizisten den jüdischen Flüchtlingen sämtliche Ersparnisse abgenommen und in der italienischen Zentralbank deponiert hatten, beschlossen die Verantwortlichen, die Jüdinnen und Juden nach Albanien zu bringen. Diese wurden schließlich von Herceg Novi/Castelnuovo di Cattaro mit dem Motorschiff „Kumanovo" nach Durrës und von dort in das Lager Kavaja gebracht.[42]

Somit lassen sich fünf innerbalkanische Flüchtlingsströme ausmachen, die sich zwischen 1941 und 1943 Richtung Albanien bewegten. Der erste kam aus Mazedonien, das nun zu Bulgarien gehörte, der zweite aus Serbien. Ein dritter kam von Süden aus Griechenland, insbesondere von Thessaloniki her, ein vierter von Kroatien und Bosnien, welche seit April 1941 beide dem NDH angehörten, und ein fünfter aus dem Nachbarland Montenegro.

40 H. James Burgwyn: L'impero sull'Adriatico. Mussolini e la conquista della Jugoslavia, 1941–1943, Gorizia 2006, S. 124–133.

41 Federico Goddi, Die italienische Besatzungsherrschaft in Montenegro 1941 bis 1943, in: VfZ 72 (2024), S. 31–32, 53.

42 Goddi, Die italienische Besatzungsherrschaft, S. 54. Siehe hierzu eine andere Begründung der Deportation dieser jüdischen Flüchtlinge in: Capogreco, I profughi ebrei rastrellati, S. 153–167.

Allerdings unterschieden sich die Routen grundsätzlich. Während Menschen aus Montenegro und Griechenland direkt nach „Altalbanien" gelangen konnten, so etwa die Familie von Anna Kohen, mussten Flüchtlinge aus Serbien und „Neubulgarien" bzw. Mazedonien zuerst „neualbanisches" Territorium, das heißt Kosovo und angrenzende Gebiete, durchqueren, so auch Irene Eskenazi aus Belgrad, die über Skopje und Tetovo nach Tirana floh. Jüdische Flüchtlinge aus Kroatien hingegen konnten Albanien auch auf dem Seeweg erreichen, wie etwa die Grünbaums aus Wien, die eine Weile bei Verwandten in Zagreb gewohnt hatten.

Obwohl bereits länger die Weisung existierte, alle aus Serbien nach „Neualbanien" geflohenen Jüdinnen und Juden den deutschen Besatzungsbehörden zu überstellen, wurde diese von italienisch-albanischer Seite nicht umgesetzt. Die Flüchtlinge sollten sich bei den lokalen Behörden melden. Sie wurden zuerst in einer provisorischen Unterkunft, später in einem Teil des lokalen Gefängnisses, das zum campo di concentramento umfunktioniert worden war, interniert. Lokale Verwaltungsorgane meldeten jedoch den Deutschen neu angekommene jüdische Flüchtlinge nicht weiter.

Im Februar 1942 informierten die deutschen Behörden aus Belgrad den Oberst der Carabinieri, Andrea De Leo in Prizren, dass sie in Mitrovica einen Kern aus sechs Vertretern der Gestapo unter dem Kommando von Dr. Günther Hausding aufbauen wollten. De Leo war begeistert, denn es war bekannt, dass Hausding „ein Spezialist in der Unterdrückung kommunistischer Aktivitäten [war], der von der russischen Front kommt, wo er sich, wie sie sagen, sehr ausgezeichnet hat."[43] Gemeinsam mit der Feldgendarmerie wollten sie Überwachungsposten entlang der Demarkationslinie zum Kosovo einrichten, um klandestine Transitbewegungen kommunistischer Partisanen und jüdischer Flüchtlinge zu verhindern. Sie baten um die Zusammenarbeit mit den Italienern entlang der Demarkationslinie und darum, dass die italienische Grenzpolizei die notwendigen Kontakte mit deutschen Überwachungsposten herstellte.

43 L'Archivio dell'Ufficio Storico dello Stato Maggiore dell'Esercito (AUSSME), N 1/11, b. 969, fasc. Comando Superiore Forze Armate Albania, Diario storico, Bimestre marzo–aprile 1942, sfasc. Allegati, ten col. Andrea De Leo, Promemoria sugli accordi stabiliti con la polizia tedesca, 11 marzo 1942, zitiert nach: Michele Sarfatti, Tra uccisioni e protezione, S. 233. Siehe hierzu auch Bajraktari, Marrëdhëniet shqiptaro-hebraike, S. 122–126.

De Leo meinte hierzu: „Es fällt mir nicht schwer, dieser Bitte nachzukommen, und zu diesem Zweck wird in einigen Tagen ein Treffen mit Dr. Hausting [sic] und Hauptmann Di Lange in Mitrovica stattfinden, um die Vereinbarung in die Praxis umzusetzen und die Beziehungen der Herzlichkeit und der Zusammenarbeit, die zur Grundlage aller Gespräche gemacht wurden, immer mehr zu festigen. Ich verzichte darauf, dass – wie im Telegrammantrag des Verbindungsoffiziers in Belgrad angedeutet – ein deutsches Verbindungselement der Polizei im Kosovo platziert wird; und ich weise darauf hin, dass das Kosovo für alle dringenden Mitteilungen mit Mitrovica telefonisch verbunden ist."[44]

Basierend auf diesen Gesprächen lieferten italienische Dienststellen im März 1942 51 bzw. je nach Quelle 53 Flüchtlinge aus dem „neualbanischen" Kosovo den deutschen Behörden nach Nordkosovo aus. Wahrscheinlich handelten sie auf Druck der Deutschen. Innerhalb der internierten Flüchtlingsgemeinschaft kursierte die Geschichte, deutsche Vertreter wären in das Lager gekommen und hätten die Auslieferung von 60 Insassen gefordert. Diese Forderung hätten sie geäußert, nachdem italienischen Wachmannschaften die Beschwerde bezüglich des Platzmangels jüdischer Flüchtlinge weitergeleitet hätten.[45] Der Historiker Michele Sarfatti konnte allerdings in den Akten einen Befehl zur „Auslieferung" einer ersten Gruppe von „Juden, die mit gefälschten Dokumenten über Albanien eingereist waren", finden. Dieser wurde an die italienischen Carabinieri basierend auf einer am 11. März 1942 in Belgrad zwischen den deutschen Besatzern und De Leo unterzeichneten Vereinbarung erteilt. De Leo war dazu im Februar extra aus „Neualbanien" nach Belgrad gereist.[46] Diese Jüdinnen und Juden wurden zuerst nach Mitrovica, in den von Deutschen besetzten Teil Kosovos, und danach in das Konzentrationslager Sajmište (Semlin/Zemun) bei Belgrad gebracht. Dort wurden sie ermordet.[47] Gavra Mandil erzählte später im Interview, dass die ausgelieferten jüdischen Flüchtlinge bereits in einem nahegelegenen Wald umgebracht worden wären.[48]

---

44 Ebd.

45 Interview Mandil, USHMM, RG-50.999.0109.

46 Michele Sarfatti, Tra uccisioni e protezione, S. 232. Siehe auch Capogreco, Les Juifs en Albanie, S. 330.

47 Ramaj, Bedrängte Juden Im Kosovo, S. 21.

48 Interview Mandil, USHMM, RG-50.999.0109.

Der Hinweis darauf, dass die Jüdinnen und Juden in das von Deutschen besetzte Mitrovica ausgeliefert wurden, offenbart die punktuelle Zusammenarbeit der beiden Besatzungsmächte – welche allerdings nie über die Region des Grenzgebiets „Kosovo“ hinausging. Meistens waren sich nämlich die in Serbien/Nordkosovo stationierten Deutschen nicht einig mit den in Albanien/Mittel- und Südkosovo stationierten Italienern. Sie misstrauten einander und warfen sich gegenseitig vor, lokale Widerstandsgruppen zu unterstützen, die den jeweiligen Achsenpartner militärisch schwächen sollten.[49] Christine Kanzler betont in ihrem Beitrag zur Erforschung österreichisch-jüdischer Flüchtlinge in Albanien bzw. „Großalbanien“, dass die Darstellung der Auslieferung jüdischer Menschen von Prishtina/Priština in den von den Deutschen besetzten Teil Nordkosovos durch italienische und albanische Autoritäten im März 1942 in vielen Publikationen ausgespart würde, „da diese nicht in Übereinstimmung mit dem Bild des Albaners als Judenretter sui generis zu bringen sind“.[50]

Kurz nach der Auslieferung der über 50 jüdischen Flüchtlinge, darunter auch die Schwester von Merjama Altarac, Frieda Barta, aus Belgrad, bat Mosa/Moshe Mandil den italienischen Lagerkommandanten, mit dem er sich aufgrund seiner Fotografien angefreundet hatte, darum, dass die übrigen Lagerinsassen nach „Altalbanien“ transportiert würden. Ein letztes Bild aus dem campo di concentramento in Prishtina/Priština vom Mai 1942 mit den verbliebenen Inhaftierten und sowohl einer italienischen als auch einer albanischen Wache zeigt erstere kurz vor ihrer Abreise nach „Altalbanien“.

Auch der albanische Ministerpräsident Mustafa Kruja bat in dieser Zeit den italienischen Generalstatthalter Jacomoni darum, die verbliebenen Flüchtlinge von Prishtina/Priština nach „Altalbanien“ bringen zu dürfen. Nachdem Jacomoni grünes Licht gegeben hatte, wies das albanische Innenministerium die Präfekten der „befreiten Gebiete Neualbaniens“ in einer Verordnung vom 30. März 1942 an, alle Juden aus ihren Bezirken nach „Altalbanien“ umzusiedeln. Generalstatthalter Jacomoni beschreibt in seinen Memoiren „La Politica dell'Italia in Albania“ seine geheime Zusammenarbeit mit Kruja und Vidau zur Rettung dieser Flüchtlinge aus Kosovo – dass er erst wenige Tage zuvor die Auslieferung von über 50 jüdischen Menschen zuließ, erwähnt er nicht.

---

49 Siehe detailliert Zaugg, Albanische Muslime, S. 77, 85.

50 Kanzler, Flucht nach Albanien, S. 210.

Campo di concentramento Prishtina/ Priština, Mai 1942

Im April 1942, etwa zwei Monate nach der Wannseekonferenz, ließ die deutsche Dienststelle Belgrad über den in Albanien stationierten Generalkonsul, Martin Schliep, Kruja informieren, dass sie die Auslieferung von weiteren 300 jugoslawischen Juden fordere. Die Dienststelle Belgrad hatte Kenntnis über Namen und Aufenthaltsorte der Flüchtlinge, die im Kosovo in verschiedenen Städten Zuflucht gefunden haben sollen oder in Prishtina/ Priština interniert waren. Kruja schickte daraufhin seine Beamten nach „Neualbanien", um die jüdischen Flüchtlinge mit Bussen in die Region um Gjirokastra in Südalbanien zu bringen.[51] Nach einigen Tagen meldete Kruja an die deutsche Dienstelle in Belgrad, „dass die Nachforschungen, die in Kosovo durchgeführt wurden, um die betreffenden Genannten zu finden, vergeblich waren."[52]

51 Jacomoni, La Politica dell'Italia in Albania, S. 288f.

52 Ebd.

Die fünf Familien Levi, Borger, Ruchvarger, Altarac und Mandil nach der Entlassung aus dem Lager in Pishtina/Priština und der Ankunft in Kavaja

Diese Umsiedlungen wurden von denjenigen im Lager Prishtina/Priština als Rettung, von betroffenen lokalen Jüdinnen und Juden aber als Inhaftierung und Deportation wahrgenommen. Bereits am 5. April 1942 traf eine Gruppe von 100 Jüdinnen und Juden in Berat ein. Einige Tage später kamen 79 Juden aus Pejanc in das Lager von Preza in der Nähe von Tirana. Es handelte sich dabei in erster Linie um ein Lager für politische Häftlinge.[53] Auch Joseph Teitelbaum, wohnhaft in Prizren, wurde nach Preza deportiert. Er war im Ersten Weltkrieg unter österreichisch-ungarischer Besatzung als Militärarzt in der Region stationiert gewesen und hatte sich nach Kriegsende als Gemeindearzt im Kosovo niedergelassen. Die Italiener konfiszierten sein Haus in Prizren. Seine Frau Paula Teitelbaum und ihr gemeinsamer Sohn Raul fanden Zuflucht bei einer serbischen Freundin und ihren beiden Töchtern.[54] Das Lager in Preza wies eine relative Offenheit auf. So konnten etwa Raul Teitelbaum und seine Mutter Paula ihren Mann Joseph im Lager besuchen. Dabei entstanden auch Fotos, wie auf dem Bild rechts zu sehen ist.

Kurz darauf wurden, laut eines Dokumentes aus dem albanischen Zentralarchiv in Tirana, weitere 551 jüdische Flüchtlingen von Prishtina/Priština nach Berat umgesiedelt. Im Lager in Berat befanden sich Anfang Mai 1942 rund 400 Jüdinnen und Juden.[55] Im Juli 1942 wurden weitere lokale Jüdinnen und Juden zusammen mit 69 jüdischen Flüchtlingen aus dem Lager in Prishtina/Priština mit Lastwagen nach Kavaja, Burrel, Berat, Kruja und Shijak in dort eingerichteten campi di concentramento deportiert. Bei den in diesen Lagern internierten jüdischen Flüchtlingen handelte es sich meistens um Menschen aus Serbien, Mazedonien (jetzt „Neubulgarien"), Montenegro und Bosnien (jetzt Teil des NDH).

Bis Sommer 1942 kamen nach Schätzungen gegen 1.000 Flüchtlinge in die campi di concentramento, die italienischen Internierungs- und Sammellager in „Altalbanien". Obwohl sie den gleichen Namen aufweisen wie die deutschen Konzentrationslager, unterschieden sich diese Lagertypen sehr.

53 Davide Rodogno: Il nuovo ordine mediterraneo: le politiche di occupazione dell'Italia fascista in Europa (1940–1943), Torino 2003, S. 427.

54 https://verlorenertransport.de/raul-teitelbaum.html (Stand: 24.12.2024).

55 Auflistung jüdischer Flüchtlinge zur Deportation von Prishtina/Priština nach Berat, A.Q.SH., F.152, V.1942, D.319. Saimir Lolja nennt nach Pavle Dželetović noch 256 weitere jüdische Familien, bestehend aus 860 Personen, die vorübergehend im Kosovo interniert waren, bevor sie zwischen Mitte 1942 und 1943 nach Zentralalbanien deportiert wurden. Pavle Dželetović Ivanov: Jevreji Kosova i Metohije, Beograd, 1988, S. 101–102, nach Saimir Lolja: The Rescue of Jews in Kosova, https://www.zemrashqiptare.net/news/22599/saimir-lolja-the-rescue-of-jews-in-kosova.html (7.1.2025).

Bild von Gefangenen im italienisch-albanischen Konzentrationslager Preza mit Dr. Joseph Teitelbaum (stehend, 2.v.r.)

Am besten überliefert sind die Verhältnisse im Lager Kavaja. Neuankömmlinge wurden polizeilich registriert und mit einem Notausweis ausgestattet. In der ersten Zeit konnten die Lagerinsassen zwar mit ihrer Umgebung Kontakt pflegen, ihre Bewegungsfreiheit war aber auf das Lager beschränkt. Eine lokale Initiative von Albanern brachte allerdings die kommunale Verwaltung dazu, dass sich die jüdischen Flüchtlinge auch außerhalb des Lagers niederlassen durften. Sie mussten sich zwar täglich bei der örtlichen Polizei melden, konnten sich aber innerhalb der Stadt frei bewegen.[56] Zuerst bekamen sie von den Behörden außerdem eine minimale finanzielle Unterstützung, die allerdings ab November 1942 gestrichen wurde. Die lokalen italienisch-albanischen Behörden waren zwar von Entscheidungen der Besatzungsmacht abhängig, hatten aber bei der Umsetzung von Maßnahmen vor Ort einen relativ großen Spielraum.

Nach Capogreco richteten die Italiener spätestens 1941 in „Altalbanien" folgende Lager ein: Kavaja, Shijak, Burrel, Durrës, Kukës, Klos, Prizren und Puke.[57] In einem anderen Verzeichnis werden zusätzlich Preza und Prishtina/Pristina genannt.[58] Dabei handelte es sich um Lager, in denen insbesondere politische Gefangene inhaftiert werden sollten, dennoch waren auch jüdische Flüchtlinge darunter. So auch das Lager in Kavaja, welches nach Capogreco ursprünglich für die Deportation und Inhaftierung aufständischer Montenegriner eingerichtet worden war und Platz für rund 4.000 Internierte bot.[59] Die dort seit Sommer 1941 internierten 192 Jüdinnen und Juden waren von den aus politischen Gründen Inhaftierten getrennt. Ihre Haftbedingungen war auch weitaus weniger streng. Sie konnten mit der Außenwelt kommunizieren und erhielten Unterstützung. Sie hielten auch Kontakt zu jüdischen Gemeinden in Italien und baten diese ebenfalls um Unterstützung. Die gefangenen Jüdinnen und Juden hofften darauf, dass die faschistischen Behörden ihre Haftbedingungen mildern und sie in „freie Internierung" versetzen würden. Aufgrund ihrer Beschwerden wandte sich die Delegation für die Unterstützung jüdischer Emigranten (Delasem) an Generalstatthalter Jacomoni mit der Bitte, sich mit den lokalen Behörden in Verbindung zu setzen, um für die internierten jüdischen Flüchtlinge zu sorgen.

56 Bericht Mihal Lekatari an Yad Vashem (übersetzt von Josef Glanz), 15.8.1991, Yad Vashem, M.31.2/5324.

57 Capogreco, Les Juifs en Albanie, S. 325.

58 Verzeichnis faschistischer italienischer Lager https://campifascisti.it/elenco_campi.php?nazione=87 (Stand: 2.1.2025). Zu den Lagern siehe auch Rodogno, Il nuovo ordine mediterraneo, S. 427.

59 Capogreco, Les Juifs en Albanie, S. 325. Ders., I profughi ebrei, S. 157.

Die 192 Flüchtlinge sollten jedoch nicht lange in Kavaja bleiben. Das Ufficio Albania[60] in Rom war mit der Überführung der mehrheitlich serbischen jüdischen Flüchtlinge von Montenegro nach Albanien nicht einverstanden. Bereits am 10. September 1941 teilte deshalb das italienische Innenministerium dem Oberkommando in Albanien mit, dass der Duce entschieden habe, „die 192 Juden [könnten] irgendwo in Süditalien untergebracht werden […], vorausgesetzt, sie kommen nicht mit der Öffentlichkeit in Kontakt und verpflichten sich, Italien zu verlassen, sobald es notwendig ist." Ihre Abreise erfolgte am 25. Oktober 1941. Sie verließen den Hafen von Durrës Richtung Bari, von wo aus sie in das Lager Ferramonti gebracht wurden. Von den 192 Flüchtlingen hatten sich nur fünf entschieden, in Albanien zu bleiben.[61]

Zwischen 1941 und 1942 erreichten so auf verschiedenen Wegen vermutlich tausende jüdische Flüchtlinge aus ehemals jugoslawischen Gebieten Kosovo bzw. „Neualbanien", um von dort nach Zentralalbanien weiterzufliehen. Wie Fischer schreibt, ist es unmöglich, eine genaue Zahl anzugeben, denn heute kann nicht mehr nachvollzogen werden, wie viele jüdische Menschen die klandestinen Fluchtnetzwerke über die Grenzen brachten.[62] Rachel Abarbanel-Confino, die 1922 im jugoslawischen Slavonski Brod geboren worden war, floh beispielsweise zuerst nach Skopje und gelangte von dort in einem Vier-Tage-Marsch über die grüne Grenze durch „Neualbanien" nach „Altalbanien". Schließlich wurde sie von der albanischen Polizei aufgegriffen und in das Internierungslager nach Kavaja gebracht.[63] Auch Irene Eskenazi (Grünbaum) floh illegal über „Neualbanien" nach „Altalbanien". Diese Menschen tauchen nicht in den Akten auf oder wenn, dann erst später, falls sie sich registrieren ließen und in Zentralalbanien interniert wurden.

60 Ehemals Untersekretariat für albanische Angelegenheiten des Italienischen Außenministeriums.

61 Im Lager Ferramonti beantragten einige von ihnen, als „freie Internierte" in den Norden Italiens geschickt zu werden. Ihrem Antrag wurde stattgegeben und sie wurden verlegt. Nach September 1943 waren diese allerdings der Verfolgung durch die nachrückenden deutschen Truppen ausgesetzt. Capogreco, Les Juifs en Albanie, S. 326. Siehe hierzu ausführlich Capogreco, I profughi ebrei rastrellati, S. 153–167.

62 Fischer, Jews in Albania, S. 96.

63 Oral History Interview with Rachel Abarbanel-Confino, USHMM, RG-50.120.0001.

Fotoreihe eines Besuchs
im Lager Kavaja, August 1941

Nicht nur Rachel Abarbanel griff bei der Organisation der Flucht auf frühere Bekanntschaften zurück. Viele der Fliehenden aus den jüdischen Zentren Belgrad und Skopje kannten sich bereits und trafen sich in Prishtina/Priština und später auch in Kavaja wieder. Andere knüpften erst in einem dieser Lager zueinander Kontakte und bauten Freundschaften auf. Von unterschiedlichen Familien existieren Bilder aus dem italienischen Konzentrationslager im Kosovo, die das Zusammensein oder auch Flüchtlingskinder beim gemeinsamen Spiel zeigen. Diesen Austausch zeigt die folgende Fotografie, auf welcher die Kinder der Familien Altarac, Azriel, Mandil und Konforti zu sehen sind. Sie standen auch später in Kavaja in engem Kontakt zueinander. Inszeniert und fotografiert hatte die Kinder Mosa/Moshe Mandil im April 1942 im Lager Prishtina/Priština.

Obwohl die Gefahr willkürlicher Verhaftungen und Erschießungen durch die italienische Besatzungsmacht und faschistische Albaner 1942 bestehen blieb, lässt sich für dieses und das erste Halbjahr 1943, bezogen auf die jüdischen Flüchtlinge, eine Beruhigung feststellen. Die Lebensumstände blieben zwar äußerst prekär, doch in Zentren wie Kavaja hatten sie die Möglichkeit, neben der ständigen Suche nach Nahrungsmitteln auch eine Art Alltag zu leben. Bezeugt ist dies etwa in den Memoiren und Interviews von Irene Eskenazi (später Grünbaum) oder Gavra Mandil, die Kavaja als friedlichen und gastfreundlichen Ort erlebten, wo ein Zusammenleben auch außerhalb des Lagers, in angemieteten Häusern, möglich war. Erwähnt werden mehrmals das „Rote“ und das „Weiße Haus“.[64] Gavra Mandil besuchte wie einige weitere Kinder sogar eine Schule. Auch Johanna Neumann (geb. Gerechter) schreibt von Besuchen in Kavaja, wo ihre Familie gemeinsam mit anderen Familien 1942 jüdische Feiertage beging.[65]

In Kavaja pflegten Flüchtlinge nicht nur den Austausch mit Albanern, sondern bauten auch zu Vertretern der Besatzungsmacht freundschaftliche Beziehungen auf. Ein italienischer Soldat unterrichtete spätestens im ersten Halbjahr 1943 einen Teil, wohl die älteren, der jüdischen Kinder.

64 Grünbaum, Escape, S. 54, 59.
65 Neumann, Umweg über Albanien, S. 42.

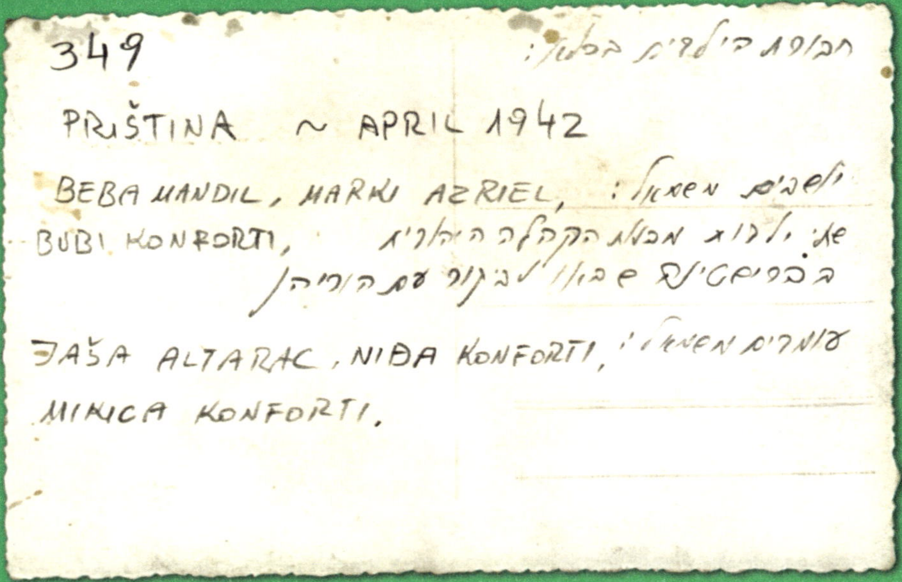

Im Uhrzeigersinn von oben links: Jaša Altarac, Niđa Konforti, Michael (Mikica) Konforti, unbekannt, Gavra Mandil, Rahel (Ralle) Jakovljević, Bubi (Naftali?) Konforti, Marki Azriel und Irena (Beba) Mandil, campo di concentramento Prishtina/Priština, April 1942

Von jüdischen Flüchtlingen angemietetes „Rotes Haus" in Kavaja. In den Fenstern sind von links nach rechts abgebildet: die Familie Mandil, die Familie Azriel, die Familie Altarac, die Familie Ruchvarger und die Familie Borger

Zwischen 1942 und 1943 versuchten zahlreiche Menschen, sich dem Zugriff der Besatzungsmacht durch gefälschte Papiere und wechselnde Unterkünfte zu entziehen. Sie erhielten teilweise Hilfe von Mitarbeitern lokaler Verwaltungen, aber auch von Netzwerken und Privatpersonen wie dem Partisanen Mihal Lekatari und der Familie Babamusta, die Ausweispapiere für jüdische Flüchtlinge fälschten.[66] Neben denjenigen, die sich als Jüdinnen und Juden hatten registrieren ließen und im Lager bzw. in angemieteten Gemeinschaftshäusern lebten, gab es auch solche, die eine muslimische Identität annahmen und/oder privat von Albanern beherbergt wurden.[67]

66 Brief von Mihal Lekatari an den Direktor von Yad Vashem, 30.1.1999, Yad Vashem, M.31.2/5324.

67 Grünbaum, Escape, S. 44.

Marki Azriel, Irena Mandil, Jaša Altarac und Gavra Mandil mit einem italienischen Soldaten, der auch Jaša und Marki unterrichtete, Kavaja 1943

Wie italienische Akten zeigen, hielten heimliche Grenzübertritte nach Albanien auch im Frühjahr 1943 noch an.[68] In den letzten zwei Monaten der italienischen Besatzung, im Sommer 1943, nahmen Sabotageakte, etwa Sprengungen oder Besetzungen durch albanische und aus angrenzenden Gebieten stammenden jugoslawischen Partisanengruppen, sprunghaft zu. Desertionen von Albanern in italienischem Dienst stiegen an. Dies erhöhte auch die Gefahr für jüdische Flüchtlinge, denn die Italiener reagierten mit zunehmenden Verhaftungen potentieller und echter Kommunisten und „Sühnemaßnahmen", denen zahlreiche Albaner zum Opfer fielen.[69] Bereits im Sommer 1943 unterstützen sie bei Razzien und Zerstörungen in albanisch bewohnten Gebieten auch deutsche Wehrmachtseinheiten.

68 Angeordnete Ausweisung nach Grenzübertritt von Mezen Saul aus Saloniki, 341.5.1943, Archivio Storico Diplomatico (ASD), Gabinetto Albania (GA), Busta 105. Siehe weitere Akten zu Grenzübertritten aus dem ASD, Bericht Tirana, 8.7.1943, in: Destani, Muharemi, Jews in Albania. Italian Archives, London 2023, S. 73.

69 Vgl. bspw. Deutscher Verbindungsstab bei Ital. AOK 2, Schreiben vom 2.7.1943, Schreiben vom 3.7.1943, Schreiben vom 26.7.1943, Schreiben vom 6.7.1943, Schreiben vom 9.7.1943, Schreiben vom 10.7.1943, Schreiben vom 12.7.1943, 23.7.1943, 24.7.1943, 26.7.1943, BArchF, RH 31-XI/7.

Bis Sommer 1943, das heißt bis zum Ende der italienischen Besatzung, befanden sich nach unterschiedlichen Schätzungen zwischen 900 bis 3.000 jüdische Personen in „Großalbanien".[70] Anfang Juli wurden in den einzelnen Städten und Dörfern Listen der sich dort aufhaltenden gemeldeten Jüdinnen und Juden erstellt. So sind beispielsweise für diese Zeit im Umland von Durrës 13, für Kruja 168 und für Berat 100 namentlich überliefert.[71] Einerseits kamen diese aus Mitteleuropa, andererseits auch aus näher gelegenen Regionen, den zerschlagenen jugoslawischen Gebieten und Griechenland. Am 18. Juli 1943 meldete ein Bericht an das Innenministerium nach Rom, dass „das Beschützen der jüdischen Flüchtlinge in Albanien durch die albanische Regierung immer offensichtlicher und unverschämter" würde.[72] Doch auch zahlreiche italienische Beamte halfen bei der Unterstützung jüdischer Familie, wie der italienische Soldat, der in Kavaja jüdische Kinder unterrichtete, oder sie drückten zumindest beide Augen zu. Mit der deutschen Besetzung „Großalbaniens" im September 1943 konnte diese Art von Zusammenarbeit zwischen italienischen und albanischen Behörden nicht mehr weitergeführt werden.
Die noch unter italienischer Herrschaft, unter anderem von Mihal Lekatari ausgestellten gefälschten Ausweise erlaubten es vielen ausländischen Jüdinnen und Juden die nun einsetzende deutsche Besatzung zu überleben.

70 Sinani, Albanians and Jews, S. 132, 159–160.
71 Albanisches Innenministerium, Abteilung Polizei, 13.7.1943, USHMM, RG-79.001.0007, Kopie aus A.Q.SH.
72 Luogotenenza, Busta 3; Mirakaj, Kolë Bib [auch: Kol Bib, Kola Biba], 18.7.1943, ACS ISP. Gen. PS.

Jüdinnen und Juden in „Großalbanien" 1943 und 1944 unter deutscher Besatzung

Die Kapitulation Italiens im September 1943 verschärfte auch die Situation für die lokale jüdische Bevölkerung und die jüdischen Flüchtlinge in „Großalbanien". Die nationalsozialistische Besatzung löste die faschistische Herrschaft ab. Obwohl der Sonderbevollmächtigte des Auswärtigen Amtes für den Südosten, Hermann Neubacher, in seinen Memoiren rückblickend von einem „neutralen Staat Albanien" schreibt, gestaltete sich die politische Situation in Albanien nach dem September 1943 weder neutral noch unabhängig. In sämtlichen Memoiren und Oral History Interviews betonen jüdische Flüchtlinge und auch bereits länger in Albanien lebende jüdische Menschen die Zäsur, die sie nun erlebten.[1]

Für die deutschen Besatzer kam allerdings der Kriegsaustritt Italiens nicht überraschend. Der deutsche Verbindungsstab bei der 2. Italienischen Armee hatte bereits in den Sommermonaten 1943 auf eine mögliche bevorstehende Kapitulation hingewiesen.[2] So hatten sie, trotz eigener materieller und personeller Schwäche, genügend Zeit, sich auf die Übernahme Albaniens vorzubereiten. In den Sommermonaten 1943 stationierten sie Teile der 100. Jäger-Division in Albanien, rund 1.000 Mann.[3] Weitere Wehrmachteinheiten hatten bereits vor der Kapitulation die Flughäfen des Landes und den Hafen von Durrës besetzt.[4]

1 Jakoel, Izraelitet në Shqipëri, S.121.

2 Deutscher Verbindungsstab bei Ital. AOK 2, Monate Juni, Juli, August 1943, BArchF, RH 31/XI-7. Vgl. hierzu auch OB Südost, Bericht „Entwicklung der militärischen Lage in Albanien im Herbst 1944", undatiert, BArchF, RW 40/116a, Bl. 10.

3 Aga Rossi; Giusti, Guerra a parte, S. 309.

4 Aga Rossi und Giusti gehen von ca. 3.000 Mann aus. Ebd., S. 310. Siehe auch Kasmi, Deutsche Besatzung in Albanien, S. 9.

Nachrückende Truppenteile der 2. Panzerarmee, die 118. Jägerdivision (später abgelöst von der 181. Infanteriedivision) und die 297. Infanteriedivision besetzten ab dem 9. September 1943 das übrige Albanien.[5]
Wie Fischer feststellte, war die Truppenstärke mit nur noch gut zweieinhalb Divisionen zweitrangiger deutscher Truppen im Vergleich zu acht italienischen Divisionen vor der Kapitulation gering.[6] Irene Eskenazi (Grünbaum) beobachtete außerdem, dass die in Albanien stationierten deutschen Soldaten sehr jung waren.[7]

Bereits am 10. September 1943 beauftragte Reichsaußenminister Joachim von Ribbentrop Neubacher mit der Neubildung der Regierung in Albanien. Dazu wurde aus den zwei politischen Lagern um Ibrahim Bey Bičaku und Xhafer Deva ein Exekutivkomitee gebildet, mit Bičaku an der Spitze. Am 16. Oktober tagte eine Nationalversammlung mit 150 Abgeordneten. Diese bestand vor allem aus Vertretern aus Nord- und „Neualbanien". Unter dem Vorsitz des ehemaligen Ministerpräsidenten unter Zogu, Mehdi Bey Frashëri, wurde nun ein Regentschaftsrat eingesetzt. Frashëri galt nach Neubacher als „angesehenste Persönlichkeit des Landes". Weitere Mitglieder des vierköpfigen Regentschaftsrats waren Lef Nosi, Pater Anton Harapi und Fuad Dibra.[8] Am 5. November wählten der Regentschaftsrat und die albanischen Nationalversammlung den zu dieser Zeit als Vorsitzender der „Zweiten Liga von Prizren" amtierende Rexhep Mitrovica zum Ministerpräsidenten.[9] Bedri Pejani und später Xhafer Deva übernahmen den Vorsitz der „Liga". Sie sollte im Frühjahr 1944 beim Aufbau der 21. Waffen-Gebirgs-Division der SS „Skanderbeg" im Raum „Neualbanien" eine Schlüsselrolle spielen.[10]

Die deutschen Einheiten stießen bei ihrer Ankunft kaum auf Widerstand, die Besetzung der Städte verlief „verhältnismäßig reibungslos".[11] Nicht wenige Albaner waren gegenüber den Deutschen positiv eingestellt, einerseits, weil sie so die verhasste Herrschaft der Italiener los wurden, andererseits auch, weil sie sie an die Österreicher erinnerten.[12]

---

5 Kühmel, Deutschland und Albanien, S. 207.

6 Fischer, Kollaborationsregimes, S. 372. Vgl. auch Neuwirth, Widerstand und Kollaboration, S. 121.

7 Grünbaum, Escape, S. 60.

8 Neubacher, Sonderauftrag Südost, S. 111f. Kasmi, Deutsche Besatzung in Albanien, S. 18.

9 Ebd., S. 19.

10 Zaugg, Rekrutierungen, S. 350, 364, 411.

11 OB Südost, Bericht „Entwicklung der militärischen Lage in Albanien im Herbst 1944", undatiert, BArchF, RW 40/116a, Bl. 5. Vgl. auch Tönnes, Sonderfall, S. 455, 457 und Fischer, Kollaborationsregimes, S. 372.

12 Neubacher, Sonderauftrag Südost, S. 108. Die 100. Jäger-Division war im März 1943 aus Truppen des Wehrkreises XVII (Wien) neu aufgestellt und nach Südosteuropa verlegt worden.

Regierungsbildung, Herbst 1943,
vierter von links: der spätere
Innenminister Xhafer Deva

Regentschaftsrat im Herbst 1943,
von links unten: Pater Anton Harapi,
Mehdi Bey Frashëri, Lef Nosi und
Fuad Dibra

Marenglen Kasmi betont aber, dass die Deutschen zumindest in Tirana dennoch auf Widerstand stießen und bei diesen Kämpfen auch Verluste zu beklagen hatten.[13] Auch die Region Dibra konnten Partisanen im Herbst 1943 einige Zeit unter ihre Kontrolle bringen.[14] In diesem letzten Kriegsjahr auf dem Westbalkan von Herbst 1943 bis Herbst 1944 hielt sich in Albanien hartnäckig das Gerücht einer bevorstehenden Landung der Alliierten an der albanischen Küste.[15] Neben der Partisanenbekämpfung bestand eine der wesentlichen Anstrengungen der Deutschen daher darin, in den Folgemonaten den langen Küstenstreifen zu befestigen.[16] Wehranlagen und Bunker in den Häfen von Durrës und Shkodër wurden ausgebaut.[17] Im Falle eines Rückzugs sollte auf diese Weise der wichtige Verbindungsweg entlang der Küste Richtung Kroatien so lange wie möglich offen gehalten werden.[18]

Vor Ort gestaltete sich die Situation während dieser Tage chaotisch. Etwas mehr als einhunderttausend Italiener waren zu diesem Zeitpunkt in Albanien stationiert, die über die italienische Kapitulation nicht informiert worden waren.[19] In den Häfen warteten sie vergeblich auf die Rückkehr nach Italien. Ihren ehemaligen Verbündeten wie auch den Albanern waren sie schutzlos ausgeliefert.[20] Viele wurden erschossen oder waren willkürlicher Gewalt sowohl durch deutsche Soldaten als auch Albanern ausgesetzt.[21] Von den acht in Albanien stationierten italienischen Divisionen wurden rund 90.000 italienische Soldaten entwaffnet und interniert bzw. in Zwangsarbeitslager deportiert. Ein weiterer Teil wurde heimlich von den Briten außer Landes gebracht. Ungefähr 30.000 Angehörige der italienischen Armee, darunter die gesamte 41. Infanterie-Division „Firenze", schlossen sich nach der Kapitulation den albanischen Partisanen an.[22]

---

13 Kasmi, Deutsche Besatzung in Albanien, S. 11.

14 Grünbaum, Escape, S. 59, 65–66.

15 Gesandtschaft Belgrad, Francesco Mameli an italienisches Außenministerium, Telegramm „Opinione germaniche circa ‚Seconda fronte'", 2. 3. 1943, ASD, Gab. Min., SG, 1923–1943, Busta 1492, „Situazione politica in Serbia" (AG Serbia 4). Vgl. auch Neubacher, Sonderauftrag Südost, S. 105.

16 Umbreit, Deutsche Herrschaft, S. 91. Vgl. auch Kasmi, Deutsche Besatzung in Albanien, S. 9.

17 Die Deutschen sprengten die ausgebauten Wehranlagen kurz vor ihrem Rückzug aus Albanien im Herbst 1944. OB Südost, Bericht „Entwicklung der militärischen Lage in Albanien im Herbst 1944", undatiert, BArchF, RW 40/116a, Bl. 32–33.

18 Tönnes, Sonderfall, S. 455, 457.

19 Zaugg, Albanische Muslime, S. 91. Zaugg, Rekrutierungen, S. 312.

20 Neubacher, Sonderauftrag Südost, S. 106–107.

21 OB Südost, Bericht „Entwicklung der militärischen Lage in Albanien im Herbst 1944", undatiert, BArchF, RW 40/116a, Bl. 10. Vgl. Aga Rossi, Giusti, Guerra a parte, S. 309. Republikanisch-Faschistische Partei, der Beauftragte für Albanien, gez. unleserlich, Aktennotiz für den deutschen Verbindungsstab, 14. 7. 1944, BArchF, RH 31-XVI/7, Bl. 125.

22 Ebd. Bl. 128. Kühmel, Deutschland und Albanien, S. 146–158. Siehe auch Neuwirth, Widerstand und Kollaboration, S. 120.

18484

Ufficiali e Militari Italiani,

Voi tutti assistete alla tragedia che il tedesco ha provocato nei nostri Comandi Militari:

Voi tutti che avete cuore coraggioso e amore di Patria assistete incerti ed impotenti all'umiliazione vergegnosa che viene inflitta ai nostri fratelli che in lunghe colonne sono gia avviati prigioneri verso i mortali campi di concentramento della germania.

Quelli che ancora possono e vogliono conquistare la liberta non disperino e non credano alla propaganda tedesca.

I vostri Fratelli che senza esitare hanno obbedito all'ordine del Capo dello Stato Maresciallo Badoglio, cioè di opporsi con le armi a qualunque tentativo di violenza o di sopruso, sono riuniti nelle montagne.

Essi, armati e liberi, sono affiancati all' esercito nazionale di liberazione dell' Albania da cui sono stati accolti come fratelli e con essi dividono pane e pericoli.

Non esitate piu! Non abbiate dubbi! Eseguite gli ordini del legittimo Capo del Governo, opponetevi con la forza al tedesco che vuolo disarmarvi!

Voi Ufficiali che tante volte avete sfidato la morte, raccogliete i vostri uomini e tenetevi pronti ad intervenire. I tedeschi sono tanto pochi per quanto è grande la loro tracotanza. Noi li soazzeremo via fra breve e quando sentirete crepitare le mitragliatrici per tutta l'Albania, siate certi che l'unico bersaglio sara il tedesco.

Ufficiali e soldati riscattate con il vostro coraggiosso contegno la vergogna che ingiustamemte si vuole infliggere all Esercito Italiano! Piu presto il tedesco sara sconfitto piu presto ritornerete alle vostre famiglie, piu presto scendera la pace sulla nostra martoriata Patria!

VIVA IL RE! VIVA L'ITALIA!

IL COMANDO MILITARE ITALIANO
DELLE TRUPPE DELLA MONTAGNA

Aufruf der Italienischen Gebirgstruppen an die verbliebenen italienischen Soldaten in Albanien sich dem albanischen Widerstand anzuschließen

Militäroperationen, Kämpfe und Kriegsgräuel gingen, unter veränderten Vorzeichen und zunehmender Intensität, weiter.[23] Doch da italienischen Soldaten vor ihrer eigenen Flucht die Tore der Lager öffneten, gelang es vielen jüdischen Flüchtlingen, sich vor den herannahenden Deutschen selbst in Sicherheit zu bringen, indem sie in nahe gelegenen Dörfern Verstecke suchten, in der Hauptstadt Tirana untertauchten oder aber zu den Partisanen gingen.[24]

185 aus Prishtina/Priština stammende Jüdinnen und Juden, die 1942 nach Berat deportiert worden waren, kehrten nun nach „Neualbanien", in das Kosovogebiet, zurück. Sie nahmen fälschlicherweise an, die Lage dort würde sich nun verbessern. Khaim Adizhes, der nach dem Krieg der jüdischen Gemeinde in Prishtina/Priština vorstand, war damals ein kleiner Junge, der mit seiner Familie im Herbst 1943 von Berat nach Prishtina/Priština zurückkehrte.[25]

Doch als die Jüdinnen und Juden in den „neualbanischen" Städten ankamen, saßen sie in der Falle. Die gegenüber den Zurückkehrenden eher negativ eingestellte lokale Bevölkerung unterstützte teilweise die deutschen Vertreter vor Ort bei der Durchführung von Razzien und dem Ausfindigmachen jüdischer Familien. Viele der zurückkehrenden Jüdinnen und Juden wurden verhaftet. Einigen von ihnen gelang es, in den kommenden Monaten wieder nach Berat zurückkehren, andere tauchten unter, viele wurden verhaftet.[26] So erging es auch der Familie Teitelbaum. Nach der italienischen Kapitulation und der Öffnung des Lagers von Preza, wo Joseph Teitelbaum interniert gewesen war, waren sie nach Kosovo zurückgekehrt und hatten sich den Partisanen angeschlossen. Doch der zunehmend prekäre Gesundheitszustand des Vaters zwang die Familie auf der Suche nach Medikamenten nach Prizren zurückzukehren. Dort wurden sie von albanischen Nachbarn an die SS verraten und festgenommen.[27]

Die Verhafteten kamen in das Lager Sajmište (Semlin/Zemun) bei Belgrad, dem „Judenlager" Semlin/Zemun, und später in das Konzentrationslager Bergen-Belsen. Nur wenige von ihnen überlebten den Krieg. Khaim Adizhes und Raul Teitelbaum waren zwei von ihnen. Die meisten Verhaftungen und Transporte in das Lager Sajmište erfolgten im späten Frühjahr und Sommer

23 Siehe detailliert Zaugg, Albanische Muslime, S. 88–289.

24 Grünbaum, Escape, 59–60.

25 Lolja, The Rescue of Jews in Kosova, S. 3.

26 Ebd.

27 Raul Teitelbaum, https://collections.ushmm.org/search/catalog/pa1178088 (Stand: 4.1.2025).

1944, dabei gehen die Schätzungen auseinander, wie Sinani betont.[28] Pavle Dželetović Ivanov berichtet von weiteren 55 jugoslawischen jüdischen Flüchtlingen, die 1944 von Prishtina/Priština in das Konzentrationslager Bergen-Belsen hätten deportiert werden sollen. Dokumente im albanischen Zentralarchiv würden allerdings zeigen, dass sie den Holocaust überlebten, da sie bereits vorher nach Zentralalbanien umgesiedelt worden waren.[29]

Auch in „Altalbanien" herrschte für jüdische Flüchtlinge nun Lebensgefahr. Diejenigen, die vorher in den halboffenen Internierungslagern der Italiener oder sogar offiziell in den Städten wie Kavaja gelebt hatten, wenn auch unter Meldepflicht, suchten nun verzweifelt Unterschlupf bei den Bewohnern in den Dörfern oder der Hauptstadt Tirana. Andere, wie Rachel Abarbanel-Confino und ihr Vater, versuchten gemeinsam mit weiteren Personen mit einem Boot von Durrës Richtung Bari zu fliehen.[30] Die Planung und Umsetzung einer solchen Flucht war äußerst riskant. Außerdem waren dazu hohe Geldsummen für das Kaufen oder Mieten des Boots und das Bezahlen des Steuermanns notwendig.[31] Johanna Neumann (geb. Gerechter) schreibt in ihrem Buch sogar von mehreren solcher Versuche, sogar dem, ein Boot selbst zu bauen. Allerdings war ihr nicht bekannt, ob es die Flüchtlingsboote bis an die italienische Küste geschafft hatten.[32] An der Umsetzung solcher Vorhaben waren auch lokale Helfer, beispielsweise Mitglieder der Familie Babamusta, beteiligt.[33]

Im April 1944 verschärfte sich die Situation zusätzlich. Seit März liefen Vorbereitung zur Aufstellung einer lokalen Waffen-SS Division. Die schließlich nach dem albanischen Nationalhelden „Skanderbeg"[34] benannte Division bestand vor allem aus Albanern aus dem Kosovogebiet und weiteren „neualbanischen" Regionen wie Tetovo, das heute zu Nordmazedonien gehört. Die Kernmannschaft dieser neuen Division hatte bereits in der bosnischen 13. Waffen-Gebirgs-Division der SS „Handschar" (benannt nach einem arabischen Krummdolch) gedient und zahlreiche Verbrechen an der serbischen Zivilbevölkerung Ostbosniens begangen.[35]

28 Sinani, Albanians and Jews, S. 241–248.
29 Pavle Dželetović Ivanov, Jevreji Kosova i Metohije, Beograd, 1988, S. 101–102.
30 Die Flucht gelang, obwohl sie die Überfahrt als schrecklich bezeichneten. Sie wurden schließlich von Partisanen gerettet und kamen in ein britisches Flüchtlingslager. Interview mit Rachel Abarbanel-Confino, https://collections.ushmm.org/search/catalog/irn502576 (Stand: 15.12.2024)
31 Grünbaum, Escape, S. 89–92.
32 Neumann, Umweg über Albanien, S. 68.
33 Babamusta, Akte Kurajo, USHMM, S. 6.
34 Iskander Beg (Bey) kämpfte im 15. Jahrhundert 25 Jahre lang erfolgreich gegen die Osmanen. Zaugg, Rekrutierungen, S. 371.
35 Ebd., S. 380–381.

Bezogen auf diese Phase fällt auch die Deutung in sich zusammen, eine flächendeckende Besa[36] hätte alle Flüchtlinge gerettet. Diese monokausale Erklärung ist unzureichend, „wenn man sich vor Augen führt, dass nach der deutschen Besetzung Albaniens ethnische Albaner im Kosovo als Angehörige der 21. SS-Division Skanderbeg massiv an Verfolgungsmaßnahmen beteiligt gewesen waren", wie Christine Kanzler schreibt.[37] Denn im Mai 1944 verhaftete diese SS-Division in Prishtina/Priština hunderte jüdische Menschen, die zuerst nach Belgrad und von dort ins KZ Bergen-Belsen deportiert wurden. Diese Geschichte wird im Kosovo nicht gern gehört. Wer es wage, das Sympathisieren mit der NS-Besatzung bestimmter albanischer Bevölkerungsgruppen im Kosovo vor dem Hintergrund des seit Jahrzehnten schwelenden Konflikts zwischen Serben und Albanern und dem dort verbreiteten Antisemitismus zu thematisieren, der habe mit feindseligen Reaktionen albanischer Historiker zu rechnen, betont Kanzler.[38]

Nicht nur militärisch, sondern auch administrativ veränderte sich die Lage der jüdischen Flüchtlinge. 1944 forderten die deutschen Militärbehörden die albanische Regierung auf, ihnen die Meldelisten der jüdischen Flüchtlinge zu übergeben. Ziel war, dass auf diese Weise die Erfassung aller Flüchtlinge gelang, damit diese zunächst in Lagern interniert werden konnten, um sie schließlich in die Vernichtungslager zu deportieren. Die albanischen Behörden hatten zwar solche Listen erstellen lassen, weigerten sich aber, diese an Deutschland auszuhändigen. Da Albanien de jure ein „unabhängiges" Land war, hatten die deutschen Dienststellen Mühe, in diesen Prozess unmittelbar einzugreifen. Somit fand dieser erste wichtige Schritt, eine koordinierte Verfolgung jüdischer Menschen in Albanien in die Wege zu leiten und umzusetzen, nicht statt. Die vom Sonderbevollmächtigten Südost, Neubacher, in Albanien eingeführten Kategorien „relative Neutralität" und „relative Souveränität" lieferten den albanischen Behörden einen Freipass, um ihren Handlungsspielraum bezüglich des Umgangs mit lokalen Jüdinnen und Juden und jüdischen Flüchtlingen auszuschöpfen.[39]

36 Siehe hierzu ausführlich Kapitel „Vom Gewohnheitsrecht und der ‚Besa' zum Gastrecht jüdischer Flüchtlinge".

37 Kanzler, Flucht nach Albanien, S. 210.

38 Ebd., S. 210. Albert Ramaj, Bedrängte Juden im Kosovo im Zweiten Weltkrieg, in: David, H. 73 (Juni 2007), http://david.juden.at/kulturzeitschrift/70-75/73-ramaj2.htm (Stand: 2.1.2025).

39 Fischer, Jews in Albania, S. 99.

Auch der Zugriff auf italienische Dokumente schlug fehl. Nach der Kapitulation Italiens hatte der italienische Lagerkommandant in Kavaja die erstellten Listen über die im Lager und der benachbarten Stadt lebenden Jüdinnen und Juden vernichten lassen. Die Deutschen, in diesem letzten Kriegsjahr auf dem Balkan selbst geschwächt, ließen die Angelegenheit nicht weiter verfolgen. Neubachers „Neutralitätspolitik" in Albanien unterstützte ein solches Vorgehen, bei der nicht weiter nachgehakt wurde. Diese Politik zeigt sich auch im Bericht des Oberbefehlshabers Südost, Maximilian von Weichs, im Absatz „Juden- und Feindvermögen": „Juden waren so gut wie gar nicht in Albanien vorhanden. Außerdem war es in dem selbständigen Staat nicht möglich, hier irgendwie einzugreifen."[40] Auffallend ist zudem, dass Albanien nach der gescheiterten „Faschistisierung" 1939 bis 1943 im letzten Kriegsjahr auf dem Westbalkan keiner Gleichschaltung durch die NS-Vertreter unterzogen wurde. Die lokale Presse erhielt im Gegenteil einen beträchtlichen Spielraum und Reichsführer SS Heinrich Himmlers Wunsch, eine albanische Waffen-SS-Division aufzubauen, wurde erst im Februar 1944 stattgegeben.[41]

Somit kann festgestellt werden, dass die Behörden in „Altalbanien" nicht sonderlich daran interessiert waren, Jüdinnen und Juden auszuliefern, und von deutscher Seite nicht viel unternommen wurde, um diesen Umstand zu ändern.[42] Der eingeschränkte Aktionsradius der Deutschen war im letzten Kriegsjahr auf dem Balkan auch einer rasch zunehmenden Personal- und Materialknappheit geschuldet. Die Unterstützung der Regierung in Tirana war bis auf die tatkräftige Hilfe von Innenminister Xhafer Deva, der eine enge Freundschaft zum Höheren SS- und Polizeiführer Albanien (HSSPF) Josef Fitzthum pflegte, eher gering.[43] Dennoch verschärfte sich durch die Anwesenheit Fitzthums in der Hauptstadt seit Dezember 1943 die Situation. Im Haus der Blätter[44] ließ er das Gestapo-Hauptquartier unter der Leitung von SS-Hauptsturmführer Dr. Otto Knösel einrichten.[45] Auch Günther Hausding befand sich seit Oktober 1943 in Albanien und hatte seine Dienststelle im früheren italienischen Konsulat in Shkodër eingerichtet. Ab Dezember wurde er Teil der Dienststelle des HSSPF Albanien.

40 OB Südost, Bericht „Entwicklung der militärischen Lage in Albanien im Herbst 1944", undatiert, BArchF, RW 40/116a, Bl. 61.
41 Keitel an AWA/Chef KGF, Hermann Reinecke, den OB Südost, Fegelein und Rohde, 12.2.1944, PAAA R100984, Bl. H298851. Ausführlich zur Vorgehen bei und den Überlegungen im Vorfeld der Aufstellung der Division „Skanderbeg" siehe Zaugg, Rekrutierungen, S. 320–328.
42 Ramaj, Rettung von Juden in Albanien, S. 18.
43 Zaugg, Rekrutierungen, S. 339.
44 Später Abhörzentrale des albanischen Geheimdienstes unter Enver Hoxha.
45 Marenglen Kasmi, Marrëdhëniet shqiptaro-gjermane në shekullin XX (1900–1945), 2. Aufl., Tirana 2023, S. 304.

Diese setzte nun ein Netz aus Spezialisten in Albanien ein: Der Hauptsitz in Tirana verfügte über 20 Mann, die Außendienststellen Shkodër über acht, Vlora über fünf, Korça über fünf und Struga über vier. Daneben existierten kleine Außenposten in „neualbanischen" Gebieten, so in Prizren, Peja/Peć, Kičevo/Kërçova, Gostivar und Tetovo mit je einem Mann der SS und einigen lokalen Mitarbeitenden.[46] Über Informanten waren die Vertreter der SS, der SiPo und des SD teilweise über die noch in Albanien anwesenden jüdischen Flüchtlinge informiert, selbst wenn sich diese nicht registrieren ließen.[47]

Nach Fischer hielten sich Ende 1943 noch schätzungsweise 800 jüdische Flüchtlinge aus Österreich, Deutschland, Polen, Bulgarien, Jugoslawien und Griechenland in Albanien auf. Nach Sinani waren es deutlich mehr.[48] Die meisten von ihnen zogen sich nun aus dem öffentlichen Raum zurück, denn für die jüdischen Flüchtlinge bedeutete die deutsche Präsenz höchste Alarmstufe, trotz der nicht rigorosen Durchsetzung einer Judenverfolgung in Albanien. Sie gaben ihre Arbeit auf, nahmen ihre Kinder von den Schulen und tauchten mit Hilfe ihrer Freunde, Arbeitskollegen, Geschäftspartner, Hausnachbarn oder Verwandten unter. Zumeist hieß das, die Städte zu verlassen und auf das Land zu ziehen. Dort halfen ganze Dorfgemeinschaften, das Geheimnis um die versteckten Jüdinnen und Juden über Monate zu bewahren, so etwa die Veselis, die bei sich in Kruja gleich zwei Familien, die Ben-Yosifs und die Mandils, versteckten.[49] Andere, wie die Familie Gerechter oder Irene Eskenazi (Grünbaum), reagierten gegenteilig und flohen von eher ländlichen Gebieten bei Durrës und Kavaja in die Hauptstadt Tirana.[50]

Gegen Ende des Krieges in Südosteuropa, ab Frühjahr 1944, griffen die Deutschen trotz zunehmender eigener Schwäche hart durch. Die Überlebende Johanna Neumann erinnerte sich, dass in Albanien jeweils am Donnerstag Markttag war. Jeden Donnerstag ließen die Deutschen durch lokale Hilfstruppen die Partisanen an Bäumen aufhängen, die sie in jener Nacht oder in den Nächten davor gefangen hatten. So mussten alle Bürger den Anblick der Gehängten ertragen.

46 Abschrift „Verbrechen gegen die Menschlichkeit ausgeführt von Günther Hausding", 20.10.1960, USHMM, BArchL, B162/2.393.

47 Grünbaum, Escape, 104.

48 Fischer, The Jews of Albania, S. 99. Sinani, Albanians, S. 160.

49 https://www.yadvashem.org/de/righteous/stories/veseli.html (Stand: 3.1.2025).

50 Neumann, Umweg über Albanien, S. 68–69, Grünbaum, Escape, S. 59–60.

Am Markttag kamen die meisten Leute in die Stadt. Dadurch erhofften sich die Deutschen eine gewisse Abschreckung, damit sich nicht noch mehr Menschen den Partisanen anschließen würden. Johanna und ihre Mutter, selbst Gejagte, waren über dieser brutalen Vergeltungsmaßnahmen nicht informiert und gingen an jenem Tag auf den Marktplatz. Noch 45 Jahre später berichtet Johanna Neumann-Gerechter, dass sie nach diesem Anblick nie mehr auf den Markt in Tirana gingen.[51] Auch Irene Eskenazi war davon schockiert und schrieb später darüber.[52]

Die Jüdinnen und Juden in Albanien mussten sich spätestens im Frühjahr 1944 registrieren lassen. Name, Adresse und Religion waren beim SS-Hauptquartier in Tirana zu hinterlegen. Durch diesen Befehl gerieten diejenigen jüdischen Flüchtlinge in Panik, die bereits in ihren Herkunftsländern Schreckliches erlebt hatten und nun wussten, dass die Deutschen sie jederzeit abholen, festnehmen, deportieren oder erschießen konnten. Sie beschlossen, zu den Partisanen zu fliehen. Es handelte sich dabei vorwiegend um männliche Familienmitglieder, die in die Berge gingen und entkamen, denn zu diesem Zeitpunkt herrschte bei den jüdischen Flüchtlingen die Vorstellung, dass die Bedingungen in den Bergen für Frauen und Kinder so gut wie aussichtslos seien. Sie wussten, dass die Partisanen selbst kaum Nahrung hatten, Krankheiten grassierten und daher ihr Gesundheitszustand oft prekär war.[53] Andere hingegen, wie die Gerechters und weitere Familien, blieben nach der Registrierung in Tirana, da sie über den Umfang des Völkermords an den Jüdinnen und Juden in Europa zu diesem Zeitpunkt nicht informiert waren.[54]

Der Aufbau der 21. Waffen-Gebirgs-Division der SS „Skanderbeg"

Vor allem in „neualbanischen" Gebieten verschlechterte sich die Lage für jüdische Flüchtlinge und auch einheimische Jüdinnen und Juden ab Frühjahr 1944 radikal. Bereits im Februar 1944 hatte Hitler auf Himmlers Drängen hin grünes Licht für die Aufstellung einer weiteren Waffen-SS-Division gegeben. Diese sollte – aus propagandistischen Gründen – aus albanischen Muslimen bestehen, was jedoch nie der Realität entsprach. In die Division wurde aufgenommen, wer sich gerade meldete.

51 Interview mit Neumann, 06.03.1990, RG-50.030.0170, USHMM, Part 3.

52 Grünbaum, Escape, 101.

53 Interview mit Neumann, 06.03.1990, RG-50.030.0170, USHMM, Part 3.

54 Neumann, Umweg über Albanien, S. 73.

Rekrutierung für die „Skanderbeg" (an der Wand: Porträt Hitlers neben dem Reiterbild Skanderbegs)

Katholische Namen konnten von den Deutschen ohne Albanischkenntnisse ohnehin nicht als solche erkannt werden.[55] Albaner aus dem Kosovo- und dem benachbarten Sandžakgebiet hatten mitunter schon in anderen SS-Verbänden gekämpft, seit spätestens Ende 1942 in der „Albanisch-Muselmanischen Freiwilligenlegion der SS" und seit Frühjahr 1943 auch in der bosnischen 13. Waffen-Gebirgs-Division der SS „Handschar".

Andere wiederum versuchten durch einen Beitritt zur Division „Skanderbeg" aus der deutschen Kriegsgefangenschaft zu entkommen, in die sie während des Balkanfeldzugs 1941 geraten waren. Allerdings war die Bereitschaft, in den Reihen der Deutschen zu kämpfen, in diesem letzten Kriegsjahr eher gering. Bis zum 25. September 1944 wurden von 11.398 gemusterten Männern 9.275 als tauglich befunden und einberufen. Letztlich traten aber nur 6.491 Mann in die Division ein.

Die Division „Skanderbeg" war verantwortlich für die Festnahme, Inhaftierung und Deportation jüdischer Flüchtlinge und lokaler Jüdinnen und Juden in Kosovo bzw. „Neualbanien" zwischen Frühjahr und Spätsommer 1944.[56]

55 Von nur geringen Albanischkenntnissen schreibt auch Rudolf Vogel. Ders.: Erinnerungen, Bd. 1, Unter Skipetaren – Albanische Erinnerungen 1943/44, unveröffentlicht 1989, S. 189.

56 Zaugg, Rekrutierungen, S. 389.

Der Aufbau des Konzentrations- und Anhaltelagers Prishtina/Priština

Wenn wir „Großalbanien“ unter deutscher Besatzung 1943 bis 1944 betrachten, fällt auf, dass sich das einzige Konzentrationslager auf „neualbanischem“ Boden befand. Dort war auch die lokale Kollaborationsbereitschaft am höchsten. Dass nur ein und nicht mehrere Lager aufgebaut werden konnten, war zwei Voraussetzungen geschuldet: Der Zeitpunkt für den Aufbau eines Konzentrationslagers in diesem letzten Kriegsjahr 1943/44 in Südosteuropa war für die Deutschen denkbar ungünstig. Der akute Mangel an Personal und Material sowie exponentiell anwachsende Partisanenarmeen auf albanischer und jugoslawischer Seite drängten dazu, sich auf die eigene Verteidigung und weniger auf die Verfolgung „rassischer“ Gegner zu konzentrieren.

Seit Frühjahr 1944 war die 21. Waffen-Gebirgs-Division der SS „Skanderbeg“ zuständig für den Aufbau und Unterhalt des Konzentrationslagers Prishtina/Priština. In einigen Dokumenten wird das Konzentrationslager auch als „Anhaltelager“ bezeichnet, da es nur als Übergangsstation gedacht und ein rascher Weitertransport Richtung Sajmište geplant war. Ende Mai 1944 teilte Divisionskommandeur August Schmidhuber den Präfekten in Prishtina/Priština, Prizren und Pejë/Peć mit, dass unerwünschter Durchgangsverkehr von Flüchtlingen und Partisanen (sowohl jugoslawischen als auch albanischen) im Kosovo und angrenzenden Regionen „die Einrichtung eines Erziehungslagers für politisch, insbesondere kommunistisch Verdächtige und Schuldige notwendig“ mache.[57] Seit Mai setzten großangelegte Verhaftungsaktionen im Raum „Neualbanien“ ein. Angehörige der Division „Skanderbeg“ nahmen in mehreren Razzien zwischen dem 28. Mai und dem 5. Juli „510 Juden, Kommunisten, Bandenhelfer und politisch Verdächtige“ fest. Alle Verhafteten kamen in das sich im Aufbau befindende KZ Prishina/Priština. Laut Bericht wurden 249 dieser Häftlinge „zur Arbeitsleistung ins Reich“ deportiert.[58] Robert Elsie hat die Namen von insgesamt über 700 Häftlingen – serbischen, albanischen, kosovarischen, bosniakischen und jüdischen Männern und Frauen – zusammengestellt, über die für den Abtransport vom KZ Prishina/Priština nach Deutschland und Osteuropa Listen geführt wurden.[59]

57 Schreiben August Schmidhuber an die Präfekten von Priština, Prizren und Peć, 31.5.1944, BArchF, RH 19-XI/9, Bl. 27. Siehe hierzu auch Broszat, Albanische Milizen, S. 346 und Neuwirth, Widerstand und Kollaboration, S. 135.

58 „Lagebericht“ Gen.Kdo. XXI. Geb.AK, 13.7.1944, NAW, T314/664, Bl. 227.

59 Robert Elsie, http://www.albanianhistory.net/1944_Prisoners-of-the-Nazis-in-Kosovo/index.html (Stand: 5.3.2019). Siehe zu den Listen auch: Sinani, Albanians and Jews, S. 202–230.

Am 15. Juni 1944 ordnete Schmidhuber kontinuierliche Kontrollen an Straßen und in der Eisenbahn an. Die Soldaten der „Skanderbeg“ erhielten Befehl, „alle Reisenden auf Personalausweis, Herkunft, Reiseziel und Zweck zu kontrollieren.“[60] Diese Kontrollen mussten jeweils an einem Tag in der Woche während 24 Stunden durchgeführt werden. Weitere Kontrollposten wurden an der Verbindungsstraße Shkodra–Kukës durch die Ortskommandantur Kukës, an der Straße Gostivar–Kičevo durch die Ortskommandantur Gostivar, an der Straße Skopje–Tetovo durch die Ortskommandantur Tetovo und an der Straße Skopje–Uroševac/Ferizaj durch die Ortskommandantur Uroševac/Ferizaj organisiert. Die Ortskommandanturen mussten an jedem ersten Tag eines neuen Monats über durchgeführte Kontrollen und Erfolge an den Ic, dem ersten Nachrichtenoffizier des Divisionstabs der „Skanderbeg“, provisorisch besetzt durch SS-Hauptscharführer Schweißgut, berichten. Die Kontrollposten hatten auch die Weisung, alle Fahrzeuge anzuhalten und bei verdächtigen Personen Gepäckkontrollen durchzuführen. Personen, die sich nicht ausweisen oder den Grund bzw. das Ziel ihrer Reise nicht befriedigend erklären konnten, wurden in das Konzentrationslager Prishtina/Priština gebracht.[61]

Anfang Juli 1944 berichtete Schmidhuber stolz, dass sowohl die Verhaftungen, Enteignungen und Deportationen lokaler jüdischer Familien und solcher auf der Flucht als auch die „Aufdeckung der gut organisierten kommunistischen Organisation sowie die Sicherungsverwahrung der Kommunisten und der Bandenhelfer in einem KZ in Priština“ beim „alteingesessenen Volk Kosovos Genugtuung erzeugt“ hätten.[62] Festnahmen und Überführungen von Partisanen in das Konzentrationslager Prishina/Priština tauchen in lokalen Berichten der Waffen-SS nur sporadisch auf. So wurden etwa am 18. August 1944 drei Partisanen verhaftet und in das Konzentrationslager überstellt. Dass auch gegen albanische Militärs vorgegangen wurde, zeigt etwa die Festnahme des Majors Suleiman Malai am 19. August, der ebenfalls in das Konzentrationslager Prishina/Priština gebracht wurde.[63]

---

60 Abschrift „Kontrolle des Ein- und Durchreiseverkehrs im Kosovogebiet“, Div. Kdr. Schmidhuber, 15. 6. 1944 (Anlage 10 zu DGA Nr. 3046/44 g.v. 23. 6. 1944), BArchF, RH 19-XI/9, Bl. 24.

61 Ebd.

62 Lagebericht Schmidhuber, 7. 7. 1944, BArchB, NS 19/2071, Bl. 22.

63 Meldekopf Rožaje, Hstuf. Hummer an Div. Ia, 18. 6. 1944, BArchF, RS 3-21/2, Bl. 110. Meldekopf Rožaje, Hstuf. Hummer an Div. Ic, provisorisch Hptscharf. Schweissgut, 19. 6. 1944, BArchF, RS 3-21/2, Bl. 110.

Dieses Konzentrationslager entwickelte sich zu einem Streitpunkt zwischen deutschen Besatzern und lokalen Machthabern: Im Lager wurden zunehmend Serben inhaftiert, anders als von deutscher Seite angeordnet. Obwohl nach HSSPF Josef Fitzthum und August Schmidhuber im Lager vor allem jüdische Flüchtlinge und Kommunisten hätten inhaftiert werden sollen, wurden in Prizren und Prishtina/Priština Serben als „Kommunisten" verhaftet und nach einem Aufenthalt im Konzentrationslager Prishtina/Priština ins Reich zum Zwangsarbeitseinsatz deportiert. Bereits im Sommer 1944 befanden sich erneut 600 serbische Häftlinge im Lager Prishtina/Priština. Dies veranlasste den deutschen Konsul Martin Schliep, der Regierung in Tirana im August 1944 mitzuteilen, dass sie „die bekannten Maßnahmen gegen das Serbentum" beenden solle.[64] Dies war nicht die erste Intervention von deutscher Seite; schon im Herbst 1941 hatte der „Volkstumsreferent" Dr. Otto Feninger in seinem Bericht auf Tausende serbische und montenegrinische Flüchtlinge in Kosovo und brennende Dörfer hingewiesen.[65] Im April 1944 hatte auch der Sonderbeauftragte Südost, Neubacher, auf die Serbenvertreibungen im Kosovo und damit einhergehende Gewaltakte aufmerksam gemacht.[66] Dieser Umstand weist auf ein weiteres Merkmal der Besatzungssituation hin, welches insbesondere in „Neualbanien" zum Ausdruck kam: Die Rachsucht an und der Hass auf echte oder vermeintliche ehemalige Unterdrücker in Person serbischer Zivilisten waren bei der lokalen Bevölkerung weit intensiver als ihre Abneigung gegen Jüdinnen und Juden. Dennoch war die Bereitschaft, Jüdinnen und Juden zu denunzieren und auszuliefern, aus zwei Gründen gegeben. Erstens, weil sich die Albaner in „Neualbanien" davon einen Verbleib ihres Territoriums bei „Großalbanien" erhofften. Zweitens, weil lokale Jüdinnen und Juden auch mit Serben Kontakt pflegten.[67]

Die Quellen zum Aufbau und Unterhalt des KZ Prishtina/Priština sind sehr lückenhaft. Es ist heute schwierig zu beurteilen, inwiefern das Lager der nach 1934 einsetzenden Vereinheitlichung der durch die SS geführten Konzentrationslager entsprach.[68]

64 Schreiben Junker an Schliep, Deutsches Konsulat Tirana, 5.8.1944, PAAA, R27305. Blatz an Div. Ic, provisorisch Hptscharf. Schweißgut, 23.6.1944, BArchF, RS 3-21/2, Bl. 117.

65 Bericht „über die Reise in das Arnautengebiet von Kosovska Mitrovica und Novi Pazar" des Volkstumsreferenten Dr. Feninger beim Bevollmächtigten des AA in Belgrad, 15.–26.10.1941, PAAA, R261153, Bl. 53.

66 Neubacher an deutsches Konsulat Tirana, Serbenvertreibungen im Kosovo, 9.4.1944, PAAA, R27305.

67 Perez, Our Conscience is Clean, S. 29.

68 Vgl. auch Martin Broszat in: Hans Buchheim et al., Anatomie des SS-Staates, Bd. 2: Konzentrationslager, Kommissarbefehl, Judenverfolgung, Olten/Freiburg i. Br. 1965, S. 53.

Vieles dürfte im letzten Kriegsjahr und aufgrund der Situation vor Ort improvisiert gewesen sein. Immerhin hatte Schmidhuber große Pläne. Er ordnete an, dass „der Aufbau und die Organisation des Erziehungslagers [...] nach dem Muster deutscher Konzentrationslager“[69] zu erfolgen habe. Mit der Organisation des Konzentrationslagers beauftragte er SS-Oberscharführer Otter aus dem II./Waffen-Gebirgsjäger-Regiment der SS 51, und als dessen „Hilfskraft“ SS-Sturmmann Hinner der Stabskompanie des III./Waffen-Gebirgsjäger-Regiments der SS 51. Schmidhuber stellte die Wachmannschaft aus ihm als besonders verlässlich erscheinenden Soldaten zusammen, die vorher bereits in der SS-Division „Handschar“ gedient hatten. Er betonte, dass „bei der Auswahl der Mannschaften [...] unbedingt moralische Sauberkeit und Zuverlässigkeit“ vorauszusetzen seien.[70]

Neben den wenigen deutschsprachigen Vorgesetzen waren es vor allem die albanischen Wachmannschaften, die den Lageralltag bestimmten und die oft ein großes Maß an Gewalterfahrung mitbrachten. Diese Mannschaften bestanden aus Soldaten, die bereits in der bosnisch-kroatischen Division „Handschar“ gedient hatten und auf ihrem Marsch durch Bosnien durch extreme Grausamkeiten gegen die serbische Zivilbevölkerung aufgefallen waren.[71] Dieses von ihrem ehemaligen Kommandeur als unkontrollierbar bezeichnete Verhalten hatte zu ihrer Versetzung aus der Division „Handschar“ zur „Skanderbeg“ geführt.[72] In einem Verhör von 1947 gab der ebenfalls aus der Division „Handschar“ stammende und im Konzentrationslager Sajmište (Semlin/Zemun) eingesetzte Walter Eipel an, dass auch dort zahlreiche albanische Freiwillige aus ehemals jugoslawischen Gebieten Dienst taten.[73]

Der SS-Standortkommandant Prishtina/Priština sollte SS-Oberscharführer Otter beim Aufbau und der Organisation des Konzentrationslagers unterstützen.[74] Die Dienstaufsicht über das Lager lag beim jeweiligen SS-Standortältesten in Prishtina/Priština – im Mai 1944 war dies SS-Sturmbannführer Bauer. Die ärztliche Überwachung oblag dem SS-Standortarzt Prishtina/Priština.[75] In Prishtina/Priština mussten die Verhafteten selbst das Lager aufbauen, etwa durch die Planierung des Kasernengeländes.

---

69 Schreiben August Schmidhuber an die Präfekten von Priština, Prizren und Peć, 31.5.1944, BArchF, RH 19-XI/9, Bl. 27.

70 Ebd.

71 Zaugg, Rekrutierungen, S. 227.

72 Zaugg, Albanische Muslime, S. 191f.

73 Kriegsgefangenenbericht Eipel, 14.11.1947, VA, HEM.OK.BOJCKA, 72-A/1-a/32.

74 Ebd.

75 Ebd.

Es handelte sich dabei um Serben, Juden und auch Albaner. Letztere waren verhaftet worden, wenn sie durch anti-deutsche bzw. kommunistische Aktivitäten und Hilfeleistungen aufgefallen waren. Die weiblichen Insassen mussten eine Waschanstalt sowie eine Divisions-Näh- und Flickwerkstätte einrichten und wurden im Küchendienst eingesetzt.[76]

Der Höhepunkt der Verfolgung jüdischer Kosovaren und jüdischer Flüchtlinge im Kosovo im Sommer 1944

Nachdem lokale und deutsche Vertreter den Aufbau der SS-Division „Skanderbeg" seit März 1944 vorangetrieben hatten, nahm diese im Mai Form an und verfügte, trotz nicht erfüllter Rekrutierungserwartungen, über rund 6.500 Mann. Bedri Pejani, einer der Initiatoren der Division „Skanderbeg" und gleichzeitig Präsident der „Zweiten Liga von Prizren" war, wie Albert Ramaj schreibt, selbst ein überzeugter Antisemit.[77]
Er, wie auch sein Amtskollege Xhafer Deva, waren maßgeblich am Aufbau der Division „Skanderbeg" als auch an der Radikalisierung der Situation in „Neualbanien" beteiligt. Am 25. Mai 1944 befahl der Divisionskommandeur August Schmidhuber, alle ortsansässigen Einwohner in den Präfekturen Prizren, Prishtina/Priština und Peja/Peć bis zum 1. Juni 1944 zu erfassen und an jedem Haus ein Verzeichnis der darin wohnenden Personen anzubringen. Dies ermöglichte es ihm, die verbliebenen jüdischen Familien sowie verdächtige Zivilpersonen sofort zu verorten. Flüchtlingen wurde die Reise durch „Neualbanien" außerdem durch strikte Personenkontrollen erschwert. Wer sich nicht oder ungenügend ausweisen konnte oder den Verdacht der SS-Männer auf sich zog, dem drohte eine Deportation in das Lager Prishtina/Priština.[78] Außerdem führte die SS-Division auf Befehl Schmidhubers zwischen Mai und Juli 1944 die erwähnten Überraschungsaktionen durch.

Bereits vor der deutschen Besetzung „Großalbaniens" im September 1943 standen die Überlebenschancen für jüdische Flüchtlinge wesentlich besser, sobald sie die „neualbanischen Gebiete" Kosovo, Südmontenegro oder Teile Mazedoniens durchquert hatten und nach „Altalbanien" gelangt waren.

76 Ebd.
77 Ramaj, Bedrängte Juden im Kosovo, S. 21.
78 Abschrift „Kontrolle des Ein- und Durchreiseverkehrs im Kosovogebiet", Div. Kdr. Schmidhuber, 15.6.1944 (Anlage 10 zu DGA Nr. 3046/44 g.v. 23.6.1944), BArchF, RH 19-XI/9, Bl. 24.

Die Situation gestaltete sich seit Herbst 1943 in „neualbanischen" Gebieten zunehmend prekär und erreichte mit der Aufstellung der SS-Division „Skanderbeg", dem Aufbau des Konzentrationslagers Prishtina/Priština seit März 1944 und den Razzien von Mai bis Juli 1944 ihren Höhepunkt. Da im Kosovo die Kollaborationsbereitschaft der lokalen Bevölkerung deutlich höher lag, konnte Divisionskommandeur Schmidhuber darauf hoffen, dass sie ihn dabei unterstützte, „alle ortsfremden Personen von sich aus festzuhalten und der nächsten deutschen SS- oder Militärbehörde zuzuführen".[79] Auf diese Weise und mit den bereits erwähnten Verhaftungswellen in „neualbanischen" Gebieten wurden insgesamt, je nach Quelle, zwischen 281 und 400 Juden verhaftet.[80] Für viele von ihnen war allerdings das Konzentrationslager Prishtina/Priština nur eine erste Station auf einer grausamen Odyssee. Von dort kamen sie in das Konzentrationslager Sajmište (Semlin/Zemun) bei Belgrad und wurden danach in die Konzentrations- bzw. Vernichtungslager in anderen Teilen Europas, beispielsweise nach Bergen-Belsen oder Treblinka, deportiert.[81]

Auch die Familie Teitelbaum wurde in Prizren von der lokalen Bevölkerung denunziert. Nach der Kapitulation der Italiener und der Entlassung des Vaters aus dem campo di concentramento Preza waren sie zu den Partisanen geflohen, mussten aber aufgrund des sich verschlechternden Gesundheitszustands des Vaters im Frühjahr 1944 nach Prizren zurückkehren. Erneut versteckten sie sich bei ihren serbischen Nachbarn, den Jakićs. Nach zehn Tagen wurden sie jedoch von Mitgliedern der Division „Skanderbeg" im Morgengrauen verhaftet.[82]

79 Schreiben „Betr.: Personenerfassung und Waffenscheine im Kosovo-Gebiet" Schmidhuber an die Präfekten von Prizren, Priština und Peja, 25. 5. 1944, (Abschrift, Anlage 10 zu DGA Nr. 3046/44/geh.v.23. 6. 1944), BArchF, RH 19-XI/9, Bl. 26. Volkstumsreferent Feninger gab Ende Oktober 1941 nach seiner Reise durch das nördliche Kosovogebiet unter deutscher Militärherrschaft den Anteil der ansässigen jüdischen Bevölkerung als „ziemlich gering" an. Am höchsten sei der Anteil von Juden in Novi Pazar gewesen (240 Juden), während in Mitrovica nur 60 bis 70 Juden gelebt hätten. Vgl. Bericht „Über die Reise in das Arnautengebiet von Kosovska Mitrovica und Novi Pazar" des Volkstumsreferenten Dr. Feninger beim Bevollmächtigten des AA in Belgrad, 15.–26. 10. 1941, PAAA, R261153, Bl. 39.

80 Albert Ramaj, Bedrängte Juden im Kosovo, in: Ökumenisches Forum für Religion und Gesellschaft in Ost und West, G2W, 2/2007, S. 20. Vgl. auch Sara Berger, Erwin Lewin, Sanela Schmid, Maria Vassilikou, Verfolgung und Ermordung der Juden 1933–1945, in: Besetztes Südosteuropa und Italien, Bd. 14, Berlin/Boston 2017, S. 83f.

81 Teitelbaum, https://www.yadvashem.org/remembrance/archive/torchlighters/teitelbaum.html (Stand: 28. 1. 2025).

82 Teitelbaum, https://collections.ushmm.org/search/catalog/pa1178094, USHMM (Stand: 28. 2. 2024).

Dass die Teitelbaums verraten wurden, konnte mehrere Gründe haben, der Denunziation muss dabei nicht unbedingt eine antisemitische Einstellung zu Grunde gelegen haben. Auch die Nähe der Teitelbaums zur slawischen Bevölkerung oder die Idee, dass mit der Auslieferung der Jüdinnen und Juden ein Verbleiben Kosovos bei „Großalbanien" gewährleistet würde, könnten dabei ausschlaggebend gewesen sein.

Durch seine geographische Lage zwischen Montenegro, Serbien, Bulgarien und Mazedonien sowie aufgrund seiner Geschichte war „Neualbanien" ein Knotenpunkt anti-deutscher Partisanen- und Fluchtbewegungen. Im Personen-, Waren- und Nachrichtenverkehr spielte die Region „Neualbanien" somit eine wichtige Rolle. Daher setzte Divisionskommandeur Schmidhuber alles daran, Kosovo als Durchzugsgebiet für Partisanen und Flüchtlinge im Sommer 1944 zu eliminieren.[83] Der Deutsche Bevollmächtigte General Albanien (DGA) Otto Gullmann beschwerte sich bei HSSPF Fitzthum, dass Schmidhuber nicht befugt war, solche direkten Weisungen an Präfekturen und andere albanische Regierungs- und Verwaltungsstellen zu erlassen. Er müsse den Dienstweg einhalten und zuerst bei ihm eine Einwilligung einholen. Trotz dieser Klage führte Schmidhuber weiterhin zwingende „Sofortmaßnahmen" ohne Rücksprache mit den territorialen Dienststellen durch.

Die am 25. Mai 1944 an die Präfekturen erfolgten Weisungen blieben auf dieser Basis bestehen und Schmidhuber hatte weiterhin einen relativ großen Handlungsspielraum. Allerdings setzte sich Gullmann in Bezug auf Waffenscheine durch. Er wusste, dass die deutsche Besatzungsmacht die Missgunst der lokalen Bevölkerung auf sich ziehen würde, falls Waffenkontrollen durchgeführt würden. Gullmann schrieb diesbezüglich Anfang Juni 1944 an HSSPF Fitzthum: Aus Rücksicht auf die herrschenden Sitten „habe ich [sic] man davon Abstand genommen, Waffenscheine ausstellen zu lassen."[84] Dass in ländlichen Gebieten fast alle Albaner bewaffnet waren, bestätigt auch Irene Grünbaum in ihren Memoiren.[85]

83 Schreiben „Betr.: Personenerfassung und Waffenscheine im Kosovo-Gebiet" Schmidhuber an die Präfekten von Prizren, Priština und Peja, 25.5.1944, (Abschrift, Anlage 10 zu DGA Nr. 3046/44/geh.v.23.6.1944), BArchF, RH 19-XI/9, Bl. 26.

84 Schreiben Gullmann an Fitzthum, 5.6.1944, BArchF, RH 19-XI/9, S. 4. Durchgestrichen im Original.

85 Grünbaum, Escape, S. 71–73, 79.

Auch der in Tirana stationierte Dr. Rudolf Vogel berichtete, dass selbst in der Empfangshalle des Hotels Daiti, dem wichtigsten Treffpunkt albanischer Kollaborateure und deutscher NS-Vertreter, die Revolver für jeden sichtbar und griffbereit vorn im Gürtel getragen wurden.[86]

Verschiedene Meldungen aus dem Divisionstagebuch zeigen, dass tatsächliche oder vermeintliche Gegner bis in Grenzgebiete in Montenegro verfolgt wurden.[87] In „Großalbanien", selbst im „neualbanischen" Kosovo, herrschte gleichzeitig noch im Sommer 1944 ein gewisser Spielraum hinsichtlich des Umgangs mit jüdischen Flüchtlingen. Dies dokumentiert die Verhaftung des Juden Emerich Gahr bzw. Gal in Rozhaj/Rožaje am 10. Juni 1944. Er wurde in das Konzentrationslager nach Prishtina/Priština gebracht. Erst zehn Tage später, am 20. Juni 1944, erkundigte sich der SS-Untersturmführer Hummer, ob er Frau Renée Gahrs/Gals Bitte stattgeben und ihre Tochter Susane sowie ihr Sohn Emerich junior Richtung Tirana ausreisen dürften.[88] Die Liste der Verhafteten von Juni 1944 zeigt allerdings, dass Hummer hierzu eine negative Antwort erhalten hatte. Alle drei wurden noch am selben Tag verhaftet und in das Konzentrationslager Prishtina/Priština gebracht.[89]

Name	Geburtsdatum	Wohnort	Beruf	Zeitpunkt der Festnahme	Grund
Emerich Gal	05.10.1890	Rozaj	factory manager	10.06.1944	Jew
Renee Gal	24.05.1891	Rozaj	housewife	20.06.1944	Jew
Susane Gal	01.02.1919	Rozaj		20.06.1944	Jew
Emerich Gal	10.05.1922	Rozaj	civil servant	20.06.1944	Jew

Auszug: Verhaftete Juden im Konzentrationslager Prishtina/ Priština, Juni 1944[90]

86 Vogel, Erinnerungen, S. 204.

87 Ia an Hstf. Bormann, Rožaje, 14.6.1944, BArchF, RS 3/21/2, S. 11. Meldekopf Rožaje an Hptm. Bendl, 21.7.1944, BArchF, RS 3-21/2, S. 22. Meldekopf Rožaje an Hptm. Bendl, 27.7.1944, BArchF, RS 3-21/2, S. 35.

88 SS-Untersturmführer Hummer an Ic, Schweissgut, BArchF, RS 3-21/2, 20.6.1944, Bl. 111.

89 Robert Elsie: http://www.albanianhistory.net/1944_Prisoners-of-the-Nazis-in-Kosovo/index.html (Stand: 7.5.2024).

90 Robert Elsie: http://www.albanianhistory.net/1944_Prisoners-of-the-Nazis-in-Kosovo/index.html (Stand: 5.1.2025).

Zu solchen noch im Sommer 1944 herrschenden Unklarheiten bezüglich der Behandlung jüdischer Flüchtlinge kamen auf deutscher Seite Personal- und Transportprobleme bei Gefangenenverlegungen in das Konzentrationslager Prishtina/Priština. Wie aus Quellen hervorgeht, behinderte der Mangel an Personal und Fahrzeugen die Gefangenentransporte. So konnte die Kampfgruppe Bormann zwei Gefangene nicht in das Konzentrationslager Prishtina/Priština überführen, weil auf den wenigen Fahrzeugen akuter Platzmangel herrschte. Auch das Wachkommando konnte den Transport nicht übernehmen, da es aufgrund des Personalmangels nur zwei Personen stark war. In Bezug auf die im Sommer 1944 akuten Personal- und Transportprobleme existierte kein festgeschriebenes Vorgehen, wie eine Nachfrage des Soldaten Blatz vom Meldekopf Rozhaj/Rožaje beim Ic, Hauptscharführer Schweißgut, zeigt.[91]

In „Altalbanien" hingegen hatten die deutschen Besatzer auch in diesen letzten Monaten Mühe, antijüdische Maßnahmen flächendeckend umzusetzen, wie von Weichs in seinem Bericht im Herbst 1944 schreibt: „Juden waren so gut wie gar nicht in Albanien vorhanden." Dabei ging er wohl von den Erhebungen vor dem Zweiten Weltkrieg aus. Doch selbst die höchsten Schätzungen, rund 3.000, sind im Vergleich mit den Zahlen anderer Staaten gering. Der Zugriff auf die wenigen Jüdinnen und Juden schien Maximilian von Weichs dennoch schwierig, denn aufgrund der von Neubacher im Herbst 1943 gemachten Zugeständnisse sei es nicht möglich, „in dem selbständigen Staat [...] hier irgendwie einzugreifen".[92] Die deutschen Verantwortlichen forderten zuerst die Vorsteher jüdischer Gemeinden auf, ihnen eine Liste aller in Albanien anwesenden Jüdinnen und Juden auszuhändigen. Diese kamen jedoch der Forderung nicht nach. Im Frühjahr 1944 weigerte sich auch die albanische Regierung, eine von den Deutschen angeforderte Liste mit jüdischen Namen zu überreichen. Diese Verweigerung basierte auf einer Initiative der jüdischen Albaner Rafael Jakoel und Matteo Matalia, die beim als antisemitisch bekannten Innenminister Xhafer Deva vorgesprochen hatten. Bei ihm überwog in diesem Moment sein albanisches Nationalgefühl, und er übergab den Deutschen die Liste nicht.[93]

---

91 Blatz an Div. Ic, provisorisch Hptscharf. Schweißgut, 23.6.1944, BArchF, RS 3-21/2, Bl. 117.

92 OB Südost, Bericht „Entwicklung der militärischen Lage in Albanien im Herbst 1944", undatiert, BArchF, RW 40/116a, Bl. 61.

93 Harvey Sarner, Rescue in Albania, 42–43.

Deva galt sonst als deutschfreundlich und pflegte eine Freundschaft zu HSSPF Fitzthum. Selbst auf dem Höhepunkt der Judenverfolgungen in „Neualbanien" wurde den deutschen Besatzern bewusst, dass ihnen selbst freundlich gesinnte Albaner die Zusammenarbeit in dieser Frage verweigerten. Zwar waren zahlreiche Albaner froh, die oft verhassten Italiener losgeworden zu sein, und sie begrüßten die deutsche Besatzung sogar, aber sowohl einzelne Verantwortliche als auch ganze Behörden in „Altalbanien" waren an der Auslieferung albanischer und ausländischer Jüdinnen und Juden nicht interessiert.[94] Drei solcher Fälle werden auch in diesem Buch vorgestellt.[95]

Im Sommer 1944 verschärften die deutschen Vertreter aufgrund der eigenen Schwäche und zunehmender Partisanentätigkeit ihr Vorgehen. Sie versuchten nun ohne Einwilligung der albanischen Regierung die Meldepflicht aller zu diesem Zeitpunkt in Albanien anwesenden Jüdinnen und Juden durchzusetzen.[96] Doch längst nicht alle jüdischen Flüchtlinge kamen dieser Weisung nach, selbst wenn sie sich in der Hauptstadt aufhielten.[97]

94 Ramaj, Rettung von Juden in Albanien, S. 18.

95 Die Beispiele Gafur Brangus, Njazi Pilkus und Eqrem Bey Vloras werden weiter unten ausgeführt.

96 Johanna Neumann und ihre Eltern ließen sich im Frühjahr 1944 registrieren. Interview Neumann, USHMM, RG-50.030.0170, Part 3.

97 Irene Eskenazi bspw. ließ sich nicht bzw. später mit falscher Identität registrieren: Grünbaum, Escape, S. 101.

Gesellschaftliche Voraussetzungen und Rettungsmöglichkeiten

Albanien wies in den 1930er und zu Beginn der 1940er Jahre verschiedene Merkmale auf, die die Rettung jüdischer Flüchtlinge begünstigten. Ein Teil dieser Faktoren traf auch auf Kosovo und weitere „neualbanische" Gebiete zu, ein anderer jedoch nicht.[1]

Erstens hatten die Jahrhunderte unter muslimischer Herrschaft eine Gesellschaft herausgebildet, die noch sehr stark in traditionellen Werten, in einem Gruppendenken und noch nicht so sehr in nationalstaatlichen oder nationalistischen Denkmustern verhaftet war. Die erst im November 1912 in Vlora ausgerufene albanische Unabhängigkeit vom Osmanischen Reich und die Bestätigung eines albanischen Nationalstaats durch die Großmächte in der Londoner Botschafterkonferenz 1913 lagen erst knapp drei Jahrzehnte zurück. Aber auch in dieser Zeit waren es die Großmächte, die das Geschick in Albanien bestimmten. Anstatt lokale Eliten zu berücksichtigen, setzten sie den deutschen Prinz Wilhelm zu Wied als Regenten ein. Als im Sommer 1914 der Erste Weltkrieg ausbrach, war er erst wenige Monate im Amt und verließ das Land und seinen Posten fluchtartig. Während des Krieges durchquerten fünf verschiedene Besatzungsmächte Albanien. Unter ihnen wurden auch verschiedene Kirchen, Synagogen oder Moscheen in Waffen- und Munitionsdepots umfunktioniert. Das kleine Land fand erst nach dem Krieg wieder zu seiner Unabhängigkeit zurück. Gegenüber den europäischen Großmächten und ihren jeweiligen Absichten in Südosteuropa ließen viele Albaner nun Vorsicht walten.[2]

Zweitens fokussierte der Nationsbildungsprozess, der im letzten Drittel des 19. Jahrhunderts einsetzte, von Anfang an auf die gemeinsame Sprache „Albanisch" und nicht auf die Religion.[3]

---

1 Siehe zu begünstigenden Faktoren für eine Rettung auch Schmidt-Neke, Albanien, S. 269–270.

2 Zaugg, Albanische Muslime, S. 34–35.

3 Malcolm, Kosovo: A Short History, S. 221. Miranda Vickers, The Albanians: A Modern History, London 2014, S. 26.

Um sowohl die Großgrundbesitzer des Südens als auch die Clanchefs des Nordens vereinen zu können und für einen gemeinsamen albanischen Staat zu mobilisieren, hatte diese Abkehr von von religiöser Zugehörigkeit für die Nations- und letztlich die Staatsbildung große Bedeutung. Mittelalbanien war mehrheitlich muslimisch geprägt, währenddessen in Südalbanien Muslime neben und mit orthodoxen Christen lebten und im Norden und Nordosten sowohl der muslimische als auch der katholische Glaube verbreitet waren.[4] Dadurch, und dass die gemeinsame Sprache als verbindendes Moment vorhanden war, konnte auch im neu gegründeten Albanien eine multikonfessionelle Gesellschaft weiterexistieren. Dies ist ein auffälliger Gegensatz zu anderen Staaten Südosteuropas am Anfang des 20. Jahrhunderts. So waren etwa im Königreich Serbien oder im Königreich Montenegro zwei Pfeiler in der nationalen Selbstwahrnehmung vorherrschend: einerseits der orthodoxe Glaube, andererseits die Zugehörigkeit zum Slawentum.

Seit dem Einsetzen einer nationalstaatlichen Bewegung wiesen albanische Politiker immer wieder mit Stolz auf die Multikonfessionalität hin. Dieses Verhalten hielt auch während des Zweiten Weltkriegs an und wurde selbst gegenüber nationalsozialistischen Gesprächspartnern betont. So musste auf Wunsch des albanischen Vizeaußenministers Mehdi Bey Frashëri bei der Ausstattung der Waffen-Gebirgs-Division der SS „Skanderbeg" auf Feze (traditionelle Kopfbedeckung) verzichtet werden, weil diese an die Zeit der osmanischen Herrschaft erinnern würden. Frashëri war der Meinung, dass sich das Tragen von Fezen nicht mit dem Namensgeber der Division, dem Kämpfer gegen die osmanische Besatzung Iskander Beg, vertragen würde[5] und betonte in seiner Argumentation gegenüber den deutschen Besatzern, dass Albanien „ein auf rein nationaler, nicht aber religiöser Grundlage aufgebauter Staat" sei.[6] Eine solche Auffassung, welche die Zugehörigkeit über Sprache und nicht über Religion definiere, begünstige auch die Akzeptanz gegenüber jüdischen Mitbürgern und die Aufnahme jüdischer Flüchtlinge.

Drittens war die albanische jüdische Gemeinde sehr klein. Am Vorabend des Zweiten Weltkriegs gehörten ihr nach Schätzungen zwischen 250 und 300 Mitglieder an. Die meisten von ihnen waren gut in die albanische Gesellschaft integriert und boten kaum Angriffsfläche, selbst sprachlich waren sie nicht zu erkennen.[7]

---

4 Clayer, Behind the Veil. The Reform of Islam in Inter-War Albania, S. 128–129.

5 Schreiben Andor Hencke, Leiter Politische Abteilung an das AA, Inland IIc, 4.3.1944, PAAA, R100649, Bl. 000022.

6 Ebd.

7 Schmidt-Neke, Albanien, S. 253.

Mit maximal 300 Mitgliedern fiel das Judentum in Albanien gegenüber den Mehrheitsreligionen, dem Islam sowie dem katholischen und orthodoxen Christentum, nicht ins Gewicht.[8] Auch in der Region Kosovo existierten jüdische Gemeinden, die ihre Zentren in Prishtina/Priština, Mitrovica und Prizren hatten. Mit rund 550 Personen war die Zahl jüdischer Personen nur wenig größer als im benachbarten Albanien. Einige dieser Jüdinnen und Juden trugen slawisch anmutende Nachnamen, und die Gemeinden standen in Kontakt zu denjenigen in anderen Teilen des Königreichs Jugoslawien, etwa Belgrad oder Skopje.[9]

Zwar wurde bei der Staatsgründung das Judentum als religiöse Gruppe innerhalb Albaniens noch nicht anerkannt, doch das änderte sich, nachdem sich Ahmed Zogu zum König hatte krönen lassen. Am 2. April 1937 anerkannte er das Judentum als eine der Religionen in Albanien, während in anderen Staaten Europas bereits antisemitische Gesetze den Alltag dominierten. Diese späte Anerkennung ist allerdings als sehr bewusste Aktion zu verstehen und unterstreicht die Absicht Zogus, religiöse Institutionen zu kontrollieren. Der Zeitpunkt der Anerkennung der jüdischen Gemeinschaft in Albanien als religiöse Gruppe ist aus heutiger Sicht außerordentlich und weist neben genannten innenpolitischen Überlegungen Zogus auch auf seine Absicht hin, sich die Fluchtbewegungen reicher jüdischer Familien aus Mitteleuropa zu Nutze zu machen. Da er seit Jahren in eine immer tiefere Abhängigkeit zu Italien geraten war, öffnete er seine Grenzen in der Hoffnung, jüdische Investoren ins Land zu holen.[10]

Ein vierter wesentlicher Punkt, der allerdings nie isoliert angeführt werden sollte, ist die im Gewohnheitsrecht verankerte Besa. Die Besa ist ein Ehrenwort, welches gegeben wird. Ihre Dimensionen sind aber für Menschen, die nicht mehr mit dem Gewohnheitsrecht vertraut sind, schwer nachvollziehbar, denn die Besa hat viele Gesichter, wie weiter unten ausgeführt wird. Bezogen auf die Rettung jüdischer Familien ist die Wirkung der Besa in Hinsicht auf das Gastrecht zu verstehen. Der Gast hat im alten albanischen Gewohnheitsrecht einen wichtigen, überragenden Status. Das Gewohnheitsrecht gibt vor, dass der Gast sogar unter Einsatz des eigenen Lebens geschützt werden muss.[11]

8 Ebd.
9 http://kosovoholocaust.org/index.html
10 Fischer, Jews of Albania, S. 97. Capogreco, Les Juifs en Albanie, S. 316.
11 Robert Elsie, Der Kanun: das albanische Gewohnheitsrecht nach dem sogenannten Kanun des Lekë Dukagjini, Berlin 2014, S. 136–138.

Wie dieses Verständnis von Gastrecht der Rettung jüdischer Menschen entgegenkam, wird nachfolgend noch näher erläutert. Allerdings gelten die Besa und das Gewohnheitsrecht auch in Kosovo – und dort wurden jüdische Flüchtlinge und jüdische Nachbarn von einigen gerettet, teilweise aber auch an die deutschen Besatzer ausgeliefert. Selbst in „Altalbanien" gab es jüdische Flüchtlinge, die verraten wurden.[12]

Ein fünfter Punkt betrifft die Abneigung gegen Fremdherrschaft. Nach vierhundertjähriger Beherrschung durch die Osmanen war Albanien erst seit 26 Jahren unabhängig, als die Italiener April 1939 das kleine Land besetzten. So wurde sowohl die italienische als auch die deutsche Besatzung als Fremdherrschaft nicht oder nur soweit wie notwendig akzeptiert. Die lokalen Eliten nahmen die beiden Achsenmächte eher unter dem Gesichtspunkt wahr, sie auf irgendeine Weise für die Durchsetzung eigener Ziele instrumentalisieren zu können. Dies zeigte sich in einer äußerst unzuverlässigen Haltung gegenüber den Vertretern sowohl des faschistischen Italiens als auch später des nationalsozialistischen Deutschlands und ist in Akten mannigfach belegt. Rudolf Vogel, der während der deutschen Besatzungszeit in Albanien stationiert war, beschreibt dieses Benehmen mit den folgenden Worten: „Die Albaner dachten nie an deutsche Söldnerdienste, sondern nur an sich, ihre Heimat und die notwendigen Waffen, die man sich zu deren Verteidigung, koste es, was es wolle, besorgen musste."[13] Dieses Verhalten, das sich an einer persönlichen bzw. lokalpolitischen Agenda orientierte, erklärt auch, weshalb die Albaner in Kosovo eher bereit waren, Jüdinnen und Juden auszuliefern. Ihr Ziel war es, durch die Zusammenarbeit mit Deutschland Kosovo nach einem Sieg der Achsenmächte bei „Großalbanien" halten zu können und somit einer erneuten Herrschaft durch Serbien zu entziehen.

Auffallend bei der Untersuchung der Beziehung zwischen Rettern und Geretteten sind noch weitere Punkte: Anders als in anderen Ländern wurden in Albanien überaus häufig Familien und nicht nur Einzelpersonen versteckt. Logistisch ist dieses Vorgehen wesentlich aufwändiger. Oft wurden, zumindest nach September 1943, die Eltern ganz versteckt, während die Retter die Kinder als ihre eigenen ausgaben, damit sie sich auch draußen aufhalten und mit anderen Kindern spielen konnten und dadurch mehr Bewegungsfreiraum hatten.

12 Shaban Sinani, Albanians and Jews, S. 140.

13 Vogel, Erinnerungen, S. 223.

Weiter fällt auf, dass sich einige von ihnen bereits vorher kannten und in einer Beziehung zueinander standen: Entweder, weil sie bereits zusammengearbeitet hatten, weil die jüdischen Flüchtlinge von den Albanern in der ersten Phase nach der Flucht eine Wohnung gemietet hatten oder, weil es sich um Verwandte oder Freunde handelte.[14]

Die Albaner schöpften zumeist (fast) alle persönlichen Möglichkeiten aus: Egal, ob sie Geschäftsleute, Großgrundbesitzer oder einfache Hausfrauen waren, alle nutzten ihre persönlichen Netzwerke, um die jüdischen Menschen in Sicherheit zu bringen. Während die Albaner schon unter italienischer Herrschaft jüdische Flüchtlinge mit Freundschaftsdiensten unterstützten, reagierten sie als Retter zeitnah nach dem Einmarsch der Deutschen. Sie versteckten die zu rettenden Personen entweder bei sich selbst oder aber bei Verwandten auf dem Land. Diese Abfolge ist in vielen Beispielen zu finden.

In einer ersten Phase von 1938 (oder bereits früher) bis September 1943 wurden die geflohenen Personen oft in den Städten in der eigenen Wohnung untergebracht. Retter ließen sie bei sich wohnen, vermieteten ihnen Zimmer, Wohnungen oder auch ganze Häuser. Aufgrund der zunehmend bedrohlichen Situation nach September 1943 brachten Albaner, manchmal unter persönlichem Einsatz, die Jüdinnen und Juden in ländliche Gebiete. Dies bedingte, dass ganze Dörfer in die Rettungsaktionen eingeweiht waren und schwiegen. Denn für jeden auf dem Land waren Zuzügler als offensichtlich Fremde in einem Dorf sofort erkennbar. Auch die Orte, die als Versteck genutzt wurden, dürften den anderen Dorfmitgliedern bekannt gewesen sein oder hätten rasch ausfindig gemacht werden können. Zahlreiche Erzählungen italienischer und später deutscher Kontrollen belegen aber, dass die Dorfgemeinschaften dem Druck standhielten und die Verstecke der Flüchtlinge nicht preisgaben.[15] Die persönlichen Verbindungen zwischen Rettern und Geretteten wuchsen gerade in diesem letzten Besatzungsjahr. Enge Freundschaften entstanden, die Flüchtlingskinder waren teilweise tagelang mit den albanischen Kindern zusammen, während die Eltern in den Verstecken ausharrten. Sogar geheiratet wurde zwischen Retter- und Flüchtlingsfamilien.[16]

---

14 Aleksov, Jewish Refugees in the Balkans, 1933–1945, 286.

15 Außerdem wurden in bestimmten Fällen nach September 1943 auch ehemalige italienische Soldaten versteckt und als Hilfskräfte auf Bauernhöfen eingesetzt, um sie so dem Zugriff der Deutschen zu entziehen. Zaugg, Un centro d'intrighi, S. 67.

16 Nidam-Orvieto and Steinfeldt, The Rescue of Jews in Albania, https://www.yadvashem.org/righteous/resources/rescue-of-jews-in-albania-through-yad-vashem-files.html (Stand: 9.1.2025).

Der Wunsch nach „Großalbanien" und das Verhalten gegenüber Jüdinnen und Juden

Anders verlief die Geschichte in Kosovo, das in der Londoner Botschafterkonferenz 1913 von den Großmächten Serbien zugeschlagen und von den anderen albanisch bewohnten Gebieten abgetrennt worden war. Für die junge albanische Nationalstaatsbewegung, die ein „Großalbanien" angestrebt hatte, war diese Entscheidung eine große Enttäuschung, da in diesen Gebieten ein hoher Prozentsatz albanisch- bzw. türkischstämmiger Personen lebte. Doch weder die lokalen Eliten noch die Bevölkerung vor Ort wurden gefragt, zu welchem Staat sie gehören möchten. In den auf den Krieg folgenden Monaten sind zahlreiche Massaker, Hinrichtungen, Enteignungen und Zwangskonvertierungen durch serbische und montenegrinische Militärs, Paramilitärs und Verwaltungsbeamte belegt. In und um Kosovo herrschte seither ein Klima der Gewalt von orthodoxen Serben und Montenegrinern gegenüber muslimischen und katholischen Albanern.[1]

Gleichzeitig destabilisierten eine Vielzahl unterschiedlicher Paramilitärs die Region Kosovo, serbische Freischärler, aber auch albanische Rebellen, so genannte Katschaken (kaçak), führten kleine Kriege gegen die Übermacht der Binnen- und Großmächte. Im Sommer, mit Beginn des Ersten Weltkriegs, brach eine neue Gewaltwelle über die Region herein. Wichtig waren dabei lokale Gewaltakteure, sowohl serbische als auch albanische, aber auch involvierte Großmächte wie Österreich-Ungarn, die gegen serbische Aufständische brutale Maßnahmen ergriffen und als Vergeltung ganze Dörfer niederbrannten. Diese wiederum übten Rache an den oft mit der k.u.k.-Monarchie sympathisierenden ethnischen Albanern der Region.[2]

1 Franziska Zaugg, Die „lange Dauer". Gewalt und Erinnerung in Kosovo im 20. und 21. Jahrhundert mit Beispielen aus Mitrovica, in: Julia Thyroff, Béatrice Ziegler (Hgg.): Die Jugoslawienkriege in Geschichtskultur und Geschichtsvermittlung, Zürich 2020, S. 158.

2 Katrin Boeckh, Von den Balkankriegen zum Ersten Weltkrieg, München 1996, S. 106–108. Siehe bspw. Berichte zu „Neuserbien", 26. Januar, 5. Februar, 10. Februar 1915, 1915–1916, Generalstab Evidenzbüro OeStA/KA 3520.

Opfer der anhaltenden Alltags-, und seit 1914 auch wieder Kriegsgewalt waren vorwiegend muslimische und katholische Zivilisten. Eine kurze Umkehr dieser gewaltvollen Verhältnisse bildete eine Phase zwischen Ende 1915 bis 1918, als sich die serbische Armee Ende 1915/Anfang 1916 durch Kosovo an die Adria zurückzog, um dort von den Entente-Mächten evakuiert zu werden. Mit österreichisch-ungarischer Rückendeckung übten nun die bislang unterdrückten Muslime und Katholiken grausam Rache an der serbischen Bevölkerung.[3] 1918 zog sich jedoch die Donaumonarchie aus der Region zurück. Kosovo, Sandžak und angrenzende Gebiete wurden in das Königreich der Serben, Kroaten und Slowenen, später Königreich Jugoslawien, eingegliedert. Übrig blieben die lokalen Verbündeten der Österreicher, die nun von der jugoslawischen Polizei, Militärs und Paramilitärs, meist bestehend aus Serben, gejagt, gefoltert und ermordet wurden.

Die Zwischenkriegszeit bis 1941 war geprägt von Enteignung, Zwangsmigration, Massakern und Vergewaltigungen an der ansässigen muslimischen und katholischen Bevölkerung.[4] Somit kamen den muslimischen und katholischen Bevölkerungsgruppen die neuen Besatzer, die seit April 1941 Kosovo beherrschten, nicht ganz ungelegen. Mit ihnen hofften die in Kosovo lebenden Albaner, die Verhältnisse zu ihren Gunsten wenden zu können. Der Grund für den vorauseilenden Gehorsam gewisser Bevölkerungsteile in Kosovo ist somit in dieser langanhaltenden Gewalterfahrung zu suchen. Die Möglichkeit, nun ein „Großalbanien“ aufzubauen und über das Kriegsende hinweg zu erhalten, rückte in greifbare Nähe – ein Albanien, in welchem alle mehrheitlich albanisch bewohnten Gebiete vereint werden sollten. Gleichzeitig bedeutete dies für einige albanische Politiker auch ein ethnisch „reines“ Albanien, in welchem slawische Menschen keinen Platz mehr haben sollten.

Hermann Neubacher berichtete nach Berlin, dass Mehdi bey Frashëri ihm erklärt habe: „[...] die dem Reich besonders dankbar ergebenen Neu-Albaner (Kossowaner) [würden] Deutschland gegenüber eine besondere Stellung einnehmen und dass er dem Zusammengehen Deutschlands mit diesem Teil Albaniens gegen äußeren Feind positiv gegenüberstehe.“[5]

3 Bericht über Besatzungsbereich, Kreise Mitrovica, Novipazar und Prijepolje, “Stimmung der Bevölkerung 1916”, 9.7.1916, OeStA/HHStA PA I 977-32k. Siehe auch John R. Lampe: Balkans into Southeastern Europe. A century of war and transition, Basingstoke 2006, S. 49.

4 M. Midhat Frashëri vor der Friedenskonferenz/dem Völkerbund, “Albanian Minorities in the Serb-Croat-Slovene State”, 29.4.1921, UN-Archiv Genf, C.29.M.13.

5 Neubacher an AA, 29.1.1944, PAAA R101024, Bl. 020.

Sofort nach dem Balkanfeldzug setzten Vertreibungen von serbischen und montenegrinischen Siedlern ein. Um das Wohlwollen der Achsenmächte und das eigene Ziel, „Neualbanien“ bei „Großalbanien“ zu halten, nicht zu gefährden, kam es neben den großangelegten Vertreibungen slawischer Bevölkerungsgruppen auch zur Denunziation von Jüdinnen und Juden.[6] Der Hass im Kosovo richtete sich aber in erster Linie gegen serbische und montenegrinische Menschen, die in der Zwischenkriegszeit vom jugoslawischen Staat dort (zwangs-)angesiedelt worden waren. Darum zog im Herbst 1941 ein großer serbisch-montenegrinischer Flüchtlingsstrom durch Kosovo Richtung Nordosten, während der Strom jüdischer Flüchtlinge, weitaus versteckter und unauffälliger, sich durch Kosovo bzw. „Neualbanien“ Richtung Südwesten bewegte.[7]

Die deutschen Besatzer, die seit 1941 den nördlichen Kosovo unter ihrer Herrschaft hatten, waren von Beginn an von der Organisation und der Kontrolle in der italienischen Besatzungszone in Mittel- und Südkosovo nicht überzeugt. Ihnen war bewusst, dass zwar die Bevölkerung „Neualbaniens“ aufgrund ihrer positiven Erfahrungen mit Österreich-Ungarn auch ihnen gegenüber freundlich gesinnt war. Dies war insbesondere der Tatsache geschuldet, dass sich sowohl bei den in der Region stationierten Wehrmachtseinheiten als auch bei der Waffen-SS zahlreiche Österreicher befanden. Auf der anderen Seite stellte aber gerade dieses Gebiet mehrere Herausforderungen dar: Als Grenzgebiet spielte es zwischen den einzelnen Staaten im Personen-, Waren- und Nachrichtenverkehr eine wichtige Rolle, sowohl bezüglich der Flüchtlinge als auch auf die Zusammenarbeit verschiedener jugoslawischer und albanischer Partisanengruppen.[8] Hinzu kam, dass die Gegend schon durch ihre Topographie schwer kontrollierbar war. Zu dieser Zeit existierten kaum Straßen und die hügelige Landschaft gestaltete sich für die Besatzer unübersichtlich.[9] Einen dritten, erschwerenden Punkt bildete die bis September 1943 von gegenseitiger Missgunst und Behinderung durchzogene Zusammenarbeit mit dem italienischen Achsenpartner in und um „Neualbanien“.[10]

6 Bericht „über die Reise in das Arnautengebiet von Kosovska Mitrovica und Novi Pazar“ des Volkstumsreferenten Dr. Feninger beim Bevollmächtigten des AA in Belgrad, 15.–26.10.1941, PAAA, R261153, Bl. 53.

7 Zaugg, Rekrutierungen, S. 52–53.

8 Abschrift „Kontrolle des Ein- und Durchreiseverkehrs im Kosovogebiet“, Div. Kdr. Schmidhuber, 15.6.1944 (Anlage 10 zu DGA Nr. 3046/44 g.v. 23.6.1944), BArchF, RH 19-XI/9, Bl. 24.

9 Schmidt-Neke, Albanien, S. 270.

10 Hierzu detailliert Zaugg, Un centro d’intrighi, S. 51–73.

Allerdings gab es auch in den „neualbanischen" Gebieten Helfer. So beteiligten sich Grenzwächter und in der Verwaltung tätige Albaner am Fälschen von Papieren und am Durchwinken von Menschen mit gefälschten Papieren. Sie trugen damit entscheidend zur erfolgreichen Flucht jüdischer Menschen durch „Neualbanien" nach „Altalbanien" bei. Jüdischen Flüchtlingen wurde, trotz fehlender oder offensichtlich fehlerhafter Dokumente, die Weiterreise Richtung Albanien erlaubt. Innerhalb „Neualbaniens" wurden auch falsche Ausweisdokumente ausgestellt. Betuchte Kaufleute brachten Fliehende in ihren Lagerräumen oder in eigens erweiterten Wohnbauten unter, Schlepper führten Flüchtlinge sicher von Skopje durch „neualbanische" Berglandschaften, Hügel und Schluchten nach „Altalbanien".[11] Sowohl in „Altalbanien" als auch in „neualbanischen" Gebieten lassen sich deutlich verschiedene Netzwerke erkennen, die zum Teil Hand in Hand arbeiteten, das Handeln von Einzelpersonen koordinierten und so die Fluchthilfe effizienter machten.

Mit dem Sieg der albanischen und serbisch-montenegrinischen kommunistischen Partisanen beidseits der Grenze hörte der Staat „Großalbanien" de facto Ende 1944 auf zu existieren. De jure kamen Kosovo und die anderen „neualbanischen" Gebiete 1945 wieder zu Jugoslawien. Kosovo wurde als Provinz der Republik Serbien zugeschlagen.[12] Bis heute geistert „Großalbanien" von Zeit zu Zeit durch die Medien, zuletzt während einer Fußballweltmeisterschaft 2018 in Russland. Bei einem Spiel der Schweizer Nationalmannschaft gegen Serbien formten zwei Schweizer Spieler kosovarischer Herkunft mit den Händen einen albanischen Doppeladler. Die Tatsache, dass Serbien Kosovo nicht als eigenständigen Staat anerkennt und der Umstand, dass auch heute noch viele Kosovaren gerne ein „Großalbanien" sehen würden, verlieh der Siegesgeste eine hochpolitische Dimension. Denn „Großalbanien" war ein Staat, der erst durch den deutsch-italienischen Balkanfeldzug der Achsenmächte im Frühjahr 1941 ermöglicht und legitimiert wurde.

11 Zu unterschiedlichen Beträgen bei der Bezahlung von Schleppern siehe Akten aus dem ASD, Bericht Tirana, 8.7.1943, Destani/Muharemi, Jews in Albania. Italian Archives, London 2023, S. 74.

12 Marie-Janine Calic: Geschichte Jugoslawiens, München 2010, S. 180.

Vom Gewohnheitsrecht und der „Besa" zum Gastrecht jüdischer Flüchtlinge

Da die Besa in vielen Publikationen als Hauptgrund für die Judenrettung genannt wird, soll sie hier näher vorgestellt werden. Die Grundlage für die weit ins 20. Jahrhundert hineinreichende Praxis des Gewohnheitsrechts, das zu dieser Zeit noch mehrheitlich auf mündlicher Überlieferung basierte, ist in der albanischen Gesellschaft zu suchen. Zwar setzte das Gemisch aus verschiedenen Kulturen innerhalb der albanischen Gesellschaft die Sprache als wichtigsten gemeinsamen Nenner und den Respekt gegenüber anderen Religionen voraus, jedoch existierte noch keine vereinheitlichte Schriftsprache, große Teile der Bevölkerung waren Analphabeten. Viele geschichtliche und kulturelle Errungenschaften basierten daher auf mündlicher Überlieferung.[1] Erst in den 1970er Jahren wurde schließlich eine albanische Standardsprache, basierend auf dem toskischen Dialekt, festgelegt.

Auch die Rechtsprechung war in einigen Teilen Albaniens noch stark im Gewohnheitsrecht verankert. Der verschriftlichte Kanun des Lekë Dukagjini (kanuni i Lekë Dukagjinit) war daher nur eine, allerdings die bekannteste, von zahlreichen Ausgestaltungen des mündlich überlieferten Gewohnheitsrechts. Er wurde Ende des 19. Jahrhunderts erstmals vom Franziskanermönch Shtjefën Gjeçovi systematisch erfasst und schriftlich festgehalten. In den Jahren 1913 bis 1924 wurde der Kanun in Teilen in der skutarinischen Zeitschrift „Hylli i dritës" veröffentlicht. Nach der Ermordung Gjeçovis durch serbische Freischärler wurde der Kanun des Lekë Dukagjini 1933 in Shkodra posthum erstmals als Gesamtwerk publiziert.[2]

Die Besa ist Teil des Gewohnheitsrechts und bedeutet eine Art Ehrenwort, das in verschiedenen Situationen und zu verschiedenen Zwecken eingesetzt werden kann. So setzten beispielsweise verfeindete Stämme bei drohender Gefahr von außen durch eine Besa ihre Fehden aus. Die Besa war für das Zusammenleben, den Schutz der Gemeinschaft wie auch des Einzelnen

1 Auch bei den Rekrutierungen für die Waffen-SS in der Region hatten die deutschen Besatzer mit diesem Problem zu kämpfen. Günther Hausding berichtete, dass Nachrichten nur durch „Mund zu Mund Propaganda" verbreitet werden konnten. Die Verbreitung wichtiger Neuigkeiten fand hauptsächlich auf Märkten statt. Lagebericht des Außenkommandos Kosovska-Mitrovica für August 1942, Hausding, 27.8.1942, USHMM/BArchL, B162/15.668, Bl. 41.

2 Elsie, Kanun, S. VI.

und seiner Rolle innerhalb der Gesellschaft überlebenswichtig. Sie war das unverbrüchlich gegebene Wort, der Schwur, die persönliche Treue. So kann es sich um ein Ehrenwort handeln, welches Einzelpersonen und den persönlichen und privaten Bereich betrifft. Es kann sich aber auch um einen mündlich gefassten Vertrag oder eine Abmachung handeln, mit der Stämme eine Besa in der Funktion eines Landfriedens schließen, um gemeinsam gegen eine Gefahr oder einen Feind vorzugehen.[3]

Im Gewohnheitsrecht waren auch die Sorge um den Gast und der Schutz desselben von zentraler Bedeutung.[4] Das Gastrecht, dem die Besa als ein Ehrenwort, für den Gast zu sorgen, zugrunde lag, war für das Überleben während langer beschwerlicher Reisen in bergigen Gegenden wie Nordalbanien oder Kosovo von unschätzbarem Wert. Der Gast hatte so die Möglichkeit, geschützt zu übernachten und Verpflegung zu erhalten. Der Gastgeber war auch noch verantwortlich für die Unversehrtheit des Gasts während des ersten Wegstücks nach seinem Aufbruch. Das Halten der Besa gegenüber einem Gast war unverzichtbare Voraussetzung für die Aufrechterhaltung der persönlichen Ehre eines Mannes, auch wenn er und seine Familie dadurch größte Gefahr und Opfer in Kauf nehmen mussten. Der Ablauf des Empfangs und das danach folgende Verhalten gegenüber dem Gast sind genau festgelegt. Der Gast war aber nicht gleichzusetzen mit einem Freund im westlichen Sinne, auch wenn er im Kanun als „Freund" bezeichnet wird. Denn zwischen dem Gast und dem Gastgeber bestand keine dauerhafte Verbindung, sondern eine zeitlich begrenzte.[5] Der Gast wurde für die Zeit seiner Anwesenheit im Haus des Gastgebers gepflegt, geehrt und geschützt, auch gegen jedweden Angriff. Nachbarn hatten diesen Umstand ebenfalls zu respektieren. Wenn der Gastgeber nicht verhinderte, dass sein Gast beleidigt, verletzt oder sogar getötet wurde, lud er Schande auf sich.[6] Allerdings unterwarf sich auch der Gast, bewusst oder unbewusst, den Regeln des Gewohnheitsrechts, sobald er das Haus des Gastgebers betrat.[7]

3 Siehe bspw. Lagebericht des „Außenkommandos Kosovska-Mitrovica" für August 1942, Hausding, 27.8.1942, USHMM/BArchL, B162/15.668, Bl. 42.

4 Dem Umgang mit dem Gast bzw. „Freund" ist im Kanun ein ganzes Kapitel mit vier Unterkapiteln gewidmet. Dabei wird zwischen unterschiedlichen Stufen von „Freund" unterschieden. Der herkömmliche Gast ist ein „Freund". Für „gute Freunde" oder „Herzensfreunde" werden neben der exzellenten Gastfreundschaft noch andere Annehmlichkeiten erwähnt. Für den „guten Freund" sind neben Speis und Trank zusätzlich Kaffee und Branntwein vorgesehen, für den „Herzensfreund" wird diese Zusammenstellung um „Tabak" ergänzt. Elsie, Kanun, S. 136–146.

5 Schmidt-Neke, Albanien, S. 253.

6 Vogel, Erinnerungen, 178.

7 Elsie, Kanun, S. 138–139.

Der Gast, egal ob Mann oder Frau, Junge oder Mädchen, durfte dem Gastgeber mitteilen, bis wohin er begleitet werden wollte. Sobald der Gastgeber diese Pflicht erledigt und dem Gast den Rücken zugewandt hatte, war er – auch im Tötungsfall des Gasts – nicht mehr für ihn verantwortlich.[8]

Somit schloss diese Art von Besa in Bezug auf den Gast auch ein, nötigenfalls das eigene Leben auf das Spiel zu setzen. Als Gast galt nicht nur der Gast „im engeren Sinne", also im eigenen Haus, sondern auch jemand, den man für einen Marsch in seine Obhut nahm, etwa im Falle Irene Eskenazis und ihres Begleiters bzw. „Gastgebers" Nafi. Bevor er ihr seine Besa gegeben hatte, brachte er sie für Geld durch die gebirgigen Gegenden zwischen Skopje und Tetovo – und bedrohte sie auch in sexueller Hinsicht. Nachdem er ihr sein Ehrenwort gegeben hatte, riskierte er sein Leben; nun nicht mehr für Geld, sondern um seinen Schwur zu halten:

> **„Denn das Ehrenwort, oder Besa, ist für den Albaner unter allen Umständen heilig. Nichts kann ihn davon abhalten, nichts kann ihn das Versprechen brechen lassen, sobald er es gegeben hat. Weder Gefahr, noch Versuchung, weder Kampf, noch Geld kann ihn sein Wort brechen lassen. Er wird es halten, auch wenn es ihn sein Leben kostet."**[9]

Heute wird in Publikationen zur Judenrettung in Albanien die Besa oft als einzige Bedingung für das Verhalten der Albaner genannt.[10] Obwohl sie als wichtige Motivation für riskante Flucht- und Versteckmanöver gelten kann, greift sie als monokausale Erklärung zu kurz.

8 Ebd., S. 138.

9 Grünbaum, Escape, 35.

10 Esilda Luku: Why Did Albanians and their Collaborationist Governments Rescue Jews during the Holocaust?, Hiperborea 2 (2019), S. 43.

Die Gründe waren vielfältiger, so konnten auch der Hass auf die italienischen oder deutschen Besatzer, Geldnot, Verwandtschaft, geschäftliche Beziehungen oder bereits bestehende Freundschaften für die Hilfeleistung ausschlaggebend sein. Außerdem gab es auch slawische Retter, die dem christlich-orthodoxen Glauben angehörten.

Zudem hatten die Besa und das damit zusammenhängende Gastrecht nicht nur in „Altalbanien", sondern auch in Kosovo bzw. „Neualbanien" Geltung. Dennoch wurden dort jüdische Familien im Frühjahr 1942 und im Frühjahr/Sommer 1944 an die deutschen Besatzer ausgeliefert. Letzteres geschah vor dem Hintergrund, dass sich die lokalen Eliten auf diese Weise mit den Besatzern gut stellen und Kosovo als Teil „Großalbaniens" über den Krieg hinaus erhalten wollten.

Gegen Ende des Krieges wurde in diesem Gebiet noch eine andere Besa gegeben: die „Besa Kombëtare" (Nationale Besa). Diese Vereinigung zeigt die Bedeutungsvielfalt, die eine „Besa" haben kann. Es handelte sich hierbei um einen Zusammenschluss nationalistisch eingestellter Kosovaren, welche sich mit dieser untereinander geschlossenen Besa gegen die kommunistische Übernahme durch albanische, serbische, montenegrinische, mazedonische und bulgarische Partisanen wehren wollten.[11]

Auch die deutschen Vertreter vor Ort machten Bekanntschaft mit der Besa. Viele, die gegenüber den Besatzern eine Besa gegeben hatten, hielten sie bis zum Schluss, wie etwa der in Albanien stationierte Rudolf Vogel über seinen Boten während des in Tirana tobenden Stadtkampfs im Herbst 1944 berichtete:

11 Siehe hierzu ausführlich Robert Elsie, Albanian History, http://www.albanianhistory.net/1945_Berisha/index (Stand: 31.10.2024).

„Meine persönlichen Bekanntschaften und Freundschaften mit Albanern bezeugten eines: Wenn sich durch die ‚Besa' (die Blutsbrüderschaft) oder auch durch persönliche Dienstleistungen ein Treueverhältnis geschaffen hatte, dann standen sie mit absoluter Unbedingtheit dazu. Mir wird immer unvergesslich bleiben, dass in dem Monat der Belagerung durch die Partisanen in Tirana selbst mein Bote in der Dienststelle jeden Tag unter Lebensgefahr auf dem Bauche kriechend im Morgengrauen die Partisanenlinie durchschlich, um mir meine Milch zu bringen, was er vorher beinahe ein Jahr lang täglich getan hatte."[12]

Auch mit anderen albanischen Mitarbeitern deutscher Dienststellen ging Vogel solche Ehrenworte ein:

„Bald freundeten wir uns so an, dass wir miteinander – typisch albanisch – Blutsfreundschaft schlossen und uns gegenseitig die Besa zusagten. Die Besa ist das albanische Ehrenwort. Wer sich durch eine Besa mit einem anderen verbündet, ist zur absoluten Treue ihm gegenüber verpflichtet. Diese Besa-Schwüre werden von den Albanern selbst unter Todesgefahr unbedingt aufrecht erhalten und durchgestanden."[13]

---

12 Vogel, Erinnerungen, S. 223.

13 Ebd., S. 186.

Wieso also die Besa gegenüber Jüdinnen und Juden in „Altalbanien“ oft gegeben und eingehalten wurde, in Kosovo und allgemein „neualbanischen“ Gebieten jedoch nicht zwingend, hängt daher von mehreren Faktoren ab. Letztlich ist aber wesentlich, dass die Besa, um sie halten zu können, gegeben werden muss. Wer keine Besa gab, musste sie auch nicht halten. Daher fühlte sich auch Irene Eskenazi erst in Sicherheit, als sie den Schlepper Nafi dazu gebracht hatte, ihr die Besa zuzusagen.[14]

14 Grünbaum, Escape, 35.

Fehlende Infrastruktur als fördernder Faktor

Obwohl die Italiener seit den 1930er Jahren alles daran gesetzt hatten, auf verschiedenen Ebenen den Ausbau der Infrastruktur Albaniens voranzutreiben, war ihnen dieses Unterfangen bis zu ihrem Einmarsch im April 1939 nur rudimentär gelungen. So erschwerte ein wenig entwickeltes Verkehrs- und Kommunikationsnetz auch die Verfolgung von Jüdinnen und Juden. Oft existieren nur Saumpfade. Bestimmte Dörfer auf dem Land waren für Außenstehende ohne lokale Begleiter kaum erreichbar. Dorfgemeinschaften verhielten sich zudem gegenüber den als Eindringlinge wahrgenommenen Italienern oder Deutschen oft reserviert bis abweisend. Vielfach wussten die Menschen im Dorf sehr genau, wer jüdischen Familien Unterschlupf gewährte; den Besatzern verrieten sie die Verstecke allerdings nicht.

In zahlreichen Quellen beschweren sich deutsche und italienische Besatzer über die Schwierigkeiten, sich in Albanien und Kosovo zurechtzufinden, ebenso über die fehlende Infrastruktur.[1] Beide Besatzungsmächte versuchten durch lokale Ableger ihrer ideologisch gefärbten paramilitärischen Institutionen, an lokale Verbündete und somit an Kenner der Region zu gelangen. Bei den Italienern war dies die Milizia Fascista Albanese (MFA), als albanischer Arm der Milizia Volontaria per la Sicurezza Nazionale (MVSN), auch bekannt als Camicie Nere, bei den Deutschen die in „Neualbanien" aufgestellte 21. Waffen-Gebirgs-Division der SS „Skanderbeg". Die autobiographischen Aufzeichnungen Vogels zeigen deutlich, wie sehr die Besatzer von lokalen Unterstützern abhängig waren, um sich überhaupt orientieren zu können, und wie fremd ihnen die albanische Gesellschaft war.[2]

1 Siehe Zaugg, Muslimische Albaner, S. 127–131.

2 Vogel, Erinnerungen, S. 177–226.

Die deutschen Besatzer konzentrierten sich vor allem auf die wenigen urbanisierten Gegenden, was, wie der OB Südost von Weichs rückblickend betonte, ein Fehler gewesen sei. Denn so hatten sie in diesem Jahr zwischen September 1943 bis Oktober 1944 weder funktionierende Beziehungen zur untersten Kommandoebene und somit zur Bevölkerung vor Ort aufbauen, noch sich einen umfassenden Überblick zur Topographie und zu kleinen und Kleinstdörfern in unzugänglichen Gebieten Albaniens verschaffen können.[3]

Diesen Eindruck des ihnen fremden Landes hatten auch die ankommenden Flüchtlinge. Johanna Neumann (geb. Gerechter) aus Hamburg fiel sofort auf, dass die Straßen eher Pisten glichen und sich die Wege in Durrës bei Regen rasch in eine schlammige Angelegenheit verwandelten, an die sie sich auch Jahrzehnte später noch erinnern konnte. Auch Gavra Mandil betonte, dass ihnen bei ihrer Ankunft auffiel – sie wohnten zuvor in Belgrad und Novi Sad –, wie einfach das Land und die Leute waren, die oft nicht viel Schulbildung genossen und kaum etwas zum Leben hatten. Ähnlich schildert Trude Grünbaum alias T. Scarlett Epstein ihre Ankunft in Albanien. Ihre Beschreibung Albaniens gleicht derjenigen Johanna Neumanns. Trude konnte das Land nach ungefähr einem Jahr, bereits kurz nach der italienischen Invasion, Richtung Großbritannien verlassen. Doch Johanna Neumann und Gavra Mandil sollten neben Durrës, Tirana und Kavaja, in Shkozet, Kruja, Lushnja oder Berat noch weitere Teile Albaniens entdecken können.

Das Leben in den größeren Städten des Landes unterschied sich drastisch von dem in Kleinstädten und Dörfern. Auf dem Land war das Leben sehr einfach. Die Unterbringungsmöglichkeiten und die häusliche Infrastruktur hingen aber nicht nur von der geographischen Lage ab, sondern unterschieden sich auch je nach sozialer Schicht der Gastgeber. Während städtische und auch ländlichen Eliten große Häuser besaßen, oft als Paläste bezeichnet, manche nach osmanischem Vorbild mit Innenhöfen und hohen Mauern ausgestattet, und daneben noch Landsitze ihr Eigen nannten – etwa Eqrem Bej Vlora in Tirana oder die Frashëris und Toptanis in Kamza –, hatten andere nur Hütten zu bieten. Dort mussten sowohl Gastgeber als auch Gäste in einem Raum und auf dem Boden schlafen.

3 OB Südost, Bericht „Entwicklung der militärischen Lage in Albanien im Herbst 1944“, undatiert, BArchF, RW 40/116a, Bl. 6.

Zusammenhang zwischen Hilfe für jüdische Menschen, Widerstand und Kollaboration

Die Gedenkstätte Yad Vashem in Jerusalem stellte bei Untersuchungen fest, dass die Rettungsaktionen in Albanien oft auf persönlichen, privaten und individuellen Initiativen beruhten. Gerade frühe dieser Einsätze begannen, lange bevor ein breiter politischer Widerstand in Albanien aufgebaut werden konnte.[1] Dabei untersuchten die Forscherinnen Iael Nidam-Orvieto und Irena Steinfeldt bei Yad Vashem in ihrer Analyse von Rettungsaktionen in unterschiedlichen Ländern, ob und in welcher Weise antifaschistische bzw. antinazistische Untergrundorganisationen an der Hilfe für Jüdinnen und Juden beteiligt waren. Bei den untersuchten Fällen in albanischen Akten schien es sich aber vor allem „um individuelle Initiativen zu handeln, nicht um organisierte, und in den meisten albanischen Akten finden wir keinen Hinweis auf die Beteiligung von Widerstandsgruppen."[2] Diese Aussage stimmt aus heutiger Perspektive nur bedingt. An zwei Orten, in der Region Kosovo und der Region um Kavaja/Tirana, lassen sich durchaus Netzwerke feststellen, die gemeinsam an der Rettung jüdischer Flüchtlinge beteiligt waren. Sie waren aber nicht zwingend dem kommunistischen Widerstand angeschlossen.

Somit mag individuelles Handeln für bestimmte Rettungsaktionen, etwa das Verstecken von Personen, zutreffen. Bei der Fälschung von Dokumenten schien aber ein größerer Organisationsgrad vorgeherrscht zu haben, wie etwa die Beispiele von Mihal Lekatari oder der Familie Babamusta zeigen.[3]

1 Zum frühen Widerstand in Albanien siehe Zaugg, Albanische Muslime, S. 64–74.

2 Iael Nidam-Orvieto, Irena Steinfeldt: The Rescue of Jews in Albania Through the Perspective of the Yad Vashem Files of the Righteous Among the Nations, in: https://www.yadvashem.org/righteous/resources/rescue-of-jews-in-albania-through-yad-vashem-files.html (Stand: 6. 1. 2025).

3 Bericht Lekatari an Yad Vashem, 15. 8. 1991, Yad Vashem, M.31.2/5324 und Babamusta, Akte Kurajo, USHMM, S. 5–6.

Auch sind Wege jüdischer Flüchtlinge nachweisbar, die über Albanien England erreichten und von dort als Special Executive (SOE) wieder nach Albanien gelangten, um den Widerstand militärisch zu unterstützen.[4] Daneben sind auch Biographien bekannt, die jüdische Flüchtlinge zeigen, welche nach Albanien flohen und sich dort direkt den Partisanen anschlossen, wie Shmuel Rahamin Mizrahi.[5]

Es scheinen verschiedene Netzwerke bestanden zu haben. Dabei sind solche zu unterscheiden, deren Mitglieder aus politischer oder menschlicher Überzeugung gehandelt haben und solche, die sich durch das Retten von Personen ein Zubrot verdienten. So beschreibt etwa Irene Grünbaum (Eskenazi), dass ihre Retterfamilie in Skopje, Natasha und Kemal Rustenbeg, einen Schlepper bezahlten, der sie über die Grenze in die „neualbanische" Kleinstadt Tetovo bringen sollte. Dieser hatte erst Tage zuvor andere Flüchtlinge über die Grenze gebracht, wie aus ihrem Bericht hervorgeht.[6] Andere wiederum, wie ein namentlich nicht genannter kommunistischer Dokumentenfälscher in Tetovo, und auch Mihal Lekatari scheinen politische Gründe für ihre Hilfeleistung gehabt zu haben.[7]

Für Albanien ist außerdem eine weitere Besonderheit hervorzuheben. Jüdischen Flüchtlingen zu helfen hieß nicht zwingend, gegen die Nationalsozialisten zu sein. Dies belegen gleich mehrere in diesem Buch vorgestellte Beispiele, etwa die Hilfe für jüdische Flüchtlinge durch Gafur Brangu, Njazi Pilku oder Eqrem Bej Vlora.[8] Solche Retter wurden nach dem Krieg aufgrund ihrer teilweise engen Zusammenarbeit mit den deutschen Besatzern von den Kommunisten verfolgt und, wenn sie nicht fliehen konnten, umgebracht.[9] Der extremste Fall von Hilfe und Unterstützung jüdischer Flüchtlinge stellt wohl Liselotte „Liza" Pilku dar. Die gebürtige Deutsche war mit Njazi Pilku verheiratet und aufgrund ihrer Familiengeschichte eine begeisterte Anhängerin Hitlers. Dass ihr Wohnzimmer mit einem Hitlerporträt bestückt war und sie oft von Wehrmachts-, SS- und Waffen-SS-Offizieren Besuch empfing, hinderte sie nicht daran, Jüdinnen bei sich zu verstecken oder die geheime Abfahrt der von jüdischen Flüchtlingen gemieteten Boote Richtung Italien zu unterstützen.[10]

4 Bspw. Franz Fuchs, Oral History. Interview mit Franz Fuchs, USHMM, RG-50.120.0364.

5 Siehe hierzu Kapitel „Der junge Shmuel Rahamin Mizrahi und sein Weg zu den albanischen Partisanen".

6 Grünbaum, Escape, 28.

7 Ebd., S. 47.

8 Letzterer arbeitete sowohl mit den Deutschen als auch den Briten zusammen. Vogel, Erinnerungen, S. 177–178.

9 Vogel, Erinnerungen, S. 219.

10 Neumann, Umweg über Albanien, S. 68.

Weiter gab es auch sich politisch weder links noch rechts positionierende Helfer, beispielsweise italienische Lastwagenfahrer, die nach der italienischen Kapitulation mit der Familie Gerechter eine Wohnung teilten.[11]

Das heißt, Hilfe gegenüber Jüdinnen und Juden hatte in Albanien keinen oder nur bedingt einen Zusammenhang mit der politischen Einstellung der helfenden Individuen. Sie konnten dem kommunistischen Widerstand angehören, sie konnten aber auch der herrschenden, kollaborierenden Elite angehören, sie konnten apolitisch sein oder sogar begeisterte Befürworter der Nationalsozialisten. Die meisten Zeugenaussagen stammen erst aus den ersten Jahren nach dem Regimewechsel in Albanien in den 1990er Jahren und spiegeln durch diesen späten Zeitpunkt die Gefahr wieder, sich in der sozialistischen Ära Albaniens zu den Judenrettungen zu äußern. Die Menschen befürchteten, mit der "falschen" Gruppe in Verbindung gebracht und so selbst zur Zielscheibe von Verfolgung zu werden.[12]

---

11 Interview Neumann, USHMM, RG-50.030.0170, Part 3.

12 Nidam-Orvieto, Steinfeldt, Rescue of Jews in Albania, in: https://www.yadvashem.org/righteous/resources/rescue-of-jews-in-albania-through-yad-vashem-files.html (Stand: 6.1.2025).

Dokumentationen zu Verfolgung, Flucht und Hilfe

Neben schriftlichen Dokumenten und mündlichen Aufzeichnungen bieten uns Lesern die Fallstudien jüdischer Flüchtlinge in Albanien eine Besonderheit, die bei der Lektüre von Fluchtgeschichten oft fehlt. Aus den Nachlässen der Familien Mandil, Altarac und Gerechter sind uns zahlreiche Fotografien geblieben. Gavra Mandil, Jaša Altarac und Johanna Neumann (geb. Gerechter) haben diese Erinnerungen dem United States Holocaust Memorial Museum, USHMM und somit der Öffentlichkeit zur Verfügung gestellt. Dadurch werden die Aufenthalte dieser Familien nicht nur durch Worte, sondern auch durch Bilder nachvollziehbar. Dieser Umstand ist umso auffälliger, als dass die Fotografie zu dieser Zeit eine kostspielige Beschäftigung war. Viele Menschen, gerade in Albanien und Kosovo, hatten wenige oder gar keine Bilder von sich und ihren Familien. Dabei werden nicht nur die Familien und ihre Retter dokumentiert, sondern auch weitere Flüchtlinge. So lassen sich auch Rückschlüsse auf Bekanntschaften unter den Geflohenen ziehen. Auf diesen 1939 oder im ersten Halbjahr 1940 entstandenen Bild aus Durrës können wir Kinder und Erwachsene aus verschiedenen Flüchtlingsfamilien erkennen, die zu dieser Zeit als Kommune in einer angemieteten Herberge lebten.

Weiter lassen sich über die Bilder Umstände der sehr unterschiedlichen Unterbringung jüdischer Flüchtlinge im damaligen „Großalbanien“ (Kosovo/“Neualbanien“ und „Altalbanien“) nachvollziehen. So sehen wir vom campo di concentramento Prishtina/Priština Bilder, die Inhaftierte und Wachpersonal gemeinsam zeigen, dasselbe gilt auch für das Lager in Preza. Auf anderen Bildern kriegen wir einen Einblick, wie groß die Unterschiede bei der Unterbringung jüdischer Flüchtlinge in Kavaja waren.
Die einen kamen im Lager Kavaja unter, andere wiederum in Privathäusern, etwa dem „Roten“ und dem „Weißen Haus“. Bis September 1943 mussten sich letztere jeweils täglich beim Polizeiposten der Stadt melden. Auch dazu finden sich Fotografien, Mosa/Moshe Mandil und sein Sohn Gavra posieren mit dem lokalen Polizeihauptmann und weiteren Vertretern der Stadt.

In der Mitte ist Johanna Gerechter zu sehen, rechts neben ihr sitzt Trude Kraus. Die Frau links hinter dem Stuhl ist Finny Mandel und der Mann rechts ist Hans Krahl, 1939–1940

Mosa/Moshe und Gavra Mandil mit dem lokalen Polizeichef und Stadtvertretern in Kavaja

Die meisten Bilder entstanden in der Zeit zwischen 1939 und 1943. Doch selbst als „Großalbanien“ im September 1943 von den Deutschen besetzt wurde und viele der Flüchtlinge aus den Lagern in geheime Verstecke in den Dörfern Albaniens flohen, fotografierten Mosa/Moshe Mandil, sein Lehrling Refik Veseli oder auch Siegbert Gerechter weiter. Trotz Entbehrung und Angst entstehen bis Herbst 1943 Bilder, die oft eine positive Stimmung vermitteln, selbst wenn über die zu Verfügung stehenden Texte klar wird, dass die Abgebildeten unter Krankheiten und extremer Nahrungsmittelknappheit zu leiden hatten.

Neben dem Alltag der Familien, welchen die Fotografien dokumentieren, existieren auch die für Friedenszeiten üblichen Gruppenbilder. So sind aus Kavaja zwei typische Fotografien von Schulklassen erhalten geblieben. Oder Familien posieren gemeinsam für ein Bild, Retter und Gerettete stehen dicht beieinander. So ist auch das Titelbild dieses Buches entstanden. Nach der Befreiung 1944 dokumentieren Mosa/Moshe Mandil und Siegbert Gerechter eindrücklich den beginnenden Neuanfang ihrer Familien. Die einen brechen nach einer kurzen Rückkehr nach Novi Sad nach Israel auf, die anderen treten die Reise über Italien in die USA an. Diese Bilder helfen, die vorhandenen Textdokumente und Interviews zu verdichten.

Interviews, schriftliche Befragungen und auch autobiographische Zeugnisse involvierter Personen (Flüchtlingen und Helfern) zwischen 1939 und 1944 geben uns Einblicke in unterschiedlichste Lebensumstände vor und nach der einsetzenden Judenverfolgung und dem aufziehenden Krieg. Doch sie geben auch Auskunft über Fluchtrouten, Helfer und erste Eindrücke vor Ort. Dabei ragen die Oral History Interviews auf der Website des USHMM heraus, welche die Perspektive der damaligen Kinder in Albanien beleuchten, so etwa jenes von Gavra Mandil oder Johanna Neumann (geb. Gerechter). Zahlreiche weitere Dokumentationen, darunter vor allem auch schriftliche Zeugnisse, etwa der Kinder damaliger Fluchthelfer, können bei Yad Vashem eingesehen werden. Viele berichten über das nahe Verhältnis, welches zwischen albanischen Kindern und Flüchtlingskindern aus unterschiedlichen europäischen Staaten entstand. Spannend sind dabei auch die Perspektiven der drei Frauen, T. Scarlett Epstein, Irene Grünbaum und Johanna Neumann, auf ihre Fluchtgeschichten. In ihren Memoiren zeigt sich deutlich, welchen spezifischen Umständen und Gefahren Frauen während der Flucht ausgesetzt waren, aber auch, welche Einschränkungen und welche Möglichkeiten sie hatten.

Weitere Akten, die den administrativen Ablauf der Verfolgung jüdischer Menschen in und um Albanien beleuchten, sind in den Archiven in Italien, Deutschland, Serbien, Kosovo und Albanien zu finden – sowie auch im Völkerbundarchiv in Genf.[1] Zu nennen sind hier die Publikationen von Nevila Nika und Liliana Vorpsi zu Beständen des Albanischen Zentralarchivs, und von Beitullah Destani und Vullnet Muharemi zu Juden Albaniens in italienischen Archiven und im United Nations Archiv.[2] Die ehemalige Direktorin des Albanischen Zentralarchivs (A.Q.SH.), Nika, hat außerdem eine hilfreiche Tabelle zusammengestellt, in welcher sämtliche in den Akten des Zentralarchivs auftauchenden Jüdinnen und Juden mit exakten Angaben zur betreffenden Archivakte aufgelistet sind.[3]

Einzelne wichtige Quellen hat auch der bereits verstorbene Albanologe Robert Elsie auf seiner Website zusammengetragen, so beispielsweise ein Auszug der im Sommer 1944 im Konzentrationslager Prishtina/Priština festgehaltenen Jüdinnen und Juden. Albert Ramaj hat wichtige Informationen gesammelt, um dem Mythos, dass in „Großalbanien" nur Jüdinnen und Juden gerettet worden wären, entgegenzuwirken. In zwei bereits älteren Aufsätzen stellt er die Regionen Albanien/Kosovo einander gegenüber und vergleicht sie in Bezug auf „Judenrettung" und „Judenverfolgung". Weiter zu nennen ist das Werk des albanischen Historikers Shaban Sinani zur jüdischer Präsenz und der Rettung jüdischer Flüchtlinge in Albanien.[4] Auch die von Josef Jakoel zusammengetragenen Familiengeschichten albanischer und ausländischer Jüdinnen und Juden im Albanien der Zwischenkriegszeit und während des Zweiten Weltkrieg bieten informative Einblicke.[5]

Genaue Zahlen sind bei Fluchtbewegungen schwierig zu definieren. Dies betont auch Historiker Bojan Aleksow in seiner Studie zu Fluchtwegen jüdischer Menschen in Südosteuropa.[6] Die Zahl der jüdischen Opfer ist nach wie vor umstritten: Sinani und Bajraktari vertreten die Meinung, dass nur dreiundvierzig einheimische Juden aus dem Kosovo ums Leben

1 Siehe hierzu auch Bejtullah D. Destani, Vullnet Muharemi: Jews in Albania. The United Nations Archives, London 2024.

2 Nevila Nika, Liliana Vorpsi: Guidebook: A reference to records about Jews in Albania before, during, and after the Second World War, Tirana 2006. Bejtullah D. Destani, Vullnet Muharemi: Jews in Albania. Italian Archives, Tirana 2023. Dies., Jews in Albania, The United Nations Archives, London 2024.

3 Nevila Nika, Tabelle „Treguesit e Hebrejve", A.Q.SH., (unveröffentlicht).

4 Sinani, Jews in Albania: The Presence and Salvation, Tirana, 2009.

5 Josef Jakoel, Izraelitet në Shqiperi, Tirana 2020.

6 Aleksov, Jewish Refugees in the Balkans, 1933–1945, S. 172.

kamen, während Zeugenaussagen von Überlebenden aus Bergen-Belsen, wie Rebeka Hara, darauf bestehen, dass dreihundert Juden von Albanern in SS-Uniformen deportiert wurden, die sie zuvor ihres gesamten Besitzes beraubt hatten.[7] Widersprüchlichen Aussagen und Lücken in der Forschung, etwa zum Alltag in italienischen Lagern 1941–1943 und im deutschen Lager 1943–1944 in „Großalbanien“ beschreibt auch Perez in seinem Aufsatz.[8]

Außerdem ist die von Fall zu Fall sehr unterschiedliche Menge an Quellen zu nennen. Während wir etwa bei den Mandils auf verschiedene Materialien zurückgreifen können, sind von einigen Überlebenden, etwa bei Irene Eskenazi, nur ihre eigenen autobiographischen Aufzeichnungen geblieben. Denn obwohl Autobiographien oft als „Zeugnisse“ beschrieben werden, zeigen sie ausschließlich die Sicht der Schreibenden, die sich sowohl in einer späteren Lebensphase befinden, als auch bestimmter Stilelemente bedienen.[9] Gerade im Falle überlebender Kinder gilt hier besondere Vorsicht. Wenn sie Jahre später – als Erwachsene – ihre Fluchterlebnisse wiedergaben, hatten sich ihre Lebensumstände geändert und sie waren längst in eine neue Lebensphase eingetreten. Die erlebten Fluchtgeschichten lagen zum Zeitpunkt der autobiographischen Publikationen und Interviews bereits Jahrzehnte zurück. Daher muss, mehr noch als bei Zeitzeugenberichten von Erwachsenen, bei Kinderüberlebenden nach dem Aussagewert gefragt und, wie in den Fällen Gavra Mandils, Gertrude Grünwald und Alice Gerechters, durch weitere Dokumente (Fotografien, Tagebucheinträge, Verwaltungsakten) überprüft und ergänzt werden.[10] Denn es gilt zu beachten, dass solche Berichte eine Vergangenheitsrekonstruktion und eine Deutung aus der Perspektive der Betroffenen zum Zeitpunkt des Interviews bzw. der Publikation wiedergeben und nicht zum Zeitpunkt ihrer Kindheit.[11]

7 http://www.albanianhistory.net/1944_Prisoners-of-the-Nazis-in-Kosovo/index.html (Stand: 3.1.2025). Rebeka Hara: "From Pristina to Bergen-Belsen". We Survived …, S. 275–281. Hara verlor durch den Zweiten Weltkrieg und den Holocaust fast ihre gesamte Familie. https://kosovoholocaust.org/page58/page58.html (2.1.2025).

8 Perez, Our Conscience is Clean, S. 30.

9 Manuela Günter: Writing Ghosts. Von der (Un-)Möglichkeit autobiographischen Erzählens nach dem Überleben, in: Dies. (Hg.): Überleben schreiben. Zur Autobiographik der Shoah, Würzburg 2002, S. 23.

10 Siehe zur Problematik der Rezeption von Autobiographik in Bezug auf den Holocaust: Kleinschmidt, Erich, Schreiben an Grenzen. Probleme der Autorschaft in Schoah-Autobiographik, in: Günter (Hg.): Überleben schreiben, S. 90.

11 Günter, Writing Ghosts, S. 25. Ulrike Jureit: Generationen-Gedächtnis. Überlegungen zu einem Konzept kommunikativer Vergemeinschaftung, in: Reulecke, Jürgen; Seegers, Lu (Hgg.), Die „Generation der Kriegskinder“. Historische Hintergründe und Deutungen, Gießen 2009, S. 125–127.

Das autobiographische Gedächtnis tendiert außerdem dazu, fremde Narrative, etwa von erwachsenen Verwandten, aufzunehmen und sie in eigene zu verwandeln.[12] Im Falle Gavra Mandils ist außerdem festzuhalten, dass er lange nicht über seine eigene Flucht gesprochen hatte. Das öffentliche Reden über die traumatischen Erlebnisse seiner Kindheit wurde erst ausgelöst durch einen Vorfall während einer Konferenz in Deutschland, wie Teresa Pollin, Kuratorin bei USHMM und ehemalige Arbeitskollegin Mandils, berichtete.[13]

Weshalb für dieses Buch gerade die vorliegenden Fälle ausgewählt wurden, ist daher einerseits dem Vorhanden- bzw. Nichtvorhandensein von Quellen geschuldet, andererseits wurden auch einige spärlich dokumentierte Fälle integriert, weil sie etwa, wie im Falle Ana Jakićs, die Rettung jüdischer Flüchtlinge im Kosovo bzw. „Neualbanien" zeigen, dort, wo wesentlich mehr als in „Altalbanien" Jüdinnen und Juden denunziert und ausgeliefert wurden. So hilft die Erwähnung Ana Jakićs zu verdeutlichen, dass es auch im Gebiet „Neualbaniens", zu welchem Kosovo und Teile Nordmazedoniens gehörten, Retter jüdischer lokaler Familien und jüdischer Flüchtlinge anderer Regionen gab. Für letztere bauten lokale Albaner ein Fluchtnetzwerk auf, das nicht nur half, Flüchtlinge in „Neualbanien" zu verstecken, sondern sie auch in das wesentlich sichere „Altalbanien" zu bringen. Daher ist es wichtig, diese Fälle zu erwähnen, obwohl die Quellenlage spärlich ist.[14]

12 Harald Welzer: Das kommunikative Gedächtnis. Eine Theorie der Erinnerung, München 2002, S. 192. Marta Ansilewska-Lehnstaedt: Pole jüdischer Herkunft. Selbstdeutung polnischer Kinderüberlebender des Holocaust, Berlin 2019, S. 51.

13 Teresa Pollin über Gavra Mandil, 13.9.2012: https://www.youtube.com/watch?v=YGg2uj4fod0 (Stand: 5.5.2025).

14 Für die großzügige Unterstützung und Hilfe beim Finden solcher Dokumente sei hier Yad Vashem und dem United States Holocaust Memorial Museum gedankt.

Verschiedene Leben, verschiedene Wege: Zu Mobilität und transregionalen Verflechtungen in Mittel- und Südosteuropa

Wenn wir uns die verschiedenen Fluchtrouten der Menschen ansehen, die über Südosteuropa oder über Italien nach Albanien oder aber aus anderen südosteuropäischen Staaten nach Albanien führten, fällt auf, dass sich die Menschen unterschiedlich rasch bewegen konnten und auch unterschiedliche finanzielle Mittel für ihre Flucht zur Verfügung hatten. Wie stand es um die Mobilität der Menschen auf der Flucht, welche Netzwerke nutzten sie? Und waren sie untereinander verbunden?

Aufgrund der Nachforschungen, die diesem Buch vorausgingen, können einige dieser Fragen beantwortet werden, wenn auch nicht bis ins letzte Detail. Erstens existierten verschiedene Fluchtrouten nach Albanien. Österreichische Jüdinnen und Juden fuhren (vor allem 1938/1939) mit der Eisenbahn über Slowenien nach Zagreb und Belgrad und gelangten so über Kosovo oder auf dem Seeweg nach Albanien. Deutsche Jüdinnen und Juden hingegen nahmen den Zug nach Italien und gelangten mit der Fähre nach Durrës. Ihre Reise war zwar länger, da aber sowohl Jüdinnen und Juden aus Österreich als auch aus Deutschland sich meist früher zur Flucht entschieden, konnten sie 1938 und Anfang 1939 noch durch Europa reisen, ohne auf das Kriegsgeschehen Rücksicht nehmen zu müssen und dadurch zusätzlichen Gefahren ausgesetzt zu sein.

Ganz anders verhielt es sich bei den jüdischen Menschen, die aus Serbien, Mazedonien (nach dem Balkanfeldzug „Neubulgarien“ bzw. „neualbanisches“ Gebiet), Bulgarien, Griechenland oder Kroatien, nach dem Balkanfeldzug „Unabhängiger Staat Kroatien“ (NDH), nach Albanien gelangten. Sie hatten bereits Krieg erlebt, etwa in Form der Bombardierung Belgrads, hatten teilweise Familienangehörige und Freunde im Krieg verloren, wie etwa die Familie Altarac ihre kleine Tochter Lea Lela und die Großmutter im deutschen Bombenangriff auf Sarajevo.

Oder das Ehepaar Eskenazi, welches noch einige Tage in der zerbombten serbischen Hauptstadt ausharrte, bevor es sich zur riskanten Flucht entschloss. Diese Gruppe von Flüchtlingen hatte den großen Nachteil, dass der Krieg sich durch den deutsch-italienischen Balkanfeldzug vom April 1941 bereits bis nach Südosteuropa ausgebreitet hatte und eine Flucht durch Kriegsgebiete noch andere Gefahren barg als das Entdecktwerden durch Besatzer oder kollaborierende Gruppierungen. Dabei tauchten insbesondere Flüchtlinge in Albanien auf, die in Städten mit großen jüdischen Gemeinden gelebt hatten, wie Belgrad, Skopje und Thessaloniki.

Jüdinnen und Juden, die vor der Flucht bereits in einem südosteuropäischen Staat gelebt hatten, verfügten aber über die Möglichkeit, auf ein – oft dichtes – Netzwerk an Verwandten und Bekannten zurückgreifen zu können, was ihre Mobilität erhöhte und das Verstecken erleichterte. Zudem waren sie alltägliche Umstände und regionale Gewohnheiten eher gewohnt. Sie fanden es nicht ungewöhnlich, ein Plumpsklo außerhalb des Hauses vorzufinden oder mit mehreren bzw. allen Familienmitgliedern in einem Raum zu schlafen. Auch verschleierten Frauen waren sie schon vor ihrer Flucht begegnet. Das, was von Flüchtlingen aus Westeuropa als „primitiv“[1] und fremd empfunden wurde, war ihnen, auch wenn sie aus einem urbanen Milieu stammten, von Verwandtenbesuchen auf dem Land bekannt. Johanna Neumann schreibt dazu rückblickend:

„Für die Juden aus Mitteleuropa war es weit schwerer als für die voll integrierten albanischen oder die an vergleichbare Verhältnisse gewöhnte balkanischen Juden, sich den Bedingungen anzupassen und sich Kontakte zu schaffen, die ihnen das Überleben ermöglichten […].“[2]

---

1 Siehe hierzu Neumann, Umweg über Albanien, S. 36–37.

2 Ebd., S. 152.

Viele der Fliehenden stammten aus dem Bürgertum, einige sogar aus oberen Einkommensschichten. Der Zugang zu Geld, transnationale Geschäfts- und Verwandtschaftsbeziehungen, eine bereits vor der einsetzenden Verfolgung hohe Mobilität, etwa die Gewohnheit, zu reisen wie die Familie Grünwald aus Wien, erhöhten ihre Chancen auf eine erfolgreiche Flucht. Auch jüdische Männer, die alleine flohen, wiesen eine relativ hohe Mobilität auf. Nachdem sie aus ihren Heimatländern geflohen und es beispielsweise bis nach Großbritannien geschafft hatten, kamen sie als britische Soldaten, etwa mit den Einheiten der SOE nach Albanien, um gegen die italienische und später deutsche Besatzung zu kämpfen, wie beispielsweise Franz Fuchs.[3] Auch hatten sie mehr Möglichkeiten, sich unauffällig im öffentlichen Raum zu bewegen und an Informationen zu gelangen oder zu den Partisanen zu gehen.

Für allein fliehende Frauen war hingegen die Mobilität und der Zugang zu Ressourcen und Informationen, wie etwa bei Irene Eskenazi (später Grünbaum), eingeschränkt. Obwohl ihr Mann Bobby Eskenazi über ein dichtes geschäftliches Netzwerk in Belgrad und Skopje verfügte, das durch emigrierte und geflohene Juden bis nach Albanien reichte und so auch Irene Hilfe bot, gab es doch viele Situationen, in welchen sie als allein reisende Frau besonders gefährdet war. Da Albanien in vielen, insbesondere den ländlichen Gebieten auf eine sehr traditionelle Weise muslimisch geprägt war, war der Aktionsradius weiblicher Flüchtlinge oft stark eingeschränkt. Dies zeigte sich allerdings nicht nur beim Umgang mit Albanern, sondern auch mit anderen männlichen Flüchtlingen, die ihr aufgrund ihres Geschlechts Informationen vorenthalten wollten. So musste sie die vor dem Café Berlin diskutierenden männlichen Mitflüchtlinge darauf hinweisen, dass sie ohne ihren Mann Bobby überleben musste und daher auf Nachrichten angewiesen war.[4]

Allgemein war es aber in Albanien schwierig, an Informationen zum Ausmaß der Verfolgung jüdischer Menschen in anderen Teilen Europas zu gelangen. Johanna Neumann schreibt, dass sie und ihre Eltern noch im Sommer 1941 „keine Kenntnis darüber [hatten], was im restlichen Europa mit Deportationen und Konzentrations- und Zwangsarbeitslagern vor sich ging.“[5] Erst bei Kriegsende erfuhren viele der jüdischen Flüchtlinge in Albanien vom Ausmaß des Grauens.[6]

3 Interview Fuchs, USHMM, RG-50.120.0364.

4 Grünbaum, Escape, S. 98–90.

5 Ebd., S. 48.

6 Ebd., S. 49.

Daneben existierte eine weitere Gruppe jüdischer Flüchtlinge aus ost- und mitteleuropäischen Staaten, etwa Russland, Ukraine oder Polen. Sie reisten über die Slowakei und Serbien oder über Rumänien und Bulgarien nach Albanien. Einige von ihnen waren bereits Anfang der 1930er Jahre bzw. schon kurz nach dem Ersten Weltkrieg nach Albanien eingereist. Andere erhielten, nach Jacomoni, auch nach 1939 durch italienische Konsulate im Ausland Einreisepapiere für Albanien.[7]

Einige der Jüdinnen und Juden kannten sich bereits aus Belgrad oder Skopje und trafen im campo di concentramento Prishtina/Priština wieder aufeinander. Sie pflegten auch später in „Altalbanien" Kontakt. Ihnen schlossen sich auch neue Menschen an. Verschiedene Bilder, aufgenommen in Kavaja, zeugen von diesem Austausch. So sind an der Geburtstagsfeier von Irena, Tochter des Fotografen Mosa/Moshe Mandil, am 27. Juli 1942 in Kavaja eine ganze Zahl weiterer Kinder von in diesem Buch vorgestellten jüdischen Flüchtlingsfamilien zu sehen.[8] Von links nach rechts sehen wir einen nicht namentlich genannten Jungen, Marki Azriel, Michael Levi (im Buch erwähnt), Stella Gershon/Geršon (im Buch erwähnt), Ela Mandil, Gavra Mandil (im Buch erwähnt), Irena (Beba) Mandil (im Buch erwähnt), nicht namentlich genannt, Michael Konforti (im Buch erwähnt) und Jaša Altarac (im Buch erwähnt). Diese im Buch vorgestellten Familien kannten sich teilweise bereits vor dem Krieg. Mandils stammten ursprünglich aus Belgrad, wohnten aber in Novi Sad, die Gershon/Geršons und die Konfortis kamen aus Skopje und die Familie Altarac aus Belgrad. Sie waren gemeinsam im Lager in Prishtina/Priština interniert und standen auch in Kavaja in regem Austausch bzw. mieteten sogar gemeinsam ein Stockwerk des „Roten Hauses". Die Kinder luden sich gegenseitig zu Geburtstagsfeiern ein.

Die Berichte der Überlebenden zeigen, dass einige von ihnen bereits vorher in verwandtschaftlichen oder geschäftlichen Beziehungen mit Albanien gestanden hatten. Dies gilt insbesondere für jüdische Familien aus Mazedonien. Skopje hatte zu dieser Zeit einen hohen Anteil an ethnisch-albanischen Muslimen. Diese standen in regem Austausch einerseits mit jüdischen Geschäftsleuten in Zentren wie Skopje, andererseits zu Muslimen in Kosovo und Albanien. Auch die Jüdinnen und Juden in Nordgriechenland pflegten regen Kontakt zu Albanien.

7 Jacomoni, La Politica dell'Italia in Albania, S. 289.

8 Bildbeschreibung, Geburtstagsfeier 27.7.1942, Photograph Number: 08261, USHMM, Nachlass Gavra Mandil.

Solche Verbindungen zeigen sich, wenn wir die Geschichte der Gershons/Geršons oder der Kohens und Jakoels näher betrachten. Jugoslawen wie Mosa/Moshe Mandil pflegten über die Grenzen hinweg zu Albanien geschäftliche Kontakte. Dies verwundert nicht, denn sein Schwiegervater Gavra Konfino besaß ein Atelier in Belgrad und war der Hoffotograf von König Alexander I. Karađorđević gewesen. Mandil kannte seine späteren Retter daher bereits vor dem Krieg, denn Neshad Ismail Prizreni hatte bei seinem Schwiegervater in Belgrad die Fotografenausbildung gemacht. In diesen Fällen kann von einer transregionalen Verbundenheit gesprochen werden, die auf geschäftlichen, freundschaftlichen oder verwandtschaftlichen Beziehungen beruhte.

Weiter fällt auf, dass nicht so sehr das Jüdischsein einen Einfluss auf den Auf- und Ausbau sozialer Netzwerke in Albanien hatte, sondern die geographische Herkunft und die Sprache. Während es den Kindern leicht fiel, neue Sprachen wie Albanisch und Italienisch zu lernen, taten sich die Eltern oft schwer damit. Soziale Kontakte, gemeinsame Spaziergänge, gegenseitige Besuche, das Teilnehmen an Geburtstagen oder anderen Feierlichkeiten widerspiegeln eine soziale Mobilität, die sich oft an Herkunftsorten orientiert. Man blieb, geographisch gesehen, vielfach „unter sich"; jugoslawische jüdische Flüchtlinge trafen und organisierten sich oft mit ihresgleichen, während sich deutsche und österreichische Jüdinnen und Juden gegenseitig unterstützten.

Ein Beispiel dafür bieten die Gerechters, eine jüdische Kaufmannsfamilie aus Hamburg. Sie verkehrten während ihrer sieben Jahre in Albanien, von Anfang 1939 bis Ende 1945, in der ersten Zeit nur in deutsch-österreichischen Kreisen. Nach ihrer Ankunft in Durrës im März 1939 zeigte sich dies auf zwei Arten. Erstens wartete bereits eine deutschsprechende jüdische Person am Quai, welche – ebenfalls deutschsprechende – Neuankömmlinge empfing. Zweitens erleichterte ihnen der Austausch mit deutschen und österreichischen Jüdinnen und Juden in Durrës in dieser ersten Phase auch den Zugang zu Wohnraum und Nahrung.

Gemeinsame Geburtstagsfeier
in Kavaja

Doch die geographische Zuordnung, welche sich über das Jüdischsein hinwegsetzte, zeigte sich noch viel deutlicher im Kontakt zu ihrer Retterfamilie Pilku. Die Pilkus waren eine deutsch-albanische Familie. Liselotte Pilku stammte aus Deutschland und war eine begeisterte Hitler-Anhängerin. Ihr Mann hatte in Deutschland studiert und verfügte daher ebenfalls über Deutschkenntnisse. Frau Pilku hinderte ihre Begeisterung für die Nationalsozialisten aber weder daran, die Gerechters materiell zu unterstützen, noch, sie an typisch deutschen Feiertagen und Festen gemeinsam mit anderen deutschen Familien einzuladen, und sie sogar im eigenen Haus wohnen zu lassen. Die deutsche Herkunft überwog bei weitem die Religionszugehörigkeit. Ab 1941 freundeten sich die Gerechters auch mit Italienern und Albanern an.[9] Erst 1942, drei Jahre nach ihrer Ankunft, nahmen die Gerechters an jüdischen Feierlichkeiten in Kavaja teil, wo sie auch mit jugoslawischen Jüdinnen und Juden in Kontakt kamen.[10]

9 Neumann, Umweg über Albanien, S. 48.
10 Ebd., S. 42.

RETTUNGSAKTIONEN IN „GROSSALBANIEN" WÄHREND DES ZWEITEN WELTKRIEGS

Die folgenden Geschichten zur Rettung jüdischer Menschen in „Großalbanien" während des Zweiten Weltkriegs zeigen zwei Dinge: Einerseits herrschte in Albanien bei vielen Menschen die Ansicht vor, dass jüdischen Flüchtlingen geholfen werden musste. Andererseits wird beim Lesen der hier vorgestellten Rettungsgeschichten und Hilfsaktionen deutlich, wie unterschiedlich die Beweggründe für Hilfeleistungen sein konnten. Manchmal basierte die geleistete Hilfe auf einer empathischen Grundeinstellung, manchmal war sie politisch gefärbt, manchmal genährt von finanzieller Not, manchmal lag ihr großer Reichtum zugrunde – und manchmal stand sie in krassem Gegensatz zur pro-deutschen Haltung der Retter. Dabei waren Freundschaften, geschäftliche Beziehungen und Verwandtschaften oft verstärkende Faktoren, um Netzwerke zu aktivieren und Rettungsaktionen in Gang zu setzen. Das soziale Profil der helfenden Albaner ist so heterogen wie die unterschiedlichen sozioökonomischen Schichten und religiösen Zusammenhänge im Land. Auffallend sind zwei Linien, die sich oft wiederfinden. Die erste ist eine geographisch-politische Abstufung, welche unter den Flüchtlingen bereits bekannt war und heute bestätigt werden kann. „Neualbanien", das seit dem deutsch-italienischen Einmarsch im Frühjahr 1941 bestand, galt als wesentlich unsicherer als „Altalbanien". Dies war der politischen Ausrichtung der „neualbanischen" Eliten geschuldet, die sich größtenteils hinter die Achsenmächte – insbesondere aber hinter Deutschland – stellten, in der Hoffnung, durch eine Kollaboration mit den Besatzern eine erneute Zugehörigkeit ihrer Region zu Serbien zu verhindern.

Die zweite Linie ist eine zeitlich-geographische. Auch sie findet sich in allen eingesehenen Interviews und Memoiren und lässt sich aufgrund heute zugänglicher Quellen in Archiven und neuerer Forschungsliteratur verifizieren. Es handelt sich um die Zeitenwende, welche jüdische Flüchtlinge in Albanien im September 1943 erlebten, als Italien kapitulierte und die Deutschen in das Land einmarschierten.[1]

1 Zaugg, Un centro d'intrighi, S. 66–68.

Dabei erlebten die jüdischen Familien einen Bruch, von einer eher durchlässigen italienischen Besatzung, mit vielen Schlupfwinkeln und einer relativ großen Bewegungsfreiheit, hin zu einer von ihnen als straff und sehr bedrohlich wahrgenommenen deutschen Besatzung, welche – wenn auch mit wenig Erfolg – versuchte, alle im Land anwesenden Jüdinnen und Juden zu registrieren und zu deportieren. Obwohl sich die albanische Regierung im Herbst 1943 weigerte, bereits bestehende Dokumente mit jüdischen Namen auszuhändigen, sollten sich die jüdischen Familien spätestens im Frühjahr 1944 auf deutschen SS-Posten registrieren lassen.[2]

Dies versetzte viele Flüchtlinge in Panik. Einige von ihnen, vor allem Männer, flohen von den Städten direkt zu den Partisanen. Andere erlebten eine geographische Verschiebung von den urbanen Zentren Albaniens, in denen sie bisher gelebt hatten, in kleine Dörfer auf dem Land. Andere Flüchtlinge wiederum reagierten in entgegengesetzter Richtung und flohen von ländlicheren Regionen in die Hauptstadt Tirana, weil sie der Ansicht waren, sich dort besser verstecken zu können.

2 Interview Neumann, USHMM, RG-50.030.0170, Part 3.

Ein Netzwerk organisiert den Transport jüdischer Flüchtlinge von Kosovo nach Albanien

Seit dem deutsch-italienischen Balkanfeldzug im April 1941 hatte sich in der Region Kosovo vieles verändert. Nur Nordkosovo mit den Städten Mitrovica und Vushtrri/Vučitrn blieb bei Serbien unter deutscher Militärherrschaft. Das übrige Gebiet Kosovos wurde als „Neualbanien" in „Großalbanien" eingegliedert. Die Grenze zwischen diesen beiden Besatzungszonen war die oft lebensrettende Linie. Während im Nordkosovo der direkt dem Befehlshaber der Sicherheitspolizei (BdS) und des SD in Belgrad unterstellte SS-Hauptsturmführer Kriminalkommissar Günther Hausding das Außenkommando führte und die radikale Umsetzung der Judenverfolgung in diesem Teil Kosovos und dem Sandžak in die Wege leitete,[1] versuchten im italienisch besetzten Teil Albaner denjenigen Jüdinnen und Juden weiterzuhelfen, die es über die Demarkationslinie geschafft hatten. Es handelte sich dabei um ein loses Netzwerk, das sich aus Kaufleuten, Politikern und Angestellten in der Verwaltung zusammensetzte.

Die Zusammenarbeit der im „neualbanischen" Kosovo lebenden Männer Arslan Mustafa Rezniqi, Halim Spahia, Arif Musa Aliçkaj, Preng Uli, Hasan Rema-Xerxa und Pashuk Biba offenbart, wie vielfältig die Hilfe gegenüber jüdischen Flüchtlingen sein konnte – und dass es auch im Kosovo Menschen gab, die sich für die durch den Kosovo Richtung Albanien strömenden jüdischen Flüchtlinge einsetzten. Die Zusammenarbeit dieser Männer zeigt, dass bei der Rettung jüdischer Flüchtlinge in „Großalbanien" Netzwerke existierten und wie nützlich sie sein konnten: Während die einen Wohnraum zu Verfügung stellten, hatten andere die Möglichkeit, gefälschte Papiere herzustellen oder mit den Besatzungsbehörden direkt in Kontakt zu treten.

1 Abschrift „Verbrechen gegen die Menschlichkeit ausgeführt von Günther Hausding", 20.10.1960, USHMM, BArchL, B162/2.393, Bl. 2–3.

In der Zwischenkriegszeit hatte Arslan Mustafa Rezniqi, der zuerst in Gjakova/Đakovica, später in Deçan/Dečani tätig war, gute Geschäftskontakte zu jüdischen Händlern aus Skopje und Thessaloniki aufgebaut. Dies führte dazu, dass er, David Koen und Rafael Natan aus Skopje Ende der 1930er Jahre Partner wurden. Als der Krieg näher rückte, baten ihn die beiden Geschäftspartner gemeinsam mit Solomon Konforti darum, sie und ihre Familien aufzunehmen.[2] Um weitere jüdische Menschen unterzubringen, baute Arslan mit finanzieller Unterstützung seiner Geschäftspartner ein zusätzliches Gebäude in seinen Innenhof in Deçan/Dečani. Solche noch aus osmanischer Zeit stammenden Höfe zeichneten sich durch eine hohe Mauer nach außen aus und boten, je nach Reichtum der Familie, sehr viel Platz im Innenbereich. Durch ihre Bauweise waren sie außerdem von der Außenwelt gut abgeschirmt. Arslans Familie rettete auf diese Weise insgesamt 42 jüdischen Familien das Leben.[3]

Bereits 1940 war das neue Gebäude fertiggestellt, die beiden Familien Koen und Levi zogen ein. Kurz danach kamen auch Solomon Konforti mit seiner Familie, seine Brüder Moris und Israel mit ihren Familien und ihrem Vater nach Deçan/Dečani. Da sich Arslans Rezniqis Unterstützung jüdischer Flüchtlinge herumsprach, trafen bis 1943 vermehrt Familien ein, die drei bis sieben Tage in seinem Haus verbrachten, bis er zusammen mit anderen Mitgliedern seines Netzwerks die Weiterreise und weitere Unterkünfte in „Altalbanien" organisiert hatte.[4]

Dafür arbeitete Arslan mit Halim Spahia und dessen Brüdern zusammen. Diese waren wie er erfolgreiche Geschäftsleute aus Gjakova/Đakovica. Um jüdische Flüchtlinge auf ihrer Reise durch Kosovo nach „Altalbanien" zu verstecken, nutzten sie auch ihre Geschäftshäuser in umliegenden „neualbanischen" Städten wie Prizren, in „altalbanischen" Grenzstädten wie Kruma oder Kukës und solchen Städten, die inmitten des ursprünglichen Albanien lagen, wie Durrës und Tirana. So konnten sie die aus den umliegenden Staaten geflohenen Juden etappenweise unterbringen, bis diese Tirana erreichten. Die zur Verfügung gestellten Unterkünfte in Kosovo waren Zwischenstationen, bevor die genannten Personen und weitere nicht namentlich genannte Helfer sicherere Häuser, Wohnungen oder Zimmer in weiteren albanischen Städten und Dörfern finden konnten.[5]

---

2 Bericht Mustafa Rezniqi, Sohn von Arslan Mustafa Rezniqi, April 1994, Yad Vashem, M.31.2/11265.

3 Lolja, The Rescue of Jews in Kosova, S. 2.

4 Bericht Mustafa Rezniqi, Yad Vashem, M.31.2/11265.

5 Sinani, Albanians and Jews, S. 278.

Mustafa Rezniqi, Arslans Sohn, erwähnt in seinem Bericht für Yad Vashem auch Pashuk Biba, der für jüdische Flüchtlinge die Weiterflucht bis nach Italien organisiert habe. Durch ihn reichte dieses Netzwerk bis in höchste albanischen Regierungskreise, denn Pashuks Bruder Kola Biba war zu jener Zeit, zwischen Mai und September 1943, Innenminister Albaniens.[6]

Der ebenfalls zum Netzwerk gehörende Arif Musa Aliçkaj war ein Angestellter im Rathaus von Deçan/Dečani. Wie Preng Uli stellte auch er falsche Pässe oder Dokumente für Jüdinnen und Juden aus Ex-Jugoslawien aus, indem er sie als muslimische Bosnier registrierte. Mit diesen Papieren reisten die Flüchtlinge Richtung Südwesten in sicherere Gebiete Albaniens. Hasan Rrema Xerxa, der wie Halim Spahia aus Gjakova/Đakovica stammte, trat ebenfalls als Teil des Netzwerks in Erscheinung. Er transportierte jüdische Flüchtlinge mit seinem Auto aus Skopje, wo die Situation für Jüdinnen und Juden bereits lebensgefährlich war, nach Deçan/Dečani und von dort auch über die nahegelegene albanische Grenze.[7] Über den geglückten Weitertransport der Flüchtlinge aus „Neualbanien“ nach „Altalbanien“ informierten Hasan, Halim oder Pahsuk Arslan per Telefon.[8]

Die Einheimischen waren sich der Gefahr bewusst, dass die registrierten jüdischen Flüchtlinge auch im italienischen Teil Kosovos jederzeit den deutschen Behörden in Nordkosovo ausgeliefert werden konnten. Die Demarkationslinie zur deutschen Besatzungszone lag nur einige Kilometer entfernt bei Vushtri/Vučitrn. Daher versuchte das Netzwerk noch mit anderen Mitteln, Flüchtlinge zu retten. Halim Spahia, Arslan Rezniqi, Kola Biba, Hysen Prishtina, Preng Uli, Hasan Rrem Xërxa und Dr. Spiro Lito schmiedeten einen Plan. Der damalige Präfekt von Prishtina/Priština, Hysen Prishtina, und der Sekretär des Rathauses von Prishtina/Priština, Preng Uli, erklärten den italienischen Besatzern, dass das Lager typhusverseucht wäre. Darauf organisierte Halim Spahia den Transport fast aller zu dieser Zeit internierten und „infizierten“ jüdischen Flüchtlinge mit Lastwagen oder Bussen nach Kruma, Kukës, Burrel, Tirana, Durrës, Kavaja, Berat und Vlora. Da die Präfektur Prishtina/Priština diese Transporte mit Jüdinnen und Juden von Kosovo nach Zentralalbanien organisierte, konnte die Liste zwar ausfindig gemacht werden.

6 Bericht Mustafa Rezniqi, Yad Vashem, M.31.2/11265.

7 Lolja, The Rescue of Jews in Kosova, S. 2.

8 Bericht Mustafa Rezniqi, Yad Vashem, M.31.2/11265.

Allerdings, so schreibt Saimir Lolja, wurden die Listen in aller Eile erstellt. Sie enthalten manchmal nur den Familiennamen und die Anzahl Familienmitglieder, nicht aber die einzelnen Namen.[9]

Erst spät, im Jahr 2008, erhielt Arslan Mustafa Rezniqi von Yad Vashem den Titel „Gerechter unter den Völkern".[10] Während der Jahre 1943 bis 1960 hatte das Netzwerk um Arslan Rezniqi im Kosovo kaum oder gar keine Informationen, ob und wie die jüdischen Flüchtlinge den weiteren Krieg und die Nachkriegszeit überlebt hatten. Einige wenige Hinweise gelangten über Shmuel/Sami Mizrahi zu ihnen, einem Juden aus Mazedonien, der bei den albanischen Partisanen Zuflucht gefunden hatte.[11] Arslan Rezniqi war Yad Vashem von Rachel, der Enkelin Dr. Chaim Abrabanels,[12] vorgeschlagen worden. Denn Arslan hatte nicht nur zahlreiche Familien versteckt und ihre Weiterflucht organisiert, sondern auch seinen Freund Chaim aus einem deutschen Kriegsgefangenenlager befreit, bei sich versteckt und ihm das Leben gerettet.[13]

Muslimische und katholische Familien in Nordalbanien und Kosovo bzw. „Neualbanien" verfügten durch die Tradition der erweiterten Familie allgemein über weitverzweigte Netzwerke, die von mazedonischen (seit 1941 „neubulgarischen") Gebieten bis Albanien reichten. So sind noch andere albanische Familien bekannt, die im Kosovo jüdische Flüchtlinge aufnahmen und damit, gemäß Besa, auch verantwortlich für die sichere Weiterreise ihrer Gäste ins Innere Albaniens waren. Zu ihnen gehören unter anderem die Familien von Bajram Voca und Sejdi Sylejmani in Mitrovica, die Familie von Sabit Haxhi Kurteshi in Prishtina/Priština, die Familien von Ruzhdi Behluli und Riza Çitaku in Gjilan/Gnjilane, die Familien von Hasan Shala Mullashabani und Asim Luzha in Gjakova/Đakovica und die Familie Belegu in Peja/Peć.[14]

9 Harvey Sarner, Martin Gilbert, Ariel Scheib, Gavra Mandil usw. haben diese Transfers in ihren Veröffentlichungen erwähnt.

10 Bericht Mustafa Rezniqi, Yad Vashem, M.31.2/11265.

11 Siehe hierzu Kapitel „Der junge Shmuel Rahamin Mizrahi und sein Weg zu den albanischen Partisanen".

12 Auch: Abravanel.

13 Siehe Kapitel "Die Freundschaft zwischen Arslan Mustafa Rezniqi und Dr. Chaim Abrabanel".

14 Lolja, The Rescue of Jews in Kosova, S. 2.

Arif Musa Aliçkaj, 1939
Standesbeamter von Deçan/Dečani

Halim Sh. Spahia, Gjakova/Đjakovica, richtete Auffangorte in Deçan/Dečani, Prizren, Krume und Durrës für Juden aus dem ehemaligen Jugoslawien ein

Dr. Spiro Lito, Prishtina, 1943

Preng Uli, Gemeindesekretär
von Prishtina/Priština

Die Freundschaft zwischen Arslan Mustafa Rezniqi und Dr. Chaim Abrabanel

Der albanische Muslim Arslan Mustafa Rezniqi wurde in Deçan/Dečani, einem Ort im heutigen Kosovo (damals „Südserbien") an der Grenze zu Albanien, geboren. Obwohl Kosovo 1918 bis 1941 zum Königreich der Serben, Kroaten und Slowenen (ab 1929 Königreich Jugoslawien) gehörte, pflegte Arslan sowohl Kontakte nach Albanien als auch in nahegelegene mazedonische und montenegrinische und sogar nordgriechische Gebiete. Unter seinen Geschäftsbeziehungen befanden sich auch jüdische Kaufleute aus Skopje. In jener Zeit, Anfang der 1940er Jahre, grassierte in der Region eine Typhusepidemie. Auch Arslan und seine Familie erkrankten. Obwohl Arslans Sohn Mustafa lebensbedrohliche Symptome der Krankheit aufwies, behandelten ihn die beiden Ärzte in Deçan/Dečani als Malaria-Patienten.

Der jüdische Arzt Dr. Chaim Abrabanel (auch: Abravanel) stammte aus Skopje in Mazedonien, das zu dieser Zeit ebenfalls zu Jugoslawien gehörte. In den 1930er Jahren war er in die jugoslawische Armee eingezogen worden. Im März 1941 stellte das Königreich Jugoslawien eine Truppe mit dem Namen „Eiserne Einheit" auf, wo auch Chaim Abrabanel eingesetzt war. Diese reiste von Skopje zuerst mit dem Zug in die Region Kosovo, bis Peja/Peć. Von dort mussten sie per Bus Richtung Gjakova/Đakovica weiterreisen. Arslan war durch seinen Geschäftspartner Solomon Konforti über die Ankunft des Arztes informiert worden. Mit der Kutsche brachte Arslan Chaim bis nach Deçan/Dečani, damit er seinen kranken Sohn untersuchen konnte. Chaim vermutete sofort, dass es sich um Typhus handelte und konnte Mustafa heilen.[1]

1 Bericht Mustafa Rezniqi, Yad Vashem, M.31.2/11265.

Doch nur wenige Tage später, Anfang April 1941, griffen Nationalsozialisten gemeinsam mit den Italienern und Teilen der bulgarischen Armee Jugoslawien an. Nach der Invasion wurde Chaims gesamte Einheit von den Deutschen gefangen genommen. Als Arslan Rezniqi hörte, dass der Arzt in ein Kriegsgefangenenlager deportiert werden würde, suchte er nach Möglichkeiten, um ihm zu helfen und ihn zu befreien. Als sich der Gefangenentrupp von Gjakova/Đakovica nach Peja/Peć bewegte und von nur drei Soldaten bewacht wurde, versuchte Arlsan, der sich der Gruppe genähert hatte, Chaim zur Flucht zu überreden. Doch Chaim lehnte ab. Arslan und sein Geschäftspartner Solomon Conforti machten sich kurz darauf auf den Weg, um Chaim im provisorisch eingerichteten Gefangenenlager zu besuchen. Diesmal nahm er ihre Hilfe an, allerdings unter der Bedingung, dass ein anderer Arzt, Dr. Jovanović, ebenfalls fliehen konnte.

Sie gaben den beiden Ärzten albanische Kleidung, um im Kriegsgefangenenlager nicht aufzufallen – oder so sehr aufzufallen, dass die deutschen Wachsoldaten sie aufgrund eigener Stereotypen nicht weiter wahr- und ernstnahmen.[2] Die Uniformen versteckten sie. Arslan nahm Chaim Abrabanel und Dr. Jovanović zu sich nach Hause. Dr. Jovanović wollte vier Tage später zurück in seine Heimatstadt Subotica. Mustafa schrieb 1995, sie hätten von ihm nie wieder etwas gehört. Chaim hingegen versteckte sich drei Monate bei der Familie Rezniqi. Dort lebten bereits weitere jüdische Familien. Als die lokale Bevölkerung hörte, dass sich in Arslans Haus ein Arzt versteckte, begannen sie ihn aufzusuchen und um medizinischen Rat zu bitten. Als sie ihn bezahlen wollten, lehnte er ab, denn er konnte bei den Rezniqis umsonst schlafen und essen.[3]

Nach Ablauf der drei Monate – Kosovo stand nun unter italienischer Kontrolle und war Teil „Großalbaniens" –, wollte Chaim zu seiner Familie nach Skopje zurückkehren. In einer Kutsche begleitete Arslan Chaim zusammen mit seinem Leibwächter auf der Reise zurück nach Mazedonien, um sicherzugehen, dass seinem Freund nichts zustieß. Sie fuhren von Deçan/Dečani nach Gjakova/Đakovica und von dort nach Prizren, wo sie übernachteten. Am zweiten Tag reisten sie bis Tetovo und erst am dritten Tag erreichten sie Skopje.

---

2 Siehe hierzu Marija Nikolaeva Todorova, Imagining the Balkans, Oxford 2009.

3 Bericht Mustafa Rezniqi, Yad Vashem, M.31.2/11265.

Arslan sollte bei Berta, Chaims Frau, an der Tür klopfen und den Arzt verlangen. Sie öffnete und sagte, er sei nicht anwesend und wohl auch nicht mehr am Leben. Arslan pfiff und Chaim schlich sich ins Haus.[4]

Chaim Abrabanel, seiner Frau Berta und ihren Kindern gelang es, den Deportationen in Mazedonien zu entgehen. Obwohl in Mazedonien, das in jener Zeit größtenteils als „Neubulgarien" zu Bulgarien gehörte, zwischen 7.000 und 8.000 jüdische Menschen deportiert wurden, überlebte die Familie den Holocaust.[5] Doch das Ehepaar Abrabanel verlor je sechs Geschwister und auch die eigenen Eltern in deutschen Vernichtungslagern.

Nach dem Krieg fand Chaim Abrabanel schon bald eine neue Stelle in Bitola/Manastir. Auch aus dieser Stadt, die während des Krieges zu „Neubulgarien" gehört hatte, waren sämtliche jüdischen Familien deportiert worden. Doch der jüdische Arzt Abrabanel war in der Nachkriegszeit für die Region unentbehrlich. Trotz der schrecklichen Vorgeschichte des Ortes wurde er zum Direktor des lokalen Krankenhauses in Bitola/Manastir ernannt. Da nun sowohl Kosovo als auch Mazedonien wieder zu Jugoslawien gehörten, kamen die Rezniqis in Bitola/Manastir ab und zu auf Besuch, wie sich Chaim Abrabanels Enkelin Rachel erinnert. Ihre Großmutter bereitete spezielle Speisen zu, und die Besuche behielt sie als sehr festliche und denkwürdige Ereignisse in Erinnerung.[6]

Als Skopje 1963 von einem Erdbeben heimgesucht wurde, verloren die Abrabanels zwei ihrer Kinder. Sie nahmen daraufhin ihre Enkelin Rachel bei sich auf, die durch das Erdbeben zur Waise geworden war. Noch im selben Jahr wanderten sie zu dritt nach Israel aus. Da Rachel nun bei ihren Großeltern aufwuchs, erzählten sie ihr immer wieder die Geschichte von Arslan Rezniqi und seiner Familie, von seiner Fluchthilfe aus dem Lager und dem Versteck in seinem Haus. Nach dem Tod ihrer Großeltern 1981 (Berta) und 1984 (Chaim) entschloss sich Rachel daher, nach Mazedonien zu reisen und ihre Familiengeschichte zu erforschen. Im Jahr 2007 wandte sie sich an Yad Vashem und bat darum, den Retter ihres Großvaters als Gerechten unter den Völkern auszuzeichnen. Am 12. Februar 2008 erkannte Yad Vashem Arslan Mustafa Rezniqi als Gerechten unter den Völkern an.[7]

4 Ebd.

5 Ragaru, Et les juifs bulgares, S. 7. Grünbaum, Escape, XV.

6 Arslan Mustafa Rezniqi, Yad Vashem, M.31.2/11265.

7 Informationen zu Arslan Mustafa Rezniqi, Yad Vashem, M.31.2/11265.

Dr. Chaim Abrabanel/Haim Abravanel Mitte
und Arslan Mustafa Rezniqi (rechts) mit
ihren Familien

Der albanische Partisan Mihal Lekatari fälscht Ausweise

Der Albaner Mihal Lekatari stammte aus Kavaja und stand Anfang der 1940er Jahre mitten in der Ausbildung zum Lehrer. Er war in eine christlich-orthodoxe Familie geboren worden, begeisterte sich aber seit seiner Jugend für den Kommunismus. Seine Geschichte ist für das vorliegende Buch besonders wichtig, weil sie zeigt, dass auch Menschen mit christlich-orthodoxem Hintergrund bei der Flucht und dem Verstecken jüdischer Flüchtlinge geholfen und dafür auch mit muslimischen Mitbürgern zusammengearbeitet haben. Nach Schmidt-Neke sind die christlich-orthodoxen Retter prozentual entsprechend ihrem Anteils an der Gesamtbevölkerung Albaniens vertreten.[1] Diese Zusammenarbeit offenbart außerdem einen wichtigen und wenig beleuchteten Aspekt der Geschichte zur Rettung jüdischer Flüchtlinge in Albanien, denn Mihal arbeitete, wie die bereits vorgestellten Retter aus Kosovo, nicht allein, sondern mit einem größeren Netzwerk zusammen, welches über die verschiedenen Konfessionen hinweg funktionierte.

Nachdem italienische Behörden, seit April Besatzungsmacht in Mittel- und Südkosovo, Ende 1941 rund 120 aus dem ehemaligen Jugoslawien geflohene Juden gefangengenommen und in das campo di concentramento in Priština/Prishtina gebracht hatten, kam es im März 1942 zur Tragödie. Eine interne Abmachung zwischen den beiden Achsenmächten erlaubte es den deutschen Behörden, fast die Hälfte dieser Jüdinnen und Juden, die vor allem aus Belgrad und anderen serbischen Städten nach Priština/Prishtina geflohen waren, mit einem Lastwagentransport in den von Deutschland besetzten Teil Kosovos, nach Mitrovica, zu bringen. Von dort kamen sie in das Konzentrationslager Sajmište am Stadtrand von Belgrad und wurden ermordet.[2] Unterschiedliche Versionen der nun folgenden Aktion sind überliefert.

---

1 Schmidt-Neke, Albanien, S. 256.

2 Siehe zu den unterschiedlichen Versionen der Auslieferung und Ermordung auch das Kapitel „Jüdinnen und Juden in ‚Großalbanien‘ 1941 bis 1943 unter italienischer Besatzung“.

Tatsache ist, dass sich die italienischen Verantwortlichen in Kosovo daraufhin entschlossen, die rund 60 verbliebenen jüdischen Menschen nach Zentralalbanien zu bringen, wo sie größere Überlebenschancen haben würden.[3] Zwischen 1942 und 1943 kamen mehrere Flüchtlingstransporte in Kavaja an, wie sich Mihal erinnert.[4] Zu diesem Zeitpunkt war Mihal bereits bei den albanischen Partisanen. Da er Kommunist war, gehörte er zu denjenigen, die sich früh dem albanischen Widerstand angeschlossen hatten und halfen, Widerstandsstrukturen und -netzwerke aufzubauen.

Kavaja, eine Stadt in Mittelalbanien, spielte bei der Internierung albanischer und ausländischer Jüdinnen und Juden, aber auch politischer Gegner, unter der italienischen Besatzung eine Schlüsselrolle. Dort richteten die Italiener 1941 das größte campo di concentramento in einer ehemaligen Militärkaserne ein. Zum Zeitpunkt der Inbetriebnahme war dort die Bauverwaltung Kavajas untergebracht.[5] Diese Art von Konzentrationslager unterschied sich wesentlich von deutschen Konzentrationslagern; sie zeichnete sich durch eine höhere Durchlässigkeit aus. Die Flüchtlinge wurden zwar einerseits zu Zwangsarbeit herangezogen,[6] konnten sich aber andererseits auch außerhalb des Lagers bewegen.[7]

Unter den Flüchtlingen, die im Frühsommer 1942 nach Kavaja kamen, befanden sich auch die Familien Konforti, Altarac und Mandil. Sie alle standen schon bald in Kontakt mit Mihal Lekatari. Am besten dokumentiert ist die Freundschaft, die er zur Familie Konforti und ihren drei Söhnen aufbaute. Als er von den Flüchtlingstransporten aus dem Lager Prishtina/Priština in seine Heimatstadt Kavaja hörte, kam Mihal aus seinem Versteck zurück in die Stadt, um den jüdischen Familien seine Hilfe anzubieten. Dies geschah auf sehr unterschiedlichen Ebenen. So sorgte er beispielsweise dafür, dass die Flüchtlinge auf dem Markt Rabatte erhielten und gut behandelt wurden.[8]

---

3 Informationen zu Mihal Lekatari, Yad Vashem, M.31.2/5324, https://collections.yadvashem.org/en/righteous/4016073 (Stand: 3.1.2025).

4 Bericht Lekatari an Yad Vashem, 15.8.1991, Yad Vashem, M.31.2/5324.

5 Bericht Lekatari, Yad Vashem, M.31.2/5324.

6 Perez, Our Conscience is Clean, S. 30.

7 Albanian Institute for Public Affairs (Hg.): Kavaja. A Story to Be Unfold, Tirana 2014, S. 11.

8 Information zu Mihal Lekatari, Yad Vashem, M.31.2/5324, https://collections.yadvashem.org/en/righteous/4016073 (Stand: 5.1.2025).

Anscheinend genoss Mihal in der Bevölkerung Kavajas Respekt, denn als der damals 18-jährige Naftali Konforti hörte, „dass die Einheimischen einen türkischen Begriff für die Juden [çifut] verwendeten, der in Serbien [čifut] als abwertend galt, beschwerte ich mich bei Lekatari, und am nächsten Tag wurde er nicht mehr verwendet. Von diesem Moment an nannten sie uns ‘Israeliten’".[9]

Mihal berichtete später an Yad Vashem, dass eines Tages im Lager ein Konflikt zwischen den jüdischen Flüchtlingen und den italienischen Wachsoldaten ausbrach. Die lokale Bevölkerung, die insgesamt eher anti-italienisch eingestellt war, störte sich sowohl am Konzentrationslager als auch an der Situation der Gefangenen. Daher nahmen Mitglieder des Nationalen Befreiungsrats von Kavaja mit der zuständigen italienischen Behörde Kontakt auf. Angesichts des Unmuts in der Bevölkerung setzte sich der Nationale Befreiungsrat der Stadt bei den Besatzungsbehörden dafür ein, den Juden zu erlauben, auch außerhalb des Lagers zu wohnen. Seit dieser Zeit konnten jüdische Flüchtlinge überall in Kavaja Zimmer und Wohnungen mieten, unter der Bedingung, dass sie innerhalb der Stadtgrenzen blieben.[10] Mihal Lekatari, der selbst ein überzeugter Kommunist war, knüpfte bald Kontakte zu einer Sektion der Kommunistischen Partei innerhalb der Flüchtlingsgemeinschaft. Sie hatte vierzehn Mitglieder, verfügte über ein antifaschistisches Komitee und eine Gruppe, die wirtschaftliche und moralische Unterstützung leistete.[11]

Mit dem Sturz Mussolinis Ende Juli 1943 erwarteten alle den baldigen Zusammenbruch Italiens und die Ablösung der italienischen Soldaten durch deutsche Truppen. Trotz der guten Grundstimmung in Kavaja, von der zahlreiche ehemalige Flüchtlinge später berichteten, war die Lage ernst. Mihal und seinen neuen Freunden war klar, dass es für das weitere Überleben der Jüdinnen und Juden notwendig sein würde, gefälschte Ausweisdokumente zu beschaffen, denn nur so konnten sich die jüdischen Flüchtlinge als albanische Staatsbürger frei bewegen. Diese Dokumente sollten es ihnen ermöglichen, Kontrollposten an den Stadtgrenzen zu passieren und so Kavaja zu verlassen, um in anderen Städten und Dörfern geeignete Verstecke zu finden.[12]

---

9 Bericht Naftali Konforti, Yad Vashem M.31/5324.

10 Ebd.

11 Ebd.

12 Ebd.

Mihal machte sich daran, in Erfahrung zu bringen, wo solche Dokumente in der Gemeinde Kavaja zu bekommen wären. Der Zugang zu den Orten, wo die Blanko-Ausweise lagerten, war schwierig. Denn beispielsweise in Kavaja befand sich in der Nähe des betreffenden Gemeindegebäudes ein Polizeiposten. Er überlegte, nach Kryemëdhej, einer Stadt südwestlich von Kavaja zu fahren. Doch auch dort befand sich die Polizei nahe des Gemeindehauses. Harizaj schien ihm letztlich besser geeignet, da die Polizeistation dort weiter entfernt lag.[13]

„Die Gemeinde[verwaltung] befand sich dort, wo heute der Bahnhof steht, während die Polizeistation in Harizaj selbst lag. Eines Morgens gegen zehn Uhr fuhr ich mit meinem Fahrrad [hin], sprang über das Tor der Gemeinde[verwaltung], trat ein, öffnete die Archivschränke und fand die Ausweisdokumente. Ich füllte einen ganzen Stapel aus, da ich die genaue Anzahl der benötigten Dokumente nicht kannte. Ich verließ das Gebäude, passierte die Polizeistation in Harizaj und kehrte ohne Probleme nach Kavaja zurück."[14]

Eine andere Version, die bei Harvey Sarner zu lesen ist, berichtet davon, dass Mihal sich früh am Morgen bewaffnet zur Nachbargemeinde Harizaj aufgemacht hätte. In der Gemeindeverwaltung habe bereits ein Sekretär gearbeitet. Mihal hätte ihm und seiner Familie mit dem Tod gedroht, falls er ihn verraten würde und rund fünfzig Blanko-Ausweispapiere an sich genommen.[15]

---

13 Ebd.

14 Ebd.

15 Sarner, Rescue in Albania, S. 47.

In Kavaja informierte Mihal den „jüdischen Rat", dass niemand von ihnen versuchen solle, Dokumente auf eigene Faust zu beschaffen, denn er habe genügend Blanko-Ausweise für alle gestohlen. Dann organisierte Mihal mit lokalen Albanern und jüdischen Flüchtlingen den weiteren Ablauf: Es sollte jeweils ein Termin festgelegt werden, an dem jede Familie ihre Daten in die Dokumente eintragen und Fotos mitbringen sollte.[16] Mihal, der auch mit dem Netzwerk der Familie Babamusta zusammenarbeitete, sagte später aus, dass der Stempel, um den Dokumenten ihre Gültigkeit zu verleihen, in Tirana beschafft wurde. Dann gingen sie an die Arbeit:

> **„Um die Dokumente vorzubereiten, wählte das Netzwerk Gershons [Geršons] Haus in der Nähe von Riza Dizdari, da die Hauptstraße stärker überwacht wurde. Diese Arbeit dauerte fast zwei Wochen, jeden Nachmittag von 15 Uhr bis spät in die Nacht. Auf diese Weise konnten wir die Dokumente für alle Familien fertigstellen. Als Geburtsorte trugen wir abgelegene Dörfer aus der Region [Caveno?] ein, und für die Namen verwendeten wir muslimische Namen. Für den Stempel verwendeten wir das Siegel des Gerichts der Stadt."**[17]

Neben Mihal waren auch der junge Naftali Conforti, Sabetaj und Miriam Gershon/Geršon und ihre beiden Töchter, Hana und Stela während des gesamten Herstellungsprozesses der Ausweise anwesend.[18]

Von da an stellte er zahlreichen jüdischen Flüchtlingen Ausweise mit muslimischen Namen aus. Die Familien, die er so unterstützte, stammten meist aus dem ehemaligen Jugoslawien.

16 Bericht Lekatari, Yad Vashem, M.31.2/5324.

17 Ebd.

18 Ebd.

Die Fotografien, welche für die Ausweise notwendig waren, konnte der professionelle Fotograf Mosa/Moshe Mandil liefern, andere nahmen bereits existierende Bilder, wie etwa Merjama Altarac.[19] Die gefälschten Ausweise erleichterten den Flüchtlingen vor allem nach der italienischen Kapitulation im Herbst 1943 das Überleben unter deutscher Besatzung. Doch der Sohn des Fotografen Mandil, Gavra, schreibt rückblickend, dass er bereits während seines Schulbesuchs in Kavaja 1942 eine muslimische Identität angenommen hatte. In dieser Zeit war er nun Ibrahim, während er noch ein Jahr zuvor den christlich-orthodoxen Nachnamen „Mandić" getragen hatte.[20]

Naftali Konforti erinnerte sich an Mihal und zahlreiche weitere Bewohner von Kavaja, die ihn und andere jüdische Flüchtlinge aus den ehemaligen jugoslawischen Gebieten offen empfangen hätten. Naftali unterscheidet in seinen Erinnerungen klar zwischen diesem warmen Empfang in „Altalbanien" und den von ihm als feindlich wahrgenommenen Begegnungen in Kosovo bzw. „Neualbanien". Er hatte erst kurz zuvor die Auslieferung von über 50 jüdischen Mitgefangenen aus dem italienischen Lager in Prishtina/Priština an die deutsche Dienststelle in Nordkosovo, dem Außenkommando Günther Hausding, miterlebt. Mihal sprach, wie viele Albaner auch, Italienisch und freundete sich rasch mit der Familie Konforti an. Den drei Söhnen von Jakov und Rachel Konforti, Naftali, 18 Jahre alt, Nisim 13 und Michael 11 brachte er auch Albanisch bei. Die zusätzlichen Sprachkenntnisse erleichterten ihr Überleben in Albanien während der verbleibenden zweieinhalb Jahre italienischer bzw. deutscher Besatzung bis im Herbst 1944.

Als der Lagerkommandant und das Wachpersonal das Lager Kavaja für die Insassen am 9. September 1943 öffneten[21] und auch die in der Stadt lebenden Flüchtlinge sich überlegen mussten, wie ihre weitere Flucht aussehen sollte, half Mihal erneut: „Als die Nazis ankamen, zogen die meisten Juden nach Tirana, einige in die Stadt Preza in der Nähe der Hauptstadt [dort hatte bis zur italienischen Kapitulation ebenfalls ein Internierungslager existiert], während andere in öffentlichen Institutionen Schutz fanden", erinnert sich Mihal später.[22]

19 Sarner nennt hier als Fotografen Refik Veseli, was wegen der chronologischen Abfolge eher unwahrscheinlich ist. Sarner, Rescue in Albania, S. 47.

20 Interview Gavra Mandil, USHMM, RG-50.999.0109.

21 Schmidt-Neke, Albanien, S. 258.

22 Bericht Lekatari, Yad Vashem, M.31.2/5324.

Nach dem Einmarsch der Deutschen organisierte er den Transfer von Flüchtlingen Richtung Tirana. Erreichbar über rudimentäre Straßenverbindungen lag Tirana etwa fünfzig Kilometer entfernt von Kavaja. Um die Strecke zurückzulegen, war Logistik notwendig, sowohl bei der Organisation der in dieser Zeit erst spärlich vorhandenen Fahrzeuge als auch von Fahrern. Mihal versorgte die Flüchtenden mit Adressen von Freunden und Verwandten, die ihnen in der Stadt weiterhelfen konnten. Mit Hilfe dieser Verbindungen gelang es allen Flüchtlingen, eine Unterkunft zu finden und bis Kriegsende im Herbst 1944 zu überleben. Die jüngeren jüdischen Flüchtlinge, mit welchen Irene Eskenazi sich im „Weißen Haus" eingerichtet hatte, pflegten auch Kontakt zu den Partisanen. Am Tag nach der italienischen Kapitulation machten sich einige von ihnen mit Unterstützung der Partisanen auf den Weg in die Berge.[23] Auch in diesen Transfer wird Mihal wohl involviert gewesen sein, da er in dieser Zeit einer der Verbindungsmänner war, die zwischen Partisanenversteck und Stadt pendelten.

Naftali Konforti hebt in seiner Darstellung hervor, dass bei ihrer Ankunft in Kavaja bereits ein Netzwerk existiert hätte, von dem Mihal Teil war. Die aus dem campo di concentramento in Prishtina/Priština kommenden jüdischen Flüchtlinge waren positiv überrascht: "Wir stellten fest, dass in der Stadt ein Netzwerk von Patrioten aktiv war, das uns gegenüber politisch positiv eingestellt war, und dass Lekatari sicherlich einer der Aktivisten war."[24] Naftalis Einschätzung kann aus heutiger Perspektive nur bestätigt werden, denn Mihal Lekatari war tatsächlich Teil eines Netzwerks, das in der Region aktiv war. Auffallend ist die große Zahl jüdischer Flüchtlinge, die in und um Kavaja gerettet wurden. Es handelte sich um ein Netzwerk, welches sich weit über Kavaja hinaus bis in die Nachbargemeinden erstreckte und bis nach Tirana reichte.

Die von Mihal gestohlenen Blanko-Ausweise mussten dem Gemeindepersonal in Nachbargemeinde Harizaj aufgefallen sein. Dass Mihal und seine Helfer über Jahre in der Fluchthilfe aktiv sein konnten, ohne verraten zu werden, legt den Schluss nahe, dass weder von Kavaja noch von Harizaj Beschwerden nach Tirana weitergemeldet worden waren.

---

23 Grünbaum, Escape, S. 59.

24 Naftali Konforti, Yad Vashem M.31/5324.

Numri i shtepís 70/ fl 387/2

Emni i t' et Bajram

Emni s' âmës: Zyhyra

Data e lindjes: 21-XI-1901

Feja: Mysliman

Vendi i lindjes: Prishtinë

Banimi: "

Profesija: Teknik.

Klasi ushtarak:

Drejtëvotimi:

Fotografija e nën t.

SHËNIME

Shtati:

Balli:

Sytë:

Hunda:

Goja:

Floket:

Mjekra:

Mu aqet:

Ngj ra:

Shenja të veçanta:

Gefälschter Ausweis von Mayer Altarac
alias Bajram Zyhyra, Konfession: Muslim

Erinnerungsfoto mit Mihal Lekatari
umgeben von seiner Familie

100 MPH

Auch die Fotografie von Mosa/Moshe, welche Mandil mit seinem Sohn Gavra und dem obersten Polizeichef der Stadt Kavaja zeigt, lässt vermuten, dass dieser gegenüber jüdischen Flüchtlingen eine eher offene Einstellung gehabt haben muss.[25] Dieses Rettungsnetzwerk in und um Kavaja war wohl das größte in ganz Albanien. Leider ist es heute nicht mehr möglich, alle Verbindungen und Fäden aufzudecken. Kavaja hingegen, einerseits Ort des Widerstands und der Fluchthilfe, andererseits auch Standort des größten italienischen Internierungslagers für Jüdinnen und Juden, wird uns im Folgenden noch einige Male begegnen.

Mihal Lekataris Begründung, weshalb er und andere Albaner in Kavaja jüdischen Flüchtlingen geholfen haben, hat nicht im Geringsten mit der weiter oben vorgestellten Besa zu tun, sondern eher mit einer universalistischen, menschenfreundlichen Grundeinstellung. Dieses Beispiel hilft einerseits, die monokausale Besa-Erklärung für die Rettung der Jüdinnen und Juden in Albanien zu widerlegen, andererseits aber auch die oft vorherrschende stereotype Perspektive auf das „unterentwickelte" Albanien jener Zeit. Denn Mihal sagte: „Es gab keinen religiösen Grund für das, was ich tat. Ich versuchte Juden zu retten, weil sie menschliche Wesen in schrecklicher Gefahr waren und ich kümmerte mich nicht darum, welche Religion oder Nationalität sie hatten. Wir liebten sie als Menschen. Nun bin ich sehr glücklich über den Respekt, der mir vom jüdischen Volk entgegengebracht wird."[26]

Kurz nach der Öffnung Albaniens wurde Mihal Lekatari als einer der ersten Albaner am 21. Juli 1992 von Yad Vashem als Gerechter unter den Völkern anerkannt, da sich Naftali Konforti wesentlich dafür einsetzte.[27] Doch in einem Brief Ende Januar 1999 an die Direktion von Yad Vashem zeigt sich Mihal Lekatari enttäuscht. Enttäuscht über die symbolischen Ehrungen und das wenige Geld, das er erhielt. Mihal hatte sein Leben viele Male für die jüdischen Flüchtlinge aufs Spiel gesetzt. Nun wäre er es gewesen, der dringend Hilfe benötigt hätte. Am Ende des Millenniums, einige Jahre nach der Öffnung Albaniens, lebte er, wie die Jahre zuvor, in Armut und war schwer krank.[28]

---

25 Foto Polizepräfektur Kavaja, Nachlass Mandil, USHMM, siehe Kapitel „Dokumentationen zu Verfolgung, Flucht und Hilfe".

26 Sarner, Rescue in Albania, S. 48.

27 Testimony Conforti, Yad Vashem.

28 Brief von Mihal Lekatari an den Direktor von Yad Vashem, 30.1.1999, Yad Vashem, M.31.2/5324.

Wien – Albanien: Der Weg von Trude Grünwald

T. Scarlett Epstein wurde als Gertrude („Trude“) Grünwald am 13. Juli 1922 in Wien geboren. Trude hatte zwei ältere Brüder, Kurt und Otto, eine österreichische Mutter, Rosa, und einen tschechischen Vater, Siegfried, der ihr, wie sie später sagte, ein freies, kritisches Denken beigebracht habe. Die Familie wohnte im Karl-Marx-Hof, der 1930 eröffnet worden war. Diese Anlage war Ausdruck des sozialdemokratisch regierten „Roten Wiens“ und des Kampfes gegen die grassierende Wohnungsnot. Familie Grünwald war sozial aufgeschlossen und nicht religiös, dies zeigt auch der Umzug in einen nicht-jüdischen Teil der Stadt und in die Karl-Marx-Wohnanlage.[1] Sowohl der Vater als auch der älteste Bruder Otto waren in der sozialistischen Bewegung aktiv.

1934 erlebte Wien, ausgelöst durch den rechtsextremen und seit 1933 diktatorisch regierenden Engelbert Dollfuß, eine erste Welle brutaler Gewalt. Einhergehend mit dem Putsch nationalsozialistischer Kräfte, gegen die sich der dem faschistischen Italien nahestehende Dollfuß gewehrt hatte, ging auch die brutale Niederschlagung eines von der Linken ausgerufenen Generalstreiks. Dollfuß wurde dabei von Anhängern des Dritten Reichs ermordet, zahlreiche Linke, darunter auch Freunde ihres Bruders Otto, hingerichtet.[2]

Im Jahr 1937, kurz vor dem „Anschluss“ Österreichs an das Dritte Reich, lernte Trude bei einem Ausflug zur Weltausstellung in Paris ihren ersten Freund, den Gymnasiasten Willi, kennen. Auch er war Jude und ebenso wie ihr Vater und Bruder in der sozialistischen Bewegung aktiv. Nach dem Aufstand im Jahr 1934 war er als Anführer einer sozialistischen Jugendgruppe als 15-Jähriger verhaftet, für einen Monat weggesperrt und der Schule verwiesen worden.

---

1 Siehe detailliert Georg Spitaler, Elke Vidikal, Werner Michael Schwarz (Hgg.): Das Rote Wien 1919–1934. Ideen, Debatten, Praxis, Basel 2019.

2 Epstein, Es gibt einen Weg, S. 30–33.

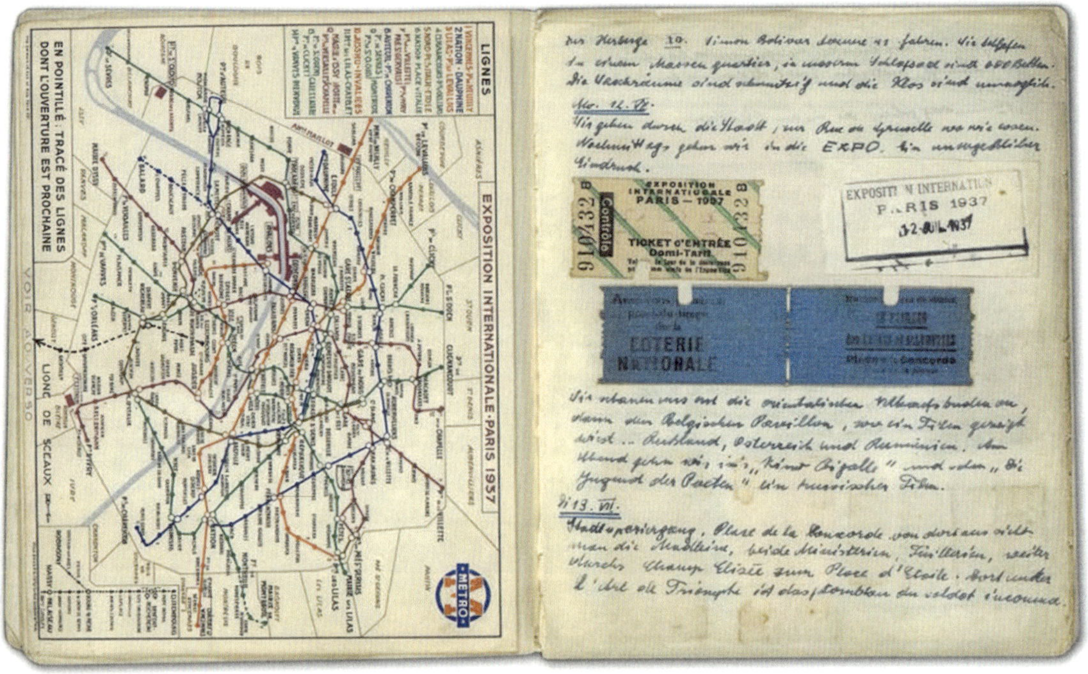

Besuch der Weltausstellung in Paris 1937, Tagebuch Trude Grünwald/Scarlett Epstein

Trude und Willi waren verliebt, und so ertrug sie in diesen letzten Monaten die zunehmenden antisemitischen Äußerungen von Lehrern und die ungerechte Behandlung jüdischer Schüler.[3] Dann änderte sich ihr Leben mit dem Einmarsch deutscher Truppen und der „Gleichschaltung“ Österreichs im März 1938 radikal.

In ihren Erinnerungen schreibt Trude, dass die kurze Phase ihrer glücklichen Teenagerzeit über Nacht ein jähes Ende fand. All ihre Träume, später Willi zu heiraten und Ärztin zu werden, zerschlugen sich über Nacht. Als sie am nächsten Morgen Willi anrufen wollte, kam seine Mutter ans Telefon. SA-Männer hatten ihn festgenommen und weggebracht. Als Trude ihren Bruder Otto um Hilfe bat, sagte er zu ihr, dass sie für Willi nichts mehr tun könnten.

3 Ebd., S. 35.

Vater Siegfried hielt sich zu dieser Zeit in der Tschechoslowakei auf, die Mutter, Trude und Kurt waren völlig paralysiert – nur Otto versuchte derweil, Rettungspläne für seine Familie zu schmieden. Obwohl viele jüdische Bekannte verprügelt, verschleppt und ermordet worden waren, wagte er sich nach ein paar Tagen aus dem Haus, um sich mit Freunden zu treffen und zu besprechen. Telefonisch gab er Trude den Auftrag, alle vier Pässe an sich zu nehmen, die Uniform des Bundes Deutscher Mädels (BDM) anzuziehen, zur jugoslawischen Botschaft zu fahren und dort Herrn Majdanac zu verlangen. Als sie die Botschaft schon fast erreicht hatte, kreuzte auf dem Schwarzenbergplatz Hitlers Wagenkolonne ihren Weg. Die Menschenmenge schrie „Heil Hitler“, und Trude schrie mit. Nachträglich war sie erschrocken über ihre eigene Reaktion – doch vielleicht hatte sie damit ihr Leben gerettet.[4]

In der jugoslawischen Botschaft angekommen sah Trude eine lange Schlange von jüdischen Menschen, die sich ebenfalls um ein Visum bemühten. Sie spürte die abweisenden Blicke der Anwesenden auf sich. Alle dachten, dass sie in der Uniform des Bundes Deutscher Mädels eine überzeugte Nationalsozialistin vor sich hätten. Trude begriff schnell. Sie ging an den Wartenden vorbei und sprach direkt einen jungen Beamten an. Durch ihr selbstsicheres Auftreten davon überzeugt, es würde sich um eine Bekannte von Botschafter Majdanac handeln, brachte er sie über den Innenhof zu dessen Privatresidenz.

Nun stand der jugoslawische Botschafter vor ihr, Trude geriet in Verlegenheit. Doch als er sie nach dem Grund für ihren Besuch fragte, bat sie ihn, für ihre Familie vier Visa nach Jugoslawien auszustellen, dort war ihr Onkel ein erfolgreicher Geschäftsmann. Majdanac, der offensichtlich mit Packen beschäftigt war, erklärte ihr, dass er hierzu keine Kompetenzen mehr habe. Die jugoslawische Botschaft wurde nur wenige Tage nach dem „Anschluss“ aufgelöst und durch ein Konsulat ersetzt.[5] Trude war für Sekunden wie vor den Kopf gestoßen. Ihr Hirn verarbeitete Majdanacs Worte. Dann würden sie und ihre Familie nicht ausreisen können. Die erst 16-Jährige entgegnete, es gäbe doch bestimmt irgendeine Möglichkeit. Majdanac lächelte und führte sie zu seinem Nachfolger, dem jugoslawischen Konsul.[6]

4 Ebd., S. 38–39.
5 Ebd., S. 40–41.
6 Ebd., S. 42.

Bis die Visa bei den Grünwalds eintrafen, dauerte es einige Monate, die es in der nun radikal antisemitischen Gesellschaft zu überleben galt. Trude und ihre jüdischen Freundinnen waren auf dem bisherigen Gymnasium nicht mehr zugelassen. Gemeinsam mit den Jungen mussten sie nun ein Gymnasium an der Albertstraße besuchen. Ende des Schuljahres wurden sie ganz vom Schulunterricht ausgeschlossen. Auch innerhalb der Familie gab es große Veränderungen, ein Rollentausch hatte stattgefunden. Seit der älteste Bruder Otto mit Hilfe einer gefälschten Korrespondenz des britischen Autohändlers Dr. Simon ein Visum für England erhalten und Österreich verlassen hatte, übernahm Trude die Organisation der Familie. Die Mutter war psychisch dazu nicht mehr fähig. Auch der Zweitälteste, Kurt, traute sich aufgrund der immer häufigeren Erzählungen über Gräuel nicht mehr aus dem Haus. Lebenswichtige Entscheidungen und Erledigungen lagen nun in Trudes Verantwortung.[7]

Ab und zu erreichten sie Briefe des Vaters aus der Tschechoslowakei oder von Otto aus London. Otto arbeitete daran, die Flucht seiner Familie aus Österreich zu organisieren. Er hatte von Freunden erfahren, dass jüdische Flüchtlinge, wenn sie mit dem Flugzeug nach Italien einreisten, nicht zurückgewiesen würden.[8] Wieder ging Trude los zum jugoslawischen Konsulat und konnte für ihren Bruder Kurt die Ausreise nach Italien erreichen.[9]

Nun blieben nur noch sie und die Mutter – und endlich erhielten auch die beiden ihre Visa. Anders als die Familie Gerechter aus Hamburg gelang es Rosa Grünwald und ihrer Tochter, einiges aus ihrer Wohnung mitzunehmen. Am 23. Juli 1938 stiegen die beiden in Wien in den Zug Richtung Südosten. Er verließ den Bahnhof um 9.15 Uhr, wie Trude in ihrem Tagebuch notierte.[10] Versteckt in drei belegten Broten nahmen sie drei Goldmünzen mit, die verstaut im Proviantsack, gut bewacht zwischen ihnen im Abteil lagen.[11]

---

7 Ebd.

8 In Italien traten die Rassengesetze erst im Herbst 1938 in Kraft.

9 Epstein, Es gibt einen Weg, S. 42.

10 Tagebuch Trude Grünwald/T. Scarlett Epstein, Eintrag 23.7.1938, USHMM.

11 Epstein, Es gibt einen Weg, S. 51–52.

Kurz nachdem sie ohne Zwischenfälle die Grenze passiert hatten, warteten Onkel Willi[12] und auch ihr Vater in Jugoslawien beim ersten Bahnhof, an dem der Zug hielt. Willis Chauffeur brachte sie alle mit dem Auto in die nahegelegene Stadt Maribor/Marburg, wo der Onkel ein Textilunternehmen leitete.[13] Trude hatte erwartet, dass ihr Vater ihr für ihre Organisation der Flucht und die vielen gefährlichen Gänge zum jugoslawischen Konsulat danken oder sie zumindest loben würde. Doch nun glitt sie von der Rolle der erwachsenen Entscheidungsträgerin wieder in diejenige eines Kindes zurück. Sie erlebte in dieser Zeit extreme Gefühlsausbrüche. So begann sie jedes Mal, wenn sie Hitlers Stimme am Radio hörte, unkontrolliert zu schreien.

Trude und Rosas Flucht ging bald weiter und führte sie von Maribor nach Zagreb zu Julla, Rosas Schwester. Dort führte Trude ein relativ normales Leben und war oft mit ihrem Cousin Bert und seinen Freunden unterwegs. Vater Siegfried hingegen fuhr von Maribor zurück in die Tschechoslowakei, um als Handlungsreisender weiterhin Stoffe zu verkaufen. Seine Firma gehörte zu dem Unternehmen, welches Onkel Willi führte. Er verfügte über gefälschte Papiere, die es ihm erlaubten, zwischen den drei Staaten Tschechoslowakei, Österreich und Jugoslawien ein- und auszureisen. Doch dann wurde er an der Grenze verhaftet. Ihm drohte die Abschiebung nach Österreich. Auch Trudes und Rosas Touristenvisa waren in der Zwischenzeit abgelaufen – aus diesem Grund drohte auch ihnen die Ausweisung aus Jugoslawien.[14]

Trude erinnerte sich später, als sie sich bereits Scarlett nannte, dass in Jugoslawien zahlreiche Menschen aus der Not der Flüchtlingen Profit schlagen wollten. Sie hätten beispielsweise viel Geld verlangt und versprochen, damit Visaverlängerungen oder gefälschte Pässe auftreiben zu können. Das junge Mädchen ließ sich schließlich darauf ein, von Valdimir, einem vierzigjährigen Bekannten ihres Onkels, geküsst zu werden.

12 Mit vollem Namen hieß Onkel Willi, Rosas Bruder, Wilhelm Löbel. Wilhelm war in der Zwischenkriegszeit nach Jugoslawien ausgewandert, hatte den Namen Vilko Larić angenommen und sich einbürgern lassen. Calic, Balkan-Odyssee 1933, S. 174.

13 Ebd., S. 52. Heute liegt Maribor in Slowenien. Es sollte Ende des Zweiten Weltkriegs Bekanntheit erlangen. In der Gegend um Maribor und anderen in der Nähe liegenden Orten wurden Ende Mai 1945 zahlreiche echte sowie vermeintliche NS-Schergen und Kollaborateure ohne Gerichtsurteile von Partisaneneinheiten ermordet. Heute werden diese Verbrechen sowohl von der ultranationalistischen Rechten Kroatiens, Sloweniens als auch Österreichs instrumentalisiert.

14 Epstein, Es gibt einen Weg, S. 55.

Dieser versprach im Gegenzug, die Überstellung ihres Vaters aus der Haft nach Zagreb. Sie war es auch, die am Bahnhof Zagreb wartete, als ihr Vater in Begleitung von Polizisten ankam und vor ihr auf die Knie fiel. Durch die erlebten Demütigungen sah er „abgerissen und niedergeschlagen" aus. Mit einer Kaution kam der Vater auf Zeit frei und durch Bestechungsgelder versuchten sie, ihre Aufenthalte in Jugoslawien zu verlängern. Die Polizei hatte ihnen eine Woche Aufschub gewährt, mit der Drohung, sie danach an die österreichische Grenze zu deportieren.[15]

Trudes Rolle hatte sich wieder gewandelt. Gemeinsam mit ihren Eltern besprach sie verschiedene Möglichkeiten einer Weiterflucht. Bei allen Konsulaten in Zagreb versuchte sie, für ihre Familie Visa zu kriegen.[16] Doch der „J"-Stempel in ihren Pässen verhinderte eine Weiterreise. Drei Tage vor Auslaufen der Frist kam ihr Onkel in die Wohnung gestürzt und berichtete, dass der albanische Diktator und selbsternannte König Ahmet Zogu zum zehnjährigen Jubiläum seiner Thronbesteigung (1928) allen ein Touristenvisum ausstellen würde – sogar Jüdinnen und Juden.[17]

„Auf dem albanischen Konsulat wurde ich freundlich empfangen und gleich zum Konsul geführt. Ich zeigte ihm schüchtern unsere Reisepässe und fragte um Visa. Freundlich lächelnd sagte er, dass wir in Albanien willkommen sein würden. Er gab mir sofort unsere Visa und versicherte mir, dass wir in Albanien ungestört leben könnten."[18]

Die Eltern jedoch zögerten, Trude musste sie zur Weiterflucht nach Albanien überreden. Insbesondere der Vater, der die schlimmen Erlebnisse in Wien nicht aus eigener Erfahrung kannte, hatte Vorbehalte. Vladimir, mit dem sich Trude weiterhin traf, organisierte einen kroatischen Polizeibeamten, der sie bis nach Split begleiten würde. Sobald sie an Bord des

15 Ebd., S. 56–58.

16 Siehe hierzu auch: Calic, Balkan-Odyssee, S. 175.

17 Epstein, Es gibt einen Weg, S. 58.

18 Albert Ramaj: Ein jüdisches Mädel aus Wien in Albanien – Interview mit T. Scarlett Epstein (1922–2014), in: Albanische Hefte 1(2017), S. 9.

Schiffs gingen, würde dieser ihnen ihre Pässe aushändigen. Auch der Polizeibeamte musste bestochen werden. Vladimir forderte eine hohe Summe für seine Dienste, die Trude um 25 Prozent drücken konnte. Sie schweigt darüber, auf welche Weise ihr das gelang. Allerdings betont sie rückblickend, dass sie froh war, Vladimir hinter sich lassen zu können.[19]

Da Reisende nur eine sehr kleine Summe aus Jugoslawien ausführen durften, versteckten Trude und Rosa diesmal Sterling Pfund Noten in einer Pralinenschachtel. Während der Zugfahrt von Zagreb nach Split unterhielt sich Trude mit dem Polizisten Jaroslav, der den Auftrag hatte, sie bis zum Schiff zu eskortieren. Als Jaroslav von ihrem Schicksal hörte, war er so berührt, dass er Trude spontan anbot, ihn zu heiraten, damit sie und ihre Eltern in Jugoslawien bleiben könnten. Doch Trude wusste, dass die Weiterflucht der einzige Ausweg war. Am 20. November 1938 bestieg Familie Grünwald in Split den Adriaküstendampfer Richtung Albanien. An der Küste entlang würden sie zuerst Dubrovnik und dann die albanische Hafenstadt Durrës erreichen. Ihre Verwandten aus Zagreb würden sie nie wieder sehen.

Noch an Bord wechselte der Vater etwas britisches Geld in albanische Lekë, um in Albanien Nahrungsmittel und Unterkunft bezahlen zu können. Ähnlich wie ein halbes Jahr später bei den Gerechters stand am Pier ein jüdisches Empfangskomitee bestehend aus zwei Deutschen, die nach deutschsprechenden jüdischen Flüchtlingen Ausschau hielten. Die zwei Männer informierten sie, dass sich in der Hafenstadt Durrës bereits eine Gemeinschaft aus ungefähr 55 jüdischen Flüchtlingen gebildet habe. Trudes Erinnerungen an ihre Ankunft in Albanien ähneln denjenigen von Johanna Gerechter sehr, die damals wenige Jahre jünger war:

„An einem grauen, verregneten Morgen legten wir in der albanischen Hafenstadt Durrës an. Das Wetter entsprach unserer Stimmung. Die Stadt sah recht trostlos aus, doch wir wussten, wir mussten hier von Bord gehen und hier bleiben, bis wir eine bessere Alternative fänden."[20]

19 Epstein, Es gibt einen Weg, S. 59–60.
20 Ebd., S. 63.

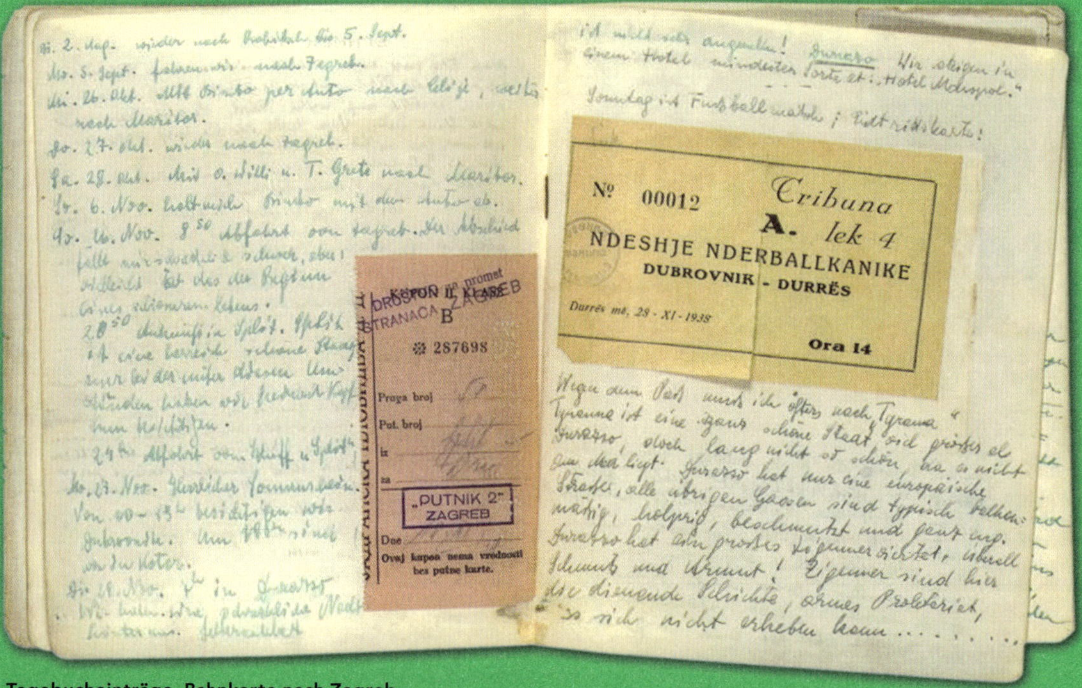

Tagebucheinträge, Bahnkarte nach Zagreb und Schiffkarte Split-Dubrovnik-Durrës, Nachlass Scarlett Epstein

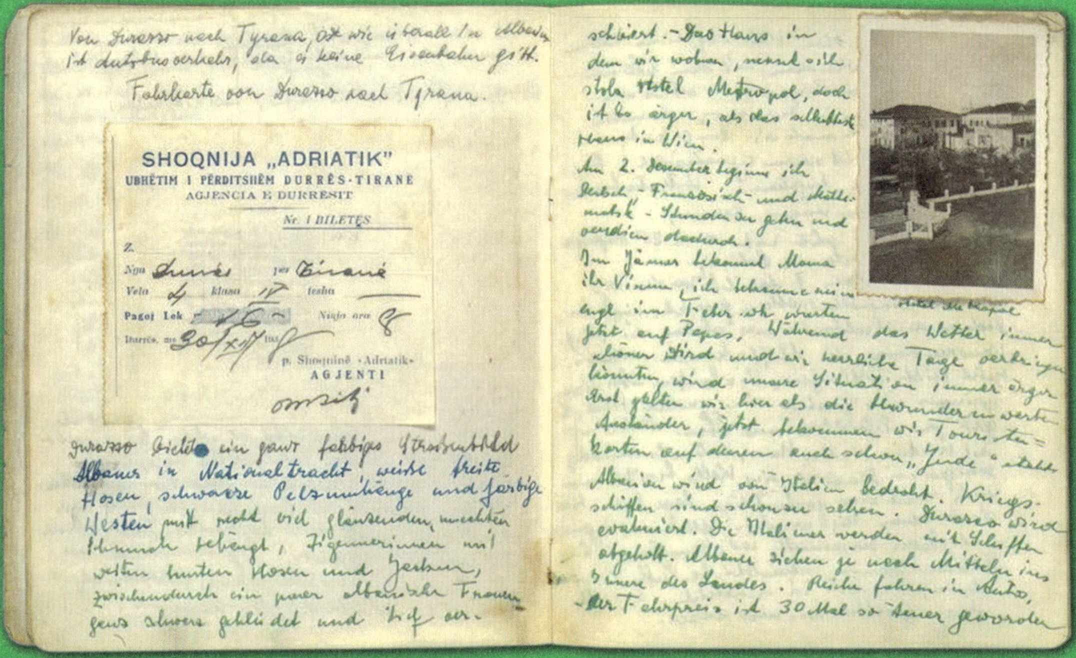

Fahrkarte Durrës-Tirana und das Hotel Metropol in Durrës, Tagebuch Trude Grünwald/ T. Scarlett Epstein, Nachlass Scarlett Epstein

Im Hotel Metropol vermieteten Albaner Zimmer an jüdische Flüchtlinge. Doch Trude, die eine gut bürgerliche Umgebung gewohnt war, beschreibt nachträglich, wie sehr sie der Zustand der Unterkunft geschockt hatte:

„Das Hotel Metropol riss mich mit einem Ruck auf den Boden der Tatsachen zurück. Es war das schäbigste und dreckigste Etablissement, das mir je untergekommen war."[21]

Auch die Eltern waren ob des Zustands des Hotels, in dem die Tapete abblätterte und es feucht und modrig roch, fassungslos. Allerdings, so schreibt Trude/Scarlett rückblickend, hätten ihre beiden jüdischen Begleiter, denen die Reaktion der Neuankömmlinge nicht entgangen waren, gemeint, „dass das Hotel Metropol zwar sicherlich nicht das Ritz [sei], aber allemal sehr viel besser als ein Konzentrationslager."[22]

Während die deutsche Johanna Gerechter von den umfunktionierten Herbergen jüdischer Flüchtlinge in Durrës eher aus einer Außenperspektive berichtete, war Trude bald mitten drin. Ihre Familie kam fast ein halbes Jahr früher in Albanien an, somit konnten sie bis April 1939 noch einige Monate unter der Herrschaft Zogus verbringen, dessen Politik gegenüber Jüdinnen und Juden liberaler war als in vielen europäischen Ländern.[23] Trude fand sich rasch in die neue Umgebung ein. Die 16-Jährige begann, allein die kleine Stadt Durrës auszukundschaften. In der traditionellen Gesellschaft Albaniens war sie neben den wenigen Prostituierten die einzige Frau auf der Straße. Doch die jungen Albaner behandelten sie mit großem Respekt, als sie erfuhren, dass sie ein Mädchen in Begleitung ihrer Eltern und aus Wien geflohen war. Sie sprach mit ihnen Französisch und bald auch Italienisch.

21 Ebd.
22 Ebd., S. 64.
23 Fischer, Jews of Albania, S. 97.

„Sie fragten mich, ob ich wirklich ein Mädchen sei, denn ich wäre ganz anders angezogen und ginge allein umher, was in Albanien kein Mädchen und keine Frau machen würde. So erklärte ich ihnen, dass ich eine jüdische Emigrantin aus Wien sei. Damit begeisterte ich die Gruppe, denn sie wussten, dass Wien berühmt ist als Musik- und Theaterstadt […] Das war der Beginn einer schönen Freundschaft, denn die Gruppe zeigte mir Durazzo, und ich erzählte ihnen über das Leben in Wien."[24]

Trudes Eltern aßen in der ersten Zeit jeden Abend im einzigen Restaurant der Stadt. Sie konnten sich nur schwer an ihr neues Leben gewöhnen. Der Koch und gleichzeitige Besitzer der Gaststätte hatte das Kochen in Wien gelernt und schloss die Familie ins Herz. Manchmal durfte Trude ein Stück Fleisch oder einen Fisch auswählen. Diese zusätzlichen Nahrungsmittel erleichterten das Überleben. Im Vergleich zu den Folgejahren waren Ende 1938 erst wenige jüdische Flüchtlinge nach Albanien gekommen. Die Grünwalds gehörten zu einer wirtschaftlichen und intellektuellen Elite, die aus Deutschland und Österreich geflohen war. Diejenigen, die bereits da waren, wurden wie aus Trude/Scarletts Erzählung hervorgeht, von der albanischen Bevölkerung privilegiert behandelt. Einerseits aus Gastfreundschaft, andererseits boten die Neuankömmlinge die Möglichkeit eines Zusatzverdiensts.[25]

24 Ramaj, Interview mit T. Scarlett Epstein, S. 10.

25 Epstein, Tagebucheintrag 1./2. 1939, USHMM.

Die Grünwalds besuchten oft die Gemeinschaftshäuser, wo sich die anderen, bereits länger anwesenden Flüchtlinge eingemietet hatten:

„Es war eine seltsame Mischung aus Menschen, Berufen und Nationalitäten, doch wir freuten uns, Leute mit ähnlichen Erfahrungen zu treffen."[26]

Die verschiedenen Flüchtlinge, zumeist aus Deutschland und Österreich kommend, lebten in der gemeinsam angemieteten Herberge in Durrës in einer Art Kommune zusammen. Die zusammengewürfelten Bewohner hatten ein Komitee gewählt, welches als übergeordnete Leitung fungierte. Jede Familie erhielt ein Zimmer und alle Bewohner hatte einen ihnen zugeteilten Aufgabenbereich. Die anwesenden Frauen teilten sich die Küchenarbeit auf, während die Männer einkauften und putzten.[27]
Das Komitee regelte das gemeinsame Zusammenleben und war auch für die Aufnahme neuer Bewohner zuständig. Nach einigen Wochen lud es die Grünwalds zum Mittagessen ein und bot ihnen ein Zimmer in der Herberge an. Trude war froh, das Metropol verlassen und zu den anderen ziehen zu können. Vater Siegfried, einst gut verdienender Kaufmann, baute nun für ihr neues Zimmer aus alten Kisten Möbel. In einem Interview von 2011 erinnert sich Scarlett Epstein, dass aufgrund der schwierigen finanziellen Situation, „die Frauen aus vielen Stoffstücken Leintücher und Tischdecken genäht [haben], und die Männer mussten aus Fruchtkisten Möbel machen. Die albanischen Polizisten, die ihre Wache gleich nebenan hatten, waren erstaunt, als sie gesehen haben, was wir zimmern wollten. Sie haben uns dann Hammer und Nägel geborgt und oft haben sie auch unseren Männern geholfen. Nachdem wir von der Nazi-Polizei verfolgt worden waren, konnten wir erst gar nicht glauben, dass die Polizisten in Durazzo [Durrës] unsere Freunde sein könnten. Aber die albanischen Polizisten sind alle unsere Freunde geworden."[28]

Die jüdischen Flüchtlinge in der Herberge erhielten finanzielle Unterstützung vom International Jewish Aid Committee. Doch dieser Betrag, den sie pro Flüchtling schickten, war trotz sorgfältiger Einteilung knapp. Die Bewohner der Herberge hatten den Vorteil, dass sie das wenige Geld innerhalb der Gruppe gezielter einteilen und so besser nutzen konnten.

26 Epstein, Es gibt einen Weg, S. 65.
27 Ebd.
28 Ramaj, Interview mit T. Scarlett Epstein, S. 12.

So rechneten sie aus, dass pro Tag bei 55 Flüchtlingen, die in der Kommune lebten, ein knappes halbes Kilo Fett gekauft werden konnte. Die Ernährung, so Trude/Scarlett, sei spärlich gewesen.

„Wir ernährten uns hauptsächlich von Brot, Käse und Gemüse. Fleisch und Fisch waren ein seltener Genuss, und Obst war ein Luxus, den wir uns gar nicht leisten konnten. Ich gewöhnte mich mit der Zeit an das Knurren meines leeren Magens, und, so ungern ich es auch zugebe, manchmal sah ich mich genötigt, etwas Brot aus der gemeinschaftlichen Speisekammer zu stehlen.“[29]

Ihre Eltern waren schockiert, als sich die sechzehnjährige Tochter vor dem Komitee verantworten musste. Scarlett selbst sah sowohl das Stehlen als auch ihre „Verurteilung“ durch das Komitee „als Teil meines Flüchtlingsalltags“.[30]

Da in der angemieteten Herberge in Durrës Menschen aufeinandertrafen und ihren Alltag gemeinsam organisieren mussten, die sich sonst wohl nie begegnet wären, kam es oft zu Auseinandersetzungen. „Die Atmosphäre in der Kommune war häufig angespannt“, wie sich Trude/Scarlett erinnert.[31] Ein wesentlicher Streitpunkt war der Umgang mit der Religion. Während der eine Teil der Flüchtlinge, wie die Grünwalds, einen lockeren Umgang mit der jüdischen Religion pflegten, bestand ein anderer Teil aus orthodoxen Jüdinnen und Juden darauf, Riten und Regeln genau einzuhalten. Gerade bei der Nahrungsmittelbeschaffung barg diese unterschiedliche Beziehung zur jüdischen Tradition viel Zündstoff. Während die einen auf einer koscheren Ernährung bestanden, hielten andere eine solche Einstellung für überflüssigen Luxus. Das gemeinsame Feiern von Festen wie Chanukka schien aber für alle eine willkommene Abwechslung zu sein. Für Trude waren die religiösen Feste eine ganz neue Erfahrung.[32]

29 Epstein, Es gibt einen Weg, S. 65–66.
30 Ebd., S. 71.
31 Ebd.
32 Kanzler, Flucht nach Albanien, S. 200.

Einer der jungen Albaner,[33] den sie am Strand kennengelernt hatte, war der Sohn des kürzlich verstorbenen Regierungsmitglieds Dovana.[34] Als er hörte, dass sie dringend Geld brauchte, um zu überleben, vermittelte er sie seiner Mutter, Frau Dovana, als Lehrerin für seine Schwestern. Die Mutter wollte ihre Töchter[35] aufgrund der zunehmenden Spannungen zwischen Zogu und Mussolini nicht mehr in das Internat zurück nach Italien schicken und war froh um Trude als Privatlehrerin. Bereits Anfang Dezember 1938, nur wenige Tage nach ihrer Ankunft in Albanien, begann sie zu arbeiten, um sich und ihre Eltern durchzubringen. In ihrem Tagebuch vermerkt sie:

„Am 2. Dezember beginne ich Deutsch-[,] Französisch- und Mathematik-Stunden zu geben und verdiene dadurch."[36]

Für Trude war die Hilfeleistung des jungen Albaners und seiner Mutter nicht nur in wirtschaftlicher Hinsicht wertvoll. Durch das Unterrichten hatte sie nun einen geregelten Tagesablauf. Morgens lehrte sie den Mädchen Sprachen und Mathematik, nachmittags traf sie sich mit den jungen Albanern, aber auch einigen jungen Flüchtlingen am Strand oder war in den nur den Frauen zugänglichen Wohnteil ihrer jungen Schülerinnen eingeladen.[37]

Eines Tages hörte sie beim Unterrichten lautes Gekreische. Ihr Vater suchte sie und hatte die nur den Frauen erlaubten Räumlichkeiten betreten.[38] Er war vom Polizeipräfekten in Durrës vorgeladen und musste Trude mitnehmen, da nur sie Französisch verstand. Da sich Trude mit jungen Albanern traf, war der Polizeipräfekt überzeugt, Vater Siegfried wäre ihr Zuhälter. Für Prostitution aber, so der Polizist, müsse man in Albanien eine Lizenz haben. Trude übersetzte nicht, sondern erklärte dem Polizeipräfekten, in anderen Ländern sei es üblich, dass junge Menschen gemeinsam etwas unternahmen, ohne dass sich dabei jemand prostituiere. Der Mann, der Albanien noch nie verlassen hatte, war sehr interessiert daran, über die Sitten in anderen Ländern mehr zu erfahren.[39]

---

33 Dabei könnte es sich um Alfons Dovana handeln, der 1918 zur Welt kam und an den Folgen seiner Inhaftierung unter Hoxha 1967 verstarb.

34 Wahrscheinlich Vlash Dovana, der als Abgeordneter für Durrës im Parlament saß.

35 Wahrscheinlich Elsa und Belina Dovana.

36 Tagebuch Trude Grünwald/T. Scarlett Epstein, USHMM.

37 Epstein, Es gibt einen Weg, S. 67–68.

38 Ebd., S. 68.

39 Ebd., S. 68–70.

Trude richtete sich in ihrem neuen Leben ein, während ihre Eltern immer unglücklicher wurden. Für sie hatte sich nicht nur ihr Leben in einer gehobenen sozialen Klasse geändert. Sie waren nun auch komplett abhängig vom Einkommen ihrer Tochter.[488] Die Zeit lief, alle versuchten Visa nach Übersee zu organisieren, so auch die Grünwalds. Es gelang Otto, für Trude und ihre Mutter ein Visum für England zu kriegen. Für den Vater jedoch nicht. Dies führte dazu, dass Trude und Rosa die Abreise aufgrund des sich rapide verschlechternden Gesundheitszustands von Siegfried so lange hinauszögerten, bis die Ausreisevisa Ende März 1939 abgelaufen waren.[489]

Trudes Strandbekanntschaften und ihr Deutschunterricht eröffneten der Familie aber neue wirtschaftliche – und wie sich zeigen sollte – auch lebensrettende Perspektiven. Ihre Fähigkeiten als Lehrerin hatten sich herumgesprochen. Der faschistische italienische Konsul in Durrës, Luigi Aloisio, der öfter bei den Dovanas zu Gast war, schickte im Februar 1939 nach ihr, um sie als Deutschlehrerin einzustellen. Die sechzehnjährige Trude nahm das Angebot an, dem Konsul in Tirana drei Deutschlektionen pro Woche zu erteilen.[490]

Doch Anfang April 1939 änderte sich alles. Von langer Hand durch Außenminister Galeazzo Ciano geplant, begann kurz vor Ostern 1939 die italienische Invasion. In Durrës herrschte ein großes Durcheinander, die Stadt wurde evakuiert. Auch den jüdischen Familien in der Herberge riet man, die Stadt zu verlassen, da sich ihr Haus neben der Polizeistation befand, wo die zwei einzigen Maschinengewehre der Stadt deponiert waren. Doch die Flüchtlinge harrten in ihrer Herberge aus, weil sie keinen anderen Ort wussten, wo sie hingehen konnten.

Als im Morgengrauen die italienische Invasion einsetzte, stürzte ein Polizist in das Haus der jüdischen Flüchtlinge, um sie zu warnen. Er schrie ihnen zu, sie sollten fliehen. Mit dem, was sie gerade in die Finger kriegen konnten, rannten sie über die Felder hinter ihrem Haus. Trude hatte nur ihr Lieblingsbuch mitgenommen.[491] Nach einer Weile erreichte die Menschengruppe ein großes Haus, das sie im Vorfeld als möglichen Zufluchtsort ausgekundschaftet hatten.

---

40 Ebd., S. 70.

41 Ebd., S. 72–73.

42 Asani, Ramaj: Rrugetimi, Патешествие, Journey, S. 336

43 Friedrich Torberg, Der Schüler Gerber hat absolviert, Wien 1930.

Nur die Dienerschaft der geflohenen Hausherren war noch da und konnte gegen das Eintreten der jüdischen Flüchtlingsgruppe nichts unternehmen. Sie rannten in den Keller und warteten dort über Stunden zusammengekauert auf das Ende des Angriffs. Als das Schießen aufhörte, stimmten sie darüber ab, den Italienern mit einer weißen Fahne an einem Stock entgegenzutreten. Trude, die einzige, die nun auch Italienisch sprach, sollte den Zug anführen. Die Eltern waren in Panik, da sie fürchteten, Trude könnte bei einem Zusammenstoß mit den Italienern als erste erschossen werden.[44]

Als die Gruppe durch die menschenleeren Gassen durch Durrës zurück zu ihrem Haus wanderte, stand plötzlich ein Trupp italienischer Soldaten mit aufgepflanzten Bajonetten vor ihnen. Trude übersetzte die Befehle des Offiziers für die Gruppe auf Deutsch. Sobald er ihre Sprache hörte, rief er voller Freude: „Deutsche und Italiener sind Freunde". Trude klärte den Offizier nicht auf. Die Flüchtlinge durften zurück in ihr Haus und wurden nun von zwei italienischen Soldaten bewacht – wobei ihnen nicht klar war, ob diese sie beschützen oder bewachen sollten. Als Trude am Abend auf ihr Zimmer ging, das in der hinteren Seite des Hauses lag, bedeutete von unten ein junger Albaner in Unterwäsche, die ausgezogene Uniform neben ihm liegend, sie solle ihm Kleider zuwerfen. Trude warf einen Pyjama des Vaters hinunter. Der junge Mann verschwand in einer Nebengasse.

„Ich habe nie erfahren, ob ihm die Flucht gelang, doch zumindest hatte ich das Gefühl, mich ein wenig für die Freundlichkeit vieler Albaner uns gegenüber revanchiert zu haben."[45]

Die Flüchtlinge verhielten sich weiterhin möglichst unauffällig. Dann hielt ein italienischer Dienstwagen vor dem Haus, und der Chauffeur überreichte Trude ein Brief. Alle erwarteten das Schlimmste, doch es war eine Mitteilung des ehemaligen Konsuls in Durrës, Luigi Aloisio, der nun einen höheren Posten bekleidete.

---

44 Epstein, Es gibt einen Weg, S. 75–77.
45 Ebd., S. 77–79.

Aufgrund seiner neuen Position war er, so ließ er Trude mitteilen, noch motivierter, Deutsch zu lernen. Trude erhielt einen offiziellen Passierschein, der es ihr ermöglichte, sich frei in Albanien zu bewegen. Das Dokument wies sie als persönliche Freundin Aloisios aus. Es war „mit einer Reihe eindrucksvoller Stempel und Unterschriften“[46] übersät und ließ sie jeden Kontrollposten ohne Probleme passieren. Aloisio ließ sie jeden Tag von seinem Fahrer abholen. Trude fuhr nun dank ihres Personalausweises auch öfters von Durrës nach Tirana, wie sie in ihr Tagebuch schrieb. Ihr gefiel die Stadt:

„Tirana ist eine ganz schöne Stadt, viel größer als Durazzo, doch lang nicht so schön, da es nicht am Meer liegt.“[47]

Die Bekanntschaft zum einzige Reisebüroinhaber in Durrës ermöglichte es Trude noch im April 1939, für sich und ihre Mutter die ersehnten Ausreistickets mit einem Dampfer über Bari nach Neapel zu kaufen. Von dort, so ihr Bekannter aus Durrës, könnten sie ein Frachtschiff bis nach Großbritannien nehmen, um zu ihren Brüdern zu gelangen, denn das Fliegen war mit einem roten „J“ im Pass bereits sehr schwierig geworden. Der Tag der Abreise und eine nächste Fluchtetappe rückten näher. Schließlich kam der Moment, sich vom Vater zu verabschieden. Eine große Menschentraube hatte sich am Hafen eingefunden, um den Glücklichen, die weiterreisen konnten, ein letztes Mal zuzuwinken. Rosa und Trude weinten, Siegfried war resigniert. Mutter und Tochter hatten vorher dem Komitee der Herberge das Versprechen abgenommen, sich um den Vater zu kümmern und Trude wusste nicht, ob sie ihn jemals wiedersehen würde.[48]

In Italien angekommen, erwartete Trude eine herbe Enttäuschung. Das Frachtschiff von Neapel nach London hatte neun Tage Verspätung. Trude und ihre Mutter Rosa waren gezwungen, einen Flug mit Zwischenhalt in Deutschland zu buchen, damit ihre Einreisevisa nach Großbritannien nicht verfielen. Schließlich rettete ihnen der Passierschein des Faschisten Aloisios das Leben auf der Reise nach London:

46 Ebd., S. 80.

47 Nachlass Scarlett Epstein, USHMM, RG-50.106.0193

48 Epstein, Es gibt einen Weg, S. 81.

„Dieses Dokument hat mir und meiner Mutter das Leben gerettet, als wir Ende April von Italien über Deutschland nach England fliegen mussten. Als wir in Köln landeten, wurden wir mehr als drei Stunden lang verhört und gefoltert. Wir mussten nackt dastehen, während zwei Nazi-Frauen uns quälten und jedes Stück unserer Kleider genau untersuchten. Zum Glück fanden sie Aloisios Dokument, das sie dann bewegt hat, uns weiterreisen zu lassen."[49]

Erst in den 2000er Jahren konnte Scarlett nach langer Suche Nachkommen der Familie Dovana ausfindig machen, die sie als Deutschlehrerin engagiert, sie unterstützt und wie ihre eigene Tochter aufgenommen hatte.[50] 2006 traf sie die Enkelin des jungen Mannes, der ihr den Lehrerjob bei seinen Schwestern vermittelt hatte, Matilda Dovana, in Tirana. Sie erzählte Scarlett, dass ihr Großvater unter der kommunistischen Regierung im Gefängnis verstarb und all sein Eigentum konfisziert wurde.[51]

49 Ramaj, Interview mit T. Scarlett Epstein, S. 10.

50 Interview mit Scarlett Epstein geführt von Hannah Starman, 17.11.2011, USHMM, RG-50.106.0193.

51 Ramaj, Interview mit T. Scarlett Epstein, S. 12.

Die Klinik von Dr. Besim Zyma

Im September 1998 wandte sich der amerikanische Reiseschriftsteller Jack Goldfarb an Yad Vashem. Er hatte Albanien seit der Öffnung des Landes bereits mehrmals bereist. Neben neuen Ideen fand er dort auch Jüdinnen und Juden sowie ehemalige Retter, die sich in finanziellen Notlagen befanden und denen er helfen wollte. Bei einem solchen Treffen mit Vjera Kilica (früher: Matusewiez) und ihrer Bekannten Hiqmet Zyma erfuhr er von der Rettung Lew Dzienciolskis durch Besim Zyma.[1] Besim war Hiqmets Ehemann und Lew der Schwager von Vjeras Schwester. Vjera hingegen hatte nach Kriegsende ihren eigenen Vermieter und Retter Mikel Kilica geheiratet und war daher während der 45 Jahre andauernden sozialistischen Herrschaft in Albanien geblieben. So schreibt Jack Goldfarb von Vjera, die er bereits 1994 kennengelernt hatte, als einer jüdischen Albanerin – obwohl ihre Flucht 1939 in Polen begann.[2]

Dr. Besim Zyma war ein Begründer der Hals-Nasen-Ohren-Fachrichtung in Albanien. 1883 geboren, hatte er in den frühen 1940er Jahren den Höhepunkt seiner Karriere erreicht. 1934 begründete der auch als Professor arbeitende Besim Zyma die Oto-Rhino-Laryngologie in Tirana und somit auch in ganz Albanien, denn solche wissenschaftliche Neuerungen verbreiteten sich konzentrisch von der Hauptstadt aus. Er galt als einer der renommiertesten Ärzte des Landes. Neben seiner Tätigkeit als Professor und Arzt war er auch Inhaber einer erfolgreichen Privatklinik. Seine Frau Hiqmet, über die wir von Besims Engagement wissen, war wesentlich jünger. Der Altersunterschied von vierzig Jahren störte die beiden nicht. Zum Zeitpunkt der Rettungsaktion war sie einerseits eine junge Malerin, andererseits kürzlich Mutter geworden. Ihre Mobilität war durch die Geburt ihres Kindes eingeschränkt und sie hielt sich dadurch viel in ihrem Haus, das gleichzeitig auch als Privatklinik diente, auf. So wurde sie zur Mitwissenden und Mithelfenden der Rettungsaktion ihres Mannes.[3]

---

1 Jack Goldfarb an Yad Vashem, 14.9.1998, Yad Vashem, M.31.2/8574.

2 Ebd.

3 Aussage Hiqmet Zyma, 17.9.1998, Yad Vashem, M.31.2/8574.

1940 floh Vjera Matusewiez (später: Kilica) aus Minsk Mazowiecki in Polen mit ihren Verwandten nach Jugoslawien. Nach dem deutsch-italienischen Balkanfeldzug vom April 1941 setzte die Familie ihre Flucht Richtung Albanien fort. In Tirana konnten sie eine Wohnung von Mikel Kilica mieten. Auch Lew Dzienciolski, der Schwager von Vjeras Schwester, floh aus den jugoslawischen Gebieten nach Albanien, als die Nationalsozialisten einmarschierten. Der gebürtige Pole war bereits 1939 aus seiner Heimat ins Königreich Jugoslawien geflohen und nun wiederum gezwungen, wie viele andere, weiter zu fliehen.

Durch „Neualbanien" schaffte auch er es in die albanische Hauptstadt Tirana. Dort hoffte er, seinen Bruder, seine Schwägerin und ihre Schwester Vjera zu finden, die ihm weiterhelfen würden. Lew konnte Vjera tatsächlich ausfindig machen. Wie die Familie seines Bruder fand Lew während der italienischen Besatzungsphase bei Mikel Kilica Unterschlupf. Mikel selbst war darüber informiert, dass sie Juden aus Polen waren.[4]

Nachdem die Italiener im September 1943 kapituliert hatten, besetzten die Deutschen Albanien und begannen im November mit der Suche nach jüdischen Flüchtlingen. Kilica beschloss, für die sieben in seinem Haus lebenden Juden ein Versteck zu suchen. Sechs von ihnen brachte er in das kleine Dorf Kamëz in der Nähe von Tirana. Doch der Ort war nicht sicher genug, so dass Mikel sie bald darauf in das Ardenica-Kloster in Lushnja begleitete, wo sie bis zur Befreiung im November 1944 unentdeckt blieben. Hiqmet schreibt später an Yad Vashem:

„Herrn Lews Familie floh während der ganzen Nacht, von Dorf zu Dorf in [der Region] Tirana, bis sie im Kloster Ardenica ankamen und Zuflucht fanden."[5]

Der siebte Untermieter, der bei Kilica lebte, war Lew Dzienciolski. Er war bereits über 50 Jahre alt. Da er zu diesem Zeitpunkt krank und beinahe blind war, konnte er die Weiterflucht mit seiner Familie nicht antreten.

---

4 Jack Goldfarb an Yad Vashem, 14.9.1998, Yad Vashem, M.31.2/8574.

5 Aussage Zyma, Yad Vashem, M.31.2/8574.

Aus diesem Grund bat Mikel seinen Freund Dr. Besim Zyma, Lew bei sich zu verstecken. Besim nahm Lew unter falschem Namen als Patient in seiner Privatklinik im ersten Stock seines Hauses in Tirana auf. Einerseits wollte er ihn untersuchen und herausfinden, wie er ihn medizinisch unterstützen könnte, andererseits, um ihn zu verstecken. Hiqmet erzählte rückblickend:

„Ich erinnere mich an dieses Jahr und diese Zeit als ich in unserem Haus (das im ersten Stockwerk eine Privatklink für die operierten Patienten war) Herrn Lew Dzenciolski [sic] traf, der sich in einem separaten Zimmer in unserer Klinik erholte. Er hatte eine ruhige Erscheinung und sprach Deutsch mit meinem Mann".[6]

Wenn Lew nach draußen gehen musste oder sich in Räumlichkeiten begab, in welchen sich andere Patienten aufhielten, wickelte Besim Lews Gesicht in Verbände, „damit ihn niemand als Juden identifizieren konnte."[7]

Obwohl Hiqmet kein Deutsch sprach und ihr neugeborenes Kind versorgen musste, kochte sie für Lew und kümmerte sich nach den Anweisungen ihres Mannes um seine Medikamentierung. So überlebte Lew und konnte von Oktober 1943 bis April 1944 in der Klinik von Dr. Zyma bleiben.

---

6 Ebd.

7 https://www.jfr.org/rescuer/zyma-higmet (Stand: 20.1.2025). https://collections.yadvashem.org/en/righteous/4021523 (Stand: 10.1.2025), Yad Vashem, M.31.2/8574.

Hiqmet und Besim Zyma

Später schreibt Hiqmet an Yad Vashem:

„Ohne die Gefahr, die ihn hätte bedrohen können, in Betracht zu ziehen, hat mein verstorbener Ehemann während dieser Monate Herrn Dzenciolski [sic!] beschützt und ihm geholfen, bis er sich in einer ausreichenden physischen Verfassung fühlte, um seine Familie im Kloster Ardenica zu erreichen.“[8]

Als sich sein Gesundheitszustand gebessert hatte, gelang es Lew, sich seinen Verwandten anzuschließen, die sich weiterhin im Kloster versteckt hielten. Ende 1944 konnte er nach Italien ausreisen.

Am 25. Juli 1999 anerkannte Yad Vashem Besim und Hiqmet Zyma sowie Mikel Kilica als Gerechte unter den Völkern. Lew Dzienciolski verstarb bereits 1966. Besim Zyma verstarb 1983. Hiqmet starb am 1. November 2017 im Alter von 94 Jahren.

---

8 Aussage Zyma, Yad Vashem, M.31.2/8574.

Die Leidenschaft für die Fotografie rettet Familie Mandil

Gavra kam am 6. September 1936 in Belgrad, damals Hauptstadt des Ersten Jugoslawien,[1] zur Welt. Er war der Sohn von Mosa/Moshe Mandil und Gabriela Mandil (geborene Konfino). 1938 bekam Gavra eine Schwester, Irena (Beba[2]) Mandil. Im gleichen Jahr zog die Familie nach Novi Sad, welches nördlich der jugoslawischen Hauptstadt Belgrad liegt. Mosa/Moshe Mandil eröffnete dort sein eigenes Fotostudio. Bereits Gavras Großvater mütterlicherseits, Gavra Konfino, war ein bekannter Fotograf in Belgrad und auch persönlicher Hoffotograf König Alexanders I. gewesen.

Das Fotogeschäft von Mosa/Moshe Mandil lief gut. Die zahlreichen Fotos aus jener Zeit zeigen eine Familie, die sich als Teil der jugoslawischen Gesellschaft sah. Ein Bild, das ihnen später das Leben retten sollte, zeigt die beiden jüdischen Kinder vor einem christlichen Tannenbaum. Im Ersten wie auch später im Zweiten (dem sozialistischen) Jugoslawien war es nicht unüblich, auch bei anderen religiösen Festen als den eigenen mitzufeiern. Das Bild diente allerdings einem anderen Zweck. Mosa/Moshe stellte es in sein Schaufenster, um Kundschaft anzulocken. Kurz vor dem Krieg, ein paar Monate vor Weihnachten 1940, hatte Vater Mandil ein großes Schaufenster in seinem Studio eingerichtet, dem Foto-Royal in Novi Sad.

„Er fotografierte uns […], er hatte einen Weihnachtsbaum mit dem ganzen Schmuck organisiert, zog Beba [Irena] und mich festlich an und fotografierte uns, wie wir neben dem Baum stehen und den Schmuck bewundern. Er hat dieses Foto auf ein Riesenformat vergrößert und in sein Schaufenster gehängt.“[3]

---

1 Auch Königreich der Serben, Kroaten und Slowenen bzw. Königreich Jugoslawien.

2 „Beba“ ist in Südosteuropa ein Kosename und heißt „Baby“.

3 Auszüge Zeitzeugenaussage Gavra Mandil, Yad Vashem 03.11543, Band Nr VT-2652f, S. 8, in: https://www.yadvashem.org/de/education/educational-materials/lesson-plans/besa/the-rescue-of-mandil-family.html (5.1.2025).

Die zahlreichen Bilder aus der Vorkriegszeit zeigen eine glückliche, lachende Familie. Die Art, wie sie entspannt und locker posieren, war für jene Zeit eher untypisch und zeigt, wie gewandt die Familie im Umgang mit dem noch relativ neuen Medium war.

Seit einigen Jahren hatte Mosa/Moshe nun sein Fotogeschäft in Novi Sad, das nur wenige Kilometer von Belgrad und den Verwandten entfernt lag. Der neue Wohn- und Arbeitsort stellte die perfekte Ausgangslage dar, denn so konnte Mosa/Moshe einerseits seine Eigenständigkeit ausbauen und aus dem großen Schatten seines Schwiegervaters heraustreten. Andererseits erlaubte die geographische Nähe zur Hauptstadt auch gelegentliche Besuche bei der Familie.

Der 6. April 1941 fiel auf einen Sonntag. Die Mandils machten sich mit wenig Gepäck auf den Weg, um an diesem Frühlingstag die Großmutter und die Tanten in Belgrad zu besuchen.[4] In Belgrad angekommen erlebte Familie Mandil die Bombardierung der Stadt und den Einmarsch deutscher Truppen in Jugoslawien und in Belgrad aus nächster Nähe. Da es sich um einen kurzen Besuch hätte handeln sollen, hatte die Familie nur das Nötigste eingepackt: Einige Geschenke und Toilettenartikel. Am nächsten Tag wollten sie wieder nach Novi Sad zurückfahren. Niemand von ihnen ahnte, dass sie ihre Stadt und Mosa/Moshe sein Fotogeschäft erst mehr als vier Jahre später wiedersehen würden.[5]

Nach dem deutsch-italienischen Balkanfeldzug vom April 1941 und der damit einhergehenden Zerschlagung Jugoslawiens kam Serbien zusammen mit Nordkosovo unter deutsche Militärverwaltung. Sofort setzte in diesem Gebiet die Judenverfolgung ein. Familie Mandil war nun gefangen in der Hauptstadt, in der die deutschen Nationalsozialisten gemeinsam mit lokalen serbischen Verantwortlichen vom ersten Tag an begannen, Jüdinnen und Juden zu registrieren, zu internieren und für Zwangsarbeiten einzusetzen.[6]

Auch Vater Mandil musste sich zur Zwangsarbeit melden. In der ersten Phase nach der Bombardierung war er einer Gruppe mit anderen jüdischen Männern zugeteilt, die den Schutt wegräumen mussten. Diese Arbeit unterschied sich von einer späteren Arbeit, dem Fegen von Straßen, die körperlich weit weniger belastend war.

4 Mandil, Yad Vashem 03.11543, Band Nr VT-2652f, S. 7.

5 Ebd.

6 Manoschek, Serbien ist judenfrei, S. 38–39.

Gekonntes Posieren vor der Kamera,
glückliche Vorkriegszeit in Novi Sad

Gavra verkleidet als Huhn

Posieren vor einem christlichen Tannenbaum. Diese Fotografie half der Familie Mandil, als Christen über die Grenze von Serbien nach „Großalbanien" in das von Italien besetzte Gebiet Kosovos zu fliehen.

Gewandter Umgang mit der Kamera, spontan inszeniertes Bild von Sohn Gavra an der Gitarre

Gavra erzählt in einem Interview, dass sein Vater manchmal während der Arbeit alte Bekannte traf. Es waren peinliche, bedrückende Momente. Denn weder die Bekannten noch Mosa/Moshe selbst wussten, wie man sich in dieser neuen Situation zu verhalten hatte.[7] Gavra bettelte gelegentlich seinen Vater an, ihn zur Arbeit begleiten zu dürfen, und manchmal nahm ihn Mosa/Moshe mit. Gemeinsam liefen sie durch die Stadt. Gavra durfte sogar die Pferdestallungen der Deutschen besuchen und genoss das Zusammensein mit seinem Vater.[8] Über die Frage, weshalb sein Vater nicht mehr seine frühere Arbeit als Fotograf ausüben durfte, dachte er nicht nach.

Nicht nur die Erwachsenen, auch die Kinder wurden nun gezwungen, hinten und vorn gut sichtbar einen gelben Stern zu tragen.[9] Gavras und Irenas Eltern war es aber nicht möglich, ihre Kinder über die Tragweite jener Entwicklungen für die jüdischen Serben zu informieren. Sie waren noch zu klein. Gavra war erst vier Jahre alt, seine Schwester zwei. Beide konnten die Gefahr, in der sie sich befanden, nicht nachvollziehen:

„Als Kinder haben wir die Katastrophe, die über uns gekommen war, nicht ermessen und nicht begreifen können."[10]

Die Situation in Belgrad wurde für jüdische Menschen bald unerträglich. Die Mandils hatten gerade begonnen, sich um Papiere zu kümmern, da kam ein Befehl, dass sich alle Jüdinnen und Juden an einem bestimmten Tag auf einem Platz, dem Tašmaidan, in Belgrad einfinden mussten.[11] Von dort, so wurden sie informiert, kämen sie in ein Arbeitslager nach Deutschland. Nach Gavras Aussage fanden das viele gar nicht so schlimm, denn niemand konnte sich das Ausmaß der deutschen Vernichtungsabsichten, der Brutalität und des Sadismus vorstellen:

„Viele Juden sagten damals, ok, wir werden im Lager arbeiten, und wenn der Krieg zu Ende ist, kehren wir wieder nach Hause zurück."[12]

---

7 Mandil, Yad Vashem 03.11543, Band Nr VT-2652f, S. 7.

8 Ebd.

9 Ebd.

10 Ebd.

11 Siehe hierzu auch das Kapitel „Irene Eskenazis Flucht nach Albanien".

12 Mandil, Yad Vashem 03.11543, Band Nr. VT-2652f, S. 7.

Mosa/Moshe hingegen entschied sich anders. Eine Vorahnung sagte ihm, dass niemand aus diesen Lagern zurückkehren würde. Doch die Angst, diesem Befehl nicht Folge zu leisten, war groß. Die deutschen Besatzer drohten damit, bei Nicht-Erscheinen die ganze Familie zu erschießen. Es kam zum Familienstreit. Mosas/Moshes Schwiegermutter warf ihm vor, die Gefahr, entdeckt und erschossen zu werden, sei zu groß. Er müsse sich als Familienvater melden und „nicht für [sich] allein solche ideologischen Entscheidungen […] im Namen der ganzen Familie" treffen.[13] Doch Mosa/Moshe hatte sich entschieden. Um unterzutauchen, teilte er seine kleine Familie auf. Alle vier kamen getrennt bei christlich-orthodoxen, befreundeten Familien unter. Diese kümmerten sich darum, den Mandils neue Ausweise und Namen zu beschaffen, die es ihnen erlaubten, Belgrad Richtung Süden zu verlassen und in die von Italien besetzte Zone Kosovos („Neualbanien") oder in das nun von Bulgarien besetzte Mazedonien („Neubulgarien") zu gelangen.[14]

Es verging einige Zeit. Doch sobald die Dokumente mit ihrem neuen, christlichen Namen Mandić bereitlagen, traf sich die Familie am Bahnhof in Belgrad wieder. Jeder und jede kam aus einer anderen Richtung. Irena kam Hand in Hand mit einer Frau, die Gavra nicht kannte. Die Mutter schien ihm starr wie eine Statue, und in einem späteren Interview erinnerte sich Gavra daran, dass er sich fragte, weshalb sie sich denn nicht über das Wiedersehen freute. Als er sie so starr sah, wurde auch der kleine Gavra „ganz starr wie auf einen Schlag gelähmt".[15] Der Vater aber blieb gelassen und unaufgeregt, hob die Kinder in den Wagen hoch. Gavra konnte sich später nicht mehr erinnern, ob und wie sie sich von ihren Begleitern und Rettern in Belgrad verabschiedet hatten. Die Zeit am Bahnhof war bewusst knapp bemessen, denn kaum saßen sie im Zug, setzte er sich „Richtung Süden in Bewegung".[16]

An der Grenze zwischen deutscher und italienischer Besatzungszone hielt der Zug am Bahnhof von Mitrovica. Plötzlich ertönte eine Lautsprecherdurchsage: „Mandić Mirko mit Familie aussteigen und am Kontrollschalter zur Kontrolle melden." Die Mandils aka Mandićs stiegen aus und näherten sich dem Grenzkontrollposten.

13 Ebd.
14 Ebd., S. 8.
15 Ebd.
16 Ebd.

Ein deutscher Offizier sprach Mosa/Moshe an und sagte:

„Hier in deinem Ausweis steht, dass dein Vater David heißt, und David ist ein jüdischer Name und du bist Jude."

Obwohl Mosa/Moshe sofort begriff, was der Mann zu ihm sagte, blieb er ruhig, wandte sich an seine Frau und fragte sie auf Serbisch, was der Offizier von ihm wolle. Auch die Mutter blieb ruhig und sagte auf Deutsch: „Entschuldigung, mein Mann versteht Sie nicht". Um Zeit zu gewinnen, übersetzte sie für Mosa/Moshe, was der Offizier gesagt hatte. Ersterer antwortete auf Serbisch, er habe verstanden und fragte gleichzeitig, wo sich das Bild mit den Kindern neben dem Weihnachtsbaum befinde. Vorausahnend hatten die Mandils das Bild bereits in der Brieftasche verstaut, damit es jederzeit vorgezeigt werden konnte.[17]

Der deutsche Offizier betrachtete das Weihnachtsfoto, während die Familie Mandil vor der Tür wartete. Schließlich wurden sie aufgefordert, wieder in den Zug einzusteigen.

„Nachdem [der deutsche Offizier] uns [im Zug] entdeckt hatte, bestieg er den Waggon, [...] kam zu uns, grüßte und zog aus seiner Tasche ein Bild mit zwei blonden deutschen Kindern neben einem Weihnachtsbaum. Er sagte: Das sind meine Kinder."[18]

17 Ebd.
18 Ebd.

Mosa/Moshe Mandil antwortete und seine Frau übersetzte:

„Schöne Kinder, auch das Foto ist gut. Wissen Sie, ich bin Berufsfotograf, das ist eine schöne Aufnahme, wo haben Sie das machen lassen?"

Der deutsche Offizier grüßte, drehte sich um und verließ den Wagen. Der Stationsvorsteher pfiff, und der Zug setzte sich in Bewegung. Gavra war sich rückblickend nicht sicher, ob der deutsche Offizier die Geschichte geglaubt hatte. Vielleicht hatte auch das Foto von Gavra und Irena unter dem Weihnachtsbaum in ihm durch den Gedanken an seine eigenen Kinder ein menschliches Mitgefühl geweckt. Für die Familie Mandil war die Erörterung der Beweggründe des Offiziers in diesem Moment allerdings unerheblich. Wichtig war nur, dass sie die Grenze passiert hatten und sich nun im italienisch besetzten Teil Kosovos bzw. in „Neualbanien" befanden.[19]

Die Mandils fuhren von Mitrovica über Vushtrri/Vučitrn Richtung Priština/Prishtina. Dort wurde die Familie verhaftet. Rund dreizehn Monate, von Ende Mai/Anfang Juni 1941 bis Anfang Juli 1942 blieben die Mandils zusammen mit anderen jüdischen Familien in der Stadt interniert. Als Internierungslager diente zunächst ein Schulgebäude, später wurden die jüdischen Flüchtlinge in einen eigens für sie evakuierten Flügel des städtischen Gefängnisses untergebracht. Gavra erinnerte sich:

„Sie haben uns von einem Ende der Stadt, von der Schule, in das andere Ende der Stadt, in das Gefängnis gebracht, und zwar zu Fuß durch die Straßen der Stadt. Wachleute mit Gewehren umringten uns auf einen Abstand von etwa eineinhalb Metern – immer ein Wachmann zwischen je zwei Leuten."[20]

---

19 Ebd., S. 11f.
20 Ebd.

Die Italiener hatten zu diesem Zeitpunkt bereits Kosovaren aus der Gegend rekrutiert, die sie als Wachpersonal unterstützten.[21]

„Vom Straßenrand waren alle möglichen Rufe zu hören, von Aufmunterungen und Händeklatschen bis Angespuckt-Werden und judenfeindlichen Ausrufen. Auf mich als Kind machte das keinen großen Eindruck, und das ist erstaunlich, aber es ist Tatsache, dass ich mich darüber überhaupt nicht aufregte. Was mich mehr mitnahm, war die Müdigkeit [...] und der Schmerz in der Seite vom vielen Gehen. Dann kamen wir im Gefängnis von Priština an – ein großes Gebäude mit dicken Mauern.“[22]

Die Bedingungen im neuen Lager waren prekär. Die Häftlinge mussten auf sehr engem Raum zusammenleben, jeder und jede versuchte, sich und die eigene Familie über Wasser zu halten. Mosa/Moshe Mandil hatte allerdings den italienischen Besatzern, die selbst fern der Heimat waren, etwas Kostbares zu bieten. Er war ein bekannter Fotograf und als Schwiegersohn des ehemaligen Hoffotografen des jugoslawischen Königs Alexander I. genoss er eine hohe Reputation. So offerierte Mosa/Moshe dem Wachpersonal, sie professionell zu fotografieren.

21 Ebd.
22 Ebd., S. 13f.

Michael Konforti (links) und Gavra Mandil (rechts) in einer Zelle im campo di concemtramento in Prishtina/Priština

Es gelang ihm dadurch, zu den italienischen wie auch den albanischen Wachen einen persönlichen Kontakt aufzubauen. Als Mosa/Moshe zwei Wachsoldaten sah, die sich gegenseitig fotografierten, sagte er zu ihnen:

„‚Lasst mich ein Foto von euch beiden machen. Keiner von euch soll nicht auf den Bildern sein. Kommt hierher, ich werde es machen.' Und er stellte sie in verschiedenen Kriegspositionen auf, wie sie dies und das taten und wirklich wie Helden aussahen, als wären sie an vorderster Front, obwohl sie uns im Gefängnis nur bewachten. Und sie waren sehr, sehr glücklich und zufrieden mit den Fotos."[23]

---

23 Interview Mandil, USHMM, RG-50.999.0109. Im Lager in Prishtina/Priština entstanden zahlreiche Bilder, siehe USHMM, Nachlass Gavra Mandil.

Als der Lagerkommandant die Fotografien sah, war er begeistert und wollte sich auch so fotografieren lassen. Mosa/Moshe nutzte so seinen Beruf, zwar nicht für Geld, aber für Vertrauen. Die Italiener offerierten ihm zusätzliches Essen oder andere Dinge, die er ablehnte, weil er gleich behandelt werden wollte wie die anderen Insassen. Er sagte aber zum Kommandanten, wenn er wirklich etwas für sie tun wolle, dann solle er sie alle aus dem „neualbanischen“ Gebiet nach Italien bringen lassen.[24]

Gavra war später überzeugt, dass die bereits erwähnte Deportation von über 50 jüdischen Flüchtlingen vom Lager Prishtina/Priština in das von den Deutschen besetzte Nordkosovo in einem Zusammenhang mit Beschwerden der Gefangenen über die Haftbedingungen gestanden hatte. Laut Gavras Aussage hatten die Italiener die Beschwerde, das Gefängnis sei mit den rund 120 Insassen zu voll, an die Deutschen weitergeleitet, die nur wenige Kilometer nordöstlich in Vushtrri/Vučitrn und Mitrovica stationiert waren. Kurz darauf kamen deutsche Vertreter nach Prishtina/Priština und forderten, ihnen die ersten 60 Jüdinnen und Juden auf der Liste auszuliefern. Da sich Mandils bei ihrer Ankunft als allererste hatten registrieren lassen, standen ihre vier Namen zuoberst auf dieser Liste. Doch die Italiener lieferten nur die Gefangenen ab Nummer 5 an die Deutschen aus.[25] Gavra spricht in diesem Zusammenhang von 60 Ausgelieferten, während in Dokumenten von 51 bzw. 53 die Rede ist. Naheliegend wären nach Abzug der vier Mandils die Auslieferung von 56 Personen. Auch in Bezug auf die Ermordung der Inhaftierten unterscheidet sich seine Aussage von anderen. In seiner Darstellung wurden die Menschen bereits in einem nahegelegenen Wald bei Prishtina/Priština ermordet und nicht im Konzentrationslager Sajmište (Semlin/Zemun).[26]

Mosa/Moshe appellierte nun an die italienische Wachmannschaft, die restlichen Juden zu retten. Ob nun seine Fototätigkeit und die daraus resultierende Freundschaft zum italienischen Wachpersonal oder aber die Intervention des albanischen Ministerpräsidenten Mustafa Kruja sie rettete, bleibt unklar. Auf jeden Fall gelang es der Familie Mandil im Juli 1942, aus dem „neualbanischen“ Teil „Großalbaniens“ zu entkommen. In Bussen konnten sie mit den anderen Insassen nach „Altalbanien“ weiterreisen, wo die Überlebenschancen für Jüdinnen und Juden wesentlich höher lagen.

24 Interview Mandil, USHMM, RG-50.999.0109.

25 Ebd.

26 Ebd.

Zuerst kamen sie, wie viele andere auch, nach Kavaja. In seiner Erinnerung lobt Gavra ihren Empfang in diesem Teil Albaniens in höchsten Tönen:

„Ah, zunächst einmal der Empfang in Albanien? Das ist etwas, das sich nur schwer in Worte fassen lässt. Nachdem wir aus der Hölle Jugoslawiens – eigentlich ganz Europas – kamen, fühlten wir uns, als wären wir im Paradies angekommen, in Albanien, einem armen Land, einem sehr einfachen Volk. Die meisten von ihnen, Dorfbewohner, Landwirte, waren nicht sehr, sehr gebildet und zivilisiert, einfache Leute, aber mit einem großen Herzen. Und sie kamen auf uns zu, mit Essen, mit Decken, mit allem, was sie für nützlich hielten. Und mit offenen Händen und offenen Herzen empfingen sie uns in jeder Stadt, in der wir ankamen."[27]

Als sie in Kavaja ankamen, galt bereits die Regelung, dass sich jüdische Flüchtlinge auch außerhalb des Lagers einmieten konnten. Mosa/Moshe hatte das Glück, überall arbeiten zu können. Andere jüdische Bekannte hatten durch ihre Berufe bei der Arbeitssuche weniger Erfolgschancen. Doch die meisten hatten immer irgendwo einen goldenen Napoleon [eine Goldmünze] oder etwas Schmuck versteckt und bezahlten auf diese Weise die Miete für ein Zimmer einer Fünf-Zimmer-Wohnung im ersten Stock des „Roten Hauses", wie sich Gavra erinnerte.[28]

27 Ebd.
28 Ebd.

Mosa/Moshe Mandils improvisiertes Fotostudio in Kavaja, 1942

Jede Familie erhielt ein Zimmer. Da die Mandils mit zwei Kindern die größte Familie waren, durften sie in das Zimmer mit Balkon einziehen. Schon kurz nach der Ankunft organisierte Mosa/Moshe ein großes Laken, auf das er „Foto" schrieb. Er hängte es gut sichtbar am Balkongeländer auf. Schon bald darauf kamen die ersten albanischen Kunden zu ihnen in den ersten Stock. Da aber Mosa/Moshe im Lager in Prishtina/Priština all sein Material aufgebraucht hatte, fehlte ihm ein Film. So musste er die ersten Bilder ohne Film machen, um an das nötige Geld zu gelangen. Danach rannte er los, um Filme zu kaufen, tat so, als hätte er die Bilder entwickelt und teilte dem Kunden mit:

„Hör mal, du hast deine Augen auf dem Foto geschlossen. Ich muss dich noch einmal fotografieren."[29]

Gavra Mandil konnte in Kavaja die Schule besuchen. Er war nun sechs Jahre alt, hieß offiziell Ibrahim Mele und ging mit den Gleichaltrigen sowohl zur Grundschule als auch in die Moschee.

29 Ebd.

Neben der neuen Identität verfügte der kleine Gavra bald auch über die Fähigkeit, muslimische Gebete auswendig aufzusagen. In späteren Interviews versicherte er, diese immer noch in seinem Gedächtnis zu haben.[30] Eines Tages begann in der ersten Klasse auch der Religionsunterricht. Da es in der Klasse sowohl Christen als auch Muslime gab – und wie wir wissen, inoffiziell auch Juden –, sollten sie sich für den bevorstehenden Unterricht in die beiden Gruppen aufteilen. Die christliche Hälfte der Klasse stand auf und bildete eine Reihe. Danach standen alle muslimischen Schüler auf und stellten sich ebenfalls in einer Reihe auf.

Selbst viele Jahre später musste Gavra lachen, wenn er an diese Situation dachte:

„Und ich bleibe sitzen. Ich weiß nicht, worauf ich gewartet habe? Stehen alle Juden auf und bilden eine Reihe oder was?"

Die Lehrerin wandte sich Gavra zu

„Ibrahim, träumst du? Nun, geh zu deiner Reihe. Welche ist deine Reihe?"

Der kleine Gavra war auf einmal so verwirrt, dass er sich nur noch an den Moment erinnerte, als sie ihre Flucht begonnen und Belgrad als Christen verlassen hatten. Verwirrt stellte er sich in die Reihe der Christen. Doch dann fiel ihm plötzlich ein, dass er ja in Kavaja mit allen anderen die Moschee besuchte und rannte zur muslimischen Reihe. Die Lehrerin meinte nachsichtig:

---

30 Ebd.

„Ibrahim, weißt du nicht, was du bist, Christ oder Muslim? Warum bist du so verwirrt?"

Er antwortete

„Nein, nein, nein, ich bin nicht verwirrt. Ich bin Muslim. Ja, das stimmt."

Rückblickend erinnert sich Gavra, dass er sich in diesem Augenblick nicht konzentrieren konnte.[31] Mit seinen knapp sieben Jahren war er sich bewusst, dass ein solcher Fehler tödlich enden konnte, gleichzeitig aber empfand er es auch als eine Art Spiel:

„Keinen Fehler machen, nicht durcheinander geraten, nicht in die Falle tappen. Ich habe das nicht allzu schwer genommen, eher als Spiel. Nur nicht durcheinander geraten, keinen Fehler machen, denn ich wusste, dass – Gott behüte – ein solcher Fehler meinen Eltern das Leben hätte kosten können."[32]

Von der temporären Integration jüdischer Flüchtlinge in Kavaja zeugen auch die Bilder, die Mosa/Moshe Mandil von Gavras Schulklasse in Kavaja aufgenommen hatte. Darauf zu sehen sind die Lehrerin und ihre Schüler. Nichts deutet auf dem Bild auf Verfolgung oder Krieg hin. Die Kinder haben sich für den Fotografen Mandil schön gekleidet.

31 Ebd.
32 Mandil, Yad Vashem 03.11543, Band Nr. VT-2652f, S. 23f.

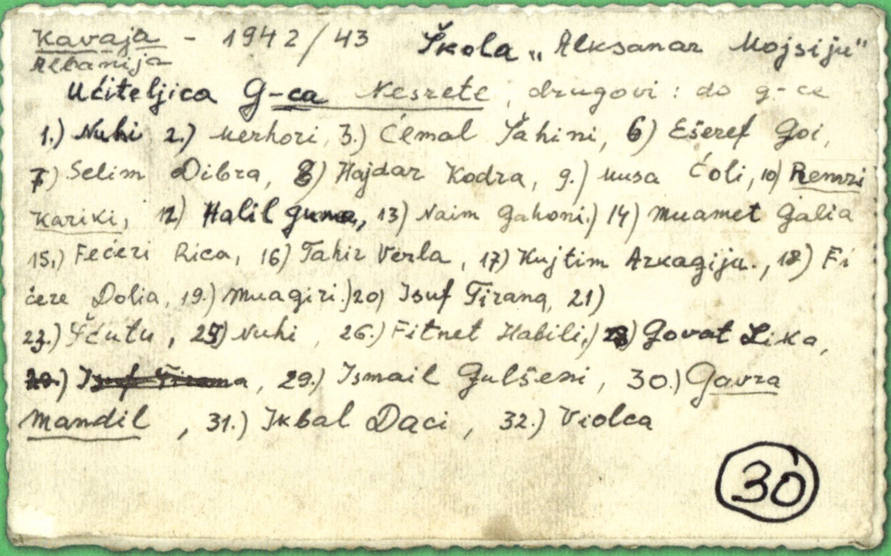

Kavaja - 1942/43 Škola „Aleksanar Mojsiju"
Albanija
Učiteljica G-ca Neszete, drugovi: do g-ce
1.) Nuhi 2.) Merhori, 3.) Ćemal Šahini, 6) Ešeref Goi,
7) Selim Dibra, 8) Hajdar Kodra, 9.) Musa Ćoli, 10) Remzi
Kariki, 12) Halil Juma, 13) Naim Gahoni,) 14) Muamet Galia
15.) Fećeri Rica, 16) Tahir Verla, 17) Kujtim Arkagiju., 18) Fi
ćeze Dolia, 19.) Muagiri.) 20) Isuf Tirana, 21)
23.) Ščutu, 25) Nuhi, 26.) Fitnet Habili,) 28) Govat Lika,
~~20.) Isuf Tirana~~, 29.) Ismail Gulšeni, 30.) Gavra
Mandil, 31.) Ikbal Daci, 32.) Violca

30

Gavra Mandil in seiner
christlich-muslimischen Klasse.
Er selbst sitzt in der vorderste
Reihe rechts, Nummer 30

Die Namen auf der Rückseite der Fotografie geben Auskunft über die Zusammensetzung der Klasse, die mit Ausnahme von Gavra aus albanischen Schülern bestand. Allerdings ist unklar, ob sich darunter weitere jüdische Flüchtlingskinder befunden haben, die ebenfalls muslimische Namen angenommen hatten. Die im Nachhinein erinnerten und aufgeschriebenen Namen weisen darauf hin, dass Gavra fast ein Jahr in der Schulklasse verbracht und so die einzelnen Kinder mit Namen kennengelernt hatte.

Doch dann endete am 8. September 1943 die ruhige Zeit in Kavaja abrupt. Die Zäsur, die durch die deutsche Besetzung Albaniens entstand, traf auch die Mandils mit voller Wucht. Ausgestattet mit gefälschten Ausweisen, die die Flüchtlingsgemeinschaft gemeinsam mit Mihal Lekatari in den Wochen zuvor angefertigt hatte,[33] verließen sie Kavaja Richtung Tirana.

Als die Mandils in Tirana ankamen, hofften sie, sich in der Menschenmenge der Hauptstadt besser verstecken zu können. Sie suchten die Stadt nach Fotogeschäften ab, denn Mosa/Moshe war zuversichtlich, so Arbeit zu finden. Plötzlich stießen sie auf einen Laden, der dem früheren Lehrling seines Schwiegervaters, Neshad Ismail Prizreni, gehörte. Vor Jahren hatte er bei Gavra Konfino das Fotohandwerk gelernt. Neshad bot Mosa/Moshe an, bei ihm im Studio zu arbeiten. Die Familie brachte er bei sich zu Hause unter. Im Geschäft lernte Mandil Prizrenis Lehrling, den knapp siebzehnjährigen Refik Veseli, kennen. Seine Eltern hatten ihn aus Kruja nach Tirana geschickt, damit er den Fotografenberuf erlernen konnte. Er war erst kürzlich mit seinem älteren Bruder Hamid in die Hauptstadt gezogen. Refik hatte bald zwei Lehrmeister, neben Neshad begann ab September 1943 auch Mosa/Moshe, ihn auszubilden.

33 Siehe hierzu „Der albanische Partisan Mihal Lekatari fälscht Papiere".

Doch schon bald nach der Kapitulation Italiens verschlechterte sich die Situation auch in der albanischen Hauptstadt rasant und wurde für jüdische Familien lebensbedrohlich. Trotz der Weigerung der albanischen Regierung, Listen mit jüdischen Namen an die deutschen Behörden zu übergeben, ließen letztere seit November 1943 die Stadt durchkämmen und nach verbliebenen Jüdinnen und Juden suchen. Sie machten Hausdurchsuchungen und zwangen diejenigen, die sich nicht versteckt hielten oder entdeckt wurden, sich zu melden und registrieren zu lassen. Auch wenn solche Aktionen nie flächendeckend durchgeführt wurden, erhöhte sich die Gefahr, entdeckt zu werden, für eine auffällige vierköpfige Familie von Tag zu Tag. Der junge Refik Veseli beschloss daher in diesem Herbst, die Mandils von der Stadt aufs Land zu bringen. Er bat seine Eltern darum, die Familie Mandil in ihrem Haus in Kruja zu verstecken.

Für die Rettung seiner jüdischen Freunde war Refik aber auf die Zustimmung und Hilfe seiner Eltern, seiner Familie und der Nachbarn angewiesen. Vesel Veseli, Refiks Vater, lebte zu dieser Zeit mit seiner Frau Fatima in Kruja, einer Kleinstadt in Albanien. Als sein Sohn Refik ihn im Herbst 1943 bat, die Familie Mandil bei sich aufzunehmen, willigte Vesel ein und machte sich mit drei Eseln auf den Weg nach Tirana, um die Mandils über abgelegene Pfade nach Kruja zu bringen und so Kontrollposten zu umgehen. Die Gruppe benutzte kleine Nebenstraßen und bewegten sich nur nachts vorwärts, während sie sich tagsüber in Höhlen versteckt hielten, um der Entdeckung durch das deutsche Militär zu entgehen. Trotzdem wurden sie von einer deutschen Patrouille angehalten. Das Passfoto von Gabriela Mandil, die verschleiert war, erregte aber das Misstrauen der Soldaten. Denn sie war blond. Als sie den Schleier lüften wollten, begann Gabriela zu schreien und die Soldaten ließen von ihr ab.[34]

Von November 1943 bis zur Befreiung im Oktober 1944 konnten die Mandils bei der Familie Veseli untertauchen. Der siebenjährige Gavra und seine fünfjährige Schwester Irena lebten in dieser Zeit offen als Muslime, während ihre Eltern tagsüber in einem Zimmer über der Scheune der Veseli versteckt bleiben mussten. Die Mandil-Kinder lebten und spielten in dieser Zeit mit weiteren Kindern der Veselis auf engstem Raum. Gavra und Irena behielten ihre muslimischen Identitäten aus Kavaja, die sie bereits gewohnt waren und konnten sich auch am Tag draußen bewegen. Sie mischten sich unter die Kinder im Ort.

34 Mandil, Yad Vashem 03.11543, Band Nr. VT-2652f, S. 28f.

Kruja: Fatima Veseli beim Tabaktrocknen

Dass auch Mosa/Moshe nicht immer in seinem Versteck blieb, zeigen einige Bilder aus jener Zeit. So hielt er fest, wie der Alltag in Kruja aussah. Er zeigt Fatima beim Tabaktrocknen oder Refik mit Gavra nach dem Holzhacken.

Einmal im Winter, Anfang 1944, trauten sich Mosa/Moshe, Refik und die Kinder Gavra und Irena sogar, an der Hochzeit ihres Freundes Neshad Ismail Prizreni teilzunehmen. Sie fuhren nach Angaben einer Fotografie im USHMM-Archiv von Kruja bis nach Prizren.

Einige Zeit nach ihrer Ankunft brachte Refiks Bruder Xhemal eine zweite jüdische Familie aus Tirana: Ruzhica/Ružica und Yosef Ben-Yosif sowie Yosefs Schwester Finica/Finiza. Ruzhica/Ružica war die Cousine von Gabriela Mandil. Vesel willigte erneut ein, auch diese Familie unterzubringen. Gegen Ende des Krieges nahmen die militärischen Aktivitäten in der Gegend zu. Die schwächer werdende deutschen Wehrmacht und verschiedene Waffen-SS-Formationen sowie aus lokalen Soldaten bestehende Hilfstruppen bekämpften eine rasch anwachsende albanische Partisanenarmee.

Kruja: Refik Veseli und Gavra Mandil, ca. Oktober 1943

Gruppenbild Familie Mandils sowie Finica und Ružica Ben-Yosif mit Familie Veseli in Kruja, die Eltern Fatima und Vesel in der Mitte vorn, 1943/44

Kruja, Winter 1943/44: Schneeballschlacht
auf dem Weg zur Hochzeit von Prizreni

Vor der Hochzeit, von links:
Neshad Ismail Prizreni, Refik Veseli,
Mosa/Moshe Mandil, Winter 1943/1944

Mosa/Moshe und Refik gleich nach der Befreiung

Im Frühherbst 1944 hatten die Partisanen Kruja bereits erobert, alle feierten. Doch die Freude war verfrüht. Den deutschen Truppen gelang es, Kruja nochmals zurückzuerobern. Die Folge waren rigorose Razzien und Hausdurchsuchungen. Da das Haus der Veseli durch Angriffe zerstört war, vermuteten die Deutschen niemand mehr im Innern. Vesel Veseli beschloss, dass es für die Flüchtlinge im Gebiet um Kruja zu gefährlich wurde, und dass es für sie an der Zeit war, nach Tirana zurückzukehren.[35] Die Mandils und die Ben-Yosifs überlebten so die verbleibenden Wochen bis zur endgültigen Befreiung Albaniens im November 1944 – ohne entdeckt oder verraten zu werden.

35 Mandil, Yad Vashem 03.11543, Band Nr. VT-2652f, S. 32f.

Vor dem Haus von Neshad Ismail Prizreni in Tirana kurz nach der Befreiung
Auf dem Bild zeigen die Nummern 1–4 auf Mosa/Moshe, Gabriela, Gavra und Irina Mandil. Die Personen auf dem Bild sind Neshad Ismail (ganz links), Frashëris, Toptanis, Gershons/Geršons mit Tocher Stella, Ruchvargers, Ben-Yosifs und Konfortis. Das Foto machte Refik Veseli.

Die kurz nach der Befreiung entstandenen Bilder zeichnen sich durch mehr Spontaneität und eine geringere Sorgfalt bei der Inszenierung aus. Sie sind, wie das Titelbild dieses Bandes, voller Leben und wirken spontan. Sie offenbaren außerdem noch einmal eindrücklich, dass die verschiedenen jüdischen Flüchtlingsgruppen untereinander in einem zuweilen engen Kontakt und Austausch standen. Nachdem die Mandils ihr Versteck in Kruja verlassen konnten, besuchten sie ihre Freunde, die Gershons/Geršons und Altaracs bei ihren Rettern, den Frashëris und Toptanis. Es wurde posiert, gelacht und gefeiert.

Nach dem Krieg kehrten die Mandils nach Novi Sad zurück, wo Mosa/Moshe sein Fotostudio wieder eröffnete. Im Jahr 1946 reiste Refik Veseli zur Familie Mandil nach Novi Sad und beendete seine Berufsausbildung als Fotograf bei Mosa/Moshe Mandil. Als sich aber 1948 die Gelegenheit bot, entschieden sich die Mandils, nach Israel auszuwandern. Sie wollten nicht im sozialistischen Jugoslawien bleiben, da ihnen die Zukunft für Menschen jüdischen Glaubens ungewiss schien. Refik hingegen zog zu seiner Familie nach Albanien zurück.

Wieder in Novi Sad, 1946/47,
Refik Veseli beendet hier bei
den Mandils seine Fotografenlehre.

Erste Jahre nach dem Krieg

Moshe Mandil und sein Sohn Gavra in Lager in Prishtina/Priština

Die Fröhlichkeit in der ersten Zeit nach dem Rückzug der Deutschen und schließlich dem Kriegsende in ganz Europa zeigt sich in den Gesichtern der Familie Mandil und ihrer Freunde. Die Fotografien zwischen 1945 und 1948 in Novi Sad deuten auf eine glückliche Zeit hin. Es scheint, als ob der Fotograf Mandil bewusst die schwierige Lage von September 1943 bis November 1944 hinter sich lassen und durch stark inszenierte Gruppenbilder ersetzen wollte. Sie stehen im Kontrast zu einigen der Bilder, die beispielweise im Lager in Prishtina/Priština entstanden sind und bedrückend wirken.

Trotz der Gefahr politischer Repression unter der Diktatur Enver Hoxhas hielt Refik Veseli den Kontakt zur Familie Mandil auch nach deren Auswanderung nach Israel im Jahr 1948 aufrecht. 1987 schrieb Gavra Mandil an Yad Vashem und erzählte die Geschichte seiner Retter. Er schrieb, er fühle sich verpflichtet, im Namen aller in Albanien Geretteten das albanische Volk, besonders aber seine Retter zu würdigen. Er fügte hinzu:

„Mag sein, dass sie nicht mit dem Erbe Goethes und Schillers heranwuchsen, aber sie maßen dem menschlichen Leben auf die natürlichste und selbstverständlichste Weise die größte Bedeutung bei.“[36]

1987 anerkannte Yad Vashem Vesel Veseli, seine Frau Fatima und ihre Söhne Refik, Hamid und Xhemal als Gerechte unter den Völkern. Sie waren die ersten Albaner, denen diese Ehre zuteil wurde. Ende der 1980er Jahre war Albanien jedoch noch immer ein isoliertes, sozialistisches Land. Refik und seine Frau waren daher mehr als überrascht, als sie 1990 ihrer Ehrung in Israel beiwohnen durften. Zu verdanken war dies Gavra Mandil, der dem albanischen Präsidenten Ramiz Alia einen Brief geschrieben und ihn gebeten hatte, Refik und seiner Frau die Reise nach Israel zu erlauben. Gavra legte Fotos bei, die sein Vater am 28. November 1944 während der Siegesparade in Tirana gemacht hatte. Darauf war auch Albaniens zukünftiger Diktator Enver Hoxha zu sehen (siehe hinten S. 327).[37]

Die Fotosammlung der Familie Mandil stellt heute eine der wichtigsten Dokumentationen zur Zeit des Zweiten Weltkriegs und der Judenverfolgung und -rettung in Kosovo und Albanien dar. Sie besteht aus Vorkriegs-, Kriegs- und Nachkriegsfotos der Familien Mandil, Konforti, Gershon/Geršon, Altarac, Azriel, Levi und Ben-Yosif. Diese Familien stammten alle aus Jugoslawien. Während ein Teil der Bilder uns einen Einblick in den Alltag der Flüchtlinge ermöglicht, weisen andere Bilder einen hohen Inszenierungsgrad auf. Weiter zeigen die Bilder auch die Lebensumstände sowohl der Flüchtlinge als auch der Albaner zu jener Zeit.

36 Zitat Mandil, nach Nidam-Orvieto, Steinfeldt, Rescue of Jews in Albania, in: https://www.yadvashem.org/righteous/resources/rescue-of-jews-in-albania-through-yad-vashem-files.html (Stand: 10. 1. 2025).

37 Brief Gavra Mandil an Ramiz Alia, 1. 6. 1990, Veseli, Yad Vashem M.31.2/3768.

Die Fotosammlung ist umfangreich. Dazu gehören verschiedene Bilder der Familie aus dem Vorkriegs-Jugoslawien, die sie als assimiliert jüdische Familie mit einem hohen Integrationsgrad in der jugoslawische Gesellschaft zeigt. Darunter sticht die Fotografie von Gavra und Irena vor dem Weihnachtsbaum (1940) besonders hervor, die als Werbung für das Fotostudio der Familie gedacht war. Weiter finden wir unter den ersten Bildern nach dem deutsch-italienischen Balkanfeldzug und der begonnenen Flucht einzelne Bilder des italienischen Lagers Prishtina/Priština Ende 1941/ Anfang 1942. Darauf sind sowohl Insassen als auch Lagerpersonal abgebildet, in einigen Fällen auch gemeinsam.

Eindrücklich dokumentiert hat Mosa/Moshe Mandil das Leben in und um Kavaja, wo zahlreiche jüdische Familien im Lager interniert waren oder aber in der nahe gelegenen Stadt Zimmer mieteten. Seine Bilder zeigen den Alltag und die Beziehungen untereinander sowie zu lokalen Albanern. Wer die Fotos gemacht hat, auf denen Mosa/Moshe zu sehen ist, bleibt unklar. Naheliegend ist, dass sie per Selbstauslöser aufgenommen worden sein könnten. Später hat auch sein Lehrling und Freund Refik einige Aufnahmen gemacht.

Für die Nachkriegszeit bieten die von Mosa/Moshe Mandil gemachten Fotografien der jüdischen Ausreisenden an Bord der SS Kefalos 1948 wichtige Einblicke in das zeitgenössische Leben und die Auswanderung jüdischer Flüchtlinge aus Staaten, die sich nach der deutschen Besatzung direkt zu sozialistischen Diktaturen unter Hoxha und Tito verwandelten. Die spätesten Bilder zeigen schließlich den jungen Erwachsenen Gavra Mandil als israelischen Staatsbürger und in der israelischen Armee.[38] Eine neue Zeit hatte begonnen; weit weg von Europa, weit weg von Jugoslawien und Albanien.

38 Mandil family photograph collection, Accession Number: 2002.158.1, USHMM, Nachlass Gavra Mandil.

Yosef Ben-Yosif kommt ins Kleidergeschäft von Hamid Veseli

Hamid Veseli war im Jahr 1943 mit seinem kleinen Bruder Refik und seiner Frau nach Tirana gezogen. Der kleinere Bruder, um eine Ausbildung zu machen, der größere, um zu arbeiten. Die Eltern und der jüngste Bruder Xhemal blieben in Kruja. Hamid war damals bereits 25 Jahre alt und hatte in den Monaten zuvor ein kleines Bekleidungsgeschäft eröffnet. Eines Tages betrat ein jüdischer Mann namens Yosef Ben-Yosif das Geschäft und bat Hamid, seiner Familie zu helfen. Seine Frau Ruzhica/Ružica, die eine Cousine Gabriela Mandils war, und seine Schwester Finica begleiteten ihn. Für den jungen Hamid war klar, dass er helfen wollte. Durch seinen Bruder Refik war er über eine kurz zuvor durchgeführt Rettungsaktion informiert worden. Im Haus der Veselis in Kruja hatte Refik bereits seine Freunde Mosha/Mose und Gabriela Mandil mit ihren beiden Kinder Gavra und Irena versteckt. Als ersten Schritt nahmen Hamid und seine Frau die jüdische Familie Ben-Yosif bei sich im Haus in Tirana auf. Hamid gab Ben-Yosif Arbeit in seinem Laden und nannte ihn nun Isuf. Yosefs Schwester Finica gab er den Namen Bedrie.

Doch als die Situation in Tirana rasch riskant wurde, beschloss auch Hamid, seinen Vater um Unterstützung zu bitten. Dieser stimmte zu, sich der Flüchtlinge in Kruja anzunehmen. Um den Transport so unauffällig wie möglich zu gestalten, verkleideten sich Yosef, Ruzhica/Ružica und Finica als albanische Bauern. Hamids jüngste Bruder Xhemal, der damals erst 14 Jahre alt war, machte sich auf den Weg von Kruja nach Tirana, um die drei sicher in das Dorf seiner Eltern zu bringen. Sie reisten, ähnlich wie bereits die Mandils, auf Maultieren über kleine Pfade, weit weg von den wenigen größeren Straßen, die von den Deutschen kontrolliert wurden.

In Kruja trafen Yosef, Ruzhica/Ružica und Finica die Familie Mandil. Insgesamt lebten bis zum 28. November 1944 sieben jüdische Personen im Haus der Familie Veseli in Kruja. Die fünf Erwachsenen lebten versteckt in einem Zimmer über der Scheune. Den Veseli war es wichtig, die Flüchtlinge als ihre Gäste zu behandeln und auch kein Geld von ihnen anzunehmen. Nach dem Rückzug der Deutschen im November 1944 besuchte Yosef Hamid Veseli in Tirana und reiste von dort zurück nach Jugoslawien.[1] Hamid schreibt Yad Vashem 2004: „Wir haben unsere Bürgerpflicht erfüllt und wir respektieren die Gäste und die Menschen in der Not.“[2]

1 Zu den Rücktransporten siehe Grünbaum, Escape, S. 131.

2 Brief von Hamid Veseli an Yad Vashem, 10.2.2004, Yad Vashem M.31.2/3768, Bl. 31.

Familie Gerechter reist von Hamburg nach Albanien

Bis zu ihrer Flucht arbeitete Vater Siegbert Zodek Gerechter als gut verdienender Kaufmann in Hamburg, seine Frau Alice Esther Gerechter (geborene Schickler) war Hausfrau.[1] Die gemeinsame Tochter Johanna Jutta Gerechter (später Neumann) kam am 2. Dezember 1930 in Hamburg zur Welt. Sie blieb ein Einzelkind. Die Familie besaß gemeinsam mit einem Geschäftskollegen des Vaters in Berlin eine Handschuhfabrik. Es handelte sich dabei um patentierte Arbeitslederhandschuhe für industrielle Zwecke. Durch die allgemeine Aufrüstung und das damit verbundene exponentielle Wachstum der Kriegsindustrie verdienten die beiden Geschäftspartner in der Zwischenkriegszeit gut. Noch 1935 wurde Siegbert von Hitler persönlich mit dem Orden für höchste Verdienste im Ersten Weltkrieg geehrt.[2]

Die Gerechters lebten gutbürgerlich und genossen die neuesten Erfindungen des ersten Drittels des 20. Jahrhunderts. Johanna erinnert sich an ihre Kindheit in Hamburg als eine unbeschwerte und glückliche Zeit. Sie besaß zahlreiche Spielsachen, was für diese Zeit eher unüblich war, und ihre Eltern nahmen sie an viele Orte mit; in große Parks oder auch ins Theater.

Als Einzelkind und lange auch einziges Enkelkind pflegte Johanna eine enge Beziehung zu ihren Großeltern. Als sie fünf Jahre alt war, kam ihr Cousin zur Welt. Bereits zwei Jahre später beschlossen ihre Tante und ihr Onkel aufgrund rasch zunehmender antisemitischer Verordnungen, im März 1937 Deutschland Richtung USA zu verlassen. Der Antisemitismus im Alltag holte Johannas Familie erst 1938 mit aller Wucht ein.

1 Johanna Neumann gab verschiedene Interviews, die über dreistündige Interviewsession mit Linda Kuzmack ist dabei die ausführlichste und früheste. Später gab sie weitere Interviews, etwa 2008 für das USHMM, geführt von Aleisa Fishman. https://www.ushmm.org/antisemitism/podcast/voices-on-antisemitism/johanna-neumann. Oder 2011 mit Albert Ramaj. Dieses Interview ist bisher nicht veröffentlicht worden.

2 Interview Neumann, 6.3.1990, USHMM, RG-50.030.0170, Part 1.

Im Oktober dieses Jahres wurde Johanna Gerechter erstmals bewusst, dass etwas in ihrem bisher beschaulichen Leben nicht mehr stimmte. In der jüdischen Schule, auf die sie ging, forderte die Lehrerin eines Morgens alle Schülerinnen, die aus Osteuropa nach Deutschland gekommen waren, auf, das Schulzimmer zu verlassen und nach Hause zu gehen. Noch am selben Tag wurden sie und ihre Familien deportiert. Die Verunsicherung bei den verbliebenen Schülerinnen und den Eltern war groß.

Ein weiteres Schlüsselerlebnis erzählt Johanna in einem 1990 geführten Interview. Am Morgen nach der „Reichskristallnacht" vom 9./10. November 1938 mussten sie und andere jüdische Schulkinder auf ihrem Schulweg den Platz mit der größten jüdischen Synagoge in Hamburg überqueren. Horden von Menschen standen vor dem Gotteshaus und warfen Steine in die Fenster aus farbigem Glas. Die Kinder rannten in Panik an der Meute vorbei. In der Schule teilten ihnen die Lehrer mit, dass kein Unterricht stattfinden würde und die Eltern sie von der Schule abholen würden. Alice holte ihre Tochter ab und brachte sie zur Großmutter. Dort wartete bereits Vater Siegbert, der ihr erklärte, was während der Nacht geschehen war. Nicht nur die Synagogen in Hamburg waren zerstört worden, auch alle jüdischen Läden im Stadtzentrum. Siegbert Gerechter machte sich auf, um sich vor Ort selbst ein Bild der Gewalt und Zerstörung zu machen. Später berichtete er Johanna und Alice davon. Da er an diesem Tag nicht zur Arbeit erschien, entging er der ersten Verhaftungswelle. Zahlreiche jüdische Männer waren bereits nach Oranienburg oder Dachau deportiert worden; so auch der Verlobte von Johannas Tante Hertha.[3]

Die Wohnung der Großmutter ging direkt auf die Grindelallee, und die Familie Gerechter beobachtete SS-Männer, die von Haus zu Haus gingen und Juden verhafteten. Da der Großvater bereits 1935 verstorben war, nahm die SS an, bei der Großmutter seien keine Männer zu finden. Dieser Umstand rettete Siegbert und zwei weitere Männer durch den 11. November.[4] Am Abend dieses Tages wagten sich Familie Gerechter wieder in die eigene Wohnung. Doch bereits in der ersten Nacht klopfte es an die Tür.

---

3 Neumann, Umweg über Albanien, S. 26.

4 Interview mit Neumann, USHMM, RG-50.030.0170, Part 1.

Johanna erinnert sich, wie eine extreme Angst sie überkam, ihr Vater würde nun verhaftet. Eine Nachbarin rettete ihn aber vor der Verhaftung durch die Gestapo. Sie teilte den an die Wohnungstür klopfenden Männern mit, die Familie Gerechter wäre gar nicht zu Hause. Die auf die „Reichskristallnacht" folgende Pogromwoche verbrachte die Familie in der Wohnung der Großmutter. Siegbert und zwei Freunde der Familie versteckten sich weiterhin in den hinteren Zimmern, während die Frauen von den Fenstern aus weitere Verhaftungen beobachteten.[5] Durch das, was sie sahen und hörten, wurde der Familie bewusst, dass es höchste Zeit war, Deutschland zu verlassen.

Da Johannas beide Tanten bereits in den USA waren, schien diese Destination für eine Flucht am geeignetsten. Vater Siegbert meldete sich und seine Familie beim amerikanischen Konsulat für eine Einwanderung in die USA an und die Tanten versorgten die Familie mit notwendigen Papieren, wie Empfehlungsschreiben. Im Dezember 1938 erhielten Mutter Alice Gerechter und Tochter Johanna schließlich eine Einreisegenehmigung in die Vereinigten Staaten, sie wurden zwei oder sogar dreimal vom amerikanischen Konsulat aufgeboten. Siegbert Gerechter musste allerdings länger warten. Da er offiziell polnischer Staatsbürger war und die Zahl der amerikanischen Visumvergabe an polnische Jüdinnen und Juden viel geringer ausfiel, harrten auch Frau und Tochter weiterhin in Deutschland aus.[6]

Das Warten wurde von Tag zu Tag gefährlicher, die Lebensgefahr nahm stetig zu, die Möglichkeiten hingegen, irgendwo auf der Welt Asyl zu erhalten, nahmen rapide ab. Johanna Neumann erinnerte sich, dass neben Albanien auch noch andere Staaten zur Diskussion standen. Etwa Großbritannien, welches aber von jüdischen Einwanderern eine sehr hohe Geldsumme verlangte, die weder die Gerechters noch die Meyers, ihre Freunde, aufbringen konnten. Argentinien wollte nur Menschen ins Land lassen, die irgendeine Verbindung zur Landwirtschaft besaßen, was beide Familien jedoch nicht vorweisen konnten.[7]

---

5 Ebd.
6 Neumann, Umweg über Albanien, S. 28.
7 Ebd., S. 28. Interview mit Neumann, USHMM, RG-50.030.0170, Part 1.

Schließlich traf Alice Gerechter den albanischen Konsul in Deutschland an einer Bridge-Party. Er erzählte ihr, dass er demnächst heiraten werde und seine Hochzeitreise in der Schweiz zu verbringen gedenke. Allerdings fehle es ihm hierzu noch an Geld. Alice handelte rasch. Die beiden Familien liehen ihm Geld für seine Reise, er beschaffte ihnen im Gegenzug die Visa. Alice Gerechter flog mit Herrn Meyer nach Berlin, um die Visa in die Pässe eintragen zu lassen. Die Zeit eilte.[8]

Im Januar 1939 war es soweit. Beide Familien verfügten über gültige Visa für ihre Einreise nach Albanien. Im Januar und Februar gaben Gerechters fast all ihren Besitz weg. Sie dachten, sie würden nur wenige Monate in Albanien bleiben, jedenfalls nur so lange, bis im amerikanischen Konsulat in Tirana ihre Reise in die USA organisiert worden wäre. Außerdem waren die Beschränkungen, was Menschen jüdischen Glaubens ausführen durften, enorm: Kein Silber, kein Schmuck und nur zehn Mark pro Person konnten mitgenommen werden. Alice Gerechter durfte, da einer der Aufsichtsmänner sie als Tochter seines ehemaligen Arbeitgebers erkannte, etwas mehr Schmuck mitnehmen als üblich. Normalerweise waren nur die Eheringe erlaubt. Siegbert Gerechter fiel es schwer, sich von seinen persönlichen Erinnerungsstücken zu trennen: Briefe seiner Mutter an ihn, als er im Ersten Weltkrieg an der Front war und Fotografien. Johanna hingegen war sehr traurig darüber, ihre geliebte Großmutter zurücklassen zu müssen.[9]

Schließlich stand ein versiegeltes Bündel auf dem Tisch vor ihnen. So reisten die drei gemeinsam mit den Meyers am 23. Februar 1939 mit nur wenigen Dingen aus Norddeutschland ab. Johanna erzählte später im Interview, dass sie bloß ein kleines Bündel mitnehmen konnten. Fast all ihr Spielzeug musste Johanna in Hamburg zurücklassen, als sie in den Zug Richtung München stiegen. Die zehn Deutsche Mark pro Person, die die Familien Gerechter und Meyers mitnehmen durften, hatten sie bereits am ersten Abend für die Übernachtung in München ausgegeben. Von München führte die Reise über den Brennerpass nach Italien. An der Grenze kontrollierten deutsche Beamte peinlich genau die Liste erlaubter Dinge und verglichen sie mit denjenigen im Bündel.[10]

---

8 Bei Flugreisen wurden Jüdinnen und Juden in der Zeit von 1938/39 weniger kontrolliert als bei Bahnreisen, wie aus dem Bericht von T. Scarlett Epstein hervorgeht. Epstein, Es gibt einen Weg, S. 48. In ihrem Buch steht eine abgeschwächte Version der Geschichte über die Visa für ihre Familie und die der Meyers. Neumann, Umweg über Albanien, S. 28.

9 Neumann, Umweg über Albanien, S. 29–30. Ihre Großmutter schaffte es in die USA, wie Familie Gerechter im Juli 1940 in Albanien erfuhr. Ebd., S. 40.

10 Interview mit Neumann, 6. 3. 1990, USHMM, RG-50.030.0170, Part 1.

Italien wurde bereits seit 1922 von der faschistischen Partei Benito Mussolinis regiert. In Bologna angekommen, waren die acht Menschen ohne Geld und ohne weitere Kontakte. Johanna Gerechter schildert die hoffnungslose Situation: „Die fünfköpfige Familie Meyer und die drei Gerechters standen auf dem Bahnsteig in Bologna und wussten wirklich nicht, wohin sie sich wenden sollten.“[11] Doch dann gab es eine große Überraschung. Die italienischen jüdischen Gemeinden der Umgebung hatten Studenten organisiert, die sich um ankommende jüdische Flüchtlinge kümmerten. Auch in anderen italienischen Städten, in denen Züge aus Deutschland ankamen, gab es solche organisierten Empfänge. Zwei italienische Studenten nahmen sich der Familie an und brachten sie „in ein wunderschönes Hotel“. Dort konnten sie eine Woche bleiben, bis das Geld der Verwandten aus den USA eintraf. Auch Meyers konnten sich auf diese Weise Geld organisieren. Während ihres einwöchigen Bologna-Aufenthaltes führten die beiden Studenten die beiden Familien in der Stadt herum, sorgten für genügend Nahrungsmittel und nahmen sie sogar in Restaurants mit. Erstaunt stellten sie fest, dass in Italien die Jüdinnen und Juden noch nicht aus der Gesellschaft ausgeschlossen worden waren. Die Studenten teilten ihnen auf Anfrage mit, dass Jüdinnen und Juden noch genauso so italienische Staatsbürger seien wie alle anderen auch, und dass es sogar noch Juden in der Faschistischen Partei Italiens geben würde.[12] Diese Aussagen machten sie, obwohl bereits Ende 1938 in Italien antijüdische Gesetze eingeführt worden waren.[13]

Sobald das Geld eingetroffen war, kauften sich die beiden Familien umgehend Zugtickets nach Bari. Von Bari wollten sie eine Fähre nach Albanien nehmen, allerdings reichte das Geld nur für die Überfahrt 3. Klasse in einem Frachtschiff. Nun befanden sich beide Familien im Bauch dieses Schiffes, das von Bari nach Durrës übersetzte. Auf der zwölfstündigen Überfahrt wurden alle seekrank. Johanna Gerechter erinnerte sich, dass das adriatische Meer um diese Jahreszeit, Anfang März, sehr rau sein konnte.[14]

---

11 Ebd.

12 Ebd.

13 Maßnahmen zum „Schutz der Rasse“ im Bildungswesen (September 1938) und Maßnahmen zum Schutz der „italienischen Rasse“ (November 1938).

14 Neumann, Umweg über Albanien, S. 33.

Ihre Ankunft am 1. März 1939 in Albanien verursachte einen Kulturschock. Im Vergleich zu den aus Südosteuropa stammenden Personen, die nach Albanien flohen, traf Familie Gerechter, als norddeutsche Großstadtmenschen, auf eine ihnen fremde Welt:

„Wir gingen von Bord und der Ort, den wir sahen, war von extremer Depression geprägt. Es war ein Hafen mit nur einem Dock, Stapel um Stapel, Haufen um Haufen von Holzkohle auf der Pier. Es regnete in Strömen. Überall war schwarzes Wasser, das von der Holzkohle über den ganzen Pier floss. Es gab nur wenige Albaner, zum größten Teil Zigeuner, weil sie Zigeuner für ihre schweren Arbeiten und zum Tragen und so weiter brauchten. [...] Es war wirklich sehr deprimierend. Und ich erinnere mich, dass meine Mutter bitterlich weinte und sagte, ich verlasse dieses Schiff nicht. Ich gehe [...] direkt zurück nach Hamburg. Sie konnte sich absolut nicht vorstellen, jemals einen Fuß in diesen unfassbar deprimierenden [...] Anblick zu setzen."[15]

Der traurige Anblick der Roma, die sich nur mit Jute-Säcke bedeckt durch den strömenden Regen kämpften, fraß sich tief in das Gedächtnis der Gerechters ein. Ob ihnen zu diesem Zeitpunkt bewusst war, dass Roma, wie sie selbst, zu den extrem verfolgten und geächteten Gruppen Europas gehörten, kommt in den Aufzeichnungen nicht zum Ausdruck.

15 Interview mit Neumann, USHMM, RG-50.030.0170, Part 2. Siehe zur Ankunft der Familie Gerechter in Albanien auch Calic, Balkan-Odyssee, S. 181.

Die Roma am Hafen waren aber auf jeden Fall Sinnbild für zwei Dinge: die extreme Ausbeutung gewisser Bevölkerungsgruppen und die Exotik des Ortes und der Kultur, in die sie nun eintauchten. Für Johanna und ihre Eltern war es eine fremde Welt, mit anderen Regeln und anderen Hierarchien.

In der tiefdeprimierenden Szene erklang vom Pier eine Stimme, die auf Deutsch rief: „Sind Juden von Deutschland an Bord?“[16] Dieser Mann, selbst ein geflüchteter Jude aus Deutschland, war Teil eines Empfangskomitees. Jeden Tag gingen eine oder mehrere Personen zum Hafen, um nachzusehen, ob weitere jüdische Flüchtlinge ankamen. Er brachte sie zum Hotel Splendid, von welchem Johanna Neumann rückblickend sagt, es sei alles sehr einfach gewesen, nicht ein Hotel im westeuropäischen Sinne der damaligen Zeit.[17] Obwohl sicherlich das Wetter und die Jahreszeit dazu beitrugen, den Ort ihrer Ankunft in Albanien deprimierend wirken zu lassen, war es auf jeden Fall auch ihre eigene geografische und soziale Herkunft, welche das Einleben der beiden deutschen Familien in Albanien in der ersten Zeit erschwerten.

Die Kinder der Meyers waren neun, acht und fünf Jahre alt, Johanna selbst war ebenfalls achtjährig. Ihnen fiel es leichter, sich in die neue Umgebung einzufügen. Albanien war neu und abenteuerlich. Allerdings waren sie auch verunsichert, denn niemand wusste genau, was noch kommen würde. Sie wussten noch nicht, wie die Schule in Albanien sein würde und von ihren Spielsachen hatten sie nur wenige dabei, nur jene, die sie in den Händen oder den kleinen Taschen tragen konnten. Johanna vermisste ihre Schultasche und ein vom Onkel selbst gebautes Puppenhaus. Die Kinder vermissten den normalen Alltag, ihre Freunde und Verwandten, die Spielplätze der Stadt Hamburg. Über andere Dinge hingegen machten sie sich kaum Gedanken. Die großen Sorgen der Eltern, wie eine längerfristige Unterkunft oder Arbeit zu finden war und wo sie genügend Essen auftreiben konnten, blieben vor ihnen verborgen.[18]

16 Ebd.

17 Neumann, Umweg über Albanien, S. 33.

18 Interview mit Neumann, USHMM, RG-50.030.0170, Part 2.

Die erste Zeit verbrachten die Familien Gerechter und Meyer im Hotel Splendid, das, so erinnert sich Johanna, voll war mit Bettwanzen und Mäusen. Albanische jüdische Familien, die Jakoels, Batinos, Kohns/Cohens und Levis,[19] die bereits vor vielen Jahren aus Griechenland eingewandert waren, unterstützen die Neuankömmlinge. Zwei dieser Familien hatten große Trockengut-Geschäfte und waren sehr reich. Sie fungierten als Garantiegeber für das JCD, welche ihnen amerikanische Dollars schickte, die sie dann in albanische Lekë umtauschten und an die Flüchtlinge weitergaben. Johanna Neumann vermutete rückblickend, dass diese Familien wohl mit dem Tauschgeschäft von Währungen nochmals Gewinn gemacht hätten.[20]

Die Familien Gerechter und die Meyer besuchten oft die rund sechzig anderen jüdischen Flüchtlinge in ihrem Gemeinschaftshaus, dem „Emigrantenheim", wie sie es nannten. Sie waren aus Deutschland und nach dem „Anschluss" Österreichs 1938 nach Albanien geflohen. Die meisten von ihnen stammten aus Wien, so wie die bereits vorgestellte Familie Grünwald. Sie hatten sich selbst organisiert und eine ganze Herberge mit dem Namen „Casa Shijaku" angemietet. Je eine Familie hatte ein Zimmer zur Verfügung. Die Gemeinschaftsküche war groß, und die Erwachsenen teilten sich die Arbeit auf. Als Gerechters und Meyers ankamen, war in diesem ersten Haus kein Platz mehr. Aufgrund der anwachsenden Flüchtlingsgemeinschaft waren die österreichische Flüchtlinge damit beschäftigt, ein zweites solches Haus auf der gegenüberliegenden Straßenseite zu kaufen.[21] Für die Mahlzeiten aber mussten die beiden Familien zweimal am Tag den Weg zur Gemeinschaftsküche in der Herberge zurücklegen. Die Straßen waren schlammig, denn in jenem März regnete es in Albanien oft. Die Mahlzeiten waren gewöhnungsbedürftig: „Das Essen war furchtbar, besonders weil wir nicht an die sehr scharf gewürzte österreichische Küche gewöhnt waren und Joghurt und süße Tomatensuppen hassten!"[22]

Familie Gerechter war weiterhin überzeugt, nur ein paar Monate in Albanien zu verbringen, denn sie hofften auf ein baldiges Visum durch das amerikanische Konsulat in Tirana. Im April 1939 besetzte das faschistische Italien Albanien. Johanna, die noch im Hotel Splendid wohnte, erlebte die Invasion in Durrës anders als die Flüchtlinge in der Kommune.

---

19 Neumann macht bezüglich der Familien im Buch und dem Interview von 1990 unterschiedliche Angaben. USHMM, RG-50.030.0170, Part 2.

20 Ebd.

21 Ebd.

22 Neumann, Umweg über Albanien, S. 34.

In der Hoffnung, sich vor dem Beschuss schützen zu können, rannten die jüdischen Bewohner, die neben den Gerechters und den Meyers aus Familie Weinstein und dem auf Besuch weilenden Walter Mandel bestanden, im Hotel die Treppen hinauf und hinunter.[23] Um zehn Uhr morgens betraten italienische Soldaten das Hotel:

„Sie kümmerten sich sofort um uns, und sogar während noch gekämpft wurde, brachten sie uns aus dem Hotel und in das Gebäude der Banco di Napoli. Sobald wir in der Banco di Napoli waren, begannen die Soldaten uns Essen und Trinken aus ihren eigenen Notrationen anzubieten."

Obwohl Pessach war und es sich um nicht koschere Speisen handelte, aßen alle, außer Alice und Siegbert Gerechter.[24]

Kurz nach der Invasion zogen die Gerechters ins Hotel Metropol, „das noch primitiver als das Splendid war“, wie Johanna sich erinnert.[25] Durch die italienische Besetzung des kleinen Landes veränderte sich alles. Das amerikanische Konsulat in Tirana schloss seine Tore und zog nach Neapel um. Familie Gerechter hatten von einem Tag auf den anderen keine Möglichkeit mehr, ihre Einreise in die USA voranzutreiben, indem sie selbst auf dem Konsulat vorsprachen. Selbst wenn sie nun ein Visum erhalten hätten, es dann in Neapel abzuholen brachte große Hürden mit sich. Im Sommer war das zweite Gemeinschaftshaus endlich instandgesetzt und die beiden Familien konnten zu den anderen Flüchtlingen ziehen. Ähnlich wie der einige Jahre älteren Trude fiel auch der achtjährigen Johanna auf, dass das Zusammenleben oft große Spannungen mit sich brachte, da die Geflohenen aus sehr unterschiedlichen sozialen Verhältnissen stammten.[26]

23 Ebd., S. 35.
24 Ebd., S. 35–36.
25 Ebd., S. 36. Auch Scarlett Epstein schreibt vom desolaten Zustand des Metropol, in: Epstein, Es gibt einen Weg, S. 63.
26 Neumann, Umweg über Albanien, S. 36–37. Siehe Kapitel „Wien-Albanien – der Weg von Trude Grünwald“.

Zusammen mit Johanna waren in dieser Zeit fünf weitere Kinder dort, drei der Meyers und zwei weitere. Sie verbrachten eine unaufgeregte Zeit in diesem ersten Jahr in Albanien, spielten in den Straßen, gingen an den Strand oder unternahmen mit ihren Eltern Erkundungs- und Wandertouren. Dabei entdeckten sie, dass das Land zahlreiche römische Ruinen aufwies.[27] Die Erwachsenen wechselten sich ab, um den Kindern bestimmte Dinge beizubringen: Lesen, Schreiben, Mathematik – oder auch Kunst, Malen und Zeichnen. Dieses „Fach“ unterrichtete Siegbert, der ein begabter Amateurmaler war. Mit der Zeit lernten die Kinder Albanisch und Italienisch, weil sie sich mit albanischen Kindern anfreundeten. Einige besuchten auch die reguläre Schule in Albanien.[28]

27 In Durrës, Apolonia, Butrint und vielen weiteren Orten finden sich zahlreiche Spuren des reichen römischen Erbes in der Region.
28 Neumann, Umweg über Albanien, S. 37.

Johanna Gerechter (in der Mitte mit Schürze) mit anderen Kindern aus Österreich, Deutschland und Albanien kurz nach ihrer Ankunft in in Durrës

Ein großes Problem in Albanien war die Hygiene und drohende Epidemien. Malaria grassierte und es konnten kaum Vorkehrungen gegen Krankheiten getroffen werden, wie sich Johanna Neumann erinnert. Alle wurden mit Malaria infiziert, bei einigen wurde die Krankheit nach dem Krieg chronisch. Das Wasser war verschmutzt, es existierten keine Kläranlagen. Esel brachten sauberes Wasser in Containern aus den Bergen. Doch Johanna Neumann erzählte, dass die Leute aus Mitteleuropa Eis kauften, um damit ihre Getränke zu kühlen. Im Sommer 1939 steckte sich Mutter Alice mit Typhus an, eine zu jener Zeit ebenfalls weit verbreitete Krankheit in der Region. Obwohl sie schwerkrank war, wurde sie erst nach einigen Wochen nach Tirana ins Krankenhaus gebracht.[29] Penicillin und Sulfatmedikamente, die wohl rasch geholfen hätten, waren in Albanien nicht zu kriegen. Traditionellerweise wurden Joghurt und Milch gegen Typhus eingesetzt. Johanna erinnert sich, dass die Flüchtlinge so mit der Zeit begannen, darauf zu achten, was die Albaner aßen und wie sie sich schützten. Joghurt war ein sehr wichtiges Nahrungsmittel, das half, Abwehrstoffe gegen die Krankheit aufzubauen und die Verdauung zu beruhigen. Als Alice nach einem Monat nach Durrës zurückkehrte, war sie sehr schwach, wog nur noch knapp 40 Kilogramm und Tochter Johanna fürchtete von nun an, sie zu verlieren. Beide Eltern erholten sich nie mehr von der Zeit in Albanien während des Zweiten Weltkriegs, wie Johanna schreibt. Sie starben bereits in den 1950er Jahren, Alice an Krebs und Siegbert an einem Herzleiden.[30]

Im Dezember 1939 trennten sich die Wege der Familien Gerechter und Meyer. Letztere gehörten zu den wenigen, die nach Neapel reisen durften, um dort ihre Visa abzuholen. Von dort schafften sie die Weiterfahrt in die USA.[31] Als Meyers abgereist waren, blieb Johanna als Spielgefährtin nur ein kleines Mädchen, das Halbjüdin war. Die Mutter, eine Christin, war ihrem jüdischen Ehemann, einem Österreicher, nach Albanien gefolgt. Obwohl Johanna keine Zahlen nennen kann, erinnert sie sich, dass es in diesem Winter weiterhin einige jüdische Familien in Durrës gab. Die kleine Flüchtlingsgemeinschaft zählte noch etwa 25 Personen und konnten sich die zwei Herbergen, die sie angemietet hatten, nicht mehr leisten, da sie zu teuer wurden. Nun zogen die Familien in kleine Häuschen an den Strand. Diese wurden von reicheren Albanern in den Städten als Sommerhäuser genutzt. Nun im Winter waren sie aber bereit, diese zu vermieten.

29 Solche Epidemien hatten in der Region bereits während der Balkankriege 1912/13 und dem Ersten Weltkrieg zahlreiche Todesopfer in den Reihen der Soldaten, aber auch unter den Zivilpersonen gefordert.
30 Interview Neumann, USHMM, RG-50.030.0170, Part 2.
31 Ebd.

Den Winter am Strand zu verbringen, war für die Kinder eine schöne Zeit. Überschattet wurde diese jedoch durch einen Vorfall mit einem Holzkohleofen. In einer besonders kalten Nacht hatten ihn Gerechters nicht wie üblich nach draußen gestellt. Nur knapp entgingen sie dem Tod durch eine Kohlenmonoxidvergiftung.[32]

Am 8. Mai 1940 meldete sich das amerikanische Konsulat in Neapel. Die Ausreisevisa für die Gerechters lagen bereit. Die Eltern Gerechter versuchten über die dafür zuständigen albanisch-italienischen Ministerien ein Einreisevisum nach Italien zu kriegen, doch in der Zwischenzeit hatte der Achsenpartner Deutschland Italien angewiesen, keine jüdischen Flüchtlinge mehr nach Italien einreisen zu lassen. Jetzt war die Familie endgültig in Albanien gestrandet. In ihrer Verzweiflung brauchten Alice und Siegbert Gerechter ihr letztes Geld auf, um zwischen Durrës und Tirana hin- und her zu fahren und keine Möglichkeit ungenutzt zu lassen, doch noch nach Italien zu gelangen. Sie suchten jeden auf, von dem sie dachten, er könne eine Einreisebewilligung nach Italien beschaffen. Sogar dem italienischen Generalstatthalter Jacomoni stattete Siegbert einen Besuch ab und wäre dabei fast von einer Wache festgenommen worden. Doch Jacomoni griff ein. „Lasst den Herrn zu mir. Was möchte er?", fragte der oberste italienische Faschist im Land. Johanna Gerechter betonte, dass es viele italienische Vertreter, einschließlich Jacomoni, gab, die „zuvorkommend und naiv" alles versuchten, um ihnen eine Weiterreise zu ermöglichen. Doch alle Versuche waren vergeblich.[33]

Als der Sommer kam, waren Gerechters gezwungen, mehrmals das Haus zu wechseln, denn nun wollten die Albaner aus der Stadt ihr Strandhaus wieder selbst bewohnen. Schließlich zogen sie auf die andere Seite der großen Straße, die nach Durrës führte, in das Haus eines wohlhabenden Italieners. In dieser Zeit zeigten sich am Horizont aber bereits die nächsten dunklen Wolken. Italien bereitete von Albanien aus den Angriff auf Griechenland vor. Durch die erhöhte Militärpräsenz und die geplante bevorstehende Invasion wurde Durrës zum strategisch wichtigen Ort erklärt, an welchem Flüchtlinge, „nicht gewollte Feind-Ausländer",[34] nicht mehr geduldet waren. Die Familie Gerechter wurde im Herbst 1940 zusammen mit anderen jüdischen Familien ins Landesinnere deportiert.

---

32 Neumann, Umweg über Albanien, S. 39.

33 Interview Neumann, USHMM, RG-50.030.0170, Part 2.

34 Ebd.

Sie kamen in die kleine Stadt Berat.[35] Berat galt als perfekte Stadt für Internierungen, da sie in einer Talsohle liegt und nur über wenige Pässe erreichbar ist, die sich einfach bewachen lassen.[36] Schon kurz darauf begann der italienische Angriff auf Griechenland. Die Koordination der nach Berat deportierten Flüchtlinge übergaben die Italiener in dieser Zeit lokalen albanischen Vertretern. Diese brachten die jüdischen Familien in Berat unter und gaben ihnen einen gewissen Betrag für das tägliche Überleben. Wie sich Johanna Neumann erinnerte, reichte dieses Geld aber nicht aus. Längst in Berat, kam vier, fünf Monate später auch die Antwort des Generalstatthalters Jacomoni. Von zwei Carabinieri ließ er Siegbert persönlich die Nachricht überbringen, dass er es zutiefst bedaure, der Familie Gerechter nicht weiterhelfen zu können, da jüdische Flüchtlinge nicht mehr nach Italien einreisen dürften.[37]

Die Familie kam in einem alten türkischen Viertel unter, in einem Gebäudekomplex, der früher als Harem gedient hatte. Es war ein riesiges Haus mit einer sehr großen Halle und einer riesigen und sehr primitiven Küche, erklärte Neumann später. Zahlreiche Ratten und Mäuse spazierten herum und ein Badezimmer, wie es Johanna aus Hamburg gekannt hatte, gab es nicht. Viele Fensterschreiben waren zerbrochen und Gerechters versuchten, sich mit Tüchern in den Fensterrahmen vor dem nun hereinbrechenden Winter zu schützen.[38] Die kleine Johanna fand die neue Umgebung aufregend. Sie spielte im großen Garten, in dem Granatapfelbäume standen. Eine Hündin hatte im Keller des Hauses drei Junge. Die Hündin wurde verjagt und zwei der jungen Hunde wohl getötet. Doch eines der Welpen durfte Johanna behalten. Obwohl es ein Weibchen war, taufte sie es „piccolo“ (der Kleine). Sie zogen das nur wenige Wochen alte Tier mit einer Puppentrinkflasche auf und teilten mit ihm die wenige Nahrung, die sie hatten. Die kleine „Piccolo“ wurde Johannas beste Freundin und der Mittelpunkt ihres Lebens in Albanien.[39]

35 Ebd. Siehe hierzu auch: Polizeipräsidium in Berat an die Generaldirektion der Polizei, „Ausländische Juden mit Wohnsitz in Albanien, die der Provinz Berat zugewiesen sind“ (Ebrei stranieri residenti in Albania assegnati alla provincia di Berat), 13.8.1940, A.Q.SH., F. 153, V. 1940, D. 79, Bl. 151, 154.

36 In Berat wurden nach dem Wechsel von der italienischen zu deutschen Besatzung zahlreiche Jüdinnen und Juden versteckt.

37 Neumann, Umweg über Albanien, S. 45.

38 Berat liegt im Landesinneren. Im Gegensatz zu den Städten an der Adria, wie Durrës, sind hier die Wintermonate wesentlich kälter, die Temperatur liegt meist knapp über dem Gefrierpunkt.

39 Neumann, Umweg über Albanien, S. 43–44.

**Piccolo, der kleine Findelhund
und Johannas Freund**

Der Hunger war für alle Flüchtlinge ein großes Problem, denn die albanische Regierung zahlte den Flüchtlingen nur vier bis fünf Lekë pro Tag. Damit konnte nicht genügend Nahrung gekauft werden. Zweimal schafften es die Verwandten aus den USA, Geld zu schicken, das den Gerechters über eine italienische Bank oder das Rote Kreuz überwiesen wurde.
Um das Familienbudget aufzubessern, begann Siegbert Gerechter für die albanischen Geschäfte farbige Ladenschilder zu malen. Die Schilder kamen gut an und so konnte sich Familie Gerechter eine Weile über Wasser halten. In der Zeit aber, als das Essen sehr knapp war und Gerechters Hunger litten, lud sie eine albanische muslimische Familie zum Ramadan-Fest am Ende der Fastenzeit ein. Sie nahmen sie mit in die Moschee und behandelten sie als ihre Gäste. Später ließen sie Essen zur Wohnung der Gerechters bringen.[40]

Der Krieg in und um Griechenland war weiterhin in vollem Gange und Berat lag nah genug an der Frontlinie, so dass sie in der Nacht das Artilleriefeuer sehen konnten. Dann wurde das Quartier, in dem die Familie wohnte, bombardiert, denn auf dem Höhenzug über der Stadt hatten die Italiener eine Fliegerabwehrkanone aufgebaut.[41] Johanna war an diesem Tag krank. Alice hatte sich auf den Weg ins Stadtzentrum gemacht, um Brot zu kaufen. Als Siegbert die fünf bis sieben britischen Flugzeuge am Himmel erkannte, war es schon zu spät. Die Bomben fielen, nirgends gab es irgendwelche Schutzvorrichtungen oder Bunker. Angriffsziel war auch das Quartier, in dem Gerechters lebten, denn nahe ihrer Wohnung befand sich eine Moschee, die von den Italienern als Munitionslager genutzt wurde. Die Familie floh in ein fensterloses Steingebäude mit dicken Mauern, in dem die Muslime ihre Toten wuschen. Mehrmals täglich bombardierten nun britische Flieger die Stadt. Die Gerechters rannten hin und her, konnten sich nicht mehr umziehen und nicht mehr schlafen.[42]

Um den Durchhaltewillen der Bevölkerung zu stärken, kamen italienische Würdenträger in die Stadt und hielten Ansprachen. Alice Gerechter trat auf einen der Italiener zu und bat ihn darum, ihr eine Bewilligung auszustellen, um in die nächste Stadt, Lushnja,[43] umziehen zu dürfen.

40 Interview Neumann, 6.3.1990, USHMM, RG-50.030.0170, Part 2.

41 Neumann, Umweg über Albanien, S. 44.

42 Interview Neumann, USHMM, RG-50.030.0170, Part 2.

43 Auch nach Lushnja waren jüdische Flüchtlinge aus der Küstenregion deportiert worden.

Sie erklärte ihm, dass sie ein noch kleines Kind hatte und die täglichen Angriffe auf Berat zermürbend waren. Er antwortete ihr, dass sie am Montagmorgen nach Tirana kommen solle und er ihr dort eine Umzugserlaubnis ausstellen würde. Sie ging nach Tirana und kam mit der Erlaubnis zurück.[44]

Der italienische Griechenlandfeldzug vom Herbst/Winter 1940/41 misslang. Im folgenden Sommer versuchten Gerechters nach Athen zu gelangen, um dort über das amerikanische Konsulat doch noch an ein Visum zu kommen. Doch die Vertreter in Athen schienen eine antisemitische Haltung zu haben. Auch der Versuch, nach Istanbul zu reisen, scheiterte.[45] Mit dem deutsch-italienischen Angriff auf Jugoslawien und Griechenland im April 1941 schlossen sich für die Gerechters die letzten hoffnungsvollen Türen für eine Weiterreise in die USA.[46] Denn nach der Kapitulation der beiden Staaten wurde nun nicht nur Jugoslawien zerschlagen, sondern auch Griechenland besetzt und unter den Achsenmächten aufgeteilt. Für die Familie Gerechter hieß das, dass die Deutschen ein gutes Stück näher gerückt waren. Sie landeten auf Kreta und mischten sich zunehmend in die italienische Griechenlandpolitik ein.[47]

Nachdem der Krieg gegen Griechenland vorbei war, erhielt die Familie Gerechter im Juni/Juli 1941 die Erlaubnis, nach Durrës zurückzukehren. Doch Johanna und ihre Mutter hatten sich in Berat mit Malaria angesteckt. Insbesondere für Alice Gerechter stellte das eine große Gefahr dar, da sie sich erst kürzlich von ihrer Typhuserkrankung erholt hatte. Die Situation hatte sich aber verändert. Die Verwandten waren nicht mehr in der Lage, Geld aus den USA zu schicken, das JDC konnte die jüdischen Flüchtlinge in Albanien nicht mehr unterstützen, und die albanische Regierung war nicht mehr verantwortlich für die jüdischen Flüchtlinge, da sie Berat verließen. Konkret hieß das, ohne die wenigen Lekë, die der albanische Staat ihnen hatten zukommen lassen, leben zu müssen.

44 Neumann, Umweg über Albanien, S. 46–47.
45 Interview Neumann, USHMM, RG-50.030.0170, Part 2.
46 Allerdings findet sich in albanischen Akten noch in den Sommermonaten 1941 eine Korrespondenz zwischen dem italienischen Außenministerium in Rom und dem Albanischen Roten Kreuz zu den Ausreisewünschen der Gerechters in die USA, 28.5.1941/5.7.1941, A.Q.SH., F 161, V. 1941, D. 759/1, Bl. 82, 83, 161–163.
47 Siehe dazu ausführlich Paolo Fonzi, Fame di guerra. L'occupazione italiana della Grecia (1941–1943), Rom 2019.

Schließlich fanden sie nahe Durrës, bei Shkozet, eine kleine Wohnung, eher ein Zimmer in einer kleinen Hütte. Sie wohnten auf der Vorderseite, der Bauer auf der Rückseite des Hauses. Die kleine Farm lag etwa zwei Kilometer von der großen Straße auf der anderen Seite des Strands entfernt.[48]

Zu dieser Zeit dienten viele Italiener, die entweder Antifaschisten oder aber durch frühere Kriegserfahrungen kriegsmüde waren,[49] als Lastwagenfahrer in Albanien. Auch italienische Juden fanden sich unter ihnen.[50] Sie transportierten alle mögliche Waren, die sie zu den in Albanien stationierten Soldaten brachten. Dadurch, dass Albanien ein „Land ohne Eisenbahn"[51] war, mussten zusätzliche Nahrung oder Holzkohle mit den Lastwagen zu den Militärstützpunkten transportiert werden. In dieser Phase konnten die Albaner ihre Strandhäuser nicht mehr an jüdische Familien vermieten, denn viele dieser Sommerhäuser waren von den Italienern beschlagnahmt und an die Lastwagenfahrer vermietet worden. Viele von ihnen reisten sogar mit ihren Familien an, um – wie sie dachten – die Dauer des Krieges in Albanien zu verbringen.

Die Eltern Gerechter konnten zu diesem Zeitpunkt, im Sommer 1941, keine Arbeitsbewilligung mehr erhalten. Siegbert kehrte zu seinem Geschäft mit den Ladenschildern zurück. Doch er konnte so nicht genug Geld verdienen. Auf dem kleinen Hof wohnte noch ein anderes jüdisches Paar, Walter und Finny Mandel. Die zwei Familien hatten sich bereits in der ersten Zeit in Durrës, 1939 bis 1940, angefreundet. Nun beschlossen die beiden Frauen, für die italienischen Lastwagenfahrer Wäsche zu waschen, um genügend Geld für Nahrung zu verdienen. Die Männer halfen beim Waschen, die Frauen bügelten. Johannas Aufgabe war es, bei der Quelle genügend Wasser bereitzustellen, was gerade im Sommer einige Stunden dauern konnte.[52]

Ihr Hund „Piccolo" leistete Johanna Gesellschaft, und die einzige Gefahr in jener Zeit schienen ihr die Schlangen zu sein. Johanna hatte über die vergangenen zwei Jahre immer wieder von verschiedenen Personen Schulunterricht erhalten. So auch in Berat und Lushnja, wo Erwachsenen anderer Flüchtlingsfamilien sie unterrichtet hatten.

48 Neumann, Umweg über Albanien, S. 49.
49 Etwa im Abessinienkrieg. Siehe Giulia Brogini: Italien und der Abessinienkrieg 1935/36. Kolonialkrieg oder Totaler Krieg?, Paderborn 2006.
50 Neumann, Umweg über Albanien, S. 48.
51 Interview Neumann, USHMM, RG-50.030.0170, Part 3. Die spärlichen Transportmöglichkeiten und die Absenz einer Eisenbahn fiel kurz darauf auch den deutschen Besatzern auf: Bericht Oberregierungsrat Meißner „Einsatz des Wetterdienstes in Albanien vom 25.9.1943–21.5.1944", BArchF, RL 2-IV/236, S. 7f.
52 Neumann, Umweg über Albanien, S. 49.

Daneben las sie viel – insbesondere auf Deutsch und Italienisch. Ihren Lesehunger stillte das Mädchen mit allem, was ihr in die Finger kam. Alice fand schließlich eine italienische Nachmittagsschule, die von Nonnen geführt wurde. Dort meldete sie Johanna an. Sie lernte Italienisch lesen und schreiben. Johanna erinnert sich, dass die Nonnen sehr nett zu ihr waren. Sie wussten, dass sie ein jüdisches Kind war und es gab in der Klasse neben katholischen auch muslimische Kinder. Für ein Jahr, zwischen Sommer 1942 und Sommer 1943, lebte Johanna fast ein ganz normales Leben. Sie ging nun auch am Morgen zu Schule und trug eine Schuluniform, wie alle anderen albanischen Kinder auch. Johanna ging so gerne zu Schule, dass sie jeden Morgen darum trauerte, dass bereits wieder ein Tag vorüber war und somit ein Tag weniger Schule blieb bis zu den großen Sommerferien.[53]

In diesen Jahren versuchten Gerechters so gut es ging, ihre Religion zu praktizieren. Einige Dinge wie der Schabbat oder andere Feiertage konnten zwar eingehalten werden, das koschere Essen jedoch nicht. Zwar wurde auf Schweinefleisch verzichtet, aber sonst waren die Nahrungsmittel bereits so knapp, dass keine Wahl blieb.[54] Doch bald kamen größere Sorgen. Bereits im Sommer 1941, aber auch in nachfolgenden Monaten bis 1942, kamen zahlreiche jugoslawischer Jüdinnen und Juden über die Grenze nach Albanien. Johanna erinnerte sich, dass ein Flüchtlingstrupp mit etwa hundert Flüchtlingen bei Pičina [Voda?] im Februar 1942 die Grenze zum italienisch besetzten Kosovo überquerte. Die albanischen Behörden ließen sie passieren. Zur gleichen Zeit hörte die Familie in der Nacht vom 13. Februar 1942, wie zwei italienische Soldaten versuchten, in ihre Wohnung einzubrechen. „Piccolo" sprang aus dem Fenster und vertrieb die Soldaten, denn diese fürchteten Hundebisse und die mögliche Erkrankung mit Tollwut. Am nächsten Tag informierten die Gerechters einen Offizier des nahe gelegenen Militärcamps über den Vorfall. Dieser nahm die Meldung ernst und organisierte eine Gegenüberstellung, bei welcher die Gerechters die Täter identifizieren sollten. Da sie aber diese nur im Dunkeln gesehen hatten, war eine Identifikation schwierig. Doch die Soldaten kamen nie mehr in die Nähe des Hauses.[55]

53 Ebd., S. 50–51.

54 Interview Neumann, USHMM, RG-50.030.0170, Part 3.

55 Neumann, Umweg über Albanien, S. 54–55.

Der Vermieter handelte rasch. Er hielt nun seinen Schäferhund beim Haus und fütterte ihn anständig und schlug ein Loch zwischen seine Wohnung und diejenige der Gerechters, um so einen kleinen Zwischenraum zu konstruieren, der bei einem nochmaligen ähnlichen Vorfall als Versteck dienen könnte.[56] In der Zwischenzeit zog die Familie des italienischen Lastwagenfahrers Enrico Casaleggio in das Haus ein und übernahm die Wohnung der Mandels.

In dieser Zeit freundeten sich die Gerechters mit der albanisch-deutschen Familie Pilku an. Njazi Pilku war ein staatlich angestellter Bauingenieur. Er lebte mit seiner Frau Liza Pilku, die mit ursprünglichem Name Liselotte Böt[t]ge hieß,[57] und seinen beiden kleinen Söhnen Edip und Luan in Durrës. Liza war Deutsche. Njazi hatte sie bei seinem Studium in Deutschland kennengelernt.[58] Liza war zum Islam konvertiert und erzog ihre beiden Söhne nach islamischen Glauben. Sie selbst stammte aus Braunschweig[59] und war eine überzeugte Anhängerin Hitlers. In ihrem Wohnzimmer hing ein koloriertes Bild mit seinem Porträt. Sie liebte es, Alice und Johanna von geheimen Treffen von Hitleranhängern und Hitler selbst im Keller ihres Elternhauses zu erzählen, als der Nationalsozialismus noch verboten war. Doch gleichzeitig war sie ein Mensch, die der jüdischen Flüchtlingsfamilie Essen auf den kleinen Bauernhof brachte, wo sie lebten. Liza Pilku lud die jüdischen Gerechters auch zu ihrer Weihnachtsfeier und dem Osterfest ein.[60]

Als die Gerechters im Herbst 1942 nach Kavaja fuhren, um an einem von jugoslawischen Jüdinnen und Juden organisierten Gottesdienst teilzunehmen, erfuhren sie zum ersten Mal von den schrecklichen Gewalttaten, die die Deutschen in Südosteuropa seit dem Balkanfeldzug von 1941 begangen hatten.

---

56 Interview Neumann, USHMM, RG-50.030.0170, Part 3.

57 Neumann-Gerechter, Umweg über Albanien, S. 121.

58 Da es in jener Zeit in Albanien keine Universität gab, schickten die Eliten des Landes ihre Kinder zum Studium ins Ausland. Bis zum Ersten Weltkrieg war dies oft Istanbul oder eine andere Universitätsstadt im Osmanischen Reich. Nach dem Ersten Weltkrieg studierten viele Albaner in Italien, Österreich oder auch in deutschen Städten. Schmidt-Neke, Albanien, S. 262.

59 Braunschweig: Erste Stadt, in welcher Nationalsozialisten in der Regierung vertreten waren.

60 Interview Neumann, USHMM, RG-50.030.0170, Part 3. Siehe auch Bericht Neumann an Yad Vashem, 24.9.1995, Yad Vashem, M.31.2/7410.

Frauen erzählten von Ehemännern, Vätern und Söhnen, die in nahe gelegene Wälder gebracht und dort erschossen worden waren. Die Überlebenden fragten die Gerechters nach ihren Erfahrungen, und sie erzählten von der Kristallnacht, in der sie das Glück gehabt hatten, nicht verhaftet worden zu sein.[61]

Im Sommer 1943 kam es zu einem Zwischenfall. Die Eltern Gerechter gingen den Strand entlang und trafen dort auf den, wie Johanna Neumann betont, „einzigen bösartigen Polizeihauptmann".[62] Er erkannte die beiden, hieß den Fahrer seinen Wagen anhalten und sie verhaften, denn er war der Meinung, sie würden sich unerlaubt in Durrës aufhalten, und wollte sie zurück nach Berat oder Lushnja deportieren lassen. Sie kamen ins örtliche Gefängnis. Die einzige Möglichkeit, die sie hatten, um Hilfe zu holen, war der Ingenieur Niajzi Pilku. Liza machte sich gleichzeitig auf den Weg, um Johanna zu sich zu holen, die alleine zu Hause war und auf ihre Eltern wartete. In der Zwischenzeit waren Alice und Siegbert im Gefängnis ohne jegliche Albanischkenntnisse und eingesperrt in Zellen, in denen die Inhaftierten in der Nacht das spärliche Brot an die Ratten verfütterten, damit diese sie nicht attackierten. Pilku erreichte nach vier Tagen durch seine Beziehungen die Entlassung der Gerechters aus dem Gefängnis.[63]

Schließlich verging auch der Sommer 1943. Im September besetzten deutsche Truppen Albanien, nachdem Italien kapituliert hatte. Trotz mangelnder Kollaborationsbereitschaft seitens der albanischen Regierung intensivierten die Deutschen die Suche nach jüdischen Menschen; insbesondere nach ausländischen Jüdinnen und Juden. Nur wenige Tage nach der deutschen Besetzung besuchte Njazi Pilku Siegbert Gerechter und erklärte ihm, dass er ihn in ein kleines Städtchen im Norden bringen würde, um ihn zu verstecken. Es handelte sich um das bereits erwähnte Kruja. Pilku hatte dort Bauarbeiten anzuleiten. Vor Ort gab er Siegbert als seinen Assistenten aus. Doch da dieser kaum Italienisch und noch weniger Albanisch sprach, war für ihn die Arbeit vor Ort eine Tortur.[64] Einen Monat lang versteckte er sich bei einem mit den Pilkus befreundeten Bauern in Kruja.[65] Siegbert war in Kruja sehr einsam, die Sprachbarriere ermöglichte es ihm nicht, mit dem Bauern zu sprechen und Njazi kam nur selten dorthin.

61 Neumann, Umweg über Albanien, S. 58.
62 Interview Neumann, USHMM, RG-50.030.0170, Part 3.
63 Ebd.
64 Ebd.
65 Bericht Neumann, Yad Vashem, M.31.2/7410.

Gleichzeitig hatten sich jugoslawische jüdische Flüchtlinge ebenfalls bei einer Familie in Kruja versteckt, die über diesen deutsch aussehenden fremden Mann mit Baskenmütze dachten, er wäre in das Städtchen gekommen, um nach Juden zu suchen. Diese Geschichte erfuhren die Gerechters erst, als sie nach dem Krieg in Tirana auf das Paar stießen und dieses ihnen von diesem falschen Verdacht erzählten, der die beiden in Angst und Schrecken versetzt hatte.[66]

Trotz ihrer Begeisterung für Hitler und den Nationalsozialismus lud Liza Pilku die beiden Jüdinnen Alice und Johanna nach dem Einmarsch der Deutschen ein, in ihr Haus umzuziehen. Sie gab das Mädchen und die Frau als Verwandte aus Deutschland aus. Damit setzte sie sich und ihre Familie einem hohen Risiko aus. Liza beschäftigte ihre Gäste mit Arbeiten in Haus und Garten und versorgte sie mit allem, was sie brauchten. Gleichzeitig unterhielt sie regen Kontakt zur kleinen deutschen Gemeinschaft in Albanien. Bisher hatte man sich zu Partys und Feierlichkeiten gegenseitig eingeladen, auch wenn die politischen Ansichten auseinandergingen. Doch Lizas Begeisterung für das Dritte Reich war weithin bekannt. Hin und wieder gab es denkwürdige Begegnungen im Hause Pilku, wenn deutsche Wehrmachtoffiziere und Vertreter des SD, der SS oder der Waffen-SS zu Besuch kamen.

Durch ihren Vater, der seit frühester Stunde ein NS-Befürworter gewesen war und Hitler sogar in seinem Haus in Braunschweig beherbergt hatte, war Liza für die in Albanien stationierten Deutschen eine beliebte Anlaufstelle. Für Alice Gerechter, die sich nun Richter nannte, war die Anwesenheit der Deutschen nur schwer erträglich. Einmal sagte ein hochrangiger SS-Offizier, der oft zu Besuch kam und überzeugter Antisemit war, zu Alice, dass er einen Kommunisten oder Juden auf der Stelle erschießen würde. Dass es der Offizier sehr ernst meinte mit seiner Drohung, offenbarte sich nur wenige Tage später. Er warf eine Handgranate in einen Transport mit gefangenen italienischen Soldaten, die er nun als seine Feinde sah.[67]

---

66 Interview Neumann, USHMM, RG-50.030.0170, Part 3. Dabei könnte es sich um die Mandils oder die Ben-Yosifs gehandelt haben, welche sich bei den Veselis in Kruja versteckten. Siehe Kapitel „Die Leidenschaft für die Fotografie rettet die Familie Mandil“ und „Yosef Ben-Yosif kommt ins Kleidergeschäft von Hamid Veseli“.
67 Neumann, Umweg über Albanien, S. 64–65.

Johanna und Alice Gerechter (2. u. 3. v.l.)
in Albanien mit ihrer Retterfamilie Luan Pilku
und Liza Pilku (4. u. 5. v.l.)

Siegbert ging es, getrennt von seiner Familie und ohne die nötigen Sprachkenntnisse, zunehmend schlechter. Aus Stress entwickelte er Erblindungserscheinungen und entschied gemeinsam mit Njazi Piku, trotz der Gefahr, nach Durrës zurückzukehren. Doch in ihr altes Zuhause konnten die Familie nicht mehr, in der Nähe hatte ein Trupp deutscher Soldaten ein Lager errichtet. Da alle in Shkozet wussten, dass sie jüdische Flüchtlinge waren, fürchteten sie, verraten zu werden. So mieteten sie wieder ein kleines Holzhaus am Strand von Durrës. Bei Nacht gingen sie in die alte Wohnung und nahmen ihre wenigen Habseligkeiten mit.[68]

Seit der deutschen Übernahme Albaniens im September 1943 schien es von deutschen Soldaten nur so zu wimmeln. Zahlreich waren sie in der Küstenregion stationiert worden, denn das deutsche Oberkommando fürchtete eine Landung der Alliierten an der Adriaküste. Durrës war somit wieder ins Zentrum militärisch-strategischer Überlegungen gerückt und es machte sich das Gerücht breit, dass die Wehrmacht das umliegende Gelände verminen würde.[69]

Eines Tages hörte Njazi Pilku, dass eine Gruppe jüdischer Flüchtlinge ein Ruderboot gebaut hätte.[70] Es waren Flüchtlinge, die aus dem ehemaligen Jugoslawien nach Albanien geflohen waren. Sie fürchteten die Deutschen so sehr, dass sie aufs offene Meer rudern wollten. Dort würden sie dann den Außenbordmotor einschalten. Auf diese Weise wollten sie die Adria überqueren und in Bari oder Brindisi an Land gehen. Es ist nicht bekannt, wie viele Boote es bis nach Italien geschafft haben. Denn obwohl die Meerenge zwischen Albanien und Italien, die Straße von Otranto, nur rund 40 Kilometer misst, kann es gerade im Herbst, Winter und Frühjahr zu Stürmen kommen, die ein selbstgebautes Boot nur schwer überstehen konnte.

68 Interview Neumann, USHMM, RG-50.030.0170, Part 3.

69 Ebd.

70 Nach „Voices on Antisemitism", 23.10.2008: https://www.ushmm.org/antisemitism/podcast/voices-on-antisemitism/johanna-neumann. (Stand: 2.1.2025). Bei Irene Grünbaum findet sich hierzu die Version eines gemieteten Boots. Grünbaum, Escape, S. 89–90, 91–92.

Die größte Schwierigkeit stellte aber für die Fliehenden das Ablegen vom Strand oder von Küste dar. Da eine allliierte Landung in diesem Teil des adriatischen Meers von den Deutschen erwartet wurde, galt der Bewachung der Küstenregion besondere Aufmerksamkeit. Unbemerkt von der Küste loszufahren stellte daher ein gefährliches Unternehmen dar und war nur zu wagen, wenn der Mond nicht schien, denn dieser hätte zu viel Licht auf das Wasser geworfen.[71] Um die 100 Passagiere, Kinder, Frauen und Männer, stiegen in einer mondleeren Nacht lautlos in das Boot ein: „Alles geschah in völliger Stille und tiefer Dunkelheit."[72]

Liza Pilku wollte helfen und hatte eine Idee „Wir werden einen Spaziergang am Strand entlang machen, und wenn wir deutsche Soldaten treffen, werden wir sie in ein Gespräch verwickeln und sie gegebenenfalls auf eine Tasse Kaffee zu uns nach Hause einladen."[73] Da jeder wusste, dass die Familie Pilku gegenüber den Besatzern positiv eingestellt war, würde niemand den Trick bemerken. Johanna Gerechter erinnerte sich, dass sie Liza mehrere Abende lang begleitete, um deutsche Soldaten am Strand in ein Gespräch zu verwickeln und sie davon abzulenken, die auf Booten fliehenden Jüdinnen und Juden zu entdecken.[74] Für Johanna war es auch viele Jahre nach dem Krieg noch schwer vorstellbar, wie ihre Retterin Frau Pilku einerseits eine begeisterte Nationalsozialistin, andererseits aber voller Hilfsbereitschaft für jüdische Flüchtlinge sein konnte. Sie erklärte sich diese zwiespältige Haltung damit, dass Liza Pilku einerseits Deutschland nach dem Ersten Weltkrieg erlebt hatte, prekäre Zeiten, hohe Arbeitslosigkeit, hungernde Menschen. Auf der anderen Seite hatte sie den Aufstieg Hitlers in ihrem engsten Familienkreis mitverfolgt und war fest davon überzeugt, dass dieser Mann all die Probleme, welche durch die Niederlage im Ersten Weltkrieg für Deutschland entstanden waren, beheben und den Ruhm Deutschlands zurückbringen könnte.[75]

In dieser Zeit nahm die Partisanentätigkeit in Albanien rasch zu. Viele Albaner, vor allem junge, gingen in den Untergrund und flohen zu den Partisanengruppen in den Bergen. Auch ehemalige italienische Soldaten schlossen sich ihnen an.[76]

71 Interview Neumann, USHMM, RG-50.030.0170, Part 3.
72 Neumann, Umweg über Albanien, S. 68.
73 Nach „Voices on Antisemitism", 23.10.2008: https://www.ushmm.org/antisemitism/podcast/voices-on-antisemitism/johanna-neumann (Stand: 2.1.2025).
74 Neumann, Umweg über Albanien, S. 68.
75 Nach „Voices on Antisemitism", 23.10.2008: https://www.ushmm.org/antisemitism/podcast/voices-on-antisemitism/johanna-neumann (Stand: 2.1.2025).
76 Unter anderem die gesamte 41. Infanterie-Division „Firenze".

Dies führte dazu, dass die Deutschen vermehrt Jagd auf Partisanen machten. Es war die Zeit von Rosch ha-Schana und Jom Kippur im Oktober 1943. Die Gerechters lebten nun wieder in einem kleinen Sommerhaus direkt am Strand. Bewohnt wurde es nicht nur von Familie Gerechter, sondern noch von einer zweiten deutsche Familie. Es hatte zwei Schlafzimmer und eine kleine Küche. Von der Veranda führten ein paar Stufen in den Sand. Sanitäre Einrichtungen existierten keine, nur ein Plumpsklo gab es auf der Rückseite des Hauses. Familie Gerechter war gewarnt worden, dass sie so wenig wie möglich daheim bleiben sollten, denn die deutschen Besatzer würden auf jeden Fall früher oder später auch bei ihnen vorbeikommen. Die Familie nahm die Warnung ernst. Sie machten ausgedehnte Spaziergänge und besuchten oft andere Einwandererfamilien. Manchmal gingen alle zusammen an einen weiteren Ort, damit sie auch im Haus der anderen Familie nicht gefunden werden konnten.[77]

Drei oder vier Tage nach Jom Kippur fegte Alice Gerechter die Eingangstreppe der kleinen Holzhütte. Es war zwischen sieben und acht Uhr morgens. Plötzlich tauchte ein deutscher Offizier mit ein paar Soldaten auf und sagte: „Ich suche euch schon seit mehreren Tagen, aber ich finde euch nie zu Hause." Alice war so geistesgegenwärtig, die Tür von Siegberts Zimmer zu verschließen und den Schlüssel herauszunehmen. Er befand sich noch im oberen Stockwerk und war gerade dabei, aufzustehen.
Der Offizier erzählte ihr, dass er bereits vor zwei Tagen hergekommen sei, denn er habe gehört, dass die Gerechters eine so charmante deutsche Familie und gastfreundlich wären. Er erzählte weiter und freute sich sichtlich darüber, die ihm empfohlene deutsche Familie endlich gefunden zu haben. Als er nach Siegbert fragte, versicherte ihm Alice, dass dieser nach Tirana gefahren sei, um nach einer geeigneten Wohnung zu suchen. Denn auf Ende November 1944 mussten alle Ausländer erneut Durrës verlassen, da die Stadt mit ihrem Hafen erneut als militärstrategisch wichtiger Ort eingestuft worden war.[78] Siegbert saß oben bewegungslos auf dem Bett und wagte nicht, den Koffer mit seinen Gebetsbüchern unter dem Bett hervor zu holen und zu verstecken, denn in dem Holzhaus war jede noch so kleine Bewegung gut zu hören.[79]

Der deutsche Offizier aber blieb und fragte Alice, ob es ihr etwas ausmachen würde, wenn er in ihrem Zuhause für diesen Tag sein Hauptquartier einrichtete.

---

77 Interview Neumann, USHMM, RG-50.030.0170, Part 3.

78 Zaugg, Albanische Muslime, S. 92.

79 Interview Neumann, USHMM, RG-50.030.0170, Part 3.

Alice kochte den ganzen Tag Kaffee und brachte Erfrischungen, um die Soldaten abzulenken. Siegbert saß während der fünf, sechs Stunden regungslos auf seinem Bett. Johanna hingegen wurde am Nachmittag von den Soldaten mit auf einen Spaziergang genommen. Sie machten Fotos zusammen mit diesem kleinen „typisch germanisch aussehenden" Mädchen und warfen Handgranaten ins Wasser, um Johanna zu zeigen, wie alle Fische starben.[80] Als sich der Tag zu Ende neigte, versprach der Offizier, in ein paar Tagen wiederzukommen, um auch den netten deutschen Ehemann kennenzulernen. Gerechters waren erleichtert, dass sich bald darauf eine Gelegenheit ergab, nach Tirana umzuziehen. Drei italienische Lastwagenfahrer ließen sie bei sich in der Wohnung einziehen. Mit einem der Lastwagenfahrer, Alessandro Guiducci, waren sie seit längerem eng befreundet. Sie beschlossen, dass er und seine zwei Neffen für die Miete aufkommen würden und Alice für sie kochte und putzte.[81]

Johanna Neumann erinnerte sich, dass nun, in diesem Herbst 1943, die schlimmste Zeit ihres Aufenthalts in Albanien begann. Aus ihrer Perspektive hatten die Deutschen Albanien völlig unter Kontrolle. Wenn das – historisch gesehen – auch nicht ganz stimmt, kann doch bestätigt werden, dass es den Deutschen im Winter 1943/44 gelang, mit pro-deutschen Kollaborateuren ein dichtes Netzwerk aus Informanten und Handlangern aufzubauen. Es gab unterschiedliche kollaborierende Gruppen. So arbeiteten auch Teile der Dachorganisation Balli Kombëtar (Nationale Front) mit den deutschen Besatzern zusammen. Außerdem stellten deutsche Vertreter wie der Höhere SS- und Polizeiführer Albanien, Josef Fitzthum, und August Schmidhuber seit März 1944 eine lokale Waffen-SS Division auf. Johanna konstatierte im Interview:

> **„Wie immer haben sie ihre Drecksarbeit nicht selbst gemacht. […] Hier nannte man sie die Ballistas [Balli Kombëtar], eine Gruppe von Raufbolden, die sich entschlossen, auf die deutsche Seite zu gehen, Albaner, die die Italiener fürchterlich schikanierten, meistens für Geld."[82]**

---

80 Ebd.
81 Ebd.
82 Ebd. Von regelrechten Plünderungsraubzügen dieser Einheiten schreibt auch der in Tirana stationierte Rudolf Vogel. Vogel, Erinnerungen, S. 181f.

Die Ballisten kamen mitten in der Nacht, um den Menschen einen möglichst großen Schrecken einzujagen. Die Häuser in Albanien, auch in den Städten, hatten nach osmanischem Vorbild oft einen Innenhof und abends verschlossen die Bewohner die Türen. Wenn aber die Ballisten kamen, hämmerten sie so lange gegen die Pforten, bis die Bewohner öffneten. Sie suchten die Wohnungen der Italiener nach Geld und Wertsachen ab. Obwohl die Gerechters und ihre italienischen Mitbewohner vorerst von einem solchen Besuch verschont blieben, wurde die Situation äußerst gefährlich.

Ihre italienischen Freunde hatten ihre Lastwagen verkauft, denn sie fanden keine Verwendung mehr in dem nun von den Nationalsozialisten besetzten Albanien. Das Geld, welches sie durch den Verkauf erwirtschaftet hatten, trugen sie in eigens dafür genähten Gürteln eng am Körper. Alice Gerechter spezialisierte sich darauf, solche Gürtel anzufertigen und zu verkaufen. Schließlich deportierten aber die Deutschen im Winter 1943/44 die in Albanien verbliebenen Italiener, ihre ehemaligen Verbündeten, durch Südosteuropa nach Italien und Deutschland zur Zwangsarbeit.[83] Somit verschwanden auch diese letzten Unterstützer der Familie Gerechter. Sie blieben ohne die Guiduccis zurück und konnten die Miete nicht mehr bezahlen. Nun gehörte auch dieser letzte Schutz der Vergangenheit an. Eine Odyssee von Wohnung zu Wohnung und von Zimmer zu Zimmer begann.[84]

Auch die Pilkus waren wieder in ihrem Haus in Tirana und luden Familie Gerechter noch einige Male zum Essen ein. Bei den anderen Gästen handelte es sich um deutsche Freunde und um deutsche Militär- und Verwaltungsbeamte. Liza Pilku hatte kein Gespür dafür, dass es für die Familie Gerechter zu gefährlich wurde, in ihrem Haus, das von hohen Nazis rege besucht wurde, aufzutauchen. Denn nun fragten die Gäste öfters: „Ja, aber Herr Richter [wie sich Siegbert Gerechter nun nannte], weshalb sind Sie nicht in Deutschland und tun Ihre Pflicht?“[85] Daraufhin stellten Gerechters ihre Besuche bei den Pilkus ein.[86]

---

83 Johanna Neuman erzählt in diesem Interview, dass sie die Familie des Lastwagenfahrers Casaleggio, die neben ihnen in der Hütte auf der Farm neben Durrës gewohnt hatte, viele Jahre später traf und sie ihr von den schrecklichen Deportationen erzählte. Interview Neumann, USHMM, RG-50.030.0170, Part 3.

84 Ebd.

85 Ebd.

86 Neumann, Umweg über Albanien, S. 69.

Im Frühjahr 1944 kam das Unausweichliche. An einem bestimmten Tag sollten sich alle Ausländer beim Gestapo-Hauptquartier in Tirana melden.[87] Auch viele andere jüdische Familien, die Familie Gerechter im Laufe der letzten fünf Jahre kennengelernt hatte, lebten nun in Tirana; darunter sowohl jüdische Flüchtlinge aus Kavaja als auch ursprünglich aus Griechenland stammende Familien. Zwar waren sie alle über die ganze Stadt verteilt, trafen sich aber häufig, um die Situation zu besprechen und Neuigkeiten auszutauschen. Gemeinsam beschlossen sie, dass sie sich alle melden und registrieren lassen würden. Im schlimmsten Fall würden sie zur Zwangsarbeit verpflichtet. Denn niemand von ihnen wusste zu diesem Zeitpunkt, dass es sich nicht um Arbeits-, sondern um Vernichtungslager handelte. Aber sie sahen, dass neben ihren Namen „Jude" geschrieben wurde. Von da an nahm die Anspannung zu.[88]

Es wurde Herbst 1944. Der Stadtkampf um Tirana hielt an. Familie Gerechter verbrachte ganze Nächte auf dem Boden liegend und unter Betten oder Tischen Schutz suchend. In der Regel hörten die Schießereien im Morgengrauen auf. Doch eines Tages hielten sie an und die Familie wusste, dass etwas geschehen war, das nicht dem üblichen Ablauf entsprach. Zwischen neun und zehn Uhr klopfte es. Siegbert nahm all seinen Mut zusammen und öffnete die Tür in der Erwartung, deutsche Wehrmachtssoldaten vorzufinden. Doch vor ihm standen zwei Partisanen in grünen Uniformen mit rotem Stern auf ihren Mützen. In dieser Nacht hatten kommunistischen Partisanenverbände die halbe Stadt besetzt. Die Frontlinie führte nun genau vor dem Haus der Gerechters vorbei.[89] Wieder waren sie gezwungen, das Haus zu verlassen. Schnell packten Johanna und ihre Eltern einige Habseligkeiten zusammen und gingen die Straße hinauf. Dort befand sich ein solide gebautes Backsteinhaus mit einem Schutzraum. Die Partisanen empfahlen ihnen, dort Schutz zu suchen. Auf der Straße trafen sie ihre letzte Vermieterin. Ihr Mann war bereits in die Berge geflohen. Als Anhänger König Zogus wusste er, was mit ihm geschehen würde, sobald die Kommunisten die Macht übernommen hätten.[90]

87 Interview Neumann, USHMM, RG-50.030.0170, Part 3.
88 Neumann, Umweg über Albanien, S. 69.
89 Neumann, Umweg über Albanien, S. 73. Zum Stadtkampf in Tirana existiert eine ähnliche Beschreibung von Irene Grünbaum. Grünbaum, Escape, S. 125–129.
90 Interview Neumann, USHMM, RG-50.030.0170, Part 3.

Im Schutzraum trafen sie auf einige Albaner und eine Schweizer Familie. Es waren christliche Wissenschaftler, die viele Jahre in Albanien gelebt hatten. Obwohl sie niemanden kannten, fanden die Gerechters hier bereits eine gut organisierte Gemeinschaft vor, die ihnen Schutz bot. Die Leute schliefen in Schichten, denn es gab zu wenig Schlafplätze. Während die einen schliefen, hielten die anderen Wache. Mitten in der Nacht schrie jemand. Alle gingen nach draußen und sahen, dass die halbe Stadt in Flammen stand. Die Deutschen hatten auf ihrem Rückzug den gesamten alten Markt in Brand gesetzt. Im Bericht des Oberbefehlshabers Südost ist zu lesen: „Hierbei ging der Großteil der Stadt, die schon bei den vorhergehenden Straßenkämpfen in einigen Vierteln bös gelitten hat, in Rauch und Flammen auf."[91] Auf beiden Seiten gab es zahlreiche Tote. Am nächsten Morgen beschlossen die Eltern Gerechter, dass sie nicht in der umkämpften Stadt bleiben konnten. Sie wollten versuchen, das Haus von Hans und Anni Krall zu erreichen, die die ganze Zeit über weit außerhalb der Stadt am Fuße der Berge lebten. Sie gingen zu Fuß durch die brennende Stadt und mussten sich alle paar Meter zu Boden werfen.[92]

Bei den Kralls angekommen beschlossen Vater und Mutter Gerechter, ihre Tochter im sicheren Versteck zurückzulassen und noch einmal in die Stadt zurückzukehren. Sie wollten weitere Kleidungsstücke und einige wertvolle und liebgewonnene Dinge aus der Wohnung holen, die sie an jenem Morgen so überstürzt hatten verlassen müssen. So machte sich das Ehepaar Gerechter auf und kehrten mit einem oder zwei Koffern und ein paar Habseligkeiten zurück. Doch die Aktion hätte fast ihr Leben gekostet, wäre ihnen nicht eine weitere Person zu Hilfe geeilt. Beladen mit den beiden Koffern waren sie auf dem Rückweg in die Berge ins Kreuzfeuer geraten. Siegbert rief seiner Frau auf Deutsch zu, sie solle Schutz suchen und sich flach auf den Boden werfen. Eine Partisanin hatten trotz des Lärms gehört, dass die beiden Deutsch sprachen. In der Überzeugung, sie hätte zwei Spione auf frischer Tat ertappt, verhaftetete sie die beiden und führte sie zum nächsten Kontrollposten. Mit ihnen war ein Albaner abgeführt worden, den die Partisanen direkt vor dem Kontrollposten erschossen. Als die Gerechters in die Baracke geführt wurden, verlangte Siegbert nach dem Vorgesetzten.

91 OB Südost, Bericht „Entwicklung der militärischen Lage in Albanien im Herbst 1944", undatiert, BArchF, RW 40/116a, Bl. 3.
92 Neumann, Umweg über Albanien, S. 79.

Der Zufall wollte es, dass es ein ehemaliger Polizist aus Lushnja war. Er erkannte die Eltern Gerechter sofort und umarmte und küsste sie auf typisch albanische Art. Danach informierte er die Anwesenden darüber, dass die beiden keine Spione, sondern jüdische Flüchtlinge waren. Er bat einen der Soldaten, sie zu ihrem Aufenthaltsort in den Bergen zurück zu begleiten. Zudem warnte er sie, ihren Zufluchtsort nicht vor Ende der Kämpfe zu verlassen, denn beim nächsten Mal könnte er ihnen vielleicht nicht helfen.[93]

Der heftige Stadtkampf zwischen den Partisanen und den deutschen Truppen dauerte achtzehn Tage. Die Straße Richtung Norden und Nordosten waren für den Rückzug der deutschen Soldaten essentiell.[94] Am letzten Tag kam ein einzelnes britisches Flugzeug und bombardierte diesen eingeschränkten Fluchtweg einige Stunden lang. Dem Rückzug der verbliebenen deutschen Soldaten wurde somit ein Ende gesetzt. Einige waren desertiert und versteckten sich. Sie tauchten später in zerrissenen deutschen Uniformen wieder auf.[95]

Rückblickend beschreibt Johanna diese letzten Monate als ein großes, konstantes Gefühl der Angst: Angst von einer Kugel getroffen zu werden, Angst, die Eltern würden nicht zurückkommen, Angst, das Versteck würde entdeckt werden. Nun hörte diese Bedrohung auf. Doch schon bald kam eine andere. Die kommunistischen Partisanen hatten die Macht übernommen. Ende November 1944 befreite die Lëvizja Nacional-Çlirimtare (LNÇ), die kommunistische Nationale Befreiungsbewegung, die letzten Orte in Albanien. Nun atmeten Gerechters auf und realisierten erst jetzt, wie viele Partisanen von den Deutschen gehängt worden waren und wie viele Häuser sie in die Luft gesprengt hatten, mit der Absicht, die dort vermuteten Partisanen, ihre Familien und Helfer zu ermorden. Diese brutalen Sprengungen brannten sich tief in Johanna Neumanns Gedächtnis ein. Noch 2008 erinnerte sie sich daran und sagte im Interview: „Und sie haben die ganzen Häuser in die Luft gesprengt. Und ich kann nie aufhören, daran denken, wenn ich höre, dass wir in Israel ein Haus der PLO gesprengt haben."[96]

---

93 Interview Neumann, USHMM, RG-50.030.0170, Part 3. Neumann, Umweg über Albanien, S. 79–80.

94 Zaugg, Albanische Muslime, S. 275–276.

95 Neumann, Umweg über Albanien, S. 80

96 Interview Neumann, USHMM, RG-50.030.0170, Part 3.

Doch als die Kommunisten unter Enver Hoxha und Mehmet Shehu die Macht übernommen hatten, begannen sie, mit vermeintlichen und echten ehemaligen Kollaborateuren brutal abzurechnen. Auch Familie Gerechters ehemaliger Retter und Helfer Njazi Pilku wurde kurz nach ihrer Machtübernahme verhaftet und bereits im Januar 1945 hingerichtet. Seine und die Sympathien seiner Frau für die deutschen Besatzer war den Kommunisten nicht entgangen.[97] Auch Hans Krall wurde festgenommen. Ihm wäre so um ein Haar die letzte Chance auf eine Ausreise verwehrt geblieben.[98]

Familie Gerechter wollten nun möglichst rasch ausreisen, doch die Kommunistische Partei Albaniens hatte keine Lust dazu, die Flüchtlinge ausreisen zu lassen. Am schwierigsten war es für diejenigen jüdischen Flüchtlinge, eine Ausreisebewilligung zu erhalten, die bei den Partisanen mitgekämpft hatten. Wieder musste die Familie warten. Schließlich kam ihnen eine schreckliche Typhusepidemie zu Hilfe, die nun im Land grassierte. Die Partisanen hatten das Typhus-Fieber aus den Bergen mitgebracht und steckten nun weite Teile der Bevölkerung damit an. Es kam zu einem weiteren, großen Sterben. Dort, wo noch kürzlich Ankündigungen der Deutschen an den Bäumen gehangen hatten, hingen nun die Todesanzeigen der zahlreichen Typhusopfer.[99] Die alliierten Hilfsorganisationen, welche viele der überlebenden Jüdinnen und Juden in Albanien ausfindig gemacht hatten oder bereits von ihnen kontaktiert worden waren,[100] erpressten nun die Albaner mit einer Impfung gegen Typhus und Cholera. Sie drohten damit, den Impfstoff zurückzuhalten, wenn die kommunistische Regierung nicht der Ausreise der jüdischen Flüchtlinge und aller anderen, die ausreisen wollten, die Genehmigung erteilte.

97 Neumann, Umweg über Albanien, S. 81.
98 Ebd., S. 82.
99 Ebd., S. 86.
100 Neumann geht in ihren Memoiren von rund 100 verbliebenen jüdischen Flüchtlingen aus. In offiziellen Berichten sind 79 gemeldet. Bspw. Albanian Mission Tirana, 4.9.1945., UNA, S-1012-0005-07-00001, in: Destani, Mahuremi: Jews in Albania, The United Nations Archive, S. 43–44.

Das letzte Rosch ha-Schana und das letzte Jom Kippur in Albanien standen bevor. Familie Gerechter und zahlreiche andere albanische und ausländische jüdische Menschen verbrachten es im Haus von Hahim Vitali, einem albanischen Juden. Der Feier, die erstmals seit vielen Jahren ohne Angst, Verfolgung und Besatzung durchgeführt wurde, schlossen sich auch Menschen an, die üblicherweise nicht praktizierende Jüdinnen und Juden waren.[101]

Am 28. September 1945 konnten Gerechters Albanien endlich verlassen. Bei einem letzten Besuch bei der jüdischen Textilhändlerfamilie Jakoel bat Siegbert um etwas Geld für zwei alte Menschen, die mit auf die Reise nach Italien kamen und über absolut kein Geld mehr verfügten. Jakoel lehnte ab. Kurz darauf wurde sein Vermögen von den Kommunisten konfisziert. Nach einer zwölfstündigen Reise an Deck eines britischen Frachters war die Familie froh, im italienischen Brindisi von Bord gehen zu können. Ein Beamter der United Nations Relief and Rehabilitation Administration (UNRRA) empfing sie.[102]

101 Neumann, Umweg über Albanien, S. 87.
102 Ebd., S. 87.

Von links nach rechts: Alice Gerechter, ihre Tochter Johanna Jutta Gerechter (später Neumann), Liza Pilku und Siegbert Gerechter

Johanna Gerechter beim Abwasch in Albanien

Auf dem Bild links ist die Familie Permeti zu sehen, rechts die Familie Wallach
Sie erlaubten der Familie Gerechter, während ihrer Abwesenheit in ihrem Strandhaus zu wohnen.
Frau Permeti war eine österreichische Krankenschwester und ihr Ehemann ein albanischer Kinderarzt. Ihre Tochter Erika, links sitzend, war eine enge Freundin von Johanna Gerechter. Sie heiratete später den Sohn von Atif und Ganimet Toptani, die von Yad Vashem als Gerechte unter den Völkern geehrt wurden. Siehe hierzu auch Kapitel „Versteckt auf dem Landsitz der Frashëris und Toptanis"

Ehrenzertifikat für Njazi und Liza Pilku

In einem späten Interview drückte Johanna Neumann die Widersprüchlichkeit von Überzeugungen, die der Handlungsweise Liza Pilkus zugrunde lagen, mit folgenden Worten aus:

„Die Kompliziertheit des menschlichen Verhaltens ist etwas, das wir wahrscheinlich jeden Tag in unserem Leben sehen. Ich glaube, die Menschen haben viele Komplikationen. Sie haben viele Orientierungen. Und ich denke, dass dies bei verschiedenen Menschen auf unterschiedliche Weise und in unterschiedlichem Ausmaß zum Vorschein kommt. Aber ich denke, wir alle haben Konflikte in uns selbst. Und in einer Zeit wie dieser, in der die Welt so im Umbruch ist, ich meine, das war es wirklich, ein totaler Umbruch, das ist kein normales Leben zu diesem Zeitpunkt."[103]

In dieser Denkweise hat auch das Verhalten von Liza Pilku ihren Platz, die gleichzeitig eine überzeugte Nationalsozialistin und eine überzeugte Retterin jüdischer Flüchtlinge war.

Erst 1992 konnte Johanna Jutta (damals noch Neumann) mit dem Sohn ihrer Retter, Edip Pilku, den Kontakt wieder aufnehmen. Am 30. Januar 1997 wurden Njazi und Liza Pilku von Yad Vashem als Gerechte unter den Völkern anerkannt.[104]

103 Nach "Voices on Antisemitism", 23.10.2008: https://www.ushmm.org/antisemitism/podcast/voices-on-antisemitism/johanna-neumann (Stand: 25.1.2025).
104 Njazi und Liza Pilku, Yad Vashem, Yad Vashem M.31.2/7410.

Shmuel Rahamin Mizrahis Weg zu den albanischen Partisanen

Shmuel (auch Samoel oder Sami) Rahamin Mizrahi wurde 1920 im mazedonischen Teil Jugoslawiens geboren. Seine Eltern waren Rahamin und Rena, und Shmuel hatte vier Brüder und Schwestern. Als junger Mann engagierte er sich in der kommunistischen Partei und bei Hashomer Hatzair, einer zionistischen Jugendbewegung. Hier lernte er landwirtschaftliche und handwerkliche Fertig- und Fähigkeiten, die Hashomer Hatzair für die Ansiedlung von Juden in Israel als nützlich erachtete.

Am 6. April 1941 überfielen Deutschland und Italien, unterstützt von bulgarischen und ungarischen Verbänden, das Königreich Jugoslawien. Shmuels Wohnort kam zu „Neubulgarien" unter bulgarische Herrschaft. Nach dem Einmarsch wurde er von den bulgarischen Besatzungstruppen inhaftiert und während seiner Gefangenschaft gefoltert. Etwas später konnte Shmuel jedoch fliehen. Kurz darauf schloss er sich einer Widerstandsgruppe in der Nähe von Skopje an. Er blieb bei der Partisanengruppe, bis sie sich auflöste, und floh dann weiter nach „Großalbanien". Hierzu wird er einen ähnlichen Weg wie Irene Eskenazi (Grünbaum) und ihr Begleiter gewählt haben. Da die südwestlichen Teile Mazedoniens als „Neualbanien" zu „Großalbanien" kamen, ist es naheliegend, dass er bereits in der Gegend von Tetovo auf eine lokale Partisanengruppe stieß. Es gibt mehrere Hinweise, dass dort bereits früh antifaschistische Kräfte tätig waren. Irene Eskenazi erzählte später, dass ihr Anfang 1942 ein überzeugter Kommunist in der Stadtverwaltung einen gefälschten Ausweis organisierte. Später, 1944, berichtete der Kommandeur der Waffen-Gebirgs-Division der SS „Skanderbeg" August Schmidhuber nach Berlin, dass deutschfeindliche Demonstrationen in Tetovo stattgefunden hätten.[1]

1 Grünbaum, Escape, 28. Schmidhuber, „Zusammenfassender Bericht", 2.10.1944, BArchF, RS 3-21/1, Bl. 7.

Von dort floh Shmuel weiter nach „Altalbanien“. Dieses war zwar bereits im April 1939 von italienischen Truppen besetzt worden, doch obwohl die italienisch-albanischen Behörden einige antijüdische Restriktionen verhängt hatten, behandelten sie die albanischen Juden und auch die jüdischen Flüchtlinge oft besser als ihre deutschen Kollegen. Was aber nicht für die Kommunisten galt, für die sich Shmuel begeisterte. In Albanien, wo genau ist nicht bekannt, traf Shmuel den Albaner Pasha Reznić,[2] der ihm neue Ausweispapiere mit dem muslimischen Namen Shaban Hussein ausstellte. Unter seinem neuen Decknamen reiste Shmuel nach Tirana, wo er seine Schwester Grazia Conforti fand und sich alsbald den albanischen Partisanen anschloss.[3]

Schließlich verhafteten ihn die italienischen Behörden. Shmuel sollte hingerichtet werden. Doch sein Urteil wurde in 101 Jahre Haft umgewandelt. Im Laufe der ersten Jahreshälfte 1943 kamen Shmuel und andere politische Gefangene von Tirana in das campo di concentramento nach Prishtina/Priština. Die Häftlinge mussten in Räumen ohne Türen und Fenster auf dem Boden schlafen und erhielten nur unzureichende Nahrung.
Die Beschreibung deutet auf andere Räumlichkeiten hin, als dort, wo die jüdischen Familien interniert waren.[4]

Nachdem die italienische Regierung im September 1943 vor den Alliierten kapituliert hatte, besetzten deutsche Truppen Albanien. Die verbliebenen Lagerinsassen wurden evakuiert und von deutschen Soldaten auf einen Gewaltmarsch geschickt. Shmuel entkam während des Marschs und schloss sich der 21. Jugoslawischen Partisanenbrigade an. Als Mitglied dieser Brigade nahm er im Herbst 1944 an einer Schlacht in der Nähe von Zvornik im zum NDH gehörenden Bosnien-Herzegowina teil. Bei Zvornik hatten bereits 1943 Kämpfe gegen Partisaneneinheiten stattgefunden, gleichzeitig war die ostbosnische Stadt Schauplatz von Massakern durch Deutsche und ihren Hilfstruppen, beispielsweise der bosnisch-kroatischen Waffen-Gebirgs-Division der SS „Handschar“, an der lokalen Bevölkerung.

2 Dabei handelt es sich wohl um die slawische Schreibweise des Namens Rezniqi. Somit könnte es sich um Arslan Mustafa Rezniqi gehandelt haben. Da auch sein Sohn den Beinamen Pasha trug ist dies naheliegend. Siehe Bericht Mustafa Rezniqi, Yad Vashem, M.31.2-11265.

3 Shmuel Mizrahi, https://collections.ushmm.org/search/catalog/irn709051 (Stand: 14.1.2025).

4 Ebd.

Später mussten zahlreiche von Griechenland und Albanien her kommende deutsche Truppen das Gebiet und diese Stadt passieren. Sie waren in verlustreiche Kämpfe gegen die nun dominierende jugoslawische Partisanenarmee verwickelt. Shmuel wurde bei einem weiteren Gefecht verwundet und kehrte bald darauf nach Skopje zurück.[5]

Im Spätherbst 1944 zogen sich die deutschen Truppen und ihrer Verbündeten aus der Region zurück. Nach dem Ende des Krieges heiratete Shmuel und bekam drei Kinder. Die auf der Website des United States Holocaust Memorial Museum beschriebene Luger P08-Pistole sowie das Pistolenhalfter und ein Magazin hatte Shmuel Mizrahi während eines Gefechts im Herbst 1944 in der Nähe von Zvornik und dem Fluss Drina in Jugoslawien (heute Bosnien und Herzegowina) von einem deutschen Feldwebel erbeutet. Sein Sohn Viktor Mizrahi überreichte diese Erinnerung 2018 dem Museum.[6]

Shmuels Geschichte verdeutlicht noch einmal aus einer anderen, politischen Perspektive die transnationale und transregionale Solidarität in „Großalbanien“ und angrenzenden Gebieten. So hatte er, wohl durch Kontakte, die bereits vor dem Krieg bestanden, die Möglichkeit von Skopje nach Albanien zu fliehen – und dort relativ rasch durch Pasha Reznić/Rezniqi einen neuen Ausweis zu erhalten und in eine albanische Partisanenbrigade einzutreten.

Shmuel Mizrahi stand während und nach dem Krieg in Kontakt mit dem Netzwerk im Kosovo, welchem Arslan Rezniqi, Halim Spahia, Hasan Rema-Xerxa, Pashuk Biba und Preng Uli angehörten. Er hielt auch während der deutschen Besatzung und nach dem Krieg den Kontakt zu diesem Rettungsnetzwerk aufrecht, wie Arslan Rezniqis Sohn Mustafa 1994 berichtete.[7]

---

5 Zaugg, Rekrutierungen, S. 122, 149, 218, 278, 453, 518.

6 Shmuel Mizrahi, https://collections.ushmm.org/search/catalog/irn709051 (Stand: 14.1.2025).

7 Bericht Mustafa Rezniqi, Yad Vashem, M.31.2-11265.

Die Freundschaft der Familien Konforti und Ruli

1942 flohen Solomon und Duduna Konforti mit ihrer siebenjährigen Tochter Ivetta aus Skopje, der Hauptstadt Mazedoniens, und erreichten schließlich Tirana, das seit April 1939 von den Italienern besetzt war. Zunächst verlief das Leben am neuen Ort relativ normal. Die Konfortis mieteten eine Wohnung an, arbeiteten, und Ivetta besuchte in der Nähe der Wohnung eine italienische Schule.[1] In dieser Zeit lernte die Familie das albanische Paar Metin Aziz und Shrpesa Ruli kennen. Nach der Kapitulation Italiens Anfang September 1943 und der darauffolgenden Besetzung Albaniens durch die Deutschen nahm die Gefahr, deportiert zu werden, für jüdische Familien in Albanien rasant zu. Daher bot die Familie Ruli den Konfortis an, in ihr Haus in Tirana zu ziehen und sich dort zu verstecken. Da aber auch die Gefahr einer Denunziation durch Nachbarn oder albanische Beamte stetig zunahm, beschloss das Ehepaar Konforti, mit Tochter Ivetta zu Freunden der Rulis in das Dorf Brar in den Bergen Albaniens weiterzufliehen.[2]

Als im Frühjahr/Sommer 1944 im Gebiet, in dem sich die Konfortis versteckt hielten, Kämpfe zwischen den Deutschen und dem albanischen Widerstand ausbrachen, kehrten sie in das Haus der Rulis in Tirana zurück. Doch Nachbarn denunzierten sie bei einem Herrn Schwarz, der für den Sicherheitsdienst (SD) arbeitete. Mitte September 1944, in der Nacht von Rosch ha-Schana, verhafteten Angehörige der Gestapo Solomon Konforti und verlangten 2.000 Napoleons (Goldmünzen) für seine Freilassung.[3] Ivetta schreibt rückblickend, dass während der 24-tägigen Haft ihres Vaters alle befürchtet hätten, er würde nun nach Deutschland deportiert werden.[4] Shpresa Rulis Vater Ali, dessen Kontakte bis in höchste albanische Regierungskreise reichten, setzte sich für Solomon ein und erreichte über einen einflussreichen Freund die Freilassung. Nach Ivettas Zeugenaussage bei Yad Vashem soll sich Solomon über den Regierungspräsident direkt an HSSPF Josef Fitzthum gewandt haben.

1 Brief Ivetta Konforti an Yad Vashem, 1.7.1991, Yad Vashem, M.31.2/5072.

2 Ebd.

3 Ebd. Aziz Metin schreibt rückblickend, dass die Konfortis sogar zweimal verhaftet worden wären. Brief Aziz Metin Ruli an Yad Vashem, 19.6.1991, Yad Vashem, M.31.2/5072.

4 Brief Ivetta Konforti an Yad Vashem, 1.7.1991, Yad Vashem, M.31.2/5072.

Fitzthum wollte zuerst nicht auf die Bitte eingehen, denn er behauptete, Solomon Konforti pflege Verbindungen zu den Kommunisten. Ali konnte ihn aber vom Gegenteil überzeugen und Solomon retten. Doch die Situation war nun lebensbedrohlich, und kurz nach Solomons Freilassung ließen die Rulis das Ehepaar Konforti mit Pferden in die bereits von den Partisanen kontrollierte Bergregion um Dibra bringen.[5]

Der Sohn der Rulis, Aziz Metin, schrieb später, dass Familie Konforti mit der Zeit zu Familienmitgliedern wurden. Sie nahmen sogar albanische Namen an. Als sie aber in die Berge flohen, blieb Tochter Ivetta bei den Rulis. Sie wurde wie ein eigenes Kind in die Familie aufgenommen und Shpresa in dieser Zeit zu ihrer Ersatzmutter. Erst als die Konfortis nach dem Krieg in das nun sozialistische Jugoslawien nach Skopje zurückkehrten, holten sie Tochter Ivetta aus Albanien zu sich.[6] Die Familie blieb aber nur neun Monate in der Hauptstadt der mazedonischen Teilrepublik. Über einen befreundeten Partisanen erhielten sie die Ausreisebewilligung und konnten über Italien nach Südamerika ausreisen. 1948 war ihre erste Station Uruguay, 1956 siedelten sie nach Argentinien über und 1973 schließlich nach Brasilien.[7]

Shpresas Vater Ali wurde aufgrund seines Besitzes und seiner Nähe zur Kollaborationsregierung kurz nach der Befreiung Tiranas durch die Kommunisten ermordet, sein Vermögen konfisziert.[8] Doch Metin Aziz und Shpresa hielten weiterhin Kontakt zu den Rulis. 1967, zur Zeit der größten Isolation des kleinen sozialistischen Staates Albanien, kehrten die Konfortis nach Albanien zurück, um ihre Retter aus dem Krieg zu besuchen und ihnen persönlich für ihre Rettung zu danken. 1992 wurden Metin Aziz und Shpresa Ruli schließlich von Yad Vashem als Gerechte unter den Völkern anerkannt. Aziz Metin, der Sohn der Rulis, und Ivetta, die Tochter der Konfortis, führten ihre Brieffreundschaft nach dem Tod der Eltern fort. Der erst 1949 geborene Aziz Metin trug auf diese Weise die Geschichte seiner Eltern und ihres Einsatzes für die Familie Konforti in die nächste Generation.[9]

5 Ebd.

6 Brief Aziz Metin Ruli an Yad Vashem, 19.6.1991, Yad Vashem, M.31.2/5072.

7 Brief Ivetta Konforti an Yad Vashem, 1.7.1991, Yad Vashem, M.31.2/5072.

8 Ebd.

9 Brief Aziz Metin Ruli an Yad Vashem, 19.6.1991, Yad Vashem, M.31.2/5072.

Die Frauen der Konfortis: 1) Tia, 2) Ivetta,
3) Duduna und 4) Shrpesa Ruli in Albanien

Von links: Solomon, Shpresa, Duduna mit
den Kindern Angelushi, Ivetta und Baby

Die Witwe Zyrha Kasapi vermietet einer jüdischen Familie ein Zimmer

Die Albanerin Zyrha Kasapi war eine Witwe, die mit ihren sechs Kindern Riza, Dine, Isuf, Zinet, Lushe und Hamdi in Tirana lebte. Als der Krieg begann, war Hamdi, der Älteste, bereits erwachsen. Er hielt die Familie mit Gelegenheitsjobs und danach bis 1943 als Angestellter bei einer lokalen Radiostation über Wasser.[1] Auch der Familie Kasapi waren die jüdischen Flüchtlingen nicht entgangen, die seit Sommer 1941 in Albanien eintrafen. Viele von ihnen kamen aus dem im Frühjahr 1941 zerschlagenen Jugoslawien, dessen Teile nun unter deutscher oder italienischer Kontrolle oder einer kollaborierenden lokalen Regierung standen. Mittel- und Südkosovo sowie mazedonische und montenegrinische Grenzgebiete kamen als „Neualbanien" zu „Altalbanien" und wurden nun zu einem „Großalbanien" unter italienischer Herrschaft vereint. Durch dieses „Neualbanien" flohen die jugoslawischen Jüdinnen und Juden nach „Altalbanien". Obwohl die italienisch-albanischen Behörden einzelne antijüdische Maßnahmen angekündigt hatten, wurden diese kaum umgesetzt und die jüdischen Flüchtlinge konnten zwischen 1942 und 1943 in vielen Orten „Altalbaniens" überleben, wenn auch finanziell extrem eingeschränkt. In „Altalbanien" angekommen suchten daher alle nach Unterkunft und Arbeit; einerseits, um über die Runden zu kommen, andererseits auch, um nicht weiter aufzufallen.

Aufgrund ihrer eigenen prekären finanziellen Situation entschloss sich Zyrha, einen Raum ihrer Wohnung an jüdische Flüchtlinge aus Skopje, heute Nordmazedonien, damals „Neubulgarien", zu vermieten. Im April 1943 zogen Mois Frances, seine Frau Vinka, ihre beiden Kinder, Esther (Eni) und Marcel, sowie die Großmutter der Familie, die ebenfalls Esther hieß, bei den Kasapis ein. Bald fühlte sich die mazedonisch-jüdische Familie bei den albanischen Kasapis zu Hause.

---

1 Brief Naim Kasapi an Yad Vashem, 15. 5. 1993, Yad Vashem, M.31.2/5932.

Die beiden Familien führten den Haushalt gemeinsam und aßen zusammen. Die Kinder spielten miteinander und die Mitglieder der beiden Familien wurden Freunde.[2]

Sowohl den Nachbarn als auch den lokalen Behörden war bekannt, dass die jüdische Familie bei den Kasapis untergebracht war. Nachdem Italien im September 1943 kapituliert hatte, marschierten deutsche Truppen in Tirana ein. Trotz mangelnder Kollaborationsbereitschaft der eingesetzten Marionettenregierung hinsichtlich der „Judenfrage" begannen sie, nach Jüdinnen und Juden zu suchen. Die Deutschen hängten Flugblätter auf, dass Jüdinnen und Juden der Polizei zu melden seien und dass es verboten sei, diese zu verstecken. Aufgrund der Tatsache, dass auch die Nachbarn von ihrer Anwesenheit bei den Kasapis wussten, entschied Mois Frances, dass es für ihn und seine Familie zu gefährlich wurde und sie untertauchen mussten. Er besprach sich mit Zyrha und ihrem Sohn Hamdi. Bekannte der Kasapis waren bereit, Vinka und Eni aufzunehmen unter der Bedingung, dass sie im Haushalt halfen. Der kleine Marcel, erst acht Jahre alt, fand bei einer anderen albanischen Familie Unterschlupf.[3]

Hamdi brachte schließlich Mois und die Großmutter zu seinen Freunden in der Nähe des Dorfes Babrru nahe Tirana, wo er sie versteckte und sie mit Lebensmitteln versorgte. Währenddessen fungierte der kleine Marcel als unauffälliger Vermittler zwischen den Familienmitgliedern. Als die Gesetze gegen Jüdinnen und Juden und die Drohungen der deutschen Besatzer immer drastischer wurden, baten die Freunde Vinka und Eni darum, die Wohnung zu verlassen, da ihre Angst, das eigene Leben zu riskieren, zu groß war. Auch Marcel wollte nicht länger alleine versteckt sein und kehrte auf eigene Faust zu den Kasapis zurück. Hamdi schlug daraufhin vor, dass sich Vinka und die Kinder am gleichen Ort wie Mois und die Großmutter verstecken sollten.[4]

Bevor aber die Mutter mit ihren zwei Kindern zu dem Dorf aufbrach, veranstalteten die Kasapis ein Abschiedsessen für die drei Mitglieder der Frances-Familie. Während des Essens klopfte es auf einmal laut an der Tür, begleitet von Rufen. Die Kinder rannten in ein Zimmer und versteckten sich unter dem Bett, Vinka versteckte sich im Garten.

---

2 Zyrha und Hamdi Kasapi: https://collections.yadvashem.org/en/righteous/4042645. (Stand:11.1.2025). Brief Naim Kasapi, Yad Vashem, M.31.2/5932.

3 Brief Naim Kasapi, Yad Vashem, M.31.2/5932.

4 Ebd.

An der Tür stand ein deutscher Soldat mit zwei Gendarmen der albanischen Miliz, die nach Mois Frances verlangten. Als Hamdi erwiderte, dass er nicht hier lebe, begannen die Männer ihn unter Gewaltanwendung zu befragen. Hamdi bestand jedoch weiterhin darauf, dass Mois Frances nicht anwesend wäre. Daraufhin schlugen ihn der deutsche Soldat und seine zwei Handlanger bis zur Bewusstlosigkeit. Seine Mutter konnte diesen Anblick nicht mehr ertragen und schrie, dass zwar Mois nicht im Haus sei, aber seine Frau und seine zwei Kinder. Die drei Schergen ließen von Hamdi ab. Vinka kam aus ihrem Versteck. Die Eindringlinge befragten nun sie, wo sich ihr Ehemann befinde. Sie antwortete, er habe sie verstoßen und sie wisse nicht, wo er sich befände. Danach befragten die Männer die Kinder und verließen dann die Wohnung.[5]

Nachdem die Schergen die Wohnung verlassen hatten, brach Zyrha in Tränen aus. Sie konnte sich nicht verzeihen, Vinkas Identität in einem Moment der Schwäche preisgegeben zu haben. Doch keiner beschuldigte sie. Vinka versuchte, Zyrha zu beruhigen. Trotz der drohenden Festnahme, gleichzeitig aber auch als Vorsichtmaßnahme, damit ihnen niemand folgte, blieben die drei noch einige Tage bei den Kasapis, bevor Hamdi sie zu Mois Versteck führte. Bis zum September 1944 blieben sie dort. Danach kehrten sie zu den Kasapis zurück. Albanien war in der Zwischenzeit zur Kampfzone erklärt worden, die deutschen Verbände befanden sich unter großen Verlusten auf dem Rückzug.[6] Bereits im November 1944 kehrte Familie Frances in das befreite Skopje zurück, das nun Teil des sozialistischen Jugoslawien wurde. Die beiden Familien blieben in Kontakt, bis die Frances 1948 nach Israel auswanderten. In den 1990er Jahren, nach der Öffnung Albaniens, nahmen die beiden Familien ihre freundschaftlichen Beziehungen wieder auf.[7] 1995 erkannte Yad Vashem Zyrha Kasapi und Hamdi Kasapi als Gerechte unter den Völkern an.[8]

---

5 Zyrha und Hamdi Kasapi: https://collections.yadvashem.org/en/righteous/4042645. (Stand:11.1.2025).

6 Zaugg, Albanische Muslime, S. 273–276.

7 Brief Naim Kasapi, Yad Vashem, M.31.2/5932.

8 Zyrha Kasapi, Yad Vashem M.31.2/5932.

Abgebildet links die Frances und rechts Witwe Zyrha Kasapi (hier von Jaša Altarac bzw. seinem Vater angegeben als „Zonja Majka Udovica", Frau Mutter Witwe) mit den Söhnen Hamdi, Jusuf und Izdebra Ferhati, Tirana Juni/Juli 1943

Irene Eskenazis Flucht durch Albanien

Irene Eskenazi (später Grünbaum) war am 2. April 1909 als Kind von Seligman und Elisabeth Levi geboren worden und gebürtige Deutsche aus Darmstadt. Irene lebte in Belgrad und war verheiratet mit Nissim Bobby Eskenazi, einem Juwelenhändler.[1] Am 6. April 1941 wachte sie nach unruhigem Schlaf frühmorgens auf, gerade, als die deutsche Bombardierung und Besetzung Belgrads begann. Im Chaos verlor Irene ihren Mann Bobby. Erst nach Tagen fand sie ihn bei einem riesigen Appell im Tašmaidan Park in Belgrad wieder. Wer hier nicht erschien, sollte auf der Stelle erschossen werden.[2] Die Situation war für jüdische Menschen in Belgrad innerhalb kürzester Zeit extrem bedrohlich geworden. Im Park mussten sich alle Belgrader Jüdinnen und Juden versammeln:

„Deutsche Mädchen in Uniformen standen auf der Terrasse des Büros und amüsierten sich über das kostenlose Spektakel. Sie lachten, machten Witze, warfen ab und zu irgendetwas, um die Menge zum Schweigen zu bringen. ‚Ruhe, oder wir lassen Bomben auf euch werfen.' Unsere Hilflosigkeit gefiel ihnen. Mich überkam ein unbändiger Hass und ich hätte am liebsten jedes einzelne dieser Mädchen erwürgt, jedes einzelne dieser Tiere, die sich hinter einer Uniform versteckten. Für mich hatten sie nichts Menschliches, und schon gar nichts Weibliches an sich."[3]

1 Grünbaum, Escape, S. vii, 104.
2 Manoschek, Serbien ist judenfrei, S. 35.
3 Grünbaum, Escape, S. 8.

Über den Platz flogen Vögel mit lautem Geschrei dicht an den Köpfen der Versammelten vorbei. Sie kamen so nahe, dass die Menschen sie beinahe auf ihren Haaren spüren konnten. Irene erlebte das Ausgeliefertsein, die Hilflosigkeit, die Ohnmacht gegenüber den neuen, antisemitischen Machthabern bereits in den ersten Tagen der Besatzung mit aller Wucht.[4]

Die Freude, als Irene Bobby beim Appell im Tašmaidan wieder fand, war groß:

„Die Cousine meines Mannes, ein kleines Mädchen, sah mich in der Menge und schrie laut auf. ‚Tantchen! Tante Irene! Du bist noch am Leben? Und Bobby sucht dich schon seit Tagen, und wir dachten alle, du wärst tot. Wie froh wird er sein, dass er dich gefunden hat, er ist da drüben.'"[5]

Gemeinsam mit ihrem Mann harrte Irene einige weitere Wochen in Belgrad aus. Typhus grassierte bereits. Die verbliebenen Jüdinnen und Juden hatten Mühe, an das Nötigste zu kommen, etwa an Wasser. Ein Erlebnis blieb Irene Grünbaum auch Jahrzehnte später in Erinnerung. Nach langem Warten in einer ewig langen Menschenschlange, um an der Donau Wasser zu holen, verhinderte ein deutscher Wachmann ihr den Zugang, da er sie als Jüdin erkannte. Daraufhin überließ ein alter Serbe ihr sein Wasser mit den Worten „Gott wird sie bestrafen".[6] Diese kleine und doch riskante Hilfeleistung ist die erste in einer langen Reihe, ohne die Irene die Flucht über Mazedonien nach Albanien nicht geschafft hätte.

Bobby war Geschäftsmann und gut vernetzt in Belgrad. Er hatte einen Freund, dessen Frau in der deutschen Kommandantur arbeitete. Sie informierte die beiden, dass es für jüdische Menschen höchste Zeit war, Belgrad zu verlassen. Zwei Tage später erhielten die beiden zwei Zugtickets mit dem Stempel des deutschen Kommandeurs.

---

4 Ebd.
5 Ebd.
6 Ebd., S. 10.

Damit die Fahrkarten nicht weiter auffielen, handelte es sich um Hin- und Rückfahrkarten Belgrad-Skopje-Belgrad. Irene und Bobby wussten aber, dass sie nicht zurückkommen würden. Nach einem tränenreichen Abschied von Bobbys Schwester und ihrer Familie machten sie sich frühmorgens auf den Weg zum Belgrader Bahnhof. Damit sie nicht auffielen, trennten sich Irene und Bobby. Sie gingen verschiedene Wege bis zum Bahnhof. Dort angekommen stellten sie sich zum Warten in verschiedene Ecken, ließen sich aber nicht aus den Augen. Sie warteten, ohne ihre gelben Armbinden zu tragen, die sie sofort verraten hätten.[7]

Als der Zug kam, stiegen sie ein und waren allein im Abteil. Der Schaffner, ein Jugoslawe, kontrollierte die Fahrkarten. Er prüfte sie, schaute in die Gesichter des Ehepaars, prüfte die Papiere noch einmal, gab sie zurück und sagte zu Irene und ihrem Mann:

> „Gute Fahrt und passen Sie auf. In der Nähe von Niš sind die Schienen kaputt, also müssen Sie ein Stück zu Fuß gehen. Am besten gehen Sie auf der linken Seite des Zuges, damit Sie schneller von einem Zug in den nächsten umsteigen können. Außerdem ist das ein besserer Weg, viel besser. Gute Fahrt und beeilen Sie sich, damit Sie den Anschluss an den anderen Zug nicht verpassen."[8]

Sofort begriffen die Eskenazis den Hinweis. In Niš angekommen liefen sie auf der vom Schaffner erwähnten unbewachten Seite bis zum anderen Zug. In der Nacht kamen sie in Skopje, der Hauptstadt Mazedoniens an. Diese gehörte seit einigen Wochen als „neubulgarisches" Gebiet zu Bulgarien, eine Geste des Dankes der Achsenmächte, da Bulgarien beim Balkanfeldzug Anfang April 1941 unterstützend mitgewirkt hatte.

---

7 Ebd., S. 11.
8 Ebd.

Trotzdem atmeten sie auf, in der Hoffnung, ihren Verfolgern vorerst entkommen zu sein. Im Haus ihrer Verwandten Marko, Bobbys Bruder, und seiner Frau Viola, fanden sie Unterschlupf und ein Versteck. Hier befanden sich bereits weitere Flüchtlinge aus Belgrad, Violas Schwester mit ihrem Mann und den Kindern.[9]

Die Stadt war überfüllt mit jüdischen Flüchtlingen aus Belgrad. Irene und ihr Mann hatten Glück. Da Bobby früher einen Laden in Skopje besessen hatte und hier noch Steuern zahlte, war es den beiden Eskenazis erlaubt, Bürger der Stadt zu werden. Viele andere wurden sofort zurück nach Belgrad geschickt.[10] Die deutschen Besatzer ermordeten in Zusammenarbeit mit lokalen Verbündeten die meisten von ihnen im Konzentrationslager Sajmište (Semlin/Zemun). Dies geschah in der ersten Zeit durch Erschießen, und seit Frühjahr 1942 durch Prototypen von Gaswagen[11] – Lastkraftwagen, auf deren Fahrgestell ein luftdicht abgeschlossener Kastenaufbau montiert war, in die Auspuffgase eingeleitet und so die Menschen getötet wurden.

Obwohl Bobby und Irene sich in der ersten Zeit, Ende 1941 und Anfang 1942, als jetzt registrierte Stadtbürger in Skopje sicherer fühlten als in Belgrad, verschlimmerte sich hier die Situation zunehmend. Auch in den nun von Bulgarien besetzten Gebieten kam es zu Massenverhaftungen. In Sammeltransporten wurden die jüdischen Menschen Richtung Osten gebracht. Wohin genau, das wusste Irene zu diesem Zeitpunkt nicht. Beide suchten verzweifelt nach Möglichkeiten, sich verstecken zu können. Frühere Bekannte wiesen sie nun aus Angst vor Konsequenzen ab. Schließlich fand Irene bei Natasha und Kemal Rustenbeg Unterschlupf. Den Vornamen nach zu urteilen, handelte es sich um ein Ehepaar mit christlich-orthodoxem und muslimischem Hintergrund. Doch die Ruhe währte nicht lange.

In der Nacht vom 10. auf den 11. März 1942 errichteten die Bulgaren eine Sperre.[12] Überall in Skopje sperrten sie die Straßen und stellten Wachsoldaten und Polizisten an Straßenecken auf. Jüdinnen und Juden wurden zusammengetrieben.

---

9 Ebd.

10 Grünbaum, Escape, S. 11–12.

11 Manoschek, Serbien ist judenfrei, S. 162, 169–171, 179–180.

12 Pisarri, La Shoah in Serbia a Macedonia, S. 187.

„Keiner wehrte sich. Keiner schrie. Keiner versuchte, sich zu retten. Keiner versuchte[,] die Täter zu töten.“[13]

Die Blockade dauerte bis sechs Uhr am darauffolgenden Abend. Irene schrieb später, dass sie mit eigenen Augen gesehen hätte, wie die Jüdinnen und Juden Skopjes verschwanden. Die Gefahr lauerte überall, ein Entkommen war kaum noch möglich. Die Deutschen und ihre bulgarischen Verbündeten kontrollierten jeden, der auf der Straße anzutreffen war. Bei verschleierten Frauen hoben sie sogar die Schleier, um festzustellen, wer sich darunter befand. Irene wollte aufgeben und sich am nächsten Tag den Behörden stellen, doch Kemal hielt sie davon ab.[14]

Die Rustenbegs waren nicht die Einzigen, die Irene halfen. Katja, die eine jüdische Näherin durch die Heirat mit einem spanischen Juden aus dem frisch aufgebauten Lager gerettet hatte, kam zu Irene. Sie hatte Bobby im Lager getroffen, der sie und alle Freunde gebeten hatte, sich um Irene zu kümmern. Für Irene brach eine Welt zusammen. Sie war fest davon überzeugt gewesen, dass Bobby sich ebenfalls verstecken konnte und sie ihre Flucht gemeinsam fortsetzen würden.[15]

Kemal bestätigte Bobbys Gefangenschaft im Lager einige Tage später und sagte zu Irene:

„Du musst das Land verlassen. Du musst über die Grenze nach Albanien fliehen. Bist du bereit?“[16]

Irene war bewusst, dass sie gehen musste, denn auch für ihre beiden Gastgeber war sie zur lebensbedrohenden Last geworden. Kemal hatte einen Mann gefunden und bezahlt, der Irene gegen Mittag abholen und über die Grenze bringen würde. Ihre beiden Retter, Kemal und Natasha, weinten beim Abschied.[17]

---

13 Grünbaum, Escape, S. 23.
14 Ebd., S. 23–24.
15 Ebd., S. 25.
16 Ebd., S. 26.
17 Ebd.

Rifat, der Bedienstete der Familie Rustenbeg, hatte die Aufgabe, die komplett in einen Feredža (Schleier) gehüllte Irene bis zum Treffpunkt mit dem Schlepper zu führen. In der muslimischen Gesellschaft in Skopje ging zu dieser Zeit der Mann immer zehn Schritte voraus, die Frau folgte ihm – mit Irenes Worten „wie ein Sklave seinem Herrn".[18] Plötzlich stoppte Rifat, zeigte auf einen Mann, dem Irene, ohne ihn anzusprechen, folgen sollte. Auch Rifat hatte Tränen in den Augen, als er Irene alleine zurückließ. Sie selbst wurde sich ihres Alleinseins erst jetzt ganz bewusst – alleine, ohne Freunde, ohne Ehemann, eine verfolgte Jüdin, deren wahre Identität jeden Moment aufgedeckt werden konnte.[19]

Irene ging wortlos hinter dem Schlepper her. Als sie allein waren, zwang sie der junge Mann, den Schleier zu heben. Der Mann befand sie als hübsch, hübscher als er gedacht hätte, wie er zu ihr sagte – und ließ dabei keinen Zweifel an seinen Absichten, sie zu vergewaltigen. Als Irene den Schleier wieder über das Gesicht ziehen wollte, befahl er ihr, das Gesicht unverdeckt zu lassen. Irenes Hirn arbeitete mit Hochdruck und rasch fiel ihr eine Lüge ein, um sich und ihren Körper zu schützen. Sie erlog sich eine nahe Verwandtschaft zu ihrem Gastgeber Kemal Rustenbeg. Denn Kemal genoss unter den lokalen Bauern ein hohes Ansehen. Weiter versprach sie dem jungen Schlepper aus Kemals Tasche weitere zehn Goldstücke, falls er sie „sicher" über die Grenze bringen würde. Der zusätzliche Lohn würde von Kemal nach seiner Rückkehr übergeben. Sie gingen, bis es dunkel wurde, und kamen schließlich zu einer Hütte. Dort warteten ein alter Mann und zwei Frauen auf die Wanderer. Nach einem Abendessen, welches aus Maisbrei bestand und alle aus einem Topf und auf dem Fußboden sitzend aßen, entschieden die beiden Männer, dass Irene bei ihnen schlafen sollte. Irene appellierte an die Rechtschaffenheit der beiden, denn in dieser Gegend schliefen die Frauen traditionell getrennt von den Männern. So konnte sie sich ein weiteres Mal retten.[20]

Am nächsten Tag fragte Irene nach dem Namen ihres Begleiters. Er hieß Nafi: Nafi, der Fröhliche (Veseliak). Nafi ging voraus, denn sie waren von einem Jungen gewarnt worden, dass wegen einer Hochzeit viele lokale Polizisten in der Gegend unterwegs seien. Irene folgte einer der beiden alten Frauen, jetzt nicht nur verschleiert mit der Feredža, sondern zusätzlich eingehüllt in ein weiteres Tuch. So gingen sie bis zum nächsten Dorf, in dem Nafi ein Haus besaß.[21]

18 Ebd., S. 27.
19 Ebd.
20 Ebd., S. 30.
21 Ebd., S. 32.

Als Irene ankam, zeigte Nafi ihr den Schlafplatz. Seine gesamte Verwandtschaft kam, um die Fremde zu bestaunen. Darunter war auch seine junge Frau, die hinkte. Als Irene nach dem Grund für das Hinken fragte, antwortete Nafi gerade heraus, dass er ihr ins Bein geschossen habe, weil sie seinen Befehlen nicht rasch genug Folge geleistet hätte. Für Irene war nun mit letzter Sicherheit klar, dass der „Fröhliche" gegenüber Frauen nicht fröhlich war.[22]

Als er wieder an ihrem Schlafplatz saß, beschwor sie seinen Glauben zu Gott. Dass Allah ihn geschickt habe, um sie zu retten und er auserwählt worden sei, sie unversehrt über die Grenze zu bringen. Sie hörte sich Stunden reden und endlich gab er ihr seine „Besa", sein Ehrenwort. In diesem Moment wusste sie, dass sie gerettet war und nichts mehr zu befürchten hatte.[23] Irene konnte trotzdem nicht schlafen, sie dachte an ihre Familie, an Bobby, ob er sich vielleicht mit Schmiergeld würde befreien können. Im nebligen, eiskalten Regen verließen sie das Dorf. Der Clan-Älteste hatte vorher Allah um seinen Schutz und Segen gebeten. Außerhalb des Dorfes rannte Nafi plötzlich los und zog sie hinter sich her. Er duckte sich und zog auch sie auf den Boden. Sie waren bereits in Grenznähe und die Gegend war voller Grenzpatrouillen. Während der Nacht gingen sie weiter, Nafi zog Irene hinter sich her. Höher und höher türmten sich die Berge auf. Irene aß Schnee gegen den Durst.[24]

Im Morgengrauen zeigte Nafi auf einen dunstigen Fleck: Dort war das Dorf, wo sie in Sicherheit sein würden. Irene rutschte auf dem nassen und glitschigen Terrain immer wieder aus, die Hände waren bald blutig. Sie schlug sich den Kopf an einem Felsen auf. Nafi wollte sie tragen, Irene widersprach. Schon konnten sie die ersten Häuser sehen und Hundegebell hören. Plötzlich hielt Nafi sie zurück. Das waren nicht die Hunde der Dorfbewohner, es waren Spürhunde der Grenzsoldaten, und sie hatten ihre Fährte aufgenommen. Die Hunde kamen näher, sie hörten ihr Schnüffeln. Nafi nahm seine Pistole aus dem Gürtel, doch Irene bat ihn, nicht zu schießen, denn der Schuss wäre weit herum gehört worden und hätte sie verraten. Dann rannten sie los. Rannten und schlitterten den Abhang hinunter und erreichten schließlich ein Haus. Nafi stieß die Tür auf und sagte:

---

22 Ebd., S. 33.
23 Ebd., S. 35.
24 Ebd., S. 37.

„Jetzt sind wir in Sicherheit, das ist das Haus meines Freundes."[25]

Nafi organisierte eine Mitfahrgelegenheit auf einem Wagen, der mit Säcken und Krügen bepackt war. Er nahm ein schmutziges Tuch und wickelte Irene darin ein. Danach hob er sie auf den Wagen. Auf ihrem Weg trafen sie auf Polizisten und italienische Soldaten, welche aber von dem Wagen und der verschleierten Frau keine Notiz nahmen. So erreichten sie die nächste größere Stadt Tetovo, die bereits auf „neualbanischem" Gebiet lag.[26]

Irene hatte von Kemal Rustenbeg nur einen Papierschnipsel mit dem Namen und der Adresse seines Freundes, Husein Effendi, und einer Nachricht erhalten: „Beschütze, was ich dir sende und falls notwendig, sende es weiter."[27] Doch als Nafi sie vom Wagen gehoben und aus dem Tuch befreit hatte, kam ihnen auf der Straße in Tetovo ein Mann entgegen. Obwohl Nafi sie als seine Schwägerin ausgab, die zum Arzt müsse, sprach der Mann sie auf Serbisch an. Er warnte sie, denn erst am Tag zuvor seien vierzehn jüdische Flüchtlinge in Tetovo verhaftet und zurückgeschickt worden. Diese hätten in seinem Haus übernachtet. Er nannte die Namen zweier Freunde von Bobby, und Irenes Mut sank. Gleichzeitig war sie froh, dass der Fremde sie gewarnt hatte und sie als Ortskundiger zu Husein Effendis Haus führen konnte.[28] Irene verabschiedete sich von Nafi vor Huseins Haus. Ihr Verhältnis zu ihm hatte sich seit seinem Besa-Schwur verändert. Sie hatte die Angst vor ihm verloren und war ihm dankbar, dass er für sie sein Leben riskiert und sie nach Kräften beschützt hatte.[29]

Irene klopfte an die Tür des großen Hauses. Ein alter Diener schaute durch das kleine Fenster und kam bald darauf mit einer Frau wieder, die das Tor einen spaltbreit öffnete. Irene fragte nach Husein. Doch dieser war wegen einer Operation nach Tirana gefahren und würde erst in zehn Tagen nach Tetovo zurückkehren. Irene nahm all ihren Mut zusammen und erklärte der Frau, die gebrochen Serbisch sprach, weshalb sie hier war und zeigte ihr das kleine Stück Papier. Die Frau war die Schwester Huseins und während dieser Tage allein mit Huseins Frau und der Dienerschaft. Sie beobachtete Irene mitfühlend und argwöhnisch zugleich.

---

25 Ebd., S. 37–38.
26 Tetovo war seit April Teil „Neualbaniens" und somit unter italienischer Herrschaft. Heute gehört es zu Nordmazedonien. Zaugg, Albanische Muslime, S. 80.
27 Grünbaum, Escape, 38.
28 Ebd., S. 39.
29 Ebd., S. 40.

Dann sagte sie, sie müsse sich zuerst waschen, bevor sie im Salon erscheinen könne. Irene ließ sich von einer Bediensteten heißes Wasser bringen und wusch sich. Danach zog sie ihre schmutzigen Kleider wieder an, denn sie hatte sonst nichts. Huseins Frau Djemila und Huseins Schwester beschlossen, Irene Schutz zu gewähren – auch ohne Einwilligung ihres Ehemanns und Bruders. In dieser Zeit und an jenem Ort war dies eine äußerst mutige Entscheidung.[30]

Schon bald sprach sich die Nachricht herum, dass eine fremde Frau bei den Effendis zu Gast sei. Die Frauen der Nachbarschaft kamen zu Besuch und alle wollten wissen, wer Irene war und weshalb sie alleine reisen würde. Doch bevor sie antworten konnte, erfand Djemila die Geschichte einer wunderbaren Liebe zwischen einer modernen Frau, Fatima Nova, im slawischsprachigen Teil Mazedoniens und ihrem Mann, dem Bruder von Djemila, Ali Nova, in Tirana. Sie sei Lehrerin an einer Mädchenschule gewesen und ihr Bruder hätte sich Hals über Kopf in sie verliebt. Er hätte sie gegen den Willen seiner Familie geheiratet, denn auch er wäre modern und arbeitete im Ministerium in Tirana. Die Frauen waren begeistert von der Geschichte und dem Skandal, der sich da in der respektablen Familie Nova zugetragen hatte.[31]

Als die letzte Frau nach Hause gegangen war, blieben die drei Frauen alleine zurück und beratschlagten nun, welche Schritte als nächstes unternommen werden mussten. In Tetovo zu bleiben, das in „Neualbanien" an der Grenze zum bulgarisch besetzten Teil Mazedoniens lag, war zu gefährlich – sowohl für Irene als auch die Familie Effendi. Irene musste nach Tirana gelangen, um untertauchen zu können. Allerdings stellte der Weg dorthin ein großes Problem dar: Zugverbindungen existierten keine. Je nach Status reiste man mit einem Auto, mit dem Bus, ritt zu Pferde oder ging zu Fuß und konnte jederzeit durch italienische Soldaten, Carabinieri oder albanische Polizisten einer rigorosen Untersuchung unterzogen werden. Irene aber hatte keine Dokumente vorzuweisen.[32]

30 Ebd., S. 43–44.
31 Ebd., S. 44–45.
32 Ebd., S. 45.

Djemila verwies auf den Neffen ihrer Schwägerin, Hasan, der schon bald seine zehnjährige Schwester von Tetovo nach Tirana zurückbegleiten musste. Diese hatte ihre Ferien in Tetovo verbracht. Er hatte als Mann wenigstens Erfahrung im Reisen. Denn die beiden Frauen konnten Irene in dieser Hinsicht weder weiterhelfen noch sie begleiten. Hasan war begeistert von seiner Aufgabe. Er versicherte Irene in gutem Serbisch, dass er überall in Albanien und auch im Ministerium in Tirana so viele Leute kennen würde, dass sie sorgenfrei auch ohne Dokumente mit ihm reisen könne. [33] Irene, deren Vertrauen in Hasan nicht sehr groß war, bat ihn, nachzudenken, ob er vielleicht jemand aus der Verwaltung in Tetovo kennen würde, der bereit wäre, ihr einen Ausweis auszustellen. In der Stadtverwaltung arbeitete ein alter Schulfreund, der aber Kommunist geworden war.[34] Hasan selbst war jedoch davon überzeugt, dass die Achsenmächte den Krieg gewinnen würden und so hatten sich die Wege der beiden jungen Männer getrennt. Doch trotz unterschiedlicher politischer Ansichten kam der ehemalige Schulfreund zum Haus der Familie Effendi und brachte Irene zum Fotografen. Am nächsten Tag kam er mit einer Identitätskarte zurück. Der Name musste noch ergänzt werden. Irene wählte Fatima Nova, den Namen, den Djemila für sie ausgesucht hatte. Diesen Namen behielt sie bis 1945.[35]

Als sich der Tag der Abreise näherte, setzte sich Irene alias Fatima bei den Nachbarinnen für die moderne muslimische Jugend ein und erklärte, weshalb sie allein reiste und keine Kinder hatte. Doch dann erschien eine unverschleierte, katholische Frau im Haus Effendi. Rasch wandte sie sich an Irene und erklärte ihr auf Serbisch, dass sie wisse, dass Hasan versuche, heimlich mit ihr zu verschwinden, dass er aber ihre Tochter heiraten müsse, da man sie zusammen gesehen habe. Die Frau lachte und schrie: „Ihr könnt mich nicht täuschen. Diese Frau ist keine Lehrerin und nicht Frau Nova. Sie ist einer dieser verdammten Juden, die unser Blut saugen. Sie ist eines dieser Biester, das ausgerottet werden muss. Die Deutschen werden dich umbringen, all die Untermenschen umbringen, die unseren Retter ans Kreuz genagelt haben." Sie wollte die Polizei informieren, damit sich diese von der Fremden ein Bild machen könnten.[36]

33 Ebd.

34 In Tetovo kam es 1944 zu einem massiven Anschlag auf deutsche Dienststellen und einer darauffolgenden nächtlichen Demonstration gegen die deutschen Besatzer. Zaugg, Albanische Muslime, S. 271.

35 Grünbaum, Escape, S. 47.

36 Ebd., S. 48.

Nun mussten die drei Frauen schnell handeln. Hasan kam, schuldbewusst, da er durch sein Verhalten alle in Gefahr gebracht hatte. Er organisierte einen Fahrer, der Irene, seine kleine Schwester und ihn bei Morgengrauen nach Tirana fahren würde. Sie übernachteten bei einem Freund in der Nähe des abgemachten Treffpunkts. Das Mädchen schlief, die jungen Männer spielten Karten, an Irene nagte die Angst. Der Fahrer, dem Hasan erklärt hatte, Irene sei seine Tante, brachte sie ohne weitere Zwischenfälle nach Tirana. Dort angekommen nahm Hasan Irene mit zum kleinen Haus seiner Mutter am Stadtrand Tiranas, die sie aufnahm. Sie war Witwe und das Haus bestand aus einem Schlafzimmer und einer Küche. Sie schüttelte ungläubig den Kopf, als Hasan Irenes Fluchtgeschichte übersetzte. Schließlich nahm die Frau aus einem Schrank Kissen, legte sie auf den Boden und alle gingen schlafen.[37]

Am nächsten Morgen klopfte es sehr früh an der Tür. Draußen standen zwei jüdische Männer. Trotz ihrer Vorsicht hatte der Fahrer Verdacht geschöpft und den beiden Männern erzählt, dass wohl eine ihrer Landsmänninnen in Tirana angekommen sei. Die beiden waren reiche Geschäftsmänner, gute Freunde von Bobby, die lange vor der Blockade nach Albanien emigriert waren. Irene freute sich, erkundigte sich nach Bobby und erzählte von den schrecklichen Zuständen in Skopje und ihrer Flucht. Doch die beiden Männer wollten ihr nicht helfen. Sie hätten selbst nicht mehr viel – und sie solle sich doch in einem der Internierungslager registrieren lassen, rieten sie ihr.[38]

Irene war enttäuscht. Einige Tage konnte sie noch bei Hasans Mutter bleiben. In der Nacht versteckte sich Rifat, ein junger Verwandter, bei ihnen. Er war albanischer Kommunist und wurde von der italienisch-albanischen Polizei gesucht. Rifat kam aus einer reichen Familie und hatte in Belgrad studiert. Daher sprach er fließend Serbisch und Irene genoss es, sich mit ihm zu unterhalten. Seine Frau war bereits zu den Partisanen geflohen. Eines Abends kam auch er nicht zurück. Ob er es zu den Partisanen geschafft hatte, wusste Irene zu diesem Zeitpunkt nicht. Doch später würde er ihr das Leben retten.[39]

Irene kam bei einer Nachbarin von Hasans Mutter unter. Sie hatte kein Geld mehr und konnte nichts bezahlen. Sie besuchte Hasans Mutter, wann immer sie konnte.

37 Ebd., S. 49.
38 Ebd., S. 48.
39 Ebd., S. 50–51.

Irene Eskenazi (später Grünbaum, rechts) in Belgrad kurz vor dem Krieg

Diese gab ihr auch zu Essen, obwohl sie selbst kaum etwas hatte. Eines Tages hatte die Mutter Besuch von einer Frau aus der albanischen Elite. Sie sprach zu Irenes Erstaunen fließend Französisch. Sukriye Hanim war die Frau eines vermögenden türkischen Industriellen. Kaum hatte sie von Irenes Schicksal gehört, organisierte sie ihr einen Job als Babysitter bei einer reichen türkischen Familie in Tirana. Der Mann ihrer neuen Gastfamilie war siebzig und Irene beschreibt ihn als Tyrannen, der weder sie noch seine 27-jährige Frau auch nur einen Schritt alleine machen ließ. Doch Irene war vor allem froh, ein Dach über dem Kopf zu haben und ab und zu die Nachrichten hören zu dürfen.[40]

Nach zwei Monaten kehrte die Familie nach Ankara zurück, Irene stand wieder auf der Straße. Sie hatte ein wenig Geld gespart und ernährte sich von Brot und Paprika. Ihre eher füllige Figur wurde zu einer dünnen Silhouette, sie hatte fast zwanzig Kilo verloren.[41] Ihre neuen Gastgeber waren Jugoslawen und sprachen beide Serbisch. Der Nachbar Gafur Brangu war Albaner, seine Frau eine tschechische Jüdin. Trotz der Abstammung seiner Frau hatte Gafur eine pro-deutsche Einstellung. Abends saßen sie zu fünft zusammen und diskutierten über die nahe Zukunft und die Möglichkeit einer allliierten Landung in Albanien. Irene war voller Hoffnung, ihre Gastgeber hegten Zweifel und Gafur war von einem deutsch-italienischen Sieg überzeugt.[42]

40 Ebd., S. 52–53.
41 Ebd., S. 53.
42 Ebd.

1942/43 waren bereits verschiedene Widerstandsgruppierungen anzutreffen, jedoch häufig untereinander zerstritten – je nach kommunistischer oder nationalistischer Ausrichtung. In einem Punkt aber waren sie sich einig: Sie alle wollten die Italiener aus dem Land vertreiben und in einem freien, unabhängigen Albanien leben.[43] Aufgrund anhaltender Sabotageakte und Attacken verschärften die Italiener ihre Politik. Jedem, der nicht registriert war, drohte ein hohes Bußgeld oder die Festnahme. Das galt auch für jene, die Unregistrierten Schutz boten. Die jugoslawischen Gastgeber wollten dieses Risiko nicht eingehen und stellten Irene vor die Wahl, ihre Wohnung zu verlassen oder sich registrieren zu lassen.[44]

Irene hatte Glück. Auf der Straße traf sie ihren alten Bekannten, den Architekten Ytzhak Azriel aus Belgrad.[45] Dabei handelt es sich um den Familienvater derjenigen Familie Azriel, die gemeinsam mit den Mandils, den Altaracs und den Konfortis bereits in Prishtina/Priština interniert gewesen war und von dort nach Kavaja deportiert wurde.[46] Ytzhak erzählte ihr von Kavaja, und dass dort die jüdischen Familien in Frieden leben und von den italienischen Behörden in Ruhe gelassen würden. Noch am gleichen Tag fuhr Irene gemeinsam mit ihm nach Kavaja. In den Straßen der kleinen Stadt traf sie viele bekannte Gesichter aus Belgrad. Gemeinsam mit Ytzhak, seiner Familie und vier weiteren Familien lebte Irene jetzt im „Roten Haus".[47] Sie schlief abwechselnd auf dem Fußboden bei einer der fünf Familien. Doch nach zwei Wochen suchte sie sich ein eigenes Zimmer und landete im „Weißen Haus". Die Dinge dort waren ziemlich anders. Außer einem jungen Paar mit Kind lebten in diesem Haus nur junge Männer. Sie machten sich nützlich, wo sie nur konnten, und halfen Irene mit einer alten Pferdedecke und einem gefüllten Strohsack aus. In ihren Erinnerungen schreibt sie, dass sie dort nach all den extremen Entbehrungen und Gefahren gelebt habe wie eine Prinzessin. Auch ihre Ernährung wechselte sie, nicht mehr Brot und Paprika waren ihre Hauptnahrungsmittel, sondern frische Feigen:

---

43 Ebd. Siehe hierzu detailliert Zaugg, Albanische Muslime, S. 72–74.

44 Grünbaum, Escape, S. 53–54.

45 Ytzhak Azriel war 1903 in Belgrad geboren worden, seine Frau Gita im gleichen Jahr in Litauen. Er hatte in Deutschland studiert, wo auch sein Sohn Samuel 1930 zur Welt kam, und kehrte nach dem Studium nach Belgrad zurück. Siehe hierzu auch Zeugenbericht, Samuel Asriel, Yad Vashem, 13673055, file nr. 11830, https://collections.yadvashem.org/en/documents/13673055 (Stand 15.1.2025).

46 Siehe hierzu Kapitel „Verschiedene Leben, verschiedene Wege. Zu Mobilität und transregionalen Verflechtungen in Mittel- und Südosteuropa".

47 Dort wohnten u.a. die in diesem Buch vorgestellten Familien Mandil und Altarac.

„Ich stopfte mich voll als würde ich alle Feigen eines ganzen Lebens auf einmal essen."[48]

Aus der Perspektive einer jungen Frau, die ohne ihren Mann fliehen musste, sind Irenes Beschreibungen von Kavaja so ganz anders als jene von Männern oder Kindern, wie etwa Gavra Mandil oder Naftali Konforti. Kavaja hieß auch, dass zwei Kulturen zusammen lebten, die einander fremd waren: traditionelle Muslime und urbane Jüdinnen und Juden. Letztere fühlten sich oft in erster Linie als Deutsche, Österreicher oder Jugoslawen – und erst an dritter oder vierter Stelle als Menschen jüdischen Glaubens. Es war ein Zusammenleben, das auch Spannungen mit sich brachte. Dass die jüdischen Männer ihren Frauen beim Wassertragen, Wäschewaschen oder Putzen halfen, war den muslimischen Männern fremd. Die unverschleierten Frauen nahmen sie aber mit großem Interesse wahr. Die muslimischen Frauen hingegen fanden an den aus ihrer Sicht sehr freizügigen Flüchtlingsfrauen oft nicht viel Gefallen.[49] Irene beschreibt in ihren Erinnerungen, wie fremd das Leben der Flüchtlinge auf die albanisch-muslimische Bevölkerung gewirkt haben muss. Die Einsamkeit war unerträglich und viele neue Paare bildeten sich, Paare, die nicht verheiratet und deren frühere Partner in Konzentrationslager deportiert worden waren. Frauen übernahmen manchmal auch die hauswirtschaftlichen Aufgaben in einer Männerwohnung. Als Irene das Angebot erhielt, den Haushalt bei zwei jüdischen Brüdern, einem Arzt und einem Anwalt, zu führen, lehnte sie ab. Sie wollte allein sein, denn sie wartete auf Bobby.[50]

Irene erzählt in ihren Memoiren auch von den Plänen, welche die Menschen in Kavaja schmiedeten. Im „Roten Haus" erstellten sie gemeinsam eine Liste von allen in Kavaja anwesenden jüdischen Personen. Diese wollten sie dem Papst schicken mit der Bitte, sie nach Italien zu holen und zu retten. Die Geflohenen erzählten sich auch ihre traurigen Fluchtgeschichten. Etwa jene von vier Menschen, zwei Juden, einer Jüdin und einer Deutschen, die aus einem Lager in Griechenland entkommen waren. Sie entkamen, weil einer von ihnen den deutschen Lagerwachen auf Kosten anderer Insassen zu Geld verhalf.[51]

48 Grünbaum, Escape, S. 54.
49 Ebd., S. 55.
50 Ebd., S. 56.
51 Ebd., S. 57–58.

Dann kam die Kapitulation Italiens Anfang September 1943. In Kavaja brach Panik aus. Es begann ein wildes Durcheinander. Irenes Beschreibungen zeigen, wie sehr sich Menschen in solchen Situationen voneinander entfernen können. Während die einen, die Gewitzten und Vorsichtigeren, bereits Monate vorher Kontakte zu Bauern in den umliegenden Dörfern geknüpft hatten, um sich zu verstecken, flohen viele andere in Richtung Tirana. Niemand wollte dem anderen seine Pläne verraten, einerseits, weil er oder sie die eigenen Rettungsmöglichkeiten nicht schmälern wollte, andererseits, weil nicht sicher war, ob der eigene gewählte Weg auch wirklich in die Sicherheit führte.[52]

Die Bewohner des „Weißen Hauses", in dem Irene noch immer wohnte, gingen die neue Situation ruhiger an. Ruben, einer der jungen Männer, stellte sich oben an die Treppe und rief den Versammelten zu:

„Brüder und Schwestern, verliert euer Herz nicht, wir werden nicht in die Hände der Deutschen fallen. Genug unschuldige Opfer haben sich ohne Kampf ergeben. Ich habe Beziehungen zu den Partisanen, und heute werden sie von den Bergen runterkommen und uns zeigen, wohin wir gehen können. Bleibt ruhig, und diejenigen, die Gepäck haben, sollen es hier runter in die Halle bringen. Nehmt nur das Nötigste mit – beladet euch nicht mit alten Strohsäcken. Packt eure Kleider. Habt keine Angst. Wir werden kämpfen, und wir werden gewinnen!"[53]

---

52 Ebd., S. 58.
53 Ebd., S. 59.

Nach Rubens Ansprache versammelten sich mehr und mehr Leute im Haus. Doch was würde mit den Kindern, den Alten und Kranken geschehen? Ruben meinte beruhigend, dass diese sich in den Partisanendörfern verstecken könnten.[54] Der Raum leerte sich, um sich kurz darauf wieder zu füllen. Fast alle hatten entschieden, in die Berge zu fliehen.[55] Nur die junge Mutter Bella kam, um sich von Irene zu verabschieden. Sie war überzeugt, dass der Weg in die Berge für ihren kleinen kranken Sohn Bernie den Tod bedeuten würde. Der Bäcker, der Brot nach Kavaja lieferte, hatte mit dem kleinen Bernie Freundschaft geschlossen und Bella versprochen, dass seine Mutter sie und den Kleinen aufnehmen würde. In letzter Sekunde entschied sich Irene, mit ihr zu gehen, und sprang auf den schon fahrenden Lastwagen Richtung Tirana auf.[56]

Zweieinhalb Jahre waren vergangen, seit Irene die Besetzung der Stadt Belgrad erlebt hatte. Nun sah sie wieder deutsche Fahrzeuge mit deutschen Soldaten, doch vieles hatte sich verändert. Die Soldaten, die sie nun auf den Straßen Albaniens erblickte, waren nicht mehr so fröhlich, siegessicher und wohlgenährt. Es waren sehr junge Soldaten, halbe Kinder, wie ihr schien, die hier deutsche Uniformen trugen.[57]

In Tirana trennten sich die Wege von Irene und Bella. Irene hoffte, bei ihren früheren Gastgebern, den Bengas, unterzukommen. Sie merkte sofort, dass sie ein unwillkommener Gast war, die Bengas wollten sie nicht in ihrem Haus. Doch das Haus ihres Nachbarn, des deutschfreundlichen Gafur Brangu, war, bis auf die Haushälterin, unbewohnt. Die Deutschen brauchten nun seine Hilfe, und er war erfreut, sie in Dibra/Debar[58] zu unterstützen. Seine tschechische jüdische Frau Frieda war mit den Kindern auch nach Dibra/Debar gereist. Sie hielten sich in einem Convent auf, offiziell, weil die Kinder Keuchhusten hatten und frische Luft brauchten, inoffiziell handelte es sich um eine Vorsichtsmaßnahme, um sich vor den Deutschen zu schützen.

54 Ebd.
55 Hierzu gab es sehr gegenteilige Ansichten. Der Familie Gerechter beispielsweise wurde davon abgeraten, zu den Partisanen zu gehen. Interview Neumann, USHMM, RG-50.030.0170, Part 3.
56 Grünbaum, Escape, S. 59–60.
57 Ebd., S. 60.
58 Dibra/Debar gehört in dieser Zeit als „Neualbanien“ zu „Großalbanien“. Heute ist es Teil Nordmazedoniens.

Irene konnte schließlich Frau Benga überzeugen, mit ihr gemeinsam das Haus der Brangus aufzusuchen. Sie hatte nun schreckliche Angst, aber auch eine Idee. Wie weit war wohl Dibra/Debar von Tirana entfernt und würde sie dort auch Zuflucht finden?[59] Frau Benga stellte Hilfe für den nächsten Tag in Aussicht. Sie wollte Irene zu einem Lastwagen bringen, der nach Dibra/Debar fuhr. Doch ihr Mann durfte nichts davon erfahren.[60]

Am nächsten Morgen stand Irene um sechs Uhr bereit. Am Marktplatz herrschte reger Betrieb. Allerdings waren es nicht die üblichen Bauern, die ihre Ware feilboten, sondern verängstigte Albaner aus den Dörfern, die versuchten, einen Platz auf einem der Lastwagen zu ergattern, um nach Hause zu gelangen. Irene und Frau Benga waren die einzigen Frauen. Als Irene den Fahrer des offenen Lastwagens bezahlen wollte, begann er zu schreien: „Eine Frau? Was willst du denn in Dibra? Welche Art von Frauen reist denn unter diesen Umständen alleine? Kann ich die Papiere sehen?" Als er ihren Ausweis sah, sagte er zu ihr:

„Fatima Nova, du kommst aus Tetovo, was willst du in Dibra? Oder ist das eine Reise aus Spaß?"

Frau Benga übersetzte auf Serbisch und hielt dem Fahrer rasch einen weiteren Geldschein hin. Der Fahrer wurde freundlicher und ließ Irene einsteigen.[61]

Nun stand sie auf der Ladefläche eines offenen Lastwagens gemeinsam mit fünfzig Männern. Da sie so dicht standen, war die Gefahr, in einer Kurve hinzufallen, klein. Ein junger Mann neben Irene fragte sie plötzlich: „Sind Sie Jüdin?" Erschreckt verneinte sie. Doch er ließ nicht locker und sie log, dass sie Tschechin und die Cousine Gafur Brangus wäre und eine Weile in Belgrad gewohnt hätte. Der Mann war Maler und kam aus einem Dorf in der Nähe von Dibra/Debar. Aufgrund des nun überall tobenden Kriegs wollte er zurück zu seiner Frau. Er bot Irene an, sie während der Reise zu beschützen.[62]

---

59 Grünbaum, Escape, S. 60.
60 Ebd., S. 61.
61 Ebd.
62 Ebd., S. 62.

Die Reise nach Dibra/Debar mit einer vorgesehenen Dauer von sechs Stunden endete für Irene erst nach drei Tagen. In ihren Erinnerungen meinte sie, dass man den Regisseur eines Abenteuerfilms belächeln würde, wenn er seinen Film derart mit Action vollgepackt hätte. Nach zwei Stunden Fahrt stoppten zwei deutsche Soldaten mit Maschinengewehren im Anschlag den Lastwagen. Der Fahrer versuchte zu erklären, dass es sich hier nur um Arbeiter handeln würde. Doch die Deutschen verstanden nicht. Der Camion musste durch ein provisorisch errichtetes Tor fahren und hielt an. Irenes Mitreisende waren plötzlich sehr geschäftig. Jeder ließ Dinge in den Ecken des Lastwagens verschwinden, einer zog etwas unter dem Hemd hervor, ein anderer wollte etwas unter dem Fahrersitz verstecken. Nun sah Irene, um was es sich handelte und sah den Tod deutlich vor Augen: Waffen. Revolver, Bomben, Handgranaten und Munition. Irene hörte die beiden deutschen Soldaten diskutieren. Sie warteten auf ihren Vorgesetzten und tauschten sich darüber aus, ob sie die Männer erschießen sollten. Doch aufgrund der „Schweinerei“, die die letzten Erschießungen in Niš hinterlassen hatten, und den „idiotischen Gesichtern von einigen dieser Typen, […] sicher einfache Menschen, Arbeiter und Bauern“, beschlossen sie, dass sie den Lastwagen lieber fahren lassen wollten. Das Tor öffnete sich. Sie waren vorerst gerettet. Irene musste sich übergeben.[63]

Nach einigen weiteren Stunden wurden sie von einem italienischen Soldaten angehalten, der keine Insignien mehr trug, dafür aber einen langen schwarzen Bart. Er fragte nach den Zuständen in Tirana und die Albaner begannen, die schrecklichsten Dinge zu erzählen, und dass in Tirana kein einziger Italiener überlebt habe. Als es Irene zu bunt wurde, mischte sie sich ein und versuchte auf Französisch, den italienischen Soldaten zu beruhigen. Als dieser hörte, dass sie nach Dibra/Debar in ein bereits von Partisanen beherrschtes Gebiet fuhren, erzählte er Irene von einem verborgenen Munitionsdepot in der Nähe. Eigentlich hätte er dieses bewachen sollen, doch nun wollte er die Verantwortung dafür abgeben, nötigenfalls auch an die Partisanen. Sie, Irene, sollte die Partisanen informieren, damit er ihnen – und nicht den Deutschen – dieses wichtige Depot anvertrauen konnte.[64]

63 Ebd., S. 64. Niš gehört zu Serbien unter deutscher Militärbesatzung, wo es zu zahlreichen Massakern an der Zivilbevölkerung kam. So auch im und um das Konzentrationslager Niš, wo Jüdinnen und Juden und partisanenverdächtige Personen festgehalten wurden, um als Geiseln erschossen zu werden. Manoschek, Serbien ist judenfrei, S. 188.

64 Grünbaum, Escape, S. 65–66. Siehe zur Situation der italienischen Soldaten nach der Kapitulation Italiens auch Zaugg, Albanische Muslime, S. 90–92.

Am späten Nachmittag erreichten sie eine kleine Stadt. Der Fahrer konnte nicht mehr fahren, denn sobald es dunkel wurde, war es zu gefährlich, die Reise fortzusetzen. Schon bald wusste in der Stadt jeder, dass Fremde eingetroffen waren, und die Frauen boten Gästebetten gegen Geld an. Irenes Gastgeberin war eine dicke Frau und Irenes neuer Reisegefährte und Beschützer begleitete die beiden bis zum Haus der Frau. Er wollte sich überzeugen, dass Irene gut aufgehoben war. Doch als der Sohn der Frau zurückkehrte, schrie dieser:

„Du bist vielleicht ein Spion! Ich werde dich dem nächsten deutschen Kommandeur melden! Jetzt gibt es diesen Befehl in unserem Land, du Kommunistin, du jüdische Verführerin! […] Du bist nicht von Tirana! Du bist aus Moskau! Aber warte nur, die Deutschen werden dich stoppen!"

Irenes Begleiter packte sie am Arm und sie rannten los, bis sie ans andere Ende der kleinen Stadt kamen. Er suchte und fand für sie einen sicheren Schlafplatz.[65]

Am nächsten Morgen holte er Irene ab und gab ihr ein Stück Brot und ein paar Feigen. Sie aß dankbar. Doch auf dem Marktplatz wartete die nächste Überraschung. Der Lastwagen war umringt von wild gestikulierenden Männern. Als Irene und ihr Begleiter näher traten, hörten sie, was sich in der vergangenen Nacht zugetragen hatte. Die Partisanen hatten die nahe Brücke über den schwarzen Drin gesprengt. Der Lastwagen würde in der Stadt warten müssen, bis die Deutschen die Brücke wieder instandgesetzt hatten. Das würde rund zehn Tage dauern.

Irene war schockiert, denn sie wusste, wenn sie in der Stadt blieb, lief sie Gefahr, an die deutschen Besatzer ausgeliefert zu werden. Wenn sie aber alleine weiterreiste, musste sie den gefährlichen Drin überqueren.[66]

---

65 Grünbaum, Escape, S. 67.
66 Ebd., S. 68.

Irene stellte sich zu den sechs Männern, die versuchen wollten, Pferde auszuleihen, um die Reise fortzusetzen – obwohl sie noch nie ein Pferd geritten hatte und keine gute Schwimmerin war. Ihr Reisebegleiter zog sie ein Stück von den Männern weg und sagte traurig zu ihr:

„Arme Frau, was musst du erlebt haben, dass du das Ertrinken weniger fürchtest als die Deutschen?".

Er wies sie an, zurück in ihr Zimmer zu gehen und sich auszuruhen. Er wollte in der Zwischenzeit versuchen, alles für ihre Weiterreise zu organisieren.[67]

Irene lag ausgetreckt auf dem fremden Bett – alleine, ausgelaugt und gejagt, als ihr Begleiter in das Zimmer stürzte und ausrief, er habe ihren Cousin Gafur Brangu gefunden. Ihr Begleiter hatte resigniert in einem Straßencafé gesessen, als er einen Mann in Uniform hörte, der so laut schwatzte, als würde er eine Rede halten. Laut lobte er den Einmarsch der Deutschen in „Großalbanien" und freute sich darüber, dass die Italiener endlich vertrieben waren. Irenes Reisegefährte war neugierig geworden und fragte einen der Umstehenden, wer denn der Mann sei. Als er den Namen hörte, trat er auf Gafur zu und rief:

„Gafur Brangu, deine Cousine ist hier und sie wird ganz bestimmt glücklich sein, dich zu sehen."

Gafur schaute ihn verständnislos an und verneinte. Doch als er die Beschreibung der Person hörte, rief er aus:

„Natürlich! Die Cousine meiner Frau!"[68]

67 Ebd.

68 Ebd., S. 69.

Als Irene Gafur in einem Türrahmen lehnend am Marktplatz erblickte, umarmte sie ihn voll Freude. Doch er flüsterte ihr zu, sie solle sich unauffällig verhalten. Er würde ihr helfen, soweit es in seiner Macht stand. Gafur erzählte, dass seine Frau Frieda nicht im Kloster bleiben konnte, da dieses von Räubern angegriffen worden war. Nun lebte sie mit den Kindern im Haushalt von Gafurs Bruder. Auch Irene wollte er dorthin bringen. Denn dort wäre sie in Sicherheit, bis er eine bessere Lösung gefunden hätte. Gafurs neue Stellung fiel auch Irene auf. Die einen schienen ihn mit großem Respekt zu behandeln, während andere ihm böse Blicke zuwarfen. Gafur selbst war der Meinung, dass er die Aufgabe hatte, zwischen Partisanen und Deutschen zu vermitteln, um sein Land zu retten.[69] Er organisierte einen Wagen, einen neuen, konfiszierten italienischen Bus, und einen Fahrer. Über einen langen Umweg sollte dieser seine „Cousine" nach Dibra/Debar bringen. Irene wollte auch ihren Reisebegleiter und Beschützer überzeugen, mit ihr zu kommen. Doch dieser verneinte. Er gehörte zu den Partisanen und wollte unter keinen Umständen unter Gafurs Schutz nach Dibra/Debar gefahren werden.[70]

Irene saß neben dem Fahrer. Sie sprachen kaum. Die Straßen waren voll mit Menschen, die versuchten an einen sicheren Ort zu gelangen. Arbeiter, die in den kleinen und größeren Städten gearbeitet hatten, bemühten sich, ihre Familien auf dem Land zu erreichen. Einzelne versuchten, den Wagen anzuhalten und eine Mitfahrgelegenheit zu erbetteln. Der Fahrer blieb ungerührt, bis eine Gruppe von zehn Männern ihm den Weg versperrte und er den Bus anhalten musste. Nach einer kurzen Verhandlung nahm er von ihnen Geld entgegen und sie stiegen ein. Alle waren bewaffnet, einer hatte ein Gewehr, einer eine Pistole, der dritte eine Handgranate – und alle hatten sie ein Messer.[71]

Doch schon bald kamen sie zu einem Partisanenkontrollposten. Sie trugen englische Uniformen, nahmen den Mitfahrenden die Waffen ab und stellten jedem einen Beleg dafür aus. Nur ein Versteck hatten sie nicht entdeckt. Als der Bus wieder losfuhr zeigte der Fahrer auf den Sitz, auf dem Irene saß. Sie klappte ihn auf – er war voller Waffen. Die Mitfahrenden waren erfreut. Beim Aussteigen schenkte einer der Fahrgäste den beiden einen ganzen Schinken und einen ganzen Laib Brot – ein sehr kostbares Geschenk, welches Irene und ihr Fahrer, trotz drohender Gefahr, sofort verzehrten.

69 Ebd., S. 70. Den deutschen Besatzern war diese ambivalente Haltung zahlreicher Kollaborateure nicht entgangen. Zaugg, Albanische Muslime, S. 141–143.

70 Grünbaum, Escape, S. 71.

71 Ebd.

Es dämmerte bereits, doch der Fahrer wollte Dibra/Debar noch erreichen. Sie kamen an einen nächsten Partisanenkontrollposten. Der Partisan war ebenfalls in eleganter britischer Uniform gekleidet und verstand auch Serbisch. Irene vertraute ihm sofort. Er sagte, sie müssten umdrehen, da Banditen die Gegend unsicher machen und Reisende überfallen würden. Sie hingegen berichtete ihm, dass sie ein jüdischer Flüchtling war und erklärte ihm möglichst genau die Koordinaten des italienischen Waffenlagers. Mit seiner Empfehlung kehrten Irene und ihr Fahrer in den nächstgelegenen Ort zurück.[72]

Am nächsten Morgen machte sich Irene bereit, um das letzte Stück nach Dibra/Debar zurückzulegen, doch der Fahrer hatte noch andere Dinge zu erledigen. Er organisierte weitere Fahrgäste und so auch einen Zusatzverdienst für sich selbst. Die Fahrgäste waren eine Familie. Die Frau eines Partisanenhelden und auch ihr Vater waren uniformiert, von Kopf bis Fuß bewaffnet und mit Patronengürteln behangen. Die Mutter und der Großvater brachten vier Kinder mit, wobei das älteste um die sechs Jahre und das jüngste noch ein Baby war.[73] Wieder kam eine Partisanenkontrolle. Die zwei jungen Männer wollten mitfahren und stiegen ein. Sie unterhielten sich auf Serbisch. Dann wollten sie Irenes Ausweis sehen. Sie schöpften Verdacht und wollten sie nun zum nächsten Posten bringen. Irene könnte eine Spionin sein. Die beiden jungen Partisanen, die sich auf Serbisch unterhielten, schenkten ihrem muslimischen Namen keinen Glauben. Irene sagte rasch:

„Mein Name ist nicht Fatima Nola, sondern Irene Eskenazi. Ich bin nicht aus Tetovo, sondern von Belgrad. Ich bin eine Jüdin auf der Flucht vor den Deutschen. Meine ganze Familie ist ihnen bereits zum Opfer gefallen und ich versuche, ihnen zu entfliehen und auf Partisanengebiet zu gelangen."

72 Ebd., S. 72–73.
73 Ebd., S. 74.

Einer der jungen Männer, der vom anderen mit „Glavnik“ (Chef) angeredet wurde, antwortete gleichgültig, dass sie ihre jüdische Herkunft beweisen solle. Doch Irene hatte keine Beweise, weder für ihre Flucht von Belgrad über Skopje nach Tetovo, noch aus Tirana oder Kavaja. Plötzlich kam ihr Rifat in den Sinn, Rifat, der in Tirana jede Nacht zu ihnen kam und zu den Partisanen wollte. „Kennen Sie Rifat aus Tirana?“ fragte sie. Der junge Mann kannte einen Rifat aus Tirana. Unter den Italienern hatten sie gemeinsam in Haft gesessen. „Glavnik“ wollte Irenes Identität jedoch durch einen Anruf beim nächsten Kommandoposten von Rifat bestätigen lassen. In der nächsten kleinen Stadt hielten sie an. Irene musste den beiden Partisanen folgen.[74]

Auf dem Posten wartete Irene eine halbe Stunde, bis der junge Partisan zurückkam und zu ihr sagte:

> „Komm her, Kameradin. Ich werde dir ein Empfehlungsschreiben für den zuständigen Mann in Dibra ausstellen, damit du nicht in derselben Situation endest wie heute. Ich gratuliere dir: Dein Bericht wurde von deinem Freund Rifat vollständig bestätigt. Du kannst ihm danken, wenn du dazu die Gelegenheit hast. Er hat dein Leben gerettet.“[75]

Irene entgegnete dem „Glavnik“, dass das wohl etwas übertrieben sei, denn es habe sich doch nur um eine Kontrolle gehandelt, doch der junge Mann verneinte. Zurzeit würden alle Menschen, die unter Verdacht standen, Spione zu sein, auf der Stelle erschossen. Er gab Irene genaue Anweisungen, wie sie sich in Dibra/Debar verhalten solle. Als alleinreisende Frau würde sie viel zu sehr auffallen. Sie hätte nur zwei Möglichkeiten: In den Reihen der Partisanen zu kämpfen oder aber sich zu verstecken:

74 Ebd., S. 76–77.
75 Ebd., S. 77.

„Wenn du in Dibra ankommst, geh möglichst nicht auf die Straße. Bring dieses Papier, sobald du kannst, zum Kommandoposten, um dich zu registrieren. Sag dem Kommandeur, dass ich ihm Grüße schicke."

Zum Abschied hob der Partisan seine Faust.[76]

Irene stieg in den Bus ein und fühlte sich total leer. Nach einer Weile sagte der Fahrer, dass sie bald Dibra/Debar erreichen würden. Irene schaute aus dem Fenster und sah eine enge Straße, zur Rechten und zur Linken standen hohe Felsmauern. Der Weg war ausgesprochen dunkel und sie dachte: „Dies ist ein guter Ort für die Deutschen und die Partisanen, um sich zu bekämpfen." [77] Die kleine Fahrgemeinschaft hatte das dunkle Tal noch nicht ganz passiert, als ihnen eine Gruppe von Räubern auflauerte. Wie aus dem Nichts tauchten sie auf, so Irenes Erinnerungen. Da sie zwar vor dem Krieg in Südosteuropa gelebt hatte, aber in einem städtischen Umfeld, beschreibt sie die Gestalten in blumig-orientalistischen[78] Worten: „Sie sahen fantastisch aus! Kein Piratenfilm hätte bessere Charaktere realisieren können […]." Doch die dreißig Räuber mit weißen Umhängen, weißen Hüten (Qeleshe) und schwarzen Bärten hielten ihre Waffen im Anschlag. „Aussteigen! Hände hoch!" schrie der Anführer. Aber dann ließ der Großvater seine Hände sinken, stieß einige freudige Worte aus und rannte von seiner Fahrgemeinschaft zur Gruppe der Räuber. Auch einer der Räuber schrie etwas, die beiden umarmten und küssten sich und klopften einander auf die Schultern. Es stellte sich heraus, dass einer der Räuber der Schwager des Großvaters und einer ein Onkel des Helden war. Die Räuber ließen die Fahrgemeinschaft weiterfahren und endlich kamen die ersten Häuser von Dibra/Debar in Sicht.[79]

---

76 Ebd., S. 78.

77 Ebd.

78 Siehe hierzu ausführlich Edward Said: Orientalism, New York 2003. Erhellende Einblicke gibt auch Božidar Jezernik: Das Wilde Europa. Der Balkan in den Augen westlicher Reisender, Wien 2015.

79 Grünbaum, Escape, S. 79.

Die Wege der Reisenden trennten sich und Irene fragte sich bis zum Haus von Gafurs Bruder durch. Sie klopfte an ein großes Tor. Als ein junger Mann öffnete, fragte sie nach Frieda. Äußerst erstaunt kam ihr Frieda entgegen und ließ sie ins Haus. Irene fühlte sich in dieser ersten Nacht so sicher wie lange nicht und schlief friedlich. Doch nach drei Tagen hatten Gafurs Verwandte genug von den ungebetenen Gästen. Frieda hatte eine Auseinandersetzung mit ihrem Schwager. Kurz darauf nahmen die beiden Jüdinnen je ein Kind an die Hand und machten sich auf, eine eigene Wohnung zu suchen. Dank Gafurs Status erhielten sie ein kleines Zimmer mit einer winzigen Küche bei der sehr reichen bulgarischen Familie Stojanov.[80] Für Irene und Frieda begann eine verhältnismäßig friedliche Zeit. Frau Stojanov gab Irene etwas Wolle und sie strickte einen Schal, den sie jedes Mal, wenn er fertig war, wieder auftrennte. Sie lasen alte Zeitungen von 1936 bis 1939 und versuchten sich manchmal an einem albanischen Buch. Oft hatten sie Gäste, denn die Frauen waren neugierig auf Gafurs ausländische Frau und ihre „Cousine".[81]

Einige Wochen später war lauteres Schießen zu hören als üblich. Gafurs Männer hatten versucht, die Kommunisten aus Dibra/Debar zu verdrängen. Der Angriff war missglückt und die Kommunisten in Dibra/Debar waren stolz auf den raschen Sieg. Als sich der Vorfall einige Wochen später wiederholte, waren weder Irene noch Frieda sonderlich aufgeregt. Doch diesmal beschoss schwere Artillerie die Stadt. Das Haus der Stojanovs füllte sich und draußen brannte die Stadt. Sie verbarrikadierten die Türen. Als es klopfte, ging eine alte Frau zur Tür und sagte den Männern draußen, dass nur noch Frauen und Kinder im Haus seien: „Missachtet nicht Allahs Gebot und brecht in ein Haus voller Frauen ein!" Irene schlich sich in den zweiten Stock und schaute aus dem Fenster. Sie sah Soldaten in deutschen Uniformen. Dibra/Debar war gefallen.[82]

Die nächsten Tage waren erfüllt vom bangen Warten auf Gafur. Er würde die beiden Jüdinnen und auch seine Kinder aus der berstenden Stadt retten können. Die Deutschen und ihre Helfer exekutierten zahlreiche Männer und Jungen. Wer bei Klopfgeräuschen an der Tür nicht sofort öffnete, lief Gefahr, auf der Stelle hingerichtet zu werden.

80 Ebd., S. 80.
81 Ebd., S. 80–81.
82 Ebd., S. 83.

Gafur kam, umgeben von seinen Leibwächtern, denn auch er fürchtete sich davor, von ehemaligen Schulfreunden, die seine Sympathie für die Deutschen nicht teilten, aus dem Hinterhalt erschossen zu werden. Er brachte Irene, Frieda und die Kinder zurück nach Tirana. Der Weg dorthin verlief ohne weitere Zwischenfälle. Gafurs Dokumente waren von höchster Stelle ausgestellt und mit zahlreichen Stempeln versehen worden. Die deutschen Kontrollposten schauten sie an, danach Gafur, seine Frau und seine „Schwester", sie schrien „Heil Hitler" und ließen sie passieren.[83]

In Tirana angekommen wurde Irene bald klar, dass sie nicht in Gafurs Haus bleiben konnte. Sie fragte überall, doch viele Unterkünfte waren bereits überfüllt. Niemand wollte oder konnte Irene helfen. Schließlich traf sie auf Onkel Mika, einem ehemals reichen Unternehmer aus Belgrad, der sich bei ihr beklagte, dass niemand ihn in seinem Haushalt unterstützen würde. Sofort sagte Irene zu, sie würde das erledigen, wenn er ihr dafür ein eigenes Zimmer böte. Das Zimmer entpuppte sich als Kohlenkammer voller Ratten. Nach drei Tagen war Irene ausgelaugt. Die ständige Bedrohung durch die Ratten hatte sie die Nächte durchwachen lassen.[84]

Am nächsten Tag traf sie aber auf den Straßen Tiranas Frau Benga wieder. Diese hörte sich Irenes Geschichte an und lud sie für den nächsten Tag zum Tee ein, sobald ihr Mann das Haus verlassen hatte. Dort traf Irene auf Frau Neyre. Ihr Mann war ein hoher Funktionär in der Kollaborationsregierung. Da sie und ihr Mann aufgrund der unsicheren Zeiten keine Bediensteten mehr anstellten, war sie mit der Haushaltführung des großen Anwesens ganz allein. Irene sollte ihr bei der Hausarbeit helfen. Doch die Gastfreundschaft der Neyres entpuppte sich als schwierig. Frau Neyre ließ Irene von fünf Uhr morgens bis abends arbeiten und hatte ständig etwas zu nörgeln. Herr Neyre hingegen schlich Irene hinterher und versuchte, sie zu küssen. Irenes Hände waren wundgescheuert und auch die Nerven lagen blank. Als sie bei einem Bombenangriff den Schutzraum nicht verlassen wollte, um Frau Neyres Mantel zu holen, begann diese zu drohen.[85]

---

83 Ebd., S. 85.
84 Ebd., S. 86. Von „Ratten so groß wie Katzen", welche die Menschen bedrohten, schreibt auch Neumann in ihren Memoiren. Neumann, Umweg über Albanien, S. 80.
85 Grünbaum, Escape, S. 87.

Dann kam Herr Melanov vorbei. Er war kürzlich Witwer geworden, da seine Frau an Typhus gestorben war. Auch er war nach Albanien emigriert und hatte bisher in Durrës gelebt. Allein mit drei Kindern machte er sich in Tirana auf die Suche nach einer Haushälterin und einer Begleiterin. Doch Irene lehnte ab. Nach zwei Wochen aber kam Herr Melanov wieder. Er sagte zu ihr: „Sie wissen nicht, was Sie hier ablehnen." Irene war neugierig geworden. Unter vier Augen teilte er ihr mit, dass er jemanden gefunden hätte, der ihn und die Kinder mit dem Boot nach Italien bringen würde. Alles müsse so unauffällig wie möglich vorbereitet werden, die Überfahrt würde in sechs Wochen stattfinden. Doch Irene lehnte ein zweites Mal ab.[86]

Eines Tages kam Bellas Mann Ronny zufällig am Haus vorbei, vor dem Irene die Treppen putzte: „Bist das du, Irene?" Irene war dünn und zerbrechlich geworden. Er bot ihr an, dass sie bei ihnen wohnen könnte, obwohl das Haus bereits mit neun Erwachsenen und einem Kind überfüllt war. Seit Durrës geräumt worden war, platze Tirana vor Flüchtlingen aus allen Nähten. Irene lehnte ab. Doch ein paar Tage später verließ sie das Haus der Neyres. Sie ging zum Café Berlin, um sich einen Schlafplatz zu organisieren. Das Café Berlin war der Ort, wo sich alle Flüchtlinge und Emigranten trafen, um Neuigkeiten zu den deutschen Besatzern und dem Vormarsch der Alliierten auszutauschen. Doch niemand hatten einen freien Platz für Irene. Und wieder kam Ronny zufällig vorbei. Er nahm sie mit zu seiner Familie und zu Bellas drei Brüdern und vier Cousins.[87] Irene fühlte sich wohl. Wieder schlief sie auf dem Fußboden. Doch jeder gab etwas, um ihren Aufenthalt angenehmer zu machen. Einer gab eine Jacke als Kopfkissen, der andere einen Mantel als Decke. Abends saßen sie zusammen und erzählten von ihren Träumen für die Zukunft. Nur einer dieser jungen Männer überlebte. Die anderen wurden eines Tages festgenommen und im Wald erschossen.[88]

Als Irene eines Tages am Café Berlin vorbeiging, sah sie, wie sich eine Gruppe Männer, die sie aus Belgrad kannte, leise unterhielt. Neugierig ging sie hin – doch das Gespräch verstummte. Irene setzte sich zur Wehr:

86 Ebd., S. 88–89.
87 Ebd., S. 89–90.
88 Ebd., S. 91.

„Denkt ihr, es ist richtig, Neuigkeiten vor mir geheim zu halten, die für mich vielleicht genauso wichtig sind, wie für euch und eure Familien? Verletzt es euren Stolz, dass eine Frau an euren Männerdiskussionen teilnehmen möchte? Habt ihr vergessen, dass Bobby nicht bei mir ist und ich für mich selbst denken muss?"

Die Männer erzählten ihr von Herrn Melanovs Vorhaben. Sein Geheimnis war kein Geheimnis mehr. Der Besitzer des Kahns hatte es ausgeplaudert, weil die Überfahrt riskant und die Verdienstmöglichkeit groß war. Die Männer diskutierten. Viele wollten die Überfahrt nicht wagen. Ihnen schien die Gefahr für sich und ihre Familien zu groß, bei dieser gewagten Flucht von den Deutschen entdeckt und erschossen zu werden.[89]

Irene besprach die Fluchtmöglichkeit mit ihrer neuen Familie. Da sie Herrn Melanov bereits kannte, sollte sie nach Shkodra reisen, um mit ihm zu sprechen. In Shkodra dann traf sie auf viele andere Flüchtlinge aus Tirana. Alle wollten sie Herrn Melanov treffen. Als Irene zu Herrn Melanovs Haus kam, fand sie dort ein dünnes, fünfzehnjähriges Mädchen. Es war Ana, die mit ihren Eltern ebenfalls aus Skopje nach Tirana geflohen war. Sie war nun Haushälterin in Herrn Melanovs Haus. Herr Melanov war hoch erfreut, Irene zu sehen und versicherte ihr, dass es genügend Platz für sie und ihre Freunde auf dem Frachtschiff geben würde. In drei Wochen würde er seinen Sohn schicken, damit er sie informieren könnte. Doch der Kahn fuhr bereits zwei Tage später ab – ohne Irene und ohne ihre Freunde. In Tirana herrschte unter den Flüchtlingen eine große Aufregung, denn auf dem Schiff hätte es Platz für weitere dreißig Passagiere gegeben. Auch Ana hatte Herr Melanov nicht mitgenommen.[90]

89 Ebd., S. 91–92.
90 Ebd., S. 92–93.

Das Leben in Tirana ging weiter. Irene fand einen neuen Job. Auf dem Marktplatz traf sie einen Fabrikladenbesitzer, der einige Worte Deutsch stotterte. Sofort stieg sie darauf ein und fragte, ob er Deutsch lernen wolle. Er sei zu alt, antwortete er, doch seinen Kindern könnte sie Deutsch beibringen. Von da an unterrichtete Irene seine neun Kinder. Da sie auf das Erlernen einzelner deutscher Worte nicht reagierten, begann sie mit ihnen kleine deutsche Lieder zu singen, in welchen stets neue Worte aus Alltagskonversationen vorkamen, etwa „Das ist das Fenster, dies dort Papier, hier ist ein Bleistift und dort ist die Tür". Die Kinder lernten zwar die Sprache nicht wirklich, sangen aber auf Deutsch und der Vater war zufrieden. Andere Kinder hörten von dem unterhaltsamen Unterricht und wollten auch bei Irene Deutschunterricht nehmen. So kam es, dass Irene den Kindern reicher Tiraner Deutsch lehrte und so endlich wieder Geld verdiente.[91]

Nach einiger Zeit traf sie einen Bekannten aus Skopje, Herr Kajevic, der ihr ein Zimmer in seinem Haus anbot, das er für sich und seine Familie angemietet hatte. Das Haus bestand aus zwei Zimmern, Irene kriegte eines davon. Das Gebäude lag mitten in einem Hof und stand auf Stelzen. Unten im Haus war ein Stall, der wohl nachts ebenfalls voller Ratten war. Denn „das Pferd war temperamentvoll und litt an Schlaflosigkeit; nachts wieherte es laut und bäumte sich auf, und auch unser Haus bäumte sich auf."[92] Doch der Hausbesitzer, der in der Nähe zur serbischen Grenze aufgewachsen war und Serbisch sprach, war ein liebenswürdiger Mann. Er fragte Irene gleich am ersten Tag, wann denn ihr Gepäck ankommen würde. Als sie ihm sagte, das Wenige, was sie dabei habe, sei ihr Gepäck, half er sofort. Er baute für sie sogleich ein paar Bretter und Kisten zusammen und legte Stroh und eine Pferdedecke darauf. Sie stank, war aber warm. Der Mann kam in der nächsten Zeit noch mit vielen Dingen an, um Irenes Zimmer hübscher zu machen. Doch das brachte Irene die Eifersucht seiner Frau ein, was für sie eine weitere Gefahr darstellte.[93]

Irene hatte nun zahlreichere Möglichkeiten zu unterrichten, so auch die Kinder von Sukriye Hanim, die sie bereits bei ihrem ersten Tirana-Aufenthalt kennengelernt hatte. Diese wiederum empfahl sie Eqrem Bey Vlora, einem der wichtigsten Männer innerhalb der Kollaborationselite, die mit den Deutschen eng zusammenarbeitete.

91 Ebd., S. 93–94.
92 Ebd., S. 95.
93 Ebd., S. 95–96.

Im Sommer wurde er zum Außenminister der albanischen Marionettenregierung ernannt, war aber gleichzeitig auch Verbindungsmann der Briten zur albanischen Regierung.[94] Eqrem Bey führte Irene in einen großen Salon. Er sprach Französisch mit Akzent, wechselte dann aber in ein exzellentes Deutsch, Irenes Muttersprache.[95] Er stellte ihr ihre zwei neuen Schülerinnen vor. Leila war zwölf und Sossi zehn oder elf Jahre alt. Sie waren Cousinen, und Irene freundete sich rasch mit ihnen an.
Das Unterrichten machte Spaß und die beiden Mädchen lernten rasch.

Eqrem Bey saß oft im selben Raum, arbeitete und hörte zu. Eines Tages sagte er zu Irene:

„Wenn die Zeit für mich gekommen ist zu emigrieren, hoffe ich, dass ich Ihre Fähigkeit haben werde, meinen Lebensunterhalt in einem anderen Land zu verdienen. […] Wie stark ihr Juden seid! Wie all das Leiden die Kraft in euch zum Vorschein bringt! Niemand wird es je schaffen, euch zu brechen. Ihr könnt nur gekrümmt werden. Ich bewundere und beneide Ihre Kraft, Madame."[96]

Und er sagte weiter:

„Und Sie können sicher sein, dass ich alles in meiner Macht Stehende tun werde, um Sie zu retten. Sie werden zu dieser Gruppe gehören, die vielleicht eines Tages, nach vielen Jahren, wenn die Opfer verwittert sind und die Welt sie vergessen hat, die Vergangenheit aufrufen werden.

94 Vogel, Erinnerungen, S. 177–178.
95 Auch Vogel betont rückblickend, dass Vlora außerordentlich gebildet war. Vogel, Erinnerungen, S. 203.
96 Grünbaum, Escape, S. 98.

Erinnern Sie die jungen Mütter daran, dass Kinder von anderen Müttern weggenommen wurden, um vergast zu werden. […] Erinnern Sie die Menschen aller Länder, die Sie treffen daran, wie schrecklich der Krieg ist. Vielleicht wird die Saat Ihrer Worte wachsen. Vielleicht werden Sie ihre Herzen mit den Worten Christi füllen: ‚Friede auf Erden' und ‚liebe deinen Nächsten wie dich selbst'."[97]

Eqrem Bey war gebildet und stammte aus einer sehr reichen Familie der albanischen Elite. Er strebte ein unabhängiges Albanien an und sah in der Zusammenarbeit mit den deutschen Besatzern einen möglichen Weg, sein Land dorthin zu führen.[98] Der Einfluss der Deutschen nahm in diesen letzten Monaten bis zum Sommer 1944 nochmals zu. Jeden Tag veröffentlichten sie neue Weisungen und Restriktionen. Die Albaner hatten drei Möglichkeiten: zu kollaborieren, sich möglichst still zu verhalten und nichts zu tun, oder aber in die Berge zu fliehen. Die nach Irenes Schätzungen rund 300 in Albanien verbliebenen Jüdinnen und Juden hingegen versuchten, sich in der Stadt zu verstecken oder flohen zu den Partisanen. Wie sie schreibt, boten die unterschiedlichsten Menschen aus allen sozialen Schichten Verstecke an, vom Schuster über den Lehrer bis zum Minister.[99] Eqrem Bey riet Irene, ein Zimmer näher bei seinem Haus zu mieten, damit seine Bediensteten sie auch noch spät in der Nacht vor geplanten Razzien der Deutschen warnen könnten. Irene folgte seinem Rat und mietete bei einem Italiener und seiner albanischen Frau ein Zimmer.

---

97 Ebd., S. 98.
98 Siehe hierzu Zaugg, Albanische Muslime, S. 99, 141–143.
99 Grünbaum, Escape, S. 99. Die Herausgeberin von Grünbaums Memoiren meint hier, Irene schreibe von einem „Minister" (Pfarrer), weil sie die passenden Begriffe für muslimische Geistliche nicht kenne. Dem ist aber nicht so. Irene meint wirklich „Minister", da ihr ein solcher in Person von Eqrem Bey Vlora Hilfe bot. Siehe Anmerkung 6 in: Grünbaum, Escape, S. 188.

Die Partisanen waren nun so stark geworden, dass sie von Zeit zu Zeit aus ihren Verstecken den Bergen in die Stadt schlichen, um Attentate auf Vertreter des Dritten Reichs oder deren albanische Verbündete zu verüben.[100] Die Deutschen reagierten darauf mit brutalen Gegenschlägen; Hausdurchsuchungen, Festnahmen und Hinrichtungen nahmen zu. Irene war aufgrund ihrer Lehrerinnentätigkeit in dieser Zeit noch jeden Tag auf der Straße unterwegs, ohne sich registriert zu haben. Dadurch war sie stets der Gefahr ausgesetzt, kontrolliert und entlarvt zu werden. Eqrem Bey riet ihr, sich mit ihrer muslimischen Identität als Fatima Nova bei der deutschen Dienststelle registrieren zu lassen. Nach unendlich langen Minuten erhielt sie den ersehnten Stempel des Dritten Reichs in ihre Identitätskarte.[101]

Angst war überall, und die Alliierten bombardierten Tirana nun beinahe täglich. Alle, die unter der deutschen Besatzung litten, erwarteten die Ankunft der alliierten Kräfte mit Ungeduld. Doch noch war es nicht soweit. Die albanische Marionettenregierung und die deutschen Besatzer sparten nicht mit Todesurteilen, und Irene sah die in der Nacht Erschossenen in den Straßen liegen und die Gehängten an den Bäumen bei den Plätzen baumeln.[102]

Trotz ihres neuen Zimmers und der Hilfe von Eqrem Bey durchlebte Irene diese Wochen in Panik. Auf der Straße sprach sie ein Herr auf Serbisch an. Irene vergaß jegliche Vorsichtsmaßnahmen. Weil sie dachte, einen Freund von Bobby vor sich zu haben, antwortete sie auf Serbisch. Doch der Mann, den sie vor sich hatte, leitete die Gestapo in Tirana und war direkt HSSPF Josef Fitzthum unterstellt. Es handelte sich um SS-Hauptsturmführer Otto Knösel.[103] Er bestellte sie für 17 Uhr vor das Hotel Imperial. Obwohl Irene große Angst hatte, ihre falsche Identität könnte entdeckt werden, fand sie sich zur vereinbarten Zeit vor dem Hotel ein. Erst eine halbe Stunde später winkte Knösel sie in die Lobby des Hotels. Irene machte ihn darauf aufmerksam, dass sie aufgrund der Sperrstunde um 18 Uhr zu Hause sein müsse. Doch Knösel antwortete, er sei die Polizei und mit ihm müsse sie sich nicht fürchten. Beim Abendessen wollte er mit ihr über ein gemeinsames Geschäft sprechen.

100 Dabei kam es seit Sommer auch zwischen der kommunistischen und der zogistischen Widerstandsbewegung zu Konflikten. Zaugg, Albanische Muslime, S. 99.

101 Grünbaum, Escape, S. 100.

102 Ebd., S. 101.

103 Kasmi, Marrëdhëniet shqiptaro-gjermane, S. 304. Otto Knösel sprach sowohl Serbisch als auch Deutsch. Als Dr. K. verfasste er auch einen Bericht in der Donauzeitung mit dem Titel „Im Geiste Skanderbegs". Darin lobte er die Arbeit des Kommandeurs der Waffen-SS Division „Skanderbeg" und wie er mit den albanischen Rekruten umging. Donauzeitung, Dr. K., 26.7.1944, ASD, RSI, Aff. Pol., Busta, 51.

Das „Geschäft" bestand aus dem Vorschlag eines kostenlosen Hotelaufenthalts inklusive Affäre mit Knösel. Er drohte mit Festnahme, falls sie nicht auf seine Wünsche eintreten würde, denn er war sowohl informiert über Irenes Religionszugehörigkeit als auch darüber, in welchem Konzentrationslager sich Bobby befand.[104] Laut las er vor:

> „Irene Eskenazi, Frau von Nissim Bobby Eskenazi, lebt in Belgrad, Tochter von Seligman und Elisabeth Levi, geboren am 2. April 1909 in Darmstadt."[105]

Knösels Avancen wurden intensiver, Irene versuchte ihn über Tage hinzuhalten. Bis er sie vor dem Haus eines Schülers abpasste. Wieder wimmelte sie ihn ab. Einige Nächte schlief sie im Haus Eqrem Beys. Doch die Gefahr war nicht gebannt. Katarina Alger, die Frau des von allen gemiedenen Informanten Ernst Alger, traf Irene eines Tages auf der Straße. Katarina hieß sie in eine kleine Imbissbude zu treten, damit sie sich nicht auf der Straße unterhalten mussten. Und sie sagte zu ihr:

> „Als Frau kann ich nicht untätig bleiben und zuschauen. Nur weil eine gewisse Frau nicht mit einem bestimmten Mann schlafen will. Ich kann nicht zusehen, wie er sie verletzt. Das ist etwas, das jemand beabsichtigt mit dir zu tun."[106]

Katarina hatte ein Gespräch zwischen ihrem Mann und Knösel mitgehört, in welchem er seine Pläne für Irene dargelegt hatte. Ernst Alger sollte ein paar Juden erzählen, dass die albanischen Behörden Irene als Kommunistin festnehmen und die Deutschen sie als Spionin verurteilen würden. Dann, so Knösel, würde Irene ganz von selbst zu ihm kommen.

---

104 Grünbaum, Escape, S. 103–104.

105 Ebd., S. 104.

106 Ebd., S. 106.

Irene begriff sofort, in welcher Gefahr sie schwebte.[107] Auf dem Weg zu Eqrem Bey stieß sie mit Knösel zusammen, der bereits auf sie gewartet hatte. Er lud sie in eine Bar ein. Um Zeit zu gewinnen, teilte ihm Irene mit, sie hätte es sich anders überlegt und würde gerne mit ihm nach P. gehen, um dort ein neues Leben zu beginnen. Knösel schien begeistert und vergaß seine Drohungen. Irene erfand eine Lüge. An jenem Morgen hätte sie Eqrem Beys Nichten zu deren Verwandten gebracht und dort den Ministerpräsidenten, Rexhep Mitrovica, persönlich getroffen. Dieser hätte ihr – bei allfälliger (sexueller) Belästigung – seinen Schutz zugesagt.[108] Knösel ließ sich nach dieser Unterhaltung nie wieder blicken.[109]

Irenes Odyssee ging weiter. Sie unterrichtete nun auch Hamide Nermin Nezahet Sultan, genannt „Nesy", eine Enkelin des ehemaligen Sultans Abdul Hamid, die mit ihrer Großmutter ebenfalls in Albanien gestrandet war und bei einem Cousin Eqrem Beys, Mukerem Bey Janina, wohnte. Diese besuchte sie, als Irene wegen Krankheit nicht zum Unterricht erscheinen konnte. Als sie Irenes Armut sah, wollte Nesy die Kranke sofort in ihre Villa bringen. Doch Irene verneinte. Kurz darauf erschien Nesy mit einem Bett, das sie für Irene zusammenbauen ließ. Irene wohnte jetzt immer öfter im Hause Mukerem Beys, um Nesy Gesellschaft zu leisten. Letztere wiederum lud, um unterhalten zu werden, Menschen jeglicher politischer Couleur zu sich nach Hause ein und gefährdete so sowohl ihren Gastgeber als auch Irene.[110]

Es wurde Sommer 1944 und dann Frühherbst. Die Gefechte um Tirana hatten an Intensität zugenommen, die Partisanen wurden von den Briten, aber auch den Russen breit unterstützt.[111] Die Schlacht um Tirana hatte begonnen. Irene war frühmorgens auf dem Weg zu ihren Schülerinnen, als sie die seltsame Leere auf den Straßen und die geschlossenen Läden bemerkte. In nächster Nähe schlug eine Bombe ein. Irene rannte in ein benachbartes Haus. Ein junger Mann sagte zu ihr: „Die Partisanen sind bereits in Tirana, und sie kämpfen an der zweiten Kreuzung. Das Gefecht wird höchstens bis heute Abend dauern. Dann werden wir frei sein."[112] Irene rannte zurück auf ihr Zimmer.

107 Ebd., S. 104.
108 In Albanien musste die Deutschen Besatzer sehr vorsichtig sein, denn wer sich ohne Einverständnis eines Vaters, Ehemannes oder Bruders einer Frau näherte, konnte dafür hart bestraft werden. Siehe hierzu auch Epstein, Es gibt einen Weg, S. 68.
109 Grünbaum, Escape, S. 108–110.
110 Ebd., S. 116–124. Von ähnlichen Einladungen schreibt auch Vogel in Bezug auf Eqrem Bey. Vogel, Erinnerungen, S. 177–178.
111 Im Juli 1944 unterstützen die Briten den albanischen Widerstand mit 8.000 Pfund Sterling, Meldung, 21.7.1944, AJ, CKJ, Albanija, IX 1/I-1-126, Komizija za medjunarodne odnose i veze, IX, 1/I-5.
112 Grünbaum, Escape, S. 125.

Mukerem und sie hatten beschlossen, dass es vorerst besser war, wenn sie ihr angemietetes Zimmer behalten würde. So konnte er bei Bedarf mit Nesy, der Großmutter und dem Koch Marcello zu ihr fliehen oder Irene im umgekehrten Fall zu ihnen. Irene musste ihr Zimmer jedoch als erste verlassen. Mukerem Bey und sie richteten ein zum Hof liegendes Zimmer der Villa als Schlafzimmer für alle ein. Mukerem, Irene und Marcello wechselten sich gegenseitig in der Beschaffung von Nahrungsmitteln ab. Trotz drohender Gefahr standen sie stundenlang Schlange vor Bäckereien. Die Bombardierungen wurden noch intensiver. Die Deutschen begannen nun, von Haus zu Haus zu gehen und die männlichen Bewohner zu erschießen. Die Frauen und Kinder jagten sie aus den Häusern und zündeten diese an.[113] Irene öffnete das Tor zum Garten der Villa, um die schreienden Menschen hineinzulassen. Dann wurde auch die Villa getroffen. Alle rannten aus dem Haus, Irene und ihre Begleiter blieben. Niemand von ihnen wusste, ob sie in der deutschen oder der Partisanenzone lagen.[114] Spät in der Nacht kamen neue Menschen zu ihrem Haus, darunter auch ein junges jüdisches Mädchen, das Irene kannte. Sie hatte ihren Bruder verloren und wollte ihn am nächsten Tag suchen. In der Zwischenzeit bereiteten Irene, Mukerem, Nesy, Marcello und die Großmutter alles für die Flucht vor. Das Mädchen fand ihren Bruder. Sie kamen zurück zum Haus und schrien:

„Die Deutschen ziehen sich zurück! Der Krieg ist vorbei!"[115]

Die Jüdinnen und Juden in Tirana schmiedeten jetzt neue Pläne: Schon organisierten einige den ersten Transport zurück nach Jugoslawien. Alle, die aus umliegenden Ländern geflohen waren, wollten zurück in ihre Heimatstädte. Nach Skopje, Belgrad oder Novi Sad, um zu sehen, ob das eigene Haus oder die Wohnung noch intakt war, ob versteckte Gegenstände und Kostbarkeiten vielleicht noch in ihren Verstecken lagen und ob es neue Arbeit geben würde. Schon kurz nach dem ersten Transport Richtung Jugoslawien, in dem nun Serbien, Mazedonien, Kroatien, Bosnien-Herzegowina, Montenegro und Slowenien wieder vereint waren, folgten ein zweiter und eine dritter. Irene aber wollte nicht alleine nach Belgrad zurück. Sie wartete gemeinsam mit Nesy und Mukerem in Tirana auf Neuigkeiten von Bobby oder anderen Familienmitgliedern.[116]

113 Hierzu auch: OB Südost, Bericht „Entwicklung der militärischen Lage in Albanien im Herbst 1944", undatiert, BArchF, RW 40/116a, Bl. 3.

114 Ähnlich beschreibt auch Neumann diese Vorgehensweise der Deutschen und die letzten Gefechte in Tirana. Neumann, Umweg über Albanien, S. 78.

115 Grünbaum, Escape, S. 129.

116 Ebd., S. 131.

Viele jüdische Menschen hatten nun Albanien bereits verlassen, außer diejenigen, die in derselben Situation waren wie Irene. Irene überkamen Angst und Einsamkeit:

„Die Unruhe in der Welt war groß – meinte das Ende von Krieg notwendigerweise sofortigen Frieden?“[117]

Wochen und Monate gingen vorbei ohne Neuigkeiten von ihren Verwandten. Die Situation der verbliebenen jüdischen Flüchtlinge in Albanien wurde immer prekärer. Sie liefen hungrig und in zerschlissenen Kleidern durch die Straßen. Diejenigen, die noch etwas Geld in der Tasche hatten, versuchten damit einige weitere über Wasser zu halten. Dann erreichte die Hilfe des JDC endlich auch Albanien.[118]

Irene hatte auch diesmal Glück. Als sie im Café Berlin eintraf, das immer noch der Treffpunkt aller Emigranten war, hörte sie, dass die beiden bisherigen Vertreter der Jüdinnen und Juden beim „America House“ zurückgewiesen worden waren. Der alte Ingenieur Labinski bot an, diese Funktion zu übernehmen, wollte jedoch die Arbeit nicht allein erledigen. Wegen ihrer Sprachkenntnisse schlug jemand Irene vor. So wurde sie Verbindungsperson der jüdischen Flüchtlinge in Albanien und des JDC in Rom.[119] Durch diese neue Aufgabe lernte sie Tommy kennen, der als Kommandeur der Amerikanischen Militärmission in Albanien stationiert war. Irene war in dieser Zeit eine der wenigen, die, dank Tommys Hilfe, ausreisen konnte. Problematisch war dabei erstens eine Einreisebewilligung nach Italien zu erhalten, doch noch schwieriger war es zweitens, die albanischen Behörden dazu zu bringen, eine Ausreisegenehmigung auszustellen. Irene verabschiedete sich von Nesy und auch von Mukerem, der fürchtete, dass er unter dem neuen Regime nicht mehr lange leben würde.[120] Nach langem Warten konnte Irene schließlich Albanien mit einem amerikanischen Militärflugzeug Richtung Neapel verlassen.[121]

---

117 Ebd., S. 132.
118 Ebd.
119 Ebd., S. 133.
120 Allerdings berichtet Vogel später, dass Eqrem Bey Vlora und seine Verwandtschaft mit Flugzeugen nach Deutschland ausgeflogen wurden. Vogel, Erinnerungen, S. 219. Siehe hierzu auch „Abwanderungswünsche albanischer Freunde“, Neubacher an Schliep und Fitzthum, 5.9.1944, PAAA R27305.
121 Grünbaum, Escape, S. 139.

In ihren Erinnerungen, die sie zwischen 1949 und 1950 verfasste, schrieb Irene:

„Lebe wohl, Albanien, dachte ich. Du hast mir so viel gegeben: Gastfreundschaft, Zuflucht, Freunde und Abenteuer. Lebe wohl, Albanien. Eines Tages werde ich der Welt erzählen, wie mutig, furchtlos, stark und treu deine Söhne sind, die weder Tod noch der Teufel ängstigen können. Falls nötig, werde ich erzählen, wie sie eine Geflüchtete beschützten und nicht erlaubten, dass sie verletzt wurde – auch wenn das hieß, dass sie ihr Leben aufs Spiel setzten. Die Tore deines kleinen Landes blieben offen, Albanien. Deine Autoritäten schlossen beide Augen, wenn nötig, um den armen, verfolgten Menschen eine weitere Überlebenschance im schrecklichsten aller Kriege zu geben. Albanien, wir überlebten die Besatzung dank deiner Menschlichkeit. Wir danken dir."[122]

Irenes Geschichte zeigt sehr deutlich, dass eine einzelne hilfeleistende Person oft nicht genügte. Um die Flucht bis nach Albanien zu schaffen und in Albanien zu überleben, brauchte es in ihrem Fall eine ganze Kette helfender Personen. Irenes Geschichte lässt außerdem deutlich erkennen, wie dünn die Trennlinie zwischen geglückter Flucht oder Deportation, zwischen Leben und Tod war, denn bereits ihre getrennten Verstecke in Skopje entschieden darüber, dass Irene die Weiterflucht gelang, während ihr Mann Bobby von den bulgarischen Behörden an die Deutschen ausgeliefert wurde. Sie selbst entkam mehrere Male nur knapp dem Tod. Bobby starb in einem deutschen Konzentrationslager.

122 Ebd.

Die Babamusta-Familie versteckt und koordiniert

Im Oktober 1943, kurz nach der Übernahme Albaniens durch die Deutschen, entschied der Händler und Viehzüchter Beqir Babamusta aus dem Dorf Bukaq bei Kavaja eine jüdische Familie bei sich zu verstecken. Seine Vettern Ragip, Mehmet und Ibrahim Babamusta hatten ihn auf die Familie aufmerksam gemacht, denn sie koordinierten die Ankunft und Unterbringung von jüdischen Flüchtlingen zwischen Kavaja und Tirana. Insgesamt soll es sich nach Angaben des damals noch kleinen Sohnes Neki Babamusta um 178 Personen gehandelt haben. Neki war erst acht Jahre alt, ging in die Grundschule, lebte bei seinen Eltern Beqir und Rabihane und seinen Geschwistern Qemali, Merushe und Bukurie.[1]

Die nicht namentlich genannte Familie bestand aus einem Schneiderehepaar mit zwei kleinen Kindern, einem Sohn und einer Tochter. Die jüdische Familie konnte sich über drei Monate im Haus der Babamustas verstecken. Solche Hilfeleistungen hatten in der Familie Babamusta Tradition, wie sich Neki Babamusta erinnerte. Denn bereits vor der Kapitulation Italiens am 8. September 1943 waren im Hause Babamusta sechs desertierte italienische Soldaten untergekommen. In der Lagerhalle des Familienbetriebs, dem Geheimversteck, schälte Neki zusammen mit seiner Mutter, seinen Schwestern und den Deserteuren Mais und aß auch gemeinsam mit ihnen.[2]

Statt die Versteckten zu denunzieren half das ganze Dorf mit, die Familie vor Razzien zu warnen. Bei drohenden Durchsuchungen durch die Gestapo konnten sie sich so früh genug in einem Stall verstecken, der sich rund 700 Meter vom Haus entfernt befand.[3] Wenn keine Gefahr drohte, hielt sich die jüdische Familie im Wohnhaus der Babamustas auf. Es war zweistöckig, mit zwei Zimmern im Erdgeschoss und je einem Zimmer in den Obergeschossen.

1 Neki Babamusta, Akte Kurajo dhe Heroizmi Kontributi i fisit Babamusta në shpëtimin e 178 Hebrenjve në Kavajë, USHMM, Babamusta family collection, S. 1.

2 Siehe hierzu auch die Begegnung Irene Eskenazis mit einem ehemaligen italienischen Soldaten. Grünbaum, Escape, S. 65–66.

3 Akte Kurajo dhe Heroizmi Kontributi i fisit Babamusta në shpëtimin e 178 Hebrenjve në Kavaja, USHMM, Babamusta family collection, S. 3.

Der erst 16-jährige Neki Babamusta (Mitte, im schwarzen Anzug) 1951 mit seinen Schülern in seinem ersten Unterrichtsjahr in Rrogozhinë, Kavaja

Rabihane Babamusta, Mutter von Neki, 1961 im Garten des alten Hauses in Kavaja, in dem die jüdische Familie versteckt gehalten wurde

Die unteren Zimmer wurden als Lagerräume genutzt. In der Küche, die sich im ersten Stock befand, half die jüdische Frau Rabihane beim Kochen. Es aßen alle zusammen. Im zweiten Stock befand sich ein Schlafzimmer, in dem die Familie Babamusta schlief, und in einem Anbau neben dem Schlafzimmer schlief die jüdische Familie mit ihren beiden Kindern.[4]

Im Sommer 1943 war das nahende Ende der italienischen Herrschaft für jeden offensichtlich. Wie Mihal Lekatari war auch Beqir nicht entgangen, dass die jüdischen Flüchtlinge nun unbedingt Ausweispapiere brauchten, um nach einer „Machtübernahme" durch die Deutschen überleben zu können. Beim Aufbau eines Rettungsnetzwerks ging Beqir Babamusta systematisch vor. Er arbeitete eng mit seinen Brüdern Murat und Osman zusammen sowie deren Söhne Ibrahim, Ragip, Halit und Qamil und zwei weiteren engen Verwandten, Mehmet und Isuf Babamusta.[5] Weitere heute noch bekannte Personen des Netzwerks waren neben den Mitgliedern der Babamusta Familie, Mihal Lekatari, Ethem Cara, Sel und Dyl Zyba und Spirro Pello.[6]

Die Abreise und den Transport der jüdischen Familien in Kavaja ermöglichten und koordinierten die bereits erwähnten Neffen von Beqir Babamusta. Halit und Ragip Babamusta lebten in Kavaja und der dritte Neffe, Ibrahim Babamusta, wohnte in Tirana. Er war zu dieser Zeit Inspektor des albanischen Bildungsministeriums. Ibrahim arbeitete dazu auch mit Ethem Cara, dem Finanzminister Albaniens, zusammen, um die Flucht und Weiterreise der jüdischen Familien zu koordinieren. Ibrahim und Ethem hatten sich bereits während ihres Studiums in Wien um 1920 kennengelernt und waren seither befreundet.[7]

Ibrahim Babamusta und Minister Ethem Cara erhielten über interne Kanäle die Nachricht, dass sich weitere jüdische Flüchtlinge in Vlora befinden würden, die nun in Verstecke gebracht werden mussten. Diese Menschen hatten sich bis September 1943 relativ offen in der Küstenstadt Vlora bewegen können, waren nun aber gezwungen, sich vor der Nazi-Verfolgung in Sicherheit zu bringen. Ibrahim und Ethem planten, die jüdischen Familien von Vlora nach Kavaja zu bringen und sie bei Privaten einzuquartieren.

4 Babamusta, Akte Kurajo, USHMM, S. 11.
5 Ebd., S. 12.
6 Ebd., S. 5–6. Die drei letzteren waren auch in den Bau des erwähnten Bootes involviert. Ebd., S. 6.
7 Babamusta, Akte Kurajo, S. 11. Siehe hierzu auch Schmidt-Neke, Albanien, S. 262.

Während die einen, wie die Mandil oder Altaracs, Kavaja bereits Richtung Tirana verließen, organisierten die beiden Freunde die Flucht der anderen nach Kavaja. Dort angekommen koordinierten Ibrahims Brüder Halit Babamusta, ein Buchhalter, und Ragip Babamusta, ein Schneider, die Unterbringung vor Ort. Beide lebten in Kavaja und hatten so die Möglichkeit, bei Verwandten und Freunden geeignete Verstecke zu finden.[8]

Ein weiterer Verwandter, Mehmet Babamusta, war Generalsekretär des lokalen Gerichts. In Zusammenarbeit mit dem bereits vorgestellten Mihal Lekatari stellte er für 178 Juden während dieser inneralbanischen Fluchtwelle im September und Oktober 1943 gefälschte albanische Ausweise mit neuen Identitäten aus. Nachdem die Flüchtlingsfamilien bei zahlreichen lokalen Familien in und um Kavaja untergebracht worden waren, warteten sie, wie beispielsweise die oben erwähnte Schneiderfamilie, auf ihre neuen Identitäten und wurden dann in Gruppen zu verschiedenen Zeiten nach Tirana oder Shkodër, nach Durrës oder nach Spille in der Region um Tirana gebracht. Dort warteten sie das Ende des Krieges ab.[9]

Mehmet Babamusta starb in den letzten Tagen deutscher Besatzung am 18. Oktober 1944 als Partisan im „Luftën Nacional Çlirimtare“, im Nationalen Befreiungskrieg. Er selbst sowie seine Mitstreiter Mihal Lekatari und Isuf Babamusta wurden bereits 1975 von der israelischen Regierung geehrt.[10]

---

8 Ebd., S. 12.
9 Ebd., S. 11.
10 Ebd.

Ibrahim Babamusta

Wie Jaša Altarac zum Taschentuch mit dem Doppeladler kam

Der siebenjährige (Jakov) Jaša Altarac[1] und seine Eltern, Mayer und Merjama (Mimi), sowie die 1937 geborene jüngere Schwester Lea Lela führten in Belgrad ein gutbürgerliches Leben. Sie waren assimilierte Juden, sprachen serbisch und Mayer führte erfolgreich ein Steinmetzgeschäft in Zemun, einem heutigen Stadtteil Belgrads.[2] Dies änderte sich, als Hitler im April 1941 Jugoslawien angriff.

Kurz vor dem deutschen Angriff auf Jugoslawien war die Familie, wie jedes Jahr, zur Großmutter, Mayers Mutter, nach Sarajevo gefahren, um gemeinsam das Pessachfest in Sarajevo zu feiern. Am 14. April 1941 setzte mitten im Fest ein Luftangriff ein. Die Familie floh sofort in den Keller, doch das Haus wurde von einer Bombe getroffen. Jaša wurde durch die Luft geschleudert. Seine kleine Schwester und seine Großmutter starben. Lea Lela wurde nur vier Jahre alt. Als Erinnerung nahmen die Altaracs einige Monate später ein rosa Kleidchen mit auf die Flucht.[3]

Einige Tage später besetzten die deutschen Truppen Sarajevo. Nur zehn Tage nach der Beerdigung der kleinen Lea Lela verließ die Familie die Stadt und fuhr Richtung Šabac in Zentralserbien. In dieser Zeit fanden sie bei Miloje Markovic Zuflucht, dem Vorarbeiter in Mayers Betrieb in Belgrad. Doch sie mussten sich registrieren lassen, und am 14. Juni musste Mayer sein Geschäft in Belgrad zur Zwangsenteignung freigeben. Am 18. Juli 1941 war die Familie genötigt, nach Belgrad zurückzukehren, und Mayer wurde zur Zwangsarbeit eingezogen. Davon zeugt ein „Arbeitsbuch", das tägliche Einsätze bis zum 8. September 1941 angibt – am 9. September floh die Familie.[4]

---

1 Schreibweise manchmal auch: Altaratz.

2 Mayer Altarac's Steinmetzgeschäft „Mermer-Oniks" verarbeitete Marmor und anderen Stein und er betätigte sich auch als Bauunternehmer, Briefkopf des Unternehmens, ca. 1940, USHMM, Nachlass Jaša Altarac.

3 Pink dress, Accession Number: 2002.438.8 USHMM, Nachlass Jaša Altarac.

4 Das Zwangs-„Arbeitsbuch" von Mayer Altarac befindet sich im Kapitel „Jüdinnen und Juden in „Großalbanien" 1941 bis 1943 unter italienischer Besatzung".

Ehemaliges Türschild der
Familie Altarac in Belgrad

Kleidchen der von einer deutschen Bombe
getroffenen Schwester Lea Lela

An die

Kreiskommandatur

Šabac.

Laut Anordnung des Militärkommandanten für Serbien vom 30. Mai 1941 melde ich meine Steinmetzwerkstatt in Zemun, laut § 12 an.

Die Werkstatt befindet sich in Zemun, Venedigerweg und trägt den Namen " MERMER OKIAS" Kresarska radnja Majer Altarac. Gegrundet 1938.

Diese ist eine Steinmetzerwerkstatt zur Steinverarbeitung.

Von Seiten der Behorden wurde ein Kommissar in selbe eingesetz, welcher disse Werkstatt jetzt führt.

Der Wert der Rohmaterialien /Steinplatten/ betrug am 1.1. 1941 cca. 136.000.-- Einhundertsechtunddreiszig-tausend Dinar.

Der Werkplatz und das Gebaude in welchem sich selbe befindet sind Eigentum der Werkstatt . Die Maschinen sind nicht ausbezahlt, folgendessen sind sie nicht mein Eigentum. Platz und Gebaude sind bis zur Ausbezahlung der Maschinen Garantie für diese.

Am Lager befindet sich verkauftes jedoch nicht ausgeliefertes wie auch gekauftes jedoch nicht bezahltes Material.

In Baren habe ich bei der Industriebank in Beograd, Kolarčeva ul.9 cca. 2.100.-- Dinar Zweitausendeinhundert.-

-bei der Gradjevinska Zanatska Zadruga Beograd cca. 3.000.-- Dinar Dreitausend.-

Hochachtungsvoll

14. Juni 1941
Šabac.

Steinmetzer
Masarikova 114.

Zwangsenteignung von Mayer Altaracs Geschäft, 14.7.1941

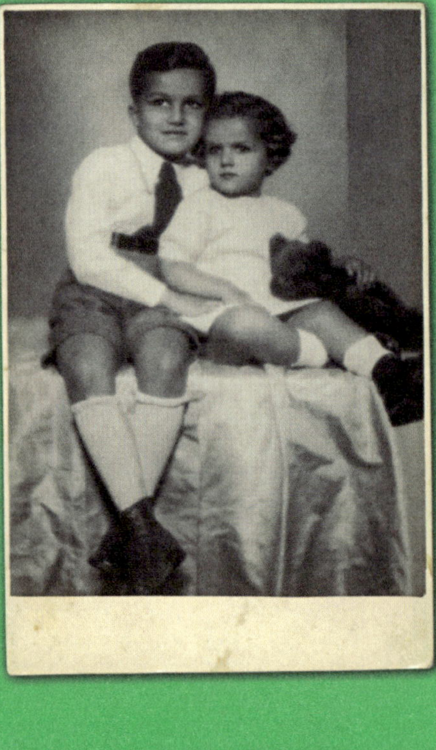

Jaša mit seiner Schwester Lea Lela kurz vor ihrem Tod

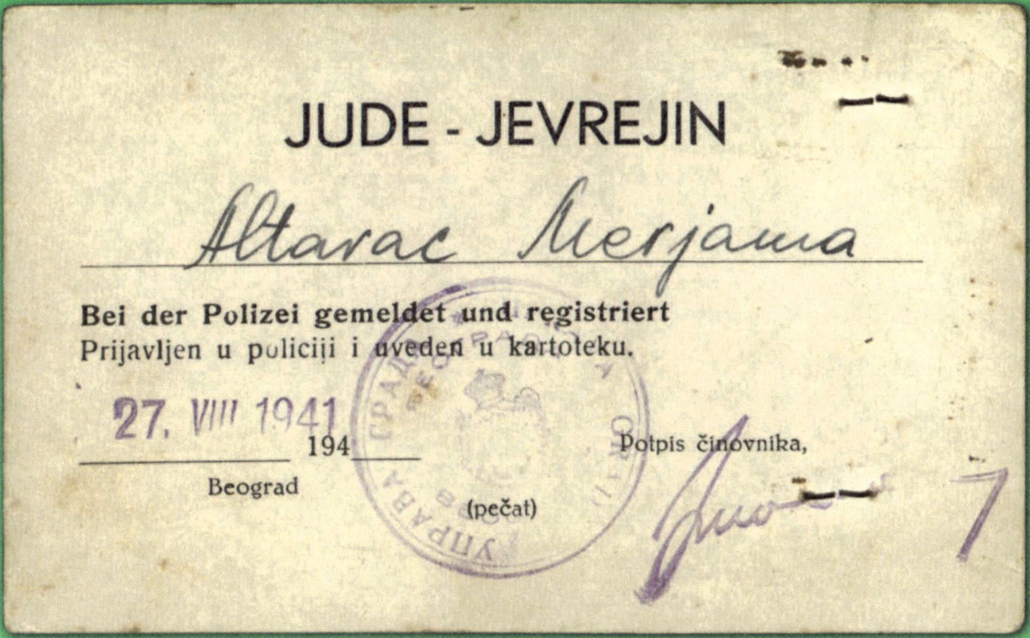
JUDE - JEVREJIN

Altarac Merjama

Bei der Polizei gemeldet und registriert
Prijavljen u policiji i uveden u kartoteku.

27. VIII 1941 194

Beograd

(pečat)

Potpis činovnika,

Registrierung von Mimi (Merjama) Altarac
in Belgrad, Serbien, 27.8.1941

Mayer Altarac mit seinem Geschäftsfreund David Amarilio in Skopje, später von Jaša auf 1. Oktober 1941 datiert

Mayer bat einen ehemaligen Geschäftspartner, den Italiener Erminio Dorio, um Hilfe bei der Beschaffung von Reisedokumenten für das italienische Besatzungsgebiet. Die Genehmigungen konnten nicht in der vorgesehen Frist ausgestellt werden, aber Dorio besorgte ein Schreiben auf dem Briefpapier der bulgarischen Botschaft in Belgrad, aus dem hervorging, dass in Skopje ein Reisevisum für Albanien auf sie wartete. Von Belgrad floh Familie Altarac am 9. September 1941 Richtung Skopje, das ebenso wie Belgrad bis April 1941 zu Jugoslawien gehört hatte. Doch seit dem vergangenen Frühjahr war Jugoslawien von den Achsenmächten zerschlagen und aufgeteilt worden. Skopje gehörte jetzt zu Bulgarien, das mit der „Achse" zusammenarbeitete. Auch in den Gebieten „Neubulgariens" war die Stimmung gegenüber Jüdinnen und Juden äußerst feindlich.[5]

5 Grünbaum, Escape, 24.

Nur einen Monat später, am 10. Oktober 1941, begegnete Mayer Altarac einem Mann aus dem Kosovo, der ihn als Juden erkannte. Die Familie Altarac floh noch in dieser Nacht Richtung Prishtina/Priština, das unter italienischer Kontrolle stand. In Prishtina/Priština sammelten sich bereits zahlreiche jüdische Flüchtlinge, denn es hatte sich herumgesprochen, dass die Italiener, im Gegensatz zu den Bulgaren, nur sporadisch mit den Deutschen auf der anderen Seite der Grenze in Nordkosovo bzw. Serbien zusammenarbeiteten. Vorerst waren Familien, Paare und Einzelpersonen auf einem Schulgelände untergebracht.[6] Im Dezember 1941 befahlen die italienischen Behörden den jüdischen Flüchtlingen, in ein Durchgangslager im Hauptgefängnis zu ziehen, das von da an als campo die concentramento bezeichnet wurde.[7]

Im März 1942 verlangten die deutschen Behörden die Deportation von 51 bzw. je nach Quelle, 53 Jüdinnen und Juden auf deutsches Gebiet. Zu dieser Gruppe gehörten auch Jašas Tante mütterlicherseits, Frieda Barta, ihr Mann und ihre Tochter. Die Italiener kamen dieser Forderung nach. Jašas Mutter Mimi wollte sich freiwillig dem Transport anschließen, dem ihre Schwester zugeteilt worden war. Ein italienischer Wachmann konnte sie aber davon überzeugen, nicht mitzugehen. Alle 51 von den Italienern ausgelieferten Menschen wurden von den Deutschen ermordet.[8]

Die Familie Altarac blieb vorerst in Prishtina/Priština, obwohl viele jüdische Flüchtlinge die Region in Richtung „Altalbanien" verlassen durften. Am 8. Juli 1942 beschloss das italienische Kommando, die noch verbliebenen jüdischen Internierten nach Albanien zu überführen. Sie wurden in Gruppen aufgeteilt. Jede Gruppe hatte den Auftrag, Lastwagen zu finden, die sie an verschiedene Ziele Albaniens bringen sollten. Der damals achtjährige Jaša und seine Familie wurden mit fünf anderen Familien nach Kavaja gebracht: den Mandils, den Azriels, den Borgers, den Konfortis und den Ruchwargers. In der Gruppe waren noch drei weitere Kinder: Marki Azriel, Gavra Mandil, und seine Schwester Irena (Beba).

6 Mandil, Yad Vashem 03.11543, Band Nr. VT-2652f, S. 11–12.

7 Ebd.

8 Michele Sarfatti, Tra uccisioni e protezione, S. 232. Capogreco, Les Juifs en Albanie, S. 330. Ramaj, Bedrängte Juden Im Kosovo, S. 21.

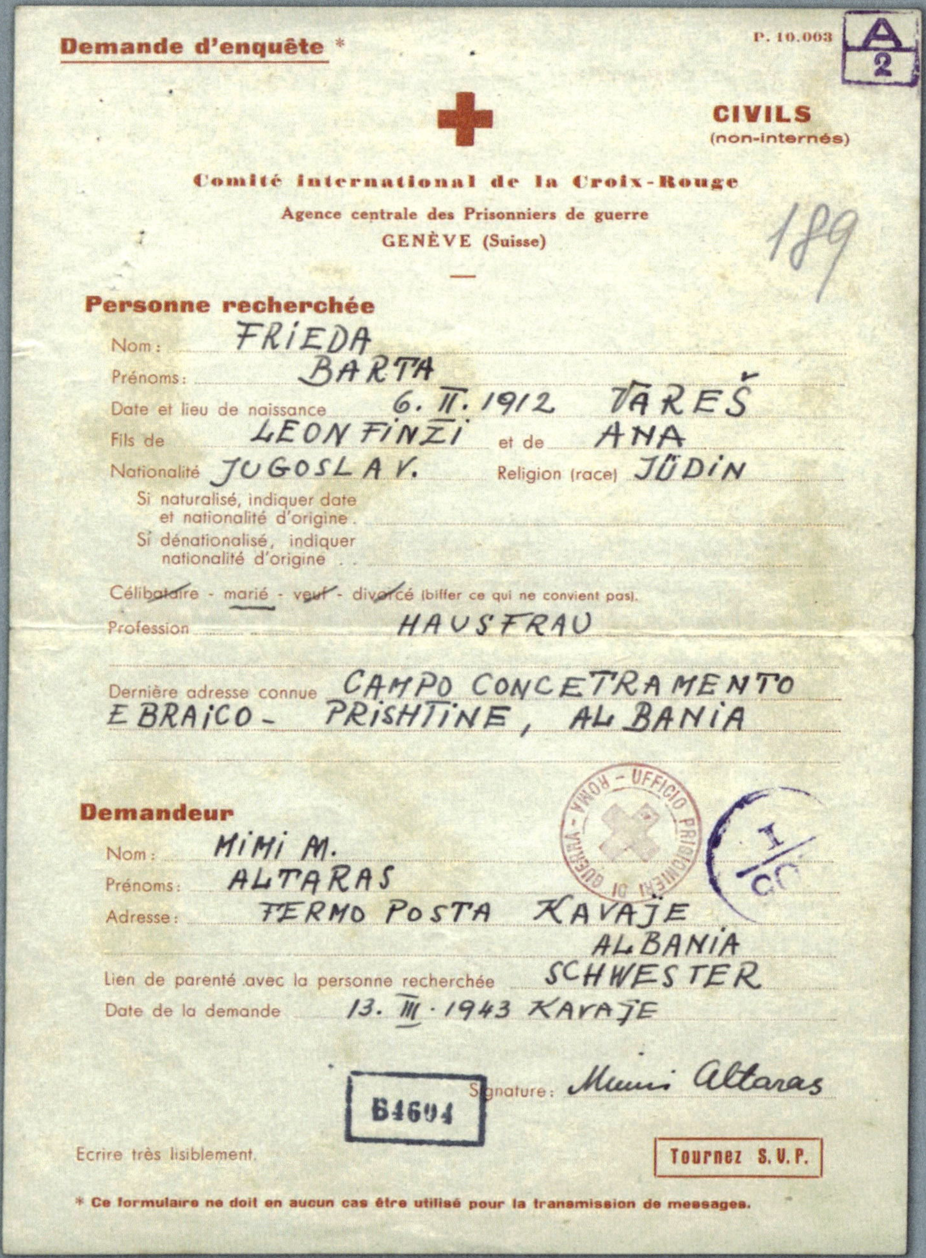
Demande d'enquête *

P. 10.003

A
2

CIVILS
(non-internés)

Comité international de la Croix-Rouge
Agence centrale des Prisonniers de guerre
GENÈVE (Suisse)

189

Personne recherchée

Nom: FRIEDA
Prénoms: BARTA
Date et lieu de naissance 6. II. 1912 VAREŠ
Fils de LEON FINZI et de ANA
Nationalité JUGOSLAV. Religion (race) JÜDIN
Si naturalisé, indiquer date et nationalité d'origine
Si dénationalisé, indiquer nationalité d'origine
Célibataire - marié - veuf - divorcé (biffer ce qui ne convient pas).
Profession HAUSFRAU
Dernière adresse connue CAMPO CONCETRAMENTO EBRAICO- PRISHTINE, ALBANIA

Demandeur

Nom: MIMI M.
Prénoms: ALTARAS
Adresse: FERMO POSTA KAVAJE ALBANIA
Lien de parenté avec la personne recherchée SCHWESTER
Date de la demande 13. III. 1943 KAVAJE

ROMA - UFFICIO PRIGIONIERI GUERRA

I/CC

B4694

Signature: Mimi Altaras

Ecrire très lisiblement.

Tournez S.V.P.

* Ce formulaire ne doit en aucun cas être utilisé pour la transmission de messages.

Mimi Altarac suchte nach der deportierten Schwester Frieda, die 1942 von den Italienern aus dem „neualbanischen" Teil Kosovos an die Deutschen ausgeliefert worden war

Die Familie Altarac mit Irena Mandil (links) im Lager in Prishtina/Priština, kurz nachdem ihre Verwandten an die Deutschen ausgeliefert worden waren

In Kavaja konnten sie gemeinsam eine Wohnung im ersten Stock des „Roten Hauses“ mieten. Das Familienoberhaupt musste sich täglich beim italienischen Stadtkommandeur auf dem lokalen Polizeiposten melden. Die Familien durften die Stadt nicht ohne Erlaubnis verlassen.[9] Ansonsten gab es jedoch nur wenige Einschränkungen. Die größeren Kinder, zu denen Jaša bereits zählte, besuchten zuletzt eine Schule, in der ein italienischer Soldat als Lehrer tätig war.[10] Vorher war er in einer Klasse, die einen albanischen Lehrer hatte, wie auf dem Bild auf der folgenden Seite zu sehen ist.

Eine Erinnerung, die Jaša 2002 an das USHMM übergab, war eine Reiseuhr. Während der Monate, die sie als Internierte in Kavaja verbrachten, war diese Uhr die einzige, die funktionierte. Sie wurde von allen jüdischen Bewohnern des „Roten Hauses“ genutzt.

9 Da aber Irene Eskenazi Ytzhak Azriel in Tirana traf, konnten offensichtlich auch Bewilligungen eingeholt werden, um in eine andere Stadt zu fahren. Grünbaum, Escape, S. 54.

10 Die kleineren wie Gavra Mandil hatten eine Lehrerin, siehe Kapitel: „Die Leidenschaft für die Fotografie rettet die Familie Mandil“. Das Bild mit dem italienischen Soldaten als Lehrer ist im Kapitel „Jüdinnen und Juden in „Großalbanien“ 1941 bis 1943 unter italienischer Besatzung“ zu sehen.

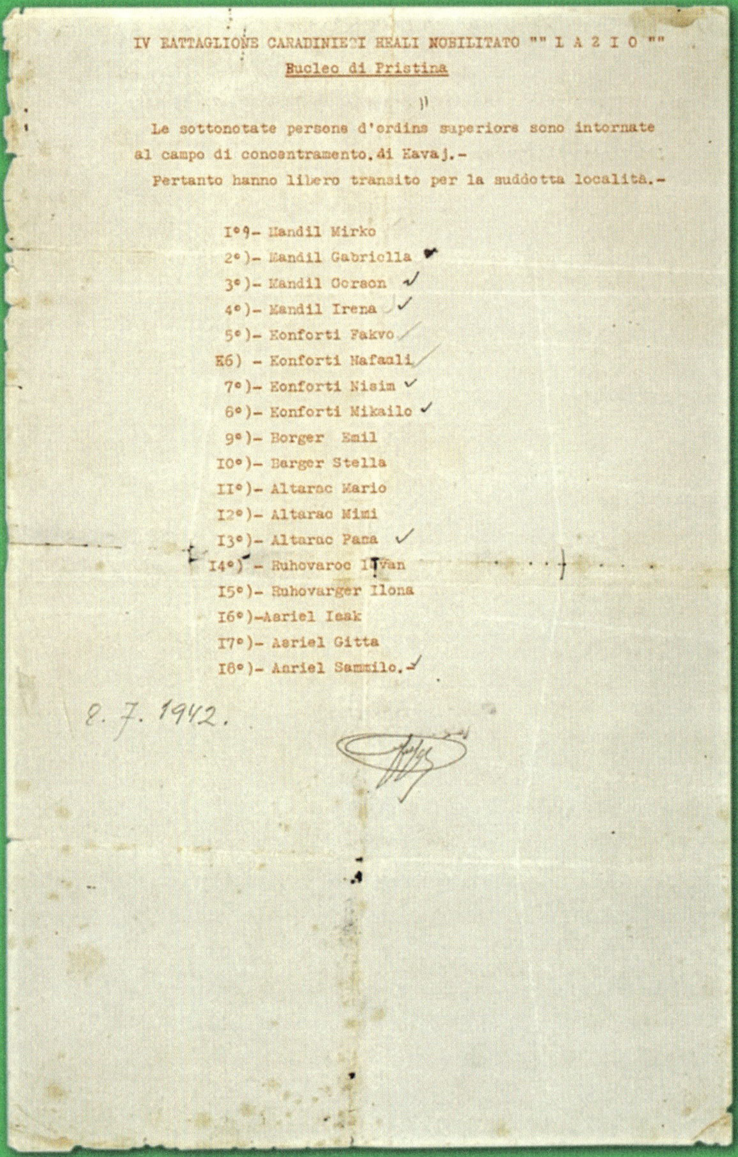

IV BATTAGLIONE CARABINIERI REALI MOBILITATO "" L A Z I O ""

Nucleo di Pristina

Le sottonotate persone d'ordine superiore sono internate al campo di concentramento di Kavaj.-

Pertanto hanno libero transito per la suddetta località.-

I°)- Mandil Mirko
2°)- Mandil Gabriella
3°)- Mandil Gorson
4°)- Mandil Irena
5°)- Konforti Jakvo
6°) - Konforti Nafauli
7°)- Konforti Nisim
8°)- Konforti Mikailo
9°)- Berger Emil
I0°)- Berger Stella
II°)- Altarac Mario
I2°)- Altarac Mimi
I3°)- Altarac Pana
I4°) - Ruhovaroc Iwan
I5°)- Ruhovarger Ilona
I6°)-Asriel Isak
I7°)- Asriel Gitta
I8°)- Asriel Sammilo.-

8. 7. 1942.

Transportliste der fünf Familien
von Prishtina/Priština nach Kavaja

Jaša ist in der vordersten Reihe der Zweite von rechts. Schule A. Moisiu, Kavaja 1942/43

Reiseuhr, die während der Flucht und Internierung sowohl in Prishtina/Priština als auch in Kavaja verwendet wurde

Obwohl die Altaracs Kavaja im Sommer erreicht haben mussten, finden sich die ersten Unterschriften für die täglichen Kontrollen auf dem Polizeiposten der Stadt erst im Herbst 1942. Jaša Altarac hat USHMM ein Heft überlassen, in welchem als erstes Datum der 4. November 1942 eingetragen ist. Von da an musste sich sein Vater Mayer täglich bei der örtlichen Polizeistation melden. Ansonsten hatten die jüdischen Familien jedoch ziemlich viel Bewegungsfreiheit. Der letzte Eintrag stammt vom 9. September 1943. Die Italiener hatten am 8. September 1943 kapituliert, ohne jedoch ihre in Albanien stationierten Truppen und Vertreter des faschistischen Staates davon in Kenntnis zu setzen. Daher hatte der zuständige Polizist in Kavaja das Dokument auch am 9. September noch unterzeichnet.

Am 9. September 1943 teilte der italienische Militärkommandant in Kavaja den jüdischen Familien mit, dass Italien vor den Alliierten kapituliert hatte und die Truppen aus Albanien abziehen würden. In der Annahme, dass die Deutschen die Region bald besetzen würden, organisierte Jašas Familie ein Taxi nach Tirana. Seit dem Einmarsch der Deutschen lebten die Altaracs in ständiger Angst. Sie hatten mit ihren Verwandten ein Zimmer im Hause zweier Witwen gemietet: „Mein Vater traute sich nicht aus dem Haus. Wir Kinder spielten nur im geschlossenen Hof. Unsere Ersparnisse gingen zur Neige, und meine Mutter und meine Tante Sida beschlossen zu versuchen, ihren Lebensunterhalt mit dem Stricken von Pullovern zu verdienen und diese in einem renommierten Geschäft in der Stadt zu verkaufen.“[11] So lernte Merjama Altarac Ganimet Toptani kennen. Sie lud die jüdische Familie ein, auf ihr Anwesen in Kamza zu kommen und sich dort zu verstecken. Von Februar bis August 1944 blieben die Altaracs in Kamza und trafen auch auf andere jüdische Flüchtlinge, wie die Levis, die Gershons/Geršon und Josef Gertler. Während Altaracs gemeinsam mit den Levis bei Toptanis Unterschlupf fanden, konnten die Gershons/Geršon und Josef Gertler bei den Frashëris wohnen. Die beiden Anwesen grenzten aneinander, da Emine Frashëri die Schwester von Atif Toptani war. So fand Familie Altarac in Kamza alte Bekannte, aber auch neue Freunde.[12]

---

11 Nidam-Orvieto, Steinfeldt, Rescue of Jews in Albania, in: https://www.yadvashem.org/righteous/resources/rescue-of-jews-in-albania-through-yad-vashem-files.html (Stand: 6.1.2025).

12 Ebd.

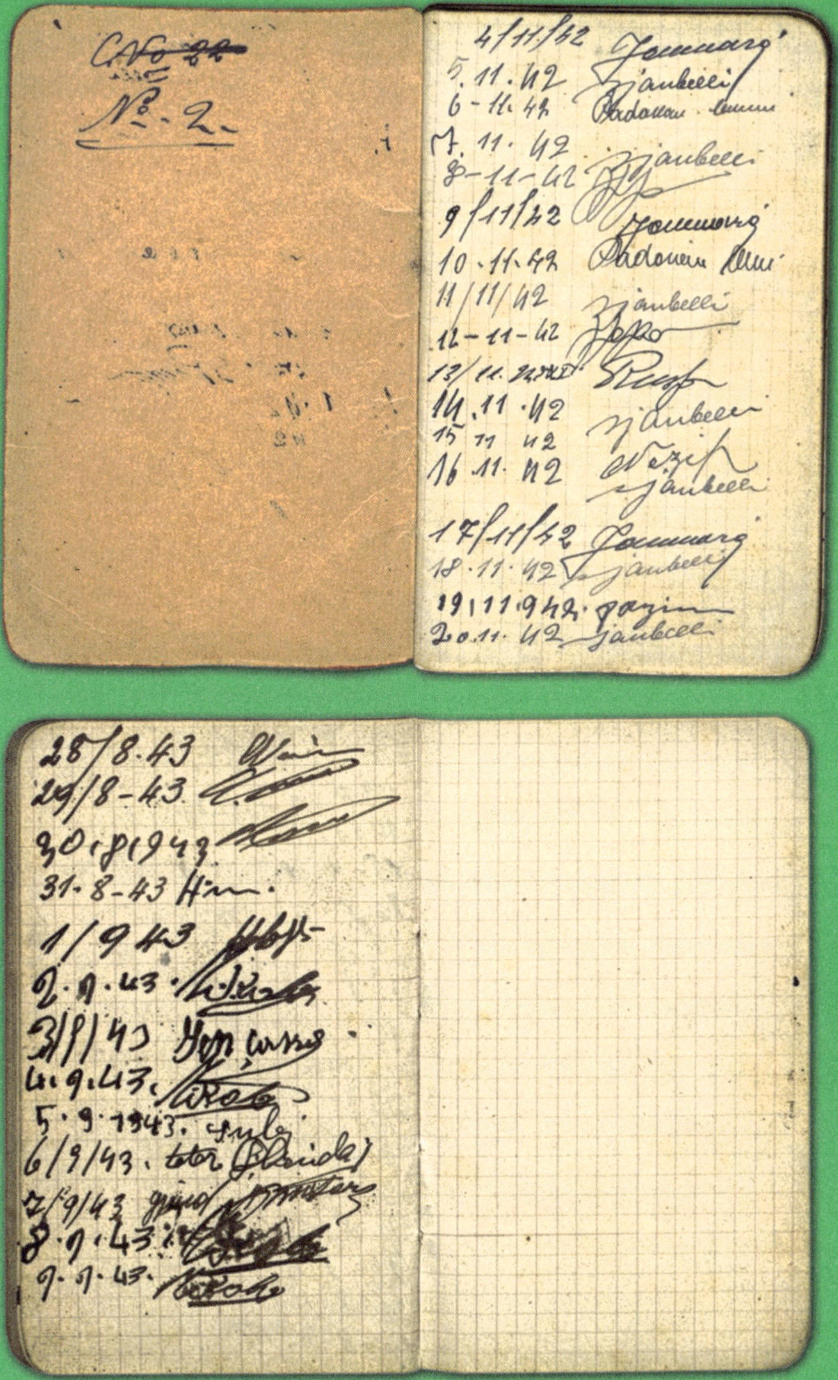

Provisorisches Ausweisdokument, das jeden Tag beim Polizeiposten in Kavaja unterschrieben werden musste. Ein Tag nach der Kapitulation Italiens, am 9. September 1943, ist der letzte Eintrag

Im August 1944 wurde die Situation noch einmal lebensbedrohlich. Jaša erinnert sich an eine Hausdurchsuchung des Anwesens durch die Deutschen. Sie waren auf der Suche nach Waffen, nachdem Partisanen in der Nähe einen deutschen Konvoi angegriffen hatten. Jaša meint, sich erinnern zu können, dass einige der uniformierten Männer Serbisch mit bosnischem Akzent sprachen. Dabei könnte es sich um ehemalige Mitglieder der SS-Division „Handschar" gehandelt haben, die im Mai 1944 in die albanische SS-Division „Skanderbeg" übernommen worden waren. Auf jeden Fall scheint ihm aufgefallen zu sein, dass die Soldaten nicht wie seine Eltern einen ekavischen, sondern einen jekavischen Dialekt sprachen. Obwohl Atif Toptani die deutschen Soldaten davon überzeugen konnte, dass auf seinem Anwesen keine Waffen zu finden wären, schien ihm die Lage sowohl für die Altaracs als auch für seine eigene Familie nun zu gefährlich. Für die letzten Monate zogen Jaša und seine Eltern nach Tirana zurück. Dort tobte in diesen Tagen der Häuserkampf. Obwohl die schwächer werdenden deutschen Truppen noch Widerstand leisteten, wurde die Stadt bald darauf von den Partisanen eingenommen.[13]

Familie Altarac kehrte kurz nach dem Rückzug der Deutschen nach Belgrad zurück. Im Dezember 1948 wanderte sie nach Israel aus. Nach der Öffnung Albaniens nahm Mehmet Frashëri, der Neffe der Toptanis, sofort mit Jaša Altarac Kontakt auf. Dieser antwortete im März 1991 auf seinen Brief.[14]

Neben zahlreichen Fotografien, die durch die Nähe der Familie Altarac zum Fotografen Mandil entstanden sind, blieben Jaša einige wenige Erinnerungen, etwa die Reiseuhr oder Dokumente seiner Eltern, die sie als Juden auswiesen. Daneben ist ihm ein weißes Taschentuch mit einem doppelköpfigen Adler, dem Symbol Albaniens, geblieben – seine „Erinnerung aus Albanien", die ihn ein Leben lang begleitete.

---

13 Siehe hierzu auch die Erinnerungen von Irene Grünbaum und Johanna Neumann. Grünbaum, Escape, 129 und Neumann, Umweg über Albanien, S. 78.

14 Brief Jakov Altarac an Mehmet Frashëri, 11. 3. 1991, Yad Vashem.

Familie Altarac bei den Toptanis
in Kamza, August 1944

„Erinnerung aus Albanien",
Taschentuch von Jaša Altarac

Versteckt auf dem Landsitz der Frashëris und Toptanis

Michael Levi (3.v.l.), der sich bei den Frashëris und Toptanis versteckte, und Jaša Altarac (1.v.r.) auf der Geburtstagsfeier von Irena Mandil, Kavaja 1942

Einige Flüchtlingsfamilien, die in diesem Buch vorgestellt werden, kannten sich seit langem und waren auch untereinander stets in Kontakt. Hysref Frashëri und seine Frau Emine (geborene Toptani) gehörten einer albanischen Adelsfamilie an.[1] Sie lebten zu dieser Zeit mit ihren vier Kindern Lili, Neriman, Didi und Mehmet auf einem großen Landsitz bei Kamza, einem Ort in der Nähe der Hauptstadt Tirana. Ihre Verwandten, Emines Bruder Atif Toptani und seine Frau Ganimet, wohnten auf dem Grundstück direkt nebenan. Diese beiden begannen bereits 1942, die zwei jüdischen Familien Altarac und Levi zu unterstützen. Ihnen war die Flucht aus dem seit April 1941 von Deutschland besetzten Jugoslawien über Prishtin/Priština gelungen. Von hier ging die Flucht in Begleitung weiterer Familien, etwa der Mandils, nach Kavaja weiter.[2] Im September 1943 flohen sie alle nach Tirana, wo sich ihre Wege für das letzte Kriegsjahr in Albanien trennten. Levi überlebte mit seiner Familie auf dem Anwesen der Frashëris und Toptanis, die Mandils bei der Familie Veseli.[3]

1 Hysref Frashëri gehörte zur albanischen Elite, er war sehr gebildet und ein Neffe von Abdyl, Naim and Sami Frashëri, drei der wichtigsten Exponenten der albanischen Nationalbewegung des ausgehenden 19. Jahrhunderts. Brief Hajri Mehmet Frashëri an Yad Vashem, 23. Mai 1999, Yad Vashem, M.31.2/8990.

2 Siehe hierzu das Kapitel „Wie Jaša Altarac zum Taschentuch mit dem Doppeladler kam".

3 Siehe hierzu Kapitel „Die Leidenschaft für die Fotografie rettet die Familie Mandil".

Es war wohl dieses empathische Verhalten der Verwandten, das die Frashëris dazu veranlasste, auch jüdische Flüchtlinge bei sich aufzunehmen. Der älteste Sohn von Hysref und Emine, Mehmet Frashëri, erinnert sich:

„Wir sind Muslime. Wir haben sie unter unseren Schutz genommen, weil es in unserer Familie die Moralvorstellung gibt, dass wir diese Seelen retten sollten, die leiden und grundlos getötet werden, weil sie gute Menschen sind, unschuldige Menschen."[4]

Eines Tages bat die Familie Levi die Frashëris darum, ihre Freunde aus Skopje, Sabetaj und Miriam Gershon/Geršon und ihre beiden 1929 und 1930 geborenen Töchter Hana und Stela bei sich aufzunehmen. Frashëris willigten ein. Neben der Familie Gershon/Geršon versteckten sie auf ihrem Anwesen einen weiteren Flüchtling, den Rumänen Josef Gertler. Das Anwesen war weitläufig und Hysref hatte zwei zusätzliche Räume für die Arbeiter eingerichtet. In einem dieser Räume brachten sie nun Josef unter,[5] der allein nach Albanien geflohen war. Seine Familie konnte sich für die Dauer des Zweiten Weltkriegs in andere Länder retten. Während seiner Zeit bei den Frashëris hatte er die oben genannte eigene Kammer, was bereits ein Luxus darstellte. Die meisten Flüchtlinge mussten sich ihre Räume mit mehreren Personen teilen. Josef Gertler half bei der Küchenarbeit, baute für die Hunde der Frashëris Hundehütten und genoss, wie spätere Briefe zeigen, den Austausch mit den albanischen Familien.[6]

Da die Landsitze der beiden albanischen Familien aneinander grenzten, standen sowohl die zwei albanischen Familien als auch die drei Flüchtlingsfamilien in regem Austausch miteinander. Michael Levi und Jaša Altarac sowie Hana und Stela Gershon/Geršon verbrachten viel Zeit mit den vier Kindern der Frashëris.[7] Der älteste Sohn der Frashëris, Mehmet, 1925 geboren, war vier Jahre älter als Hana.

4 Interview mit Mehmet Frashëri für den Film „Besa, the promise“, http://besathepromise.com/bios.html (Stand: 17.1.2025).

5 Ebd.

6 Brief von Josef Gertler an Hysref Frashëri, 8.4.1956, Yad Vashem, M.31.2/8990.

7 https://collections.yadvashem.org/en/righteous/4038650 (Stand: 13.1.2025).

Mit seinen 18 Jahren kümmerte er sich gemeinsam mit seinen Eltern nicht nur um das Wohl der Flüchtlinge, etwa, indem er Josef Gertler Tabak organisierte,[8] sondern auch um logistische Angelegenheiten beim Verstecken der Flüchtlinge, die schon bald notwendig wurden, denn nach der Kapitulation der Italiener und der Besetzung Albaniens durch die Deutschen waren aus Angst vor Vergeltung zahlreiche italienische Soldaten entweder zu den Partisanen geflohen oder hatten sich versteckt.[9] So auch in der Gegend um Kamza, was bald die Aufmerksamkeit der Deutschen auf sich zog. Als die Partisanentätigkeit zunahm, stürmten eines Nachts deutsche Soldaten das Haus der Frashëris, um nach Personen zu suchen, die auf einen deutschen Konvoi geschossen hatten. Hysref Frashëri, der Deutsch sprach, überzeugte den deutschen Offizier, dass es in seinem Haus nichts zu finden gab.[10]

Doch die Angst vor weiteren Hausdurchsuchungen, die weniger glimpflich ablaufen könnten, blieb. Die Frashëris und die Toptanis besprachen sich mit den drei Familien und mit Josef Gertler. Sie mussten für ihre jüdischen Gäste einen sichereren Ort suchen. Der 18-jährige Mehmet war für den heimlichen Transport von je zwei Personen pro Tag verantwortlich. Er besuchte die Untergetauchten täglich und versorgte sie bis November 1944 mit Lebensmitteln. Am 3. August 2000 anerkannte Yad Vashem Hysref und Emine Frashëri sowie ihren Sohn Mehmet Frashëri als Gerechte unter den Völkern.[11]

Im Dezember 1944 meldete sich die in das befreite Skopje zurückgekehrte Familie Gershon/Geršon bei den Frashëris und teilte ihnen mit, dass sie gut in ihrer Heimat angekommen waren. Es handelte sich hier um die letzten freieren Briefe zwischen Rettern und Geretteten. Bald schon würde auch Mazedonien als Teilrepublik in das sozialistische Jugoslawien integriert werden und in Albanien unter Enver Hoxha eine der radikalsten sozialistischen Diktaturen entstehen. Gershons/Geršons hofften in diesem Brief auf baldige angenehme Neuigkeiten seitens der Frashëris. Im zweiten Satz dankt Sabetaj:

8 Interview mit Mehmet Frashëri für den Film „Besa, the promise“, http://besathepromise.com/bios.html (Stand: 17.1.2025).

9 Zaugg, Rekrutierungen, S. 313–314.

10 https://collections.yadvashem.org/en/righteous/4038650 (Stand: 13.1.2025).

11 Akte Frashëri, Yad Vashem, M.31.2/8990.

Sieg! Posieren nach der Befreiung Albaniens

„Je vous viens remercier bien infiniment pour l'extreme amabilité que vous avez eu envers nous lorsque nous nous trouvions chez vous comme emmigrants." – „Ich danke euch unendlich für eure extreme Liebenswürdigkeit uns gegenüber, während wir uns als Emigranten bei euch befunden haben."[12]

12 Brief Miriam und Sabetaj Gershon/Geršon an Familie Frashëri, 21.12.1944, Yad Vashem, M.31.2/8990.

Frashëris und Toptanis mit verschiedenen Flüchtlingsfamilien, darunter die Gershons/Geršons und die Mandils

Nie würden sie vergessen können, dass ihnen die Familien Fashëri und Toptani das Leben gerettet hatten und während „ihrer traurigen Odyssee“ zur Seite standen. Darüber hinaus zeigt das Schreiben der Gershons/Geršons auch, wie nahe sich die Familien gekommen waren: Sie betrachteten ihre Retter als Teil der eigenen Familie, wie Miriam und Sabetaj stets betonten.[13] Sie waren zuversichtlich, dass sich die politische Situation bald zum Besseren wenden würde, wie sie im Spätherbst 1944 schrieben, und die beiden Familien Frashëri und Toptani sie in Skopje besuchen kommen könnten. Die Umstände verschlechterten sich jedoch für adlige albanische Familien, zu welchen die Frashëris und Toptanis gehörten. Seit Ende November 1944 war der im Mai gegründete Antifaschistische Nationale Befreiungsrat an der Macht – dominiert von Enver Hoxha und der Kommunistischen Partei Albaniens. Im Januar 1946 kam Hoxha endgültig an die Macht der Sozialistischen Volksrepublik Albanien.[14]

Die Gershons/Geršons, die unter Tito in einem liberaleren sozialistischen Staat lebten, hofften weiterhin, dass sich auch in Albanien die politische Situation beruhigen würde. 1945 versuchten sie mit einer Stellungnahme, die sie nach Albanien schickten,[15] auf die große Hilfe, welche Hysref Frashëri geleistet hatten, aufmerksam zu machen und ihn so vor politischer Verfolgung zu schützen. Zu diesem Zeitpunkt mussten sie bereits gewusst haben, dass ihre Retter unter dem neuen Regime selbst unter Druck geraten waren. Nicht nur im Land verbliebene albanische Juden der großbürgerlichen Schicht, auch Angehörige anderer Religionen, die aus dem Adel stammten oder als Unternehmer tätig waren, hatten mit der Verfolgung durch das neue kommunistische Regime zu kämpfen.[16]

„Hiermit erkläre und bestätige ich, dass Jussef [Hysref] Frashëri mich und meine Familie genau zum richtigen Zeitpunkt abgeholt hat. Nach der Kapitulation Italiens befanden wir uns in einer schwierigen Situation, da die deutschen Erfolge zunahmen […]. Dann kam Jussef [Hysref] Frashëri uns zu Hilfe, nahm uns auf und versteckte uns in seinem Haus im Dorf und in Tirana. Ich gebe diese Erklärung ab, weil es meine menschliche Pflicht ist, die Wahrheit zu sagen und die zuständigen Behörden zu bitten, da sie dies als mildernden Umstand betrachten, wenn es nicht im Widerspruch zum Staatsrecht Albaniens steht.“[17]

---

13 Ebd.
14 Siehe hier auch: Fischer, Albania at War, 1939–1945, West Lafayette 1999, S. 253–256.
15 Siehe albanische Postmarken auf der Stellungnahme. Stellungnahme Sabetaj Geršon, 26. 6. 1945, Yad Vashem, M.31.2/8990.
16 Schmidt-Neke, Albanien, S. 253.
17 Ebd.

26 jun 1945 g.
Skoplje

Izjava,

Ovim izjavljujem i potvrđujem da je Jusref Frašeri meni i mojoj familiji izašao u susret onda kada je za nas Jevreje bilo najteže.

Posle kapitulacije Italije, mi smo se nalazili u najtežoj situaciji pošto su Nemačke trupe zavladale Albanijom. Tada je Jusref Frašeri nesebično prišao nam u pomoć time što nas je primio i krio kod svoje kuće na selu i Tirani.

Ovu izjavu dajem jer je to moja čovečna dužnost da kažem istinu i molim nadležne vlasti da se to uzme kao olakšavajuća okolnost ukoliko se to ne kosi sa državnim zakonom Albanije.

Sabetai Geršon

5281 169 6

Stellungnahme Sabetaj Geršon, 26.6.1945

Doch die Geschichte nahm einen anderen Lauf, und die Frashëri durften sich bei den von ihnen geretteten Personen nicht mehr melden. „Es gab keinen Kontakt mehr mit dem Rest der Welt, vor allem nicht mit Orten wie Israel. Es war hart – sehr hart," wie Mehmet Frashëri in einem späteren Interview sagt.[18] In einem Brief vom Oktober 1990 erzählte er Jaša Altarac, dass sie vom neuen kommunistischen Regime bedroht wurden.[19]
Die Frashëris litten, weil sie die Briefe aus dem „feindlichen" Westen ihrer jüdischen Freunde aus Skopje, Bologna und London nicht beantworten durften. So blieben zahlreiche Kontaktbemühungen und Dankesbriefe unbeantwortet, so auch ein Brief von 1956: Über elf Jahre nach Kriegsende meldete sich der Überlebende Josef Gertler aus Rumänien bei den Frashëris in Albanien und dankte ihnen auf Deutsch für ihre großartige Hilfe.[20] Josef war voll des Lobes für die Albaner und die Gastfreundschaft, die er erfahren durfte:

„Eines sage ich Ihnen, lieber Frashëri, das[s] das [V]olk in Albanien mir a[ns] Herz gewachsen und [ich] denke immer und immer stolz [an] dieses kleine Ländchen. Ich bin immer froh, das[s] ich […] sagen [kann,] solche guten Menschen wie die Albaneser sind, mus[s] man suchen auf der ganzen Welt."[21]

Sein Brief zeigt die Nähe zwischen der Familie und den aufgenommenen Flüchtlingen. Auch elf Jahre nach Kriegsende in Albanien erinnerte sich Josef Gertler bestens an die vier Kinder der Frashëris und erkundigt sich voller Interesse nach ihrem Werdegang. Die Nähe zu den Kindern der Retterfamilie zeigt sich auch in der Nennung ihrer Kosenamen, „Mina" (Emine), „Didi" und „Lili" im Brief.[22]

Die Geschichte der Rettung und der Freundschaft zwischen Retterfamilien und Geretteten dauerte auch Jahrzehnte nach dem Zweiten Weltkrieg an. Davon zeugen Briefe, die aus den frühen 1990er Jahren stammen.

18 Interview mit Mehmet Frashëri für den Film „Besa, the promise", http://besathepromise.com/bios.html (Stand: 17.1.2025).
19 Brief von Mehmet Frashëri an Jaša Altarac, 23.10.1990, Yad Vashem, M.31.2/8990.
20 Brief von Josef Gertler an Hysref Frashëri, 8.4.1956, Yad Vashem, M.31.2/8990.
21 Ebd.
22 Ebd.

Sie sind auf Serbokroatisch verfasst, und durch die Öffnung Albaniens konnten sich nun auch die Nachkommen der Familie Frashëri mit anderen Teilen der Welt in Verbindung setzen. Ein erster stammt vom 23. Oktober 1990 aus dem schweizerischen Brütten.

Von dort schrieb Mehmet Frashëri seinen ehemaligen Gästen und bleibenden Freunden. Als Angehöriger einer ehemaligen albanischen Elite sprach er mehrere Sprachen fließend. Durch die Zeit, die er mit den jüdischen Flüchtlingen aus Skopje verbracht hatte, sprach er auch die serbokroatische Sprache[23], wie in mehreren Briefen an die Familie Altarac deutlich wird: „Želim vam mnogo sreće i zdravlja, a taloðer i vašoj Familiji. Moja adresa: Mehmet Frashëri, [...] Brütten, Schweiz."[24]

Im September 2000 wurden Hysref, Emine und Mehmet Frashëri als „Gerechte unter den Völkern" geehrt. Mehmet war wieder nach Albanien zurückgekehrt.[25]

Die Vielfalt der Sprachkenntnisse zeigt den hohen Bildungsgrad der Familie Frashëri und auch ihrer Schützlinge. In den sie betreffenden Akten von Yad Vashem sind Briefe in französischer, deutscher, englischer und serbokroatischer Sprache zu finden. Naheliegend ist, dass sie sich auf Französisch unterhalten haben, da es als Diplomatensprache einen ähnlichen Stellenwert besaß wie heute Englisch. Weil die Flüchtlinge einerseits aus Mazedonien, andererseits auch aus Rumänien stammten und diese beiden Sprachen, bis auf einige arabische, lateinische oder slawische Lehnwörter, nicht viel mit Albanisch gemeinsam haben, war Französisch als Verständigung untereinander naheliegend. Bei den Frashëris und den Toptanis kamen zusammen mit den Flüchtlingen eine Gruppe von rund fünfzehn Personen zusammen. Doch auch Deutsch wurde gesprochen und verstanden, wie ein späterer Brief des aus Rumänien stammenden und nach Großbritannien ausgewanderten Josef Gertler zeigt. In dieser Zeit hatten die jungen Männer der albanischen Elite oft an deutschen oder österreichischen Universitäten studiert und verstanden daher oft auch Deutsch. Es gab zu dieser Zeit keine Universität in Albanien.[26]

23 Heute als BKMS bezeichnet.

24 Brief Mehmet Frashëri an Jaša Altarac, 21.3.1991, Yad Vashem, M.31.2/8990.

25 Bestätigung als „Gerechte unter den Völkern" durch Yad Vashem, Hysref, Emine und Mehmet Frashëri, Nr. 8990, 24.9.2000, Yad Vashem, M.31.2/8990.

26 Schmidt-Neke, Albanien, S. 262.

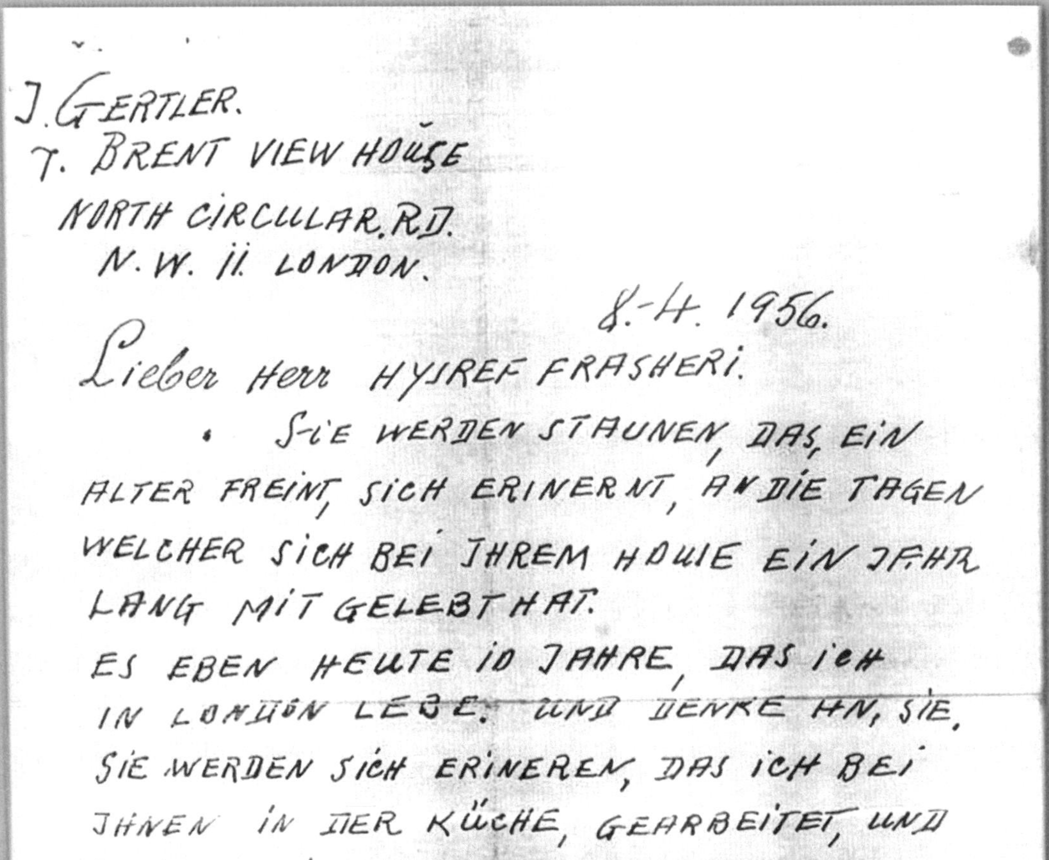
J. GERTLER.
7. BRENT VIEW HOUSE
NORTH CIRCULAR. RD.
N.W. 11. LONDON.

8.-4. 1956.

Lieber Herr HYSREF FRASHERI.

SIE WERDEN STAUNEN, DAS, EIN ALTER FREINT, SICH ERINERNT, AN DIE TAGEN WELCHER SICH BEI JHREM HOUSE EIN JAHR LANG MIT GELEBT HAT.
ES EBEN HEUTE 10 JAHRE, DAS ICH IN LONDON LEBE. UND DENKE AN, SIE.
SIE WERDEN SICH ERINEREN, DAS ICH BEI JHNEN IN DER KÜCHE, GEARBEITET, UND IN DER KLEINE KAMMER GESCHLAFEN.
AUCH DAS WERDEN SIE DENKEN, DAS ICH EINE KLEINE BUDE FÜR IHRE 2 HUNDE AUFGEBAUT HABE. DAMAHLS WARE ich JHNEN SEHR DANKBAR, WAN DIE DEUSHEN ÜBERFALE DIE SCHÖNE STADT TIRANE.
UND SIE HABEN GEGEBEN, (MIR) UNTERKUNFT.

HEUTE SCHREIBE JHNEN EIN DANK, MIT

Versuchte Kontaktaufnahme:
Brief von Josef Gertler
an Hysref Frashëri, 8.4.1956

GROSSE FREUDE.
ES GEHT MIR SEHR GUT, UND, HABE MEINE FRAU UND MEINE 3. KINDER. -
MEIN ÄTERSTE, HAT HIER IN LONDON, EIN SEHR GROSSES GESCHAFT, UND NUR FÜR EXPORT, UND IST EIN SEHR FEINER SOHN ZU SEIN FATHER. MEIN 2. SOHN, HAT IN BEGIEN BRUXELLES, EIN GROSSES WARENHAUS.
MEINE TOCHTER IST VERHEIRATET, MIT LORD OF EFFINGHAM, und IST CONSUL IN INDIEN. N. DELI. -
ICH DANKE IHNEN SEHR, FÜR DIE GUTE TAGE, MONATE DIE ICH IN IHREM ERLEBT HABE,
WAS MACHEN IHRE LIEBE KINDER ?
IHRE. L. FRAU MINA, SOHN MEHMET, LILI, NIREMAN, DIDI. - ICH HOFFE SIND ALLE GESUNT. MEIN LIEBLING, WAR. DIE SCHÖNE "LILI." ist SIE GUT VERHEIRAT ? ? GOTT GEBE VIEL GLÜCK. -
EINES SAGE ICH IHNEN LIEBER FRASHERI, DAS. DASS FOLK, IN ALBANIEN IST MIR AM HERCEN GEWAKSEN, und DENKE IMMER, UND

II

STOLZ, AUF DIESES KLENES LÄNDCHEN.
ICH BIN SEHR FROH, DAS ICH, KANN
SAGEN SOLCHE GUTE MENSCHEN, WIE
DIE ALBANESER SIND MUS MAN SUCHEN
IN DER GANZE WELT.
GOTT ERHALTE DIESE MENSHEN, MIT GESUND.
GLÜCK, und SEGEN.
ICH GRÜSSE SIE HERZLICH,
grüsse, mit HAND KUS IHRE L. FRAU MINA
" DIE SCHÖNE LILI
" Sie MIRENEN, DIE STRÄNGE
" DIE L. DIDI.
" DEN DIEN MEHMET.
IST NOCH DER ALTE MET.? BEI IHNEN?

VERBLEIBE EURER BEST WÜNCHE.

IHR
Josef Gerteiz

Wan Sie was brauchen,
schreiben Sie mir.
bitte Ich werde Ihnen alle Wünsche
endgegenkommen

Ana Jakić bietet den Teitelbaums Unterschlupf

Dass der 13-jährige Raul Teitelbaum die Konzentrationslager Sajmište, Bergen-Belsen sowie den „verlorenen Transport“ überlebt hatte, machte ihn nicht still, ganz im Gegenteil. Raul begann nach Abschluss der Schule in Jugoslawien und seiner Auswanderung nach Israel als Wirtschaftsjournalist zu arbeiten, später sogar in Deutschland,[1] und setzte sich sein Leben lang als Publizist und Zeitzeuge für die jüdischen Überlebenden des Holocausts ein.[2] In seinen späten Büchern, etwa „The Holocaust Gold. From the Victims to Switzerland: The Paths of the Nazi Plunder“ oder „Die biologische Lösung. Wie die Shoah ‚wiedergutgemacht‘ wurde“ prangerte er Verzögerungs- und Verdrängungstaktiken sowohl von Seiten Deutschlands und der Schweiz als auch der Alliierten an. Das Marginalisieren ehemaliger Verfolgter geschah meist vor dem Hintergrund wirtschaftlicher Zusammenarbeit – und eben gegen jenes An-den-Rand-Drängen und Vergessen kämpfte Raul Teitelbaum an.[3] Dass er seine Retterin Ana Jakić und die Hilfe durch die albanischen Partisanen nie vergessen hat, davon zeugt ein Buch, das auf Hebräisch erschienen ist.[4] Er war es auch, der Yad Vashem auf Anas mutiges Handeln aufmerksam machte.[5] Raul hatte nicht nur Verfolgung, sondern auch immer wieder Hilfe und Menschlichkeit erlebt, was ihn optimistisch bleiben ließ. Bis an sein Lebensende war es ihm unbegreiflich, wie der Holocaust „passieren“ konnte und bis zuletzt hielt er Vorträge, insbesondere auch für junge Zuhörer, um mit ihnen ins Gespräch zu kommen und ihnen seine Geschichte zu erzählen. Dies berichtete seine Tochter Iris in einem Interview für „Der verlorene Transport“.[6]

1 Raul Teitelbaum leitete in Bonn das Büro der größten israelischen Tageszeitung »Yedi'ot Acharonot«, https://www.nd-aktuell.de/artikel/1188256.holocaust-scheinbar-verlorene-juden-ueberlebten.html (Stand: 5. 5. 2025).

2 Interview mit Tochter Iris Teitelbaum, https://verlorenertransport.de/iris-teitelbaum-mein-vater-der-zeitzeuge.html (Stand: 2. 5. 2025).

3 Raul Teitelbaum: Holocaust Gold: From the Victims to Switzerland: Trails of the Nazi Plunder, Tel Aviv 2001. Teitelbaum, Raul, Die biologische Lösung. Wie die Shoah „wiedergutgemacht“ wurde, Springe 2008.

4 Teitelbaum, Raul, םידוהי : הנומש לכמ דחא תמחלמב היוולסוגויב תורתחמבו םינזיטרפה תורושב םואבלטייט לואר / היינשה םלועה, One of every eight: Jews in the Partisan and underground movements in Yugoslavia during World War II, Jerusalem 2015.

5 Aussage Raul Teitelbaum, Yad Vashem, Jakić, M.31.2_9569.

6 Interview mit Tochter Iris Teitelbaum, https://verlorenertransport.de/iris-teitelbaum-mein-vater-der-zeitzeuge.html (Stand: 2. 5. 2025).

Die Eltern Paula und Josef Teitelbaum mit dem kleinen Raul, Prizren, ca. 1932

Raul Teitelbaum wurde 1931 in Prizren im Kosovo im damaligen Jugoslawien in eine bürgerliche Arztfamilie geboren. Seine Eltern, Josef und Paula, stammten beide aus Galizien, das bis Ende des Ersten Weltkriegs zu Österreich-Ungarn gehörte, danach zu Polen. Sie lernten sich in Wien kennen. Nach Prizren gingen sie, weil Rauls Vater dort als Militärarzt stationiert war. Später ließ er sich in der Stadt als Gemeindearzt nieder. Die Familie wohnte in einem zweistöckigen Haus.[7] Josef Teitelbaum genoss bei der lokalen Bevölkerung großes Ansehen, denn er war als Arzt nicht nur für die Stadt, sondern auch die umliegenden Dörfer zuständig. Ältere Menschen erinnerten sich auch 2020 noch an ihn.[8]

7 Beitrag Teitelbaum, https://verlorener-transport.de/raul-teitelbaum.html (Stand: 6.1.2025).

8 Teuta Skenderi: How a Jewish Doctor found his Home in Prizren, https://kosovotwopointzero.com/en/how-a-jewish-doctor-found-his-home-in-prizren/ (Stand: 5.5.2025).

Raul war erst zehn Jahre alt, als die deutsche Wehrmacht im April 1941 in seine Geburtsstadt Prizren im heutigen Kosovo einmarschierte. Im Mai 1941 besetzten italienische Truppen die Stadt, als sie Teil „Großalbaniens“ wurde. Schon bald schloss sich Raul einer illegalen Jugendorganisation der Partisanen an. Bereits mit elf Jahren verübte er mit Gleichaltrigen kleine Anschläge auf die Infrastruktur der italienischen Besatzer. Die Jugendlichen, mit denen Raul eine kleine Widerstandsgruppe aufbaute, verteilten Flugblätter und übermalten italienische Propagandaplakate. Um LKWs zu stoppen, streuten sie Zucker in deren Tanks und ließen Luft aus den Reifen. In der Arztpraxis seines Vaters sammelte Raul heimlich Medikamente für die Partisanen. Er dachte, dass seine Eltern nichts von seinen illegalen Tätigkeiten wüssten.[9]

In der Zwischenkriegszeit hatten sich die Teitelbaums mit der Familie Jakić angefreundet. Dragotin, der Ehemann, war im Balkanfeldzug 1941 in Kriegsgefangenschaft geraten. Als ehemaliger Militärarzt, der der Besatzungsmacht gefährlich werden könnte, wurde Rauls Vater zusammen mit über hundert Serben, die ebenfalls einer gebildeten Schicht angehörten, in das italienischen campo di concentramento Preza in Albanien gebracht.[10] In diesem Internierungslager waren Besuche erlaubt, dort entstanden auch die letzten gemeinsamen Bilder von Vater und Sohn. Unmittelbar nach der Verhaftung des Vaters trieben die italienischen Besatzungsbehörden die mit Sohn Raul zurückgebliebene Paula aus ihrer Wohnung in Prizren.[11] „Wir packten schnell, was wir konnten, in ein paar Koffer und wussten nicht, was wir in dieser Situation tun sollten“, erinnerte sich Raul später.[12] Ana entschied sich, die beiden trotz persönlicher Risiken und ohne jegliche Entschädigung bei sich aufzunehmen. Raul, seine Mutter Paula und Ana mit ihren Töchtern lebten so ungefähr zwei Jahre lang unter äußerst schwierigen Bedingungen zusammen. Bei der Vertreibung aus dem Haus war es Paula und Raul gelungen, einige ihrer Habseligkeiten sowie die Ersparnisse des Vaters, 150 Goldmünzen („Napoleons“) zu Ana zu schmuggeln. Mit Anas Hilfe überlebte das Geld auf dem Grund eines Brunnens im Keller des Hauses der Familie Jakić.[13]

9 Holocaust Survivor testimony Raul Teitelbaum: https://www.youtube.com/watch?v=1UQR01o4aZo (Stand: 6.1.2025). Siehe auch https://verlorenertransport.de/raul-teitelbaum.html (Stand: 6.1.2025).

10 Aussage Raul Teitelbaum, Yad Vashem, Jakić, M.31.2_9569.

11 Beitrag Teitelbaum in https://www.yadvashem.org/remembrance/archive/torchlighters/teitelbaum.html (Stand: 6.1.2025).

12 Aussage Raul Teitelbaum, Yad Vashem, Jakić, M.31.2_9569.

13 Ebd.

Das letzte Bild von Raul mit seinem Vater
Josef (rechts). Auf Besuch im campo
di concentramento Preza, 1942

Ein italienischer Wachmann fotografiert eine Gruppe von Insassen. Josef Teitelbaum, vorn zweiter von links. Campo di concentramento Preza, 1942

Porträt der Retterin Ana Jakić
mit ihren Töchtern Bizerka und Ivana,
Prizren, ca. 1940–44

Im August 1943 zogen Paula und Raul nach Preza, um näher am Lager von Josef zu sein. „So befanden wir uns zufällig in dieser Gegend, als die italienische Regierung am 9. September 1943 ihre Kapitulation vor den Alliierten verkündete. Noch am selben Tag wurde das Konzentrationslager meines Vaters von albanischen Partisanen befreit. In der Zwischenzeit schlossen wir uns alle – mein Vater, meine Mutter und ich – den albanischen Partisanen an und zogen gemeinsam durch die umliegenden Bergdörfer. Inzwischen war jeder Winkel Albaniens erneut von der deutschen Armee besetzt, die eine Offensive gegen die albanischen Partisanen gestartet hatte. Wir waren alle gezwungen, uns in noch entlegenere Bergregionen zurückzuziehen."[14] Die Partisanen boten den jüdischen Flüchtlingen durch ihre Gemeinschaft Schutz. Als Gegenleistung behandelte Josef Teitelbaum verwundete Partisanen.[15] Doch aufgrund eines Magengeschwürs verschlechterte sich sein Gesundheitszustand rasch und die Familie musste im Januar 1944 nach Prizren zurückkehren. Sie hofften, sich dort verstecken und die notwendigen Medikamente auftreiben zu können. Raul schrieb später, dass die Stadt nun fest im Griff der Nationalsozialisten war: „Die Deutschen errichteten zusammen mit lokalen Kollaborateuren unter den Albanern ein Regime brutaler Unterdrückung und Verfolgung." Erneut konnten sie auf die Hilfe Ana Jakićs zählen. Gemeinsam mit Vertretern aus dem antifaschistischen Widerstand sollte die Familie Teitelbaum in einem Versteck, das für sie in Prizren eingerichtet worden war, unterkommen. Doch sie wurden verraten und rund zwei Wochen nach ihrer Rückkehr nach Prizren bei Morgengrauen von Mitgliedern der Waffen-Gebirgs-Division der SS „Skanderbeg" verhaftet.[16] Ana Jakić versteckte ihre Wertgegenstände, darunter auch das Ärztediplom und ein Manuskript Josef Teitelbaums zu den Aufständen der Juden im Römischen Reich.[17]

14 Ebd.
15 Ebd.
16 Ebd.
17 Teuta Skenderi: How a Jewish Doctor found his Home in Prizren, https://kosovotwopointzero.com/en/how-a-jewish-doctor-found-his-home-in-prizren/ (Stand: 5.5.2025). Raul Teitelbaum veröffentlichte das Werk des Vaters posthum: Josef Teitelbaum, Teitelbaum, Raul: Aufstand der Juden gegen Rom. Zwei Jahrhunderte des Widerstandes von 64 v. Chr. bis 137 n. Chr., Berlin 2012.

Vom Konzentrationslager Prishtina/Pristina wurden die Teitelbaums zunächst in das Konzentrationslager Sajmište (Semlin/Zemun) bei Belgrad deportiert, und von hier aus weiter nach Deutschland ins Konzentrationslager Bergen-Belsen. Als alliierte Truppen auf Bergen-Belsen vorrückten, steckten die Deutschen am 9. April 1945 die Teitelbaums mit weiteren etwa 2.500 jüdischen Häftlingen aus mehr als zwölf Nationen, darunter etwa 500 Kinder und Jugendliche, in den letzten von drei Zügen, der später als der „Verlorene Zug", der „Verlorene Transport" oder auch „Transport der Verlorenen" bezeichnet werden wird.[18] Er verließ Bergen-Belsen am 11. April 1945.

Eine schreckliche Odyssee durch ein Deutschland begann, das sich im Auflösungszustand befand und durch allliierte Flugzeuge von allen Seiten bombardiert wurde. Viele der – nicht nur durch die ausgebrochene Fleckfieber-Epidemie– lebensbedrohlich geschwächten Insassen überlebten die Reise nicht. Der Zug wurde schließlich vom fliehenden Wachpersonal sich selbst überlassen.[19] Nach der Befreiung in Tröbitz wurde die Familie Teitelbaum in Mühlberg an der Elbe untergebracht, wo Josef an den Folgen der Inhaftierung und den katastrophalen Bedingungen, die im Zug geherrscht hatten, nach wenigen Tagen verstarb. Paula und Raul überlebten und kehrten nach einer Odyssee durch Europa nach Prizren zurück:

„Alle waren überrascht, dass die Familie des Stadtarztes den Krieg überlebt hatte, aber sie hießen uns herzlich willkommen und halfen uns. Wir bekamen wieder ein Zimmer bei Familie Jakić. Wir kehrten ins Leben zurück."[20]

---

18 Dieser Zug mit 22 Güter- und 24 älteren Personenwaggons 3. Klasse irrte 14 Tage mit den Geiseln in Richtung Osten umher. https://verlorenertransport.de/der-verlorene-transport.html (Stand: 6. 1. 2025).
19 Beitrag Teitelbaum in https://verlorenertransport.de/raul-teitelbaum.html (Stand: 6. 1. 2025).
20 Interview Raul Teitelbaum: https://kosovoholocaust.org/page57/page57.html (Stand: 5. 5. 2025).

Raul Teitelbaum mit seinen Mitschülern, Prizren 1946

Ana gab den Überlebenden ihre Habseligkeiten zurück, die sie über all die Jahre versteckt hatte, darunter auch „eine wertvolle Schachtel voller Familienfotos; die Zeugnisse und Diplome meines Vaters, einige seiner Bücher und zwei antike Perserteppiche, die unsere Wohnung vor dem Krieg schmückten", wie Raul Yad Vashem später schrieb.[21]

Der junge Raul, der die letzten zwei Jahre in Konzentrationslagern verbracht hatte, musste nun in einem Jahr zwei Jahre Schule nachholen und ein weiteres dazulernen.[22] Danach zogen Mutter und Sohn nach Belgrad, damit Raul dort das Gymnasium besuchen und sein Abitur machen konnte. Raul engagierte sich während dieser Zeit in kommunistischen Schüler- und Jugendgruppen des noch jungen sozialistischen Jugoslawien. Außerdem schrieb er journalistische Beiträge für einen Radiosender. 1949 übersiedelten beide nach Israel. Als Politiker, Journalist und Überlebender setzte sich Raul Teitelbaum sein Leben lang für die Aufarbeitung des Holocaust ein.[23]

21 Aussage Raul Teitelbaum, Yad Vashem, Jakić, M.31.2_9569.

22 Ebd.

23 Siehe zur Zeit der Inhaftierung in Bergen-Belsen Raul Teitelbaums Beitrag im Buch des Jewish Historical Museum (Hg.): We survived... Yugoslav Jews on The Holocaust, Belgrad 2004/06, https://kosovoholocaust.org/page57/page57.html (Stand: 15.1.2025).

Gefangen in Albanien? Die Ausreise der geretteten Juden

Kurz nach Abzug der deutschen Wehrmacht im Herbst 1944 begannen in Albanien die Kommunisten damit, echte und vermeintliche Kollaborateure sowie politische Gegner zu verfolgen. Die Gerechters erlebten diese neue Gefahr am eigenen Leib.[1] Wer Glück hatte, konnte fliehen. Doch zahlreiche politische Gegner der albanischen Kommunisten ereilte ein schreckliches Schicksal. Ob Nazi-Freund und Ultranationalist, ob Royalist (Zogist) oder gemäßigter Demokrat, niemand war vor der brutalen Vergeltung sicher, die oft mit Erschießung endete. Zahlreiche Menschen, darunter auch Jüdinnen und Juden, wurden enteignet und über Jahrzehnte vom Regime unter Druck gesetzt. Dieses Schicksal ereilte beispielsweise die Familie Jakoel.[2] Andere landeten, manchmal als ganze Familie, in einem der gefürchteten Arbeitslager. Viele, wie etwa die Retterfamilie Frashëri, wurden bedroht. Gleichzeitig begann Enver Hoxha damit, seine Vorstellung von einem sozialistischen Staat umzusetzen.

Bei Kriegsende war die Situation hunderter ausländischer jüdischer Flüchtlinge in Albanien äußerst prekär. Im Dezember 1944 baten jene Flüchtlinge, die noch in Albanien waren, das JDC dringend um Hilfe. Sie hatten kein Essen, kein Geld, keine Ausreisemöglichkeit und wollten nicht in dem zunehmend sozialistisch geführten Land bleiben. Christine Kanzler schreibt, dass sich die jüdischen Flüchtlinge durch ihren teilweise bereits sieben Jahre dauernden Aufenthalt in Albanien zermürbt und von internationalen Organisationen im Stich gelassen fühlten.[3] Doch das JDC war vorerst nur in anderen Teilen Europas tätig, etwa in Italien.[4]

---

1 Neumann, Umweg über Albanien, S. 81–83.

2 Ebd., S. 87. Zu Strafsteuern der Unternehmer Jakoel und Levi sind auch Akten aus dem albanischen Staatsarchiv erhalten: Protokolle des Exekutivausschusses der Unterpräfektur und Präfektur Vlora. Zahlungsbelege über die Steuer auf die Sonderprofite aus dem Krieg durch die Kaufleute Nesim Levi und Rafael Jakoel in Vlora in der Filiale der Staatsbank in Durrës. 22.8.1945, A.Q.SH., F. 505, V. 1945, D, 404, Bl. 1–35, 86, 91, 109, 112, in: Nika, Vorpsi: Guidebook. A reference to records about Jews in Albania before, during, and after the Second World War, Tirana 2006.

3 Kanzler, Flucht nach Albanien, S. 207.

4 Grünbaum, Escape, S. 132.

Enver Hoxha (Mitte) bei der Siegesparade in Tirana, fotografiert von Mosa/Moshe Mandil, November 1944

Diejenigen Jüdinnen und Juden, die aus einem der benachbarten Staaten nach Albanien geflohen waren, versuchten das Land möglichst rasch zu verlassen. Sie organisierten mehrere Transporte Richtung Serbien und Mazedonien bzw. in das neu gegründete sozialistische Jugoslawien unter Josip Broz Tito. Irene Eskenazi (Grünbaum) beschreibt die rasch einsetzende Aufbruchstimmung. Die jugoslawischen Jüdinnen und Juden organisierten bereits kurz nach Kriegsende drei Transporte Richtung Belgrad und Skopje. Trotz der traumatischen Erfahrungen, die sie in ihren Heimatstädten gemacht hatten, wollten sie sich vergewissern, ob ihre Wohnung oder ihr Haus noch stand und ob es neue Arbeit gäbe.[5] Doch auch unter ihnen gab es solche, wie Irene Eskenazi, die in Albanien ausharrten, weil sie keine Nachrichten von ihren Angehörigen hatten und sich vor dem Alleinsein in ihrem ehemaligen Zuhause und ihren ehemaligen Städten fürchteten.[6]

5 Ebd., S. 131.
6 Ebd.

Das dichter werdende Kontrollnetz der neuen sozialistischen Diktatur legte sich sehr bald über die in Albanien verbleibenden Flüchtlingsgemeinschaften. Egal, ob Italiener, die auf eine Rückkehr nach Italien hofften oder aber jüdische Familien, die auf ihre Rückreise in ihr Heimatland oder eine Weiterreise nach Übersee warteten, eine Ausreise aus dem nun sozialistisch kontrollierten Land wurde bald schwierig. Schon wenige Monate nach Abzug der Deutschen war die Kommunistische Partei Albanien nicht mehr gewillt, Ausländer ausreisen zu lassen. Schließlich konnten die Alliierten einige von ihnen durch eine Erpressung außer Landes bringen, denn die aus den Bergen in die Städte und Dörfer zurückkehrenden Partisanen hatten Typhus mitgebracht. Sofort begann die Seuche um sich zu greifen. Es kam zur Pandemie mit zahlreichen Todesfolgen. Die Alliierten versprachen Impfstoff zu liefern, unter der Bedingung, dass alle im Land verbliebenen Flüchtlinge und alle anderen, die gehen wollten, etwa italienische Staatbürger, ein Ausreisevisum erhielten.[7]

Doch einige der auswanderungswilligen Flüchtlinge waren kurz nach der Befreiung Albaniens durch die Partisanen festgenommen worden und befanden sich zu diesem Zeitpunkt im Gefängnis. So auch der von Johanna Neumann erwähnte Hans Krall. Diese Gruppe von Gefangenen kam erst kurz vor der Abfahrt eines für diesen Zweck eingesetzten britischen Frachters frei und konnten sich den anderen Flüchtlingen anschließen, die über Brindisi das Lager von Tricase Porto erreichten.[8]

Irene Eskenazi schreibt von den schwierigen wirtschaftlichen Verhältnissen und von den zahlreichen Auswanderungswilligen, die kein Visum erhielten. Sie selbst hatte Glück, da sie aufgrund ihrer Sprachkenntnisse als Vermittlerin zwischen den verbliebenen Jüdinnen und Juden in Albanien und der amerikanischen Militärvertretung in Albanien bzw. des JDC in Rom eingesetzt wurde. Durch persönliche Kontakte schaffte sie es bereits Ende Mai 1945, eine Einreisebewilligung nach Italien, vor allem aber eine Ausreisebewilligung aus Albanien, zu erhalten und in einem amerikanischen Militärflugzeug nach Rom auszufliegen. Dort war sie weiterhin als Verbindungsperson zwischen den in Albanien verbliebenen jüdischen Flüchtlingen und dem JDC in Rom aktiv. Sie versuchte die Stellen in Rom auf die Not der in Albanien Verbliebenen aufmerksam zu machen.[9]

7 Neumann, Umweg über Albanien, S. 87.
8 Ebd.
9 Grünbaum, Escape, S. 144.

Im selben Monat meldete Julius Hexley der United Nations Relief and Rehabilitation Administration (UNRRA), die erst kürzlich in Tirana Einzug gehalten hatte, dass sich noch ungefähr fünfzig jüdische Menschen unterschiedlicher Herkunft in Albanien befinden würden. Dabei würde es sich um die bereits gemeldeten Jüdinnen und Juden handeln, die aus ganz Europa vor und während des Zweiten Weltkriegs nach Albanien geflohen waren. 31 davon würden sich in einer Notlage befinden, schreibt Hexley weiter.[10]

Im Juni 1945 wandten sich Emil Borger, der seit 1941 mit den Mandils und Altaracs verschiedene Fluchtstationen geteilt hatte, gemeinsam mit Josef Posvolsky im Namen von 63 weiteren Flüchtlingen, mehrheitlich Österreicher und Deutsche, an die Vertretung der UNRRA in Tirana. Sie betonten in ihrem Schreiben den sich „stetig verschlechternden physischen und psychischen Zustand der Gestrandeten".[11] Durch ausbleibende medizinische Versorgung bei gleichzeitig grassierenden Seuchen, die von den zurückkehrenden Partisanen in Dörfer und Städte getragen wurden, sowie durch jahrelange Mangelernährung und ausbleibende materielle Unterstützung vor Ort blieb für sie die Situation trotz der Befreiung von der NS-Besatzung lebensgefährlich. Aber auch die Albaner konnten kaum mehr überleben. Hinzu kam, dass sich zwar die Deutschen seit Herbst 1944 aus Albanien zurückgezogen hatten, der Kriegszustand im übrigen Europa aber bis Anfang Mai 1945 anhielt.

Die Autoren des Briefes baten im Namen aller 63 Flüchtlinge, sobald wie möglich nach Italien ausreisen zu dürfen. Die Hoffnung war groß, dort einerseits über die in Italien stationierten Hilfsorganisationen Ausreisemöglichkeiten nach Übersee zu organisieren und mit der Suche nach Verwandten beginnen zu können. Im Gegensatz zu den jugoslawischen Jüdinnen und Juden wollte niemand von ihnen in ihr ursprüngliches Heimatland zurückkehren. Doch vorerst blieben die Flüchtlinge in ihrem Fluchtland gefangen. Albanien hatte zu diesem Zeitpunkt noch keine verbindlichen Abmachungen mit der UNRRA, und auch die Stelle vor Ort in Tirana befand sich erst im Aufbau.[12]

---

10 Julius Hexley, 28.5.1945, "Displaced persons – Jews", UNA, S-1012-0005-07-00001, in: Destani, Muharemi, Jews in Albania, The United Nations Archive, S. 12–13.

11 Kanzler, Flucht nach Albanien, S. 207.

12 Ebd. Emil Borger und Josef Posvolsky, Tirana, an UNRRA Tirana, 6.6.1945, "Displaced persons, Jews" UNA, S-1012-0005-07-0001.

Als Sprecher der in Albanien verbliebenen jüdischen Flüchtlinge baten Borger und Posvolsky die UNRRA eindringlich, rasch zu handeln:

„Obwohl seit der Vertreibung der Deutschen aus diesem Land sechs Monate vergangen sind, hat bisher niemand Notiz von unseren Gruppen genommen. Es ist jedoch eine Tatsache, dass unsere Tortur länger gedauert hat, dass unsere Notlage grausamer war und dass wir mehr Opfer zu beklagen haben als jede andere nationale Gemeinschaft, die von den alliierten Mächten befreit wurde. Wir bitten Sie daher, uns die Hilfe und den Schutz zukommen zu lassen, die Ihre Regierung anderen Opfern der Nazi-Aggression gewährt hat."[13]

Über ein Jahr lang, von Mitte 1945 bis 1946, versuchte die UNRRA die unter prekären Lebensumständen in Albanien verbliebenen Jüdinnen und Juden aus dem Land zu holen. Neben extremer Nahrungsmittelknappheit machten den geschwächten Personen Typhus und Malaria zu schaffen. Unter den weiterhin in Albanien wartenden Personen finden sich auch einige Protagonisten dieses Buches wieder, etwa die Familie Gerechter, die sieben Jahre in Albanien ausgeharrt hatte und nun, nach Kriegsende, immer noch auf eine Weiterreise zu ihren Verwandten in die USA wartete. In den Monaten Mai bis September 1945 verlängert sich die Liste der auswanderungswilligen jüdischen Flüchtlinge noch weiter.

---

13 Emil Borger an UNRRA, 6.6.1945, "Displaced persons – Jews", UNA, S-1012-0005-07-00001, in: Destani, Muharemi, Jews in Albania, The United Nations Archive, S. 20.

Ausländische Jüdinnen und Juden, die den Holocaust in Albanien überlebt haben, auf einem britischen Schiff auf dem Weg zu einem Displaced Person Camp in Tricase Porto, Italien. Alice Gerechter in der vordersten Reihe, links außen.

Schließlich gingen die Behörden von 79 Personen aus.[14] Von diesen ließ die neue Regierung in Tirana aber nur 41 bzw. 42 für die Ausreise Ende September 1945 zu. In Durrës verblieben zwölf jüdische Menschen, die für diesen Transport mit der S.S. Zena vorgesehen waren, ohne die notwendigen Papiere. Obwohl der britische Offizier Dayrell R. Oakley-Hill, Leiter der UNRRA in Albanien, der seit vielen Jahren mit der albanischen Politelite bekannt und auch in der Special Operation Executive (SOE) eingesetzt war, Mr. Floyd zu Verhandlungen nach Tirana schickte, blieben die Anstrengungen der UNRRA ohne Erfolg. Letztlich konnte ein junger polnischer Schneider, selbst ein jüdischer Flüchtling, für vier der zwölf Flüchtlinge doch noch eine Ausreisegenehmigung aushandeln.[15]

14 Albanian Mission, Tirana, an Major Driffield-White, 4.9.1945, in: Destani, Muharemi, Jews in Albania, The United Nations Archive, S. 42–44.

15 D.R. Oakley-Hill, 28.9.1945, "Displaced persons – Jews", UNA, S-1012-0005-07-00001, in: Destani, Mahuremi, Jews in Albania. The United Nations Archive, S. 67.

Im Jahr 1948 bot das Frachtschiff S.S. Kefalos für südosteuropäische Jüdinnen und Juden, die in Albanien überlebt hatten und in ihre Heimatstädte zurückgelehrt waren, eine Möglichkeit, zu emigrieren. In diesem Jahr öffnete der neu gegründete Staat Israel seine Tore für alle Jüdinnen und Juden, die den Holocaust in Europa überlebt hatten und entweder als Staatenlose eine neue Nationalität suchten oder aber aus Gründen der Verfolgung nicht in ihre ehemalige Heimat zurückkehren konnten oder nicht dort bleiben wollten. Viele Überlebende aus Jugoslawien entschieden sich nur wenige Jahre nach ihrer Rückkehr in ihre alten Heimatstädte für eine Auswanderung aus Jugoslawien und zur Einwanderung nach Israel.

Die S.S. Kefalos war ein fast vier Tonnen schweres Frachtschiff, welches in Bakar, Kroatien, damals Teil Jugoslawiens, vor Anker ging und Jüdinnen und Juden aus Jugoslawien nach Israel bringen sollte.[16] Das Frachtschiff war im April 1948 von der Waffenbeschaffungsdelegation der Haganah in New York gekauft worden und hatte bereits eine längere Geschichte. Mit ihm sollten Waffen aus den USA und Mexiko nach Israel geschmuggelt werden.[17] Unter panamaischer Flagge und versehen mit dem Codenamen „Dromit“ (südlich) segelte die S.S. Kefalos von New York nach Mexiko. Unter dem Kommando des jüdisch-amerikanischen Kapitäns Adolph Oko begleiteten fünf jüdische Freiwillige die Undercover-Waffenlieferung nach Israel. Nach dem Entladen segelte die Dromit aka S.S. Kefalos nach Neapel in Süditalien. Dort wurde sie für den Transport von jüdischen Zivilpersonen umgebaut. In den Monaten November und Dezember 1948 unternahm das Schiff zwei Fahrten von Jugoslawien nach Israel mit insgesamt über 7.500 Flüchtlingen aus Südosteuropa an Bord.

An Bord der Kefalos befanden sich nach ihrer Rückkehr nach Novi Sad und reiflicher Überlegung, wie das Leben für Juden im sozialistischen Jugoslawien weitergehen würde, auch die im Buch vorgestellte Familie Mandil. Dieser Umstand ist für uns heute ein Vorteil, denn dadurch sind zahlreiche Bilder der auf dem Schiff anwesenden Personen überliefert. An Bord der Kefalos waren auch überlebende mazedonische jüdische Familien, so die Mladenovskis, die Adizes und der kleine Shaul Gatenjo aus Skopje, der von einem slowenischen katholischen Kindermädchen gerettet wurde, weil sie ihn in einem Kloster versteckt gehalten hatte.[18]

---

16 https://ejpress.org/new-holocaust-memorial-center-jews-macedonia/ (Stand: 28.1.2025).

17 Renato Baharona: The Odyssey of the Ship with Three Names, https://basquebooks.com/products/the-odyssey-of-the-ship-with-three-names (Stand: 28.1.2025).

18 https://ejpress.org/new-holocaust-memorial-center-jews-macedonia/ (Stand: 28.1.2025).

Südosteuropäische Jüdinnen und Juden
an Bord der S.S. Kefalos

Südosteuropäische Jüdinnen und Juden
an Bord der S.S. Kefalos, 1948

Hochzeit an Bord
der S.S. Kefalos, 1948

Andere jüdische Flüchtlinge hatten weniger Glück. So sind bei der Liste der Ausreisewilligen, welche die UNRRA an die albanische Regierung schickte, zwei Personen, Alberto Mazza und Menahem Marko, namentlich vermerkt, deren Ausreise abgelehnt wurde. Sie durften Albanien nicht verlassen.[19] Aufgrund der aussichtslosen Lage hatte auch der die UNRRA in Albanien leitende Oakley-Hill seine Position aufgegeben.[20] Die meisten der jetzt noch im Land Verbliebenen waren für weitere 45 Jahre in Albanien gestrandet. Einheimische albanische Jüdinnen und Juden wurden wegen ihrer bürgerlichen Herkunft und erfolgreicher Geschäfte von der neuen kommunistischen Regierung verfolgt, manche sogar enteignet.[21] Auch die Stoffhändlerfamilie Jakoel war davon betroffen.[22]

1969 meldete sich Nina Solarz, Direktorin der internationalen Vereinigung für die Repatriierung von Jüdinnen und Juden bei Enver Hoxha mit der Bitte, jüdische Mitbürger aus dem sozialistischen Albanien ausreisen zu lassen, und mit dem Argument, so die Reputation der Sowjetunion als eine der „großen zivilisierten Nationen" wiederherzustellen.[23]

Im Jahr 1969 dürfte diese Bitte Hoxha kaum interessiert haben, denn nach dem Tod Josef Stalins war ihm die Sowjetunion nicht mehr stalinistisch genug. 1967 hatte Hoxha Albanien zum ersten atheistischen Staat erklärt. Seit 1968 suchte er die Nähe Chinas, bis er 1975 auch mit Mao Zedong brach. Nur wenigen Jüdinnen und Juden gelang in dieser Zeit die Flucht ins Ausland. Die meisten von ihnen verließen Albanien erst 1991 nach dem Niedergang des Sozialismus, mit dem von Josef Jakoel und seiner Tochter Felicita organisierten Transfer nach Israel.[24] Einige, die in den vergangenen Jahrzehnten in nicht-jüdische Familien eingeheiratet hatten, blieben im Land.

19 Zu diesen Fällen ausführlich: 6.9.–2.12.–1945, A.Q.SH., F. 490, V. 1945, D. 104, Bl. 5, 7, 14, 15, 17–25, 29–30, 35–43, 50, 51, 58, in: Nika, Vorpsi: Guidebook: a reference to records about Jews in Albania, Tirana 2006.

20 Elsie, http://www.albanianhistory.net/2002_Oakley-Hill/index.html (Stand: 29.1.2025).

21 Schmidt-Neke, Albanien, S. 253. Neumann, Umweg über Albanien, S. 87.

22 Neumann, Umweg über Albanien, S. 87.

23 Letter by Nina K. Solarz to Enver Hoxha, International Conference for the Repatriation of Russian Jews, 8.5.1969, USHMM, RG-79.001, 2007.140.

24 Sarner, Rescue in Albania, S. 87–90.

Die Geschichte der geretteten Jüdinnen und Juden in „Großalbanien" während des Zweiten Weltkriegs ist eine außerordentliche. Sie zeigt, dass es Gesellschaften gab, die sich nicht so rasch von den rassistischen Parolen aus Deutschland und anderen europäischen Ländern anstecken ließen. Es ist eine Geschichte der Menschlichkeit und der Nächstenliebe, diese Geschichten zeigen uns, dass es möglich war, ganze Dorfgemeinschaften zu mobilisieren, um die Verstecke, in denen sich die jüdischen Familien befanden, vor den Deutschen zu verbergen. Vielfach kannten sich Retter und Gerettete bereits vor dem Zweiten Weltkrieg, oft über die gemeinsame Arbeit, eine Begegnung oder aber durch Verwandtschaft. Andere wiederum wurden über Bekannte oder Verwandte auf die jüdischen Flüchtlinge aufmerksam gemacht und entschieden sich relativ rasch, diese bei sich aufzunehmen – verbunden mit hohen Risiken und keiner Gewähr, ob sich die Rettung dieser Zivilisten in irgendeiner Form auszahlen würde. Einige waren froh, durch die Hilfe an den jüdischen Flüchtlingen ein Zubrot zu verdienen; etwa indem sie sie schwarz über die Grenze brachten oder ihnen Zimmer vermieteten.

Der Wille, Menschen in Not zu helfen, wurde genährt durch die im albanischen Gewohnheitsrecht verankerte „Besa" – doch eine solche monokausale Erklärung wäre verkürzt und wirkt stereotypisierend. Vielmehr waren es unterschiedlichste Beweggründe, welche die Menschen dazu führten, Hilfe anzubieten: Nächstenliebe, eine antifaschistische Einstellung, bereits vor dem Krieg geknüpfte Freundschaften, das Wettmachen einer Schuld aus Vorkriegszeiten oder auch die eigene Geldnot, wie wir in einigen Geschichten erfahren haben. Zudem findet sich die Bereitschaft, jüdische Flüchtlinge zu unterstützen, bei Anhängern aller drei Religionen, dem Islam, dem Katholizismus und dem orthodoxen Christentum.

Die verschiedenen Flucht- und Rettungsgeschichten zeigen auf, dass für das Überleben eines einzelnen oft eine ganze Reihe Helfender oder auch Netzwerke notwendig waren. Die Gefahr, verraten und verhaftet zu werden, blieb während der gesamten Zeit bestehen. Auch wenn die italienische Besatzungszeit mehr Schlupfwinkel und Freiheiten zuließ, blieb in dieser Phase die Gefahr willkürlicher Verhaftungen und Gewalt.

Eine Steigerung drohender Verhaftung, Deportation und Ermordung erfuhren die jüdischen Flüchtlinge während der deutschen Besatzung. Oft hing das Überleben von einer bestimmten Entscheidung ab, einem bestimmten Timing und dem Abschätzen unterschiedlicher Gefahrenherde.

Weiblichen Flüchtlingen, wie beispielsweise Irene Eskenazi (Grünbaum), drohte manchmal nicht nur Gefahr durch die Besatzer, sondern auch von Männern im Allgemeinen. Dass Frauen und Mädchen die Flucht und ihren Aufenthalt in Albanien aus anderer Perspektive wahrnahmen, davon zeugen nicht nur ihre Aufzeichnungen, sondern auch die von T. Scarlett Epstein (geb. Grünwald) und Johanna Neumann (geb. Gerechter).

Lange Zeit blieben aufgrund der Diktatur Enver Hoxhas und der Kommunistischen Partei Albaniens (1945–1990) diese Geschichten im Dunkeln. Spärlicher Briefkontakt war möglich, falls die Zensur die Briefe und Postkarten, die aus westlichen Staaten kamen, nicht abfing. Viele wagten nicht, über ihre Hilfeleistungen für jüdische Flüchtlinge zu sprechen; es hätte sie und ihre Familien unter dem kommunistischen Regime in Gefahr bringen können.

So ist die zweite Geschichte, die es zu erzählen gilt, diejenige von Menschen, die ihr Leben für andere riskiert haben, die Unterkünfte, Nahrung, falsche Identitäten organisiert und koordiniert haben und die teilweise den Dank dafür nicht mehr erleben konnten, da sie vor der Öffnung Albaniens verstarben. Einige von ihnen, wie etwa Njazi Pilku, wurden wegen gleichzeitiger Zusammenarbeit und Sympathie für die Deutschen kurz nach dem Krieg hingerichtet. Die meisten der „Gerechten unter den Völkern" wurden in Albanien und Kosovo erst im Laufe der 1990er und 2000er Jahren in diesen Status erhoben, da sich die Geretteten erst jetzt wieder mit ihren Rettern in Verbindung setzen und Yad Vashem auf deren Mut und Nächstenliebe aufmerksam machen konnten.

Ich möchte daher dieses Buch mit den Worten Gavra Mandils schließen:

„Ich glaube, dass es viele andere Albaner gibt, deren Namen ich nicht kenne, die wahrscheinlich die gleiche Ehre und Dankbarkeit verdienen. Aber ich sehe in Refik Veseli, dem Retter unserer Familie, einen würdigen Vertreter all jener Albaner, die ihr Leben riskierten, um Juden während des Krieges zu retten. Er wird die Dankbarkeit und die Ehre des Staates Israel und seiner Überlebenden im Namen all der vielen albanischen Retter erhalten.“[1]

1 Gavra Mandil an Yad Vashem, 1990, Yad Vashem, M.31.2/3768.

Dank

Für die liebenswürdige Anfrage und die stete Unterstützung während meines Untersuchung jüdischer Flüchtlinge in Albanien und „Groß-albanien“ möchte ich ganz herzlich der Gedenkstätte Stille Helden/Stiftung Gedenkstätte Deutscher Widerstand, Marta Ansilewska-Lehnstaedt und Diana Schulle danken.

Wie jedes andere Buch, wäre auch dieses hier vorliegende nie zustande gekommen ohne die große Hilfe unterschiedlichster Personen. Ganz herzlich danken möchte ich den Archivarinnen und Archivaren des United State Holocaust Memorial Museum und des Yad Vashem Archivs. Unterstützt und weitergebracht haben mich während der letzten Jahre an diesem Buch Armend Mehmeti, Michael Schmidt-Neke, Nevila Nika, Bejtullah Destani, Marenglen Kasmi, Michele Sarfatti, Sabine Rutar, Nicolas Blumenthal, Domenic Rüttimann, Belina Zaugg, Wim Zaugg, Leon Zaugg, Gurgur, Natalie Nyffenegger, Yaacov Falkov, Megan Lewis, Christian Gerlach, Christina Späti, Sara Berger, Albert Ramaj, Esilda Luku, Lia Tosi, Paolo Fonzi, Milovan Pisarri, Josef Glanz, Samantha Guzman, Hendrik Geiling, Ermira Babamusta, Lucie Schäufele und viele mehr.

Archive

ARCHIV YAD VASHEM

Frashëri, Hysref; Emine, Frashëri
Yad Vashem M.31.2/8990

Kasapi, Zyrha; Kasapi, Hamdi
Yad Vashem M.31.2/5932

Lekatari, Mihal
Yad Vashem M.31.2/5324

Pilku, Njazi; Pilku, Liza
Yad Vashem M.31.2/7410

Rezniqi, Arslan Mustafa
Yad Vashem M.31.2/11265

Ruli, Metin; Ruli, Shrpesa
Yad Vashem M.31.2/5072

Toptani, Atif; Toptani, Ganimet
Yad Vashem M.31.2/5370

Veseli, Vesel; Veseli, Fatima; Veseli, Refik; Veseli, Hamid
Yad Vashem M.31.2/3768
Yad Vashem M.31.2/3768/1

Zyma, Besim; Zyma, Hiqmet
Yad Vashem, M.31.2/8574

Weitere Albaner, die bei Yad Vashem unter „Righteous Among the Nations" aufgeführt sind:

Yad Vashem Law, 1953
Yad Vashem M.31.2/5858
Yad Vashem M.31.2/6736
Yad Vashem M.31.2/5665
Yad Vashem M.31.2/4922
Yad Vashem M.31.2/4992
Yad Vashem M.31.2/4992/1
Yad Vashem M.31.2/5368
Yad Vashem M.31.2/5666
Yad Vashem M.31.2/5323

ARCHIV DES UNITED STATES HOLOCAUST MEMORIAL MUSEUM (USHMM)

Abarbanel-Confino, Rachel
USHMM, RG-50.120.0001, Accession Number: 1995.A.1272.1, Oral History Interview with Rachel Abarbanel-Confino

Altarac, Jaša
USHMM, Accession Number: 2002.438.1, Jaša Altarac papers

Babamusta Familie
USHMM, Accession Number: 2017.396.1, Babamusta family collection

Djordjević, Ljiljana
USHMM, RG-50.585.0014, Accession Number 2007.504.1.14, Oral History Interview with Ljiljana Djordjević

Epstein, T. Scarlett (Gertrude/Trude Grünwald)
USHMM, RG-50.106.0193, Accession Number: 2011.312, Oral history interview with Gertrude Scarlett Epstein
USHMM, Accession Number: 2007.302, T. Scarlett Epstein diary

Fuchs, Franz
USHMM, RG-50.120.0364, Accession Number: 1995.A.1272.364, RG-50.120.0364, USHMM, Oral history interview with Franz Fuchs

Mandil, Gavra
USHMM, RG-50.999.0109, Oral history interview with Gavra Mandil
USHMM, Accession Number: 2002.158., Mandil family photograph collection

Neumann, Johanna (Gerechter)
USHMMM, RG-50.030.0170, Accession Number: 1990.357.1, Oral History Interview with Johanna Neumann (1990)
USHMM, RG-50.856.0007, Accession Number: 2014.372.7, Oral History Interview with Johanna Neumann (2014)
USHMM, Johanna Neumann photograph collection

The Case for Jewish National Repatriation, presented by the International Conference for the Peratriation of Russian Jews
USHMM, RG-79.001, 2007.140

Kopierte Akten im USHMM aus anderen Archiven:
USHMM, Anklageschrift gegen Günther Hausding, Außenkommando Kosovska Mitrovica, BArchL, B162/15.668
USHMM, Anklageschrift gegen Günther Hausding, Einsatz Hausding in Shkodër/Skutari, ab Oktober 1943, BArchL, B162/2.393
USHMM, Vernichtung von Juden in Novi Pazar, BArchL, B162/25.915
BArchL, B162/28.276
BArchL, B162/28.281
USHMM RG-79.001, Jews in Albania, Selected records from the Albanian State Archive (AQSH)
USHMM RG-49.006M, Selected records from the Archives of the Military History Institute for the General Staff of the Armed Forces of Serbia and Montenegro

UNITED NATIONS ARCHIVES / former: League of Nations Archives (UNA)

UNA, R2167/4/10605 - Minorities in Albania - General and Miscellaneous
UNA, R5616/20A/32539/686 - Jewish Refugees - Various Proposals for Settlement and Resolutions from Organizations
UNA, S/1012/0005/07/00001 – Displaced Persons – Jews
UNA, S/363/1/12

POLITISCHE ARCHIV DES AUSWÄRTIGEN AMTES (PAAA)

PAAA, Altes Amt, Tirana 2
PAAA, Altes Amt, Tirana 4/3
PAAA, Altes Amt, Tirana 4/6
PAAA, Altes Amt, Tirana 4/7
PAAA, Altes Amt, Tirana 4/8
PAAA, R27305, Telegramme Athen–Tirana
PAAA, R27773, Handakten Ritter, Albanien
PAAA, R100874, Inland IIg, Judenfrage in Jugoslawien, Kroatien und Serbien
PAAA, R99436, Inland-A/B, Judenfrage in Serbien
PAAA, R99424, Inland-A/B, Judenfrage in Jugoslawien, 1936–1943
PAAA, R101024, Inland IIg, Berichte Albanien 1940–1944
PAAA, R100998, Inland IIg, Waffen-SS Kroatien
PAAA, R101011, Inland IIg, Waffen-SS Serbien
PAAA, R100984, Inland IIg, Waffen-SS Albanien

PAAA, R101024, Sonderkommando von Künsberg/Jugoslawien (geheim)
PAAA, R103286, Politische Abteilung, Ref. IV, Az. Po 3 Albanien–Italien
PAAA, R28845, Büro RAM: Albanien, Juli 1938 – April 1941
PAAA, R261153, Politische Abteilung, Ref. IV, Az. gRs Serbien Mitrowitzgebiet
PAAA, R100649, Inland IId, Allgemein Länder A–E
PAAA, BA61153, Albanien, Feninger

DEUTSCHES BUNDESARCHIV (BArch)

BArch (Berlin), NS 19/2071

BArch (Freiburg im Breisgau), N756 – 182a
BArch, N 756/182b
BArch, RS3-21-1
BArch, RS3-21-2
BArch, RS3-21-2
BArch, RH 19-XI/9
BArch, RH 31-XI/7
BArch, RL 2-IV/236
BArch, RW 40/116a

BArch (Ludwigsburg), B162/25.915
BArch, B162/28.276
BArch, B162/28.281
BArch, B162/15.668
BArch, B162/2.393

ALBANISCHES STAATSARCHIV, TIRANA (A.Q.SH.)

A.Q.SH., F. 155, V. 1921, D. III-69
A.Q.SH., F. 152, V. 1932, D. 191
A.Q.SH., F 152, V 1933, D 489/1
A.Q.SH., F 152, V 1933, D 489/2
A.Q.SH., F 161, V. 1941, D. 759/1
A.Q.SH., F.153, V. 1944, D. 141
A.Q.SH., F. 490, V. 1945, D. 51
A.Q.SH., F. 490, V. 1945, D. 104
A.Q.SH., F. 505, V. 1945, D. 404

SERBISCHES MILITÄRARCHIV, BELGRAD (AV)

AV, HEM.OK.BOJCKA, 72-A/1-a/32

ARCHIV JUGOSLAVIJE, BELGRAD (AJ)

AJ, Collection 110 Arhiv Komizija (DK), Box F723/J755
AJ, SKJ, Albanija, IX 1/I-1-126, Komizija za međunarodne odnose i veze
AJ, SKJ, IX 1/III-87

ARCHIVIO CENTRALE, ROM

ACS ISP. Gen. PS Luogotenenza, Busta 3; Mirakaj, Kol Bib

ARCHIVIO STORICO DILOMATICO, ROM

ASD, Gabinetto Albania (GA), Busta 105
ASD, RSI, Aff. Pol., Busta, 51
ASD, Gab. Min., SG, 1923–1943, Busta 1492

INTERVIEWS außerhalb genannter Archiv-Websites

JOHANNA NEUMANN: 2014 Interview, Radioshow: https://collections.ushmm.org/search/catalog/irn90900
KOHEN, ANNA: Flower of Vlora:
https://www.youtube.com/watch?v=6_jdhI9BXdA
NAVONOVIĆ, NISIM: https://kosovoholocaust.org/page59/page59.html
RUBEN, ALBERT: https://kosovoholocaust.org/page56/page56.html
TEITELBAUM, RAUL: https://kosovoholocaust.org
TEITELBAUM, RAUL: https://verlorenertransport.de/raul-teitelbaum.html

ZUSÄTZLICHE WEBSITES:

BUFALINI, ENRICO (Hg.): 'Luce' Database Archive, Cinecittà Luce SpA, http://www.archivioluce.com/
CONSONNI, PIER VITTORIO: (private archive), www.campifascisti.it
ELSIE, ROBERT: Texts and Documents of Albanian Hostory, www.albanianhistory.net
HOLOCAUST ENCYCLOPEDIA USHMM:
https://encyclopedia.ushmm.org/content/en/photo/yugoslav-jews-in-hiding
IL PORTALE ITALIANO DELLA SHOAH: www.lager.it
KOSOVO HOLOCAUST 1941–1944: https://kosovoholocaust.org
YAEL WEINSTOCK MASHBAUM:
https://www.yadvashem.org/articles/general/jews-in-albania.html

Literatur

AGA ROSSI, ELENA; GIUSTI, MARIA TERESA: *Una guerra a parte: I militari italiani nei Balcani, 1940–1945,* Bologna 2011.

AGA ROSSI, ELENA: *A Nation Collapses: The Italian Surrender of September 1943,* Cambridge 2000.

ALBANIAN INSTITUTE FOR PUBLIC AFFAIRS (HG.): *Kavaja. A Story to Be Unfold,* Tirana 2014.

ALCALAY, ALBERT: *The Persistence of Hope: A True Story,* New York 2007.

ALEKSOV, BOJAN: *Jewish Refugees in the Balkans, 1933–1945,* Paderborn 2023.

AMERY, JULIAN: *Sons of the Eagle: A Study in Guerilla War,* London 1948.

ASANI, SKENDER; RAMAJ, ALBERT: *Rrugetimi, Патешество, Journey,* Skopje 2017.

BAILEY, RODERICK: *The Wildest Province. SOE in the Land of the Eagle,* London 2009.

BALLIU, FAHRI: *Streha e madhe e shpirtit te popullit, in: Zeri i Popullit,* 8. April 1988.

BAMBARA, GINO: *Židov: il salvataggio degli ebrei in Jugoslavia e Dalmazia e l'intervento della II Armata : 1941–1943,* Milano 2017.

BASCIANI, ALBERTO: *L'impero nei Balcani : l'occupazione italiana dell'Albania 1939–1943,* Roma 2022.

BENINI, ZENONE: *Albania fascista,* Firenze 1940.

BERGER, SARA; LEWIN, ERWIN; SCHMID, SANELA; VASSILIKOU, MARIA: *Verfolgung und Ermordung der Juden durch das nationalsozialistische Deutschland 1933–1945, Besetztes Südosteuropa und Italien, Bd. 14,* Berlin/Boston 2017.

BËRXHOLI, ARQILE: *Ethnische und konfessionelle Struktur der Bevölkerung Albaniens,* in: JORDAN, PETER (HG.), *Albanien: Geographie, historische Anthropologie, Geschichte, Kultur, postkommunistische Transformation,* Wien 2003, S. 33–41.

BIRN, RUTH BETTINA: *Die Höheren SS- und Polizeiführer: Himmlers Vertreter im Reich und in den besetzten Gebieten,* Düsseldorf 1986.

Boeckh, Katrin: *Von den Balkankriegen zum Ersten Weltkrieg,* München 1996.

Borgogni, Massimo: *Tra Coninuità e Incertezza. Italia e Albania (1914–1939). La strategia politico-militare dell'Italia in Albania fino all'Operazione „Oltre Mare Tirana"*, Mailand 2007.

Božović, Saša: *Tebi, moja Dolores,* Belgrad 1981.

Brazzo, Laura: *Dall'Impero agli Stati. Gli ebrei nei Balcani e in Albania fra la seconda metà dell'Ottocento e la vigilia della seconda guerra mondiale,* in: Brazzo, Laura, Michele Sarfatti: *Gli Ebrei in Albania sotto il fascism. Una storia da ricostruire,* Firenze 2010.

Brogini, Giulia: *Italien und der Abessinienkrieg 1935/36 : Kolonialkrieg oder Totaler Krieg?,* Paderborn 2006.

Burgwyn, H. James: *L'impero sull'Adriatico: Mussolini e la conquista della Jugoslavia, 1941–1943,* Gorizia 2006.

Caccamo, Francesco: *L'occupazione italiana della Iugoslavia (1941–1943),* Firenze 2008.

Calic, Marie-Janine: *Geschichte Jugoslawiens im 20. Jahrhundert,* München 2010.

Calic, Marie-Janine: *Balkan-Odyssee 1933–1941. Auf der Flucht vor Hitler durch Südosteuropa,* München 2025

Capogreco, Carlo Spartaco: *I profughi ebrei rastrellati in Montenegro nel luglio 1941 e il loro internamento in Albania e in Italia, in:* Laura Brazzo and Michele Sarfatti, Michele (Hgg.): Gli ebrei in Albania sotto il fascism Una storia da ricostruire, Florenz 2010, S. 153–167.

Capogreco, Carlo Spartaco: *Les Juifs en Albanie sous l'occupation italienne,* in: Revue d'Histoire de la Shoah 1(2016), S. 313–333.

Clayer, Nathalie: *Behind the Veil. The Reform of Islam in Inter-War Albania or the Search for a "Modern" and "European" Islam,* in: Clayer, Nathalie; German, Eric (Hgg.): *Islam in Inter-War Europe,* London 2008, S. 128–155.

Clayer, Nathalie: *Religion, Nationsbildung und Gesellschaft,* in: Schmitt, Oliver Jens, Frantz, Eva Anne (Hgg.): *Albanische Geschichte: Stand und Perspektiven der Forschung,* München 2009, S. 107–117.

CONTI, DAVIDE: *L'occupazione italiana dei Balcani: Crimini di guerra e mito della „brava gente" (1940–1943),* Rom 2008.

DESTANI, BEJTULLAH: *Ethnic Minorities in the Balkan States 1860–1971, Bd. 6,* London 2003.

DESTANI, BEJTULLAH, MUHAREMI, VULLNET: *Jews in Albania, Italian Archives,* Tirana 2023.

DESTANI, BEJTULLAH; MUHAREMI, VULLNET: *Jews in Albania, The United Nations Archives,* London 2024.

EKREM BEY VLORA: *Lebenserinnerungen: 1912–1925, Bd. 2,* München 1973.

ELSIE, ROBERT W.: *A Biographical Dictionary of Albanian history,* London 2013.

ELSIE, ROBERT W.: *Der Kanun. Das albanische Gewohnheitsrecht nach dem sogenannten Kanun des Lekë Dukagjini,* Berlin 2014.

EPSTEIN, T. SCARLETT: *Es gibt einen Weg. Eine Jüdin aus Wien,* Wien 2011.

ERWIN LEWIN: *Zeitgenössische Quellen über die Rettung jüdischer Flüchtlinge in Albanien während des Zweiten Weltkrieges,* in: Förderkreis Archive und Bibliotheken zur Geschichte der Arbeiterbewegung, Mitteilungen 57 (2020), S. 18–25.

FINGER, ZUZANA: *Die albanische Nationsbildung,* in: JORDAN, PETER (Hg.), *Albanien: Geographie, historische Anthropologie, Geschichte, Kultur, postkommunistische Transformation,* Wien 2003, S. 135–149.

FINGER, ZUZANA: *Albanien,* in: BENZ, WOLFGANG (HG.), *Handbuch des Antisemitismus Online,* Berlin/Boston 2008 https://www.degruyter.com/database/HDAO/entry/hdao.1.003/html.

FISCHER, BERND J.: *The Second World War in Albania: History and Historical Agendas,* in: SCHMITT, OLIVER JENS, FRANTZ, EVA ANNE (HGG.), *Albanische Geschichte: Stand und Perspektiven der Forschung,* München 2009, S. 119–130.

FISCHER, BERND J.: *Albania at War, 1939–1945,* West Lafayette 1999.

FISCHER, BERND J.: *The Jews of Albania During the Zogist Period and the Second World War,* in: PETTIFER, JAMES, NAZARKO, MENTOR (HGG.): *Strengthening Religious Tolerance for a Secure Civil Society in Albania and the Southern Balkans,* Regensburg 2007.

Fonzi, Paolo: *Oltre i confini. Le occupazioni italiane durante la seconda guerra mondiale (1939–1945),* Mailand 2020.

Freidenreich, Harriet Pass: *The Jews of Yugoslavia: A Quest for Community,* Philadelphia 1979.

Gershman, Norman H.: *Besa: Muslims Who Saved Jews in World War II. 2nd print,* Syracuse 2012.

Gilbert, Martin: *The Righteous: The Unsung Heroes of the Holocaust,* London 2002.

Goddi, Federico: *Fronte Montenegro. Occupazione italiana e giustizia militare (1941–1943),* Gorizia 2016.

Goddi, Federico: *Die italienische Besatzungsherrschaft in Montenegro 1941 bis 1943,* in: Vierteljahreshefte für Zeitgeschichte 72 (2024), S. 31–57.

Goldstaub, Adriana: *'L'antisemitismo in Italia', in Leon Poliakov, Storia dell'antisemitismo 1945–1993,* Florenz 1996.

Goldstein, Ivo: *The Jews in Yugoslavia 1918–1941: Antisemitism and the Struggle for Equality,* in: Jewish Studies at the Central European University, Bd. 2, 1999–2001, S. 51–64.

Goldstein, Ivo: *Židovi u Zagrebu 1918–1941,* Zagreb 2004.

Goldstein, Ivo; Goldstein Slavko: *The Holocaust in Croatia,* Pittsburgh 2016.

Goldstein, Slavko: *The Jews of Yugoslavia,* Zagreb 1989.

Goldstein, Slavko: *1941. The Year That Keeps Returning,* New York 2013.

Grimm, Gerhard: *Albanien,* in: Benz, Wolfgang (Hg.): *Dimension des Völkermords. Die Zahl der jüdischen Opfer des Nationalsozialismus,* München 1991, S. 229–239.

Grünbaum, Irene: *Escape through the Balkans: The Autobiography of Irene Grunbaum,* Lincoln/London 1996.

Gurakuqi, Romeo: *Shqipëria dhe Tokat e Lirueme, 1939–1946,* Tirana 2018.

Hamzai, Dhurata: *Kreshnik Hashorva: 9 hebrenjtë që ranë për lirinë e Shqipërisë,* Shqiptarja.com Magazin, 28.1.2014, in: https://shqiptarja.com/lajm/kreshnik-hashorva-9-hebrenjte-br-qe-rane-per-lirine-e-shqiperise.

Bajraktari, Haxhi: *Marrëdhëniet shqiptaro-hebraike,* Prishtina 2009.

Hysi, Ylber: *A Different View of Saranda. Its History, Archeology and Religious Cults,* Tirana 2007.

Jacomoni, Di San Savino, Francesco: *La Politica dell'Italia in Albania,* Bologna 1965.

Jakoel, Josef: *Izraelitët në Shipëri,* Tirana 2020.

Jewish Historical Museum (Hg.), *We survived... Yugoslav Jews on The Holocaust,* Belgrad 2004/06.

Jezernik, Božidar: *Das Wilde Europa : Der Balkan in den Augen westlicher Reisender,* Wien 2015.

Kanzler, Christina: *Flucht nach Albanien,* in: Schindler, Christine (Hg., im Auftrag des DÖW), *Verfolgung und Ahndung,* Wien 2021, S. 193–210.

Karakaš Obradov, Marica: *Prisilne migracije židovskog stanovništva na području Nezavisne Države Hrvatske,* Croatica Christiana periodica, 37 (2013), S. 153–178.

Kasmi, Marenglen: *Deutsche Besatzung in Albanien 1943 bis 1944,* Potsdam 2013.

Kasmi, Marenglen: *Marrëdhëniet shqiptaro-gjermane në shekullin XX (1900–1945), 2. Aufl.,* Tirana 2023.

Kohen, Anna: *Flower of Vlora: Growing up Jewish in Communist Albania,* Amsterdam 2022.

Kohen, Anna: *Lulja e Vloras, Kujitimet e një hebreje të rritur në Shqipërinë komunistë,* Tirana 2022.

Kola, Paulin: *The Myth of Greater Albania,* New York 2003.

Kollegger, Willibald: *Albaniens Wiedergeburt,* Wien 1942.

Korb, Alexander: *Im Schatten des Weltkrieges. Massengewalt der Ustaše gegen Serben, Juden und Roma in Kroatien 1941–1945,* Hamburg 2013.

Kotani, Apostol: *Disa te dhena mbi qendrimin dhe trajtimin e izraeliteve ne Shqiperi,* in: Studime Historike 4 (1990), S. 45–61.

Kotani, Apostol: *Albania and the Jews,* Tirana 1995.

Kotani, Apostol: *The Hebrews in Albania During Centuries,* Tirana 1996.

Kotani, Apostol: *Albanians and Jews during the Centuries,* Tirana 2007.

Kotani, Apostol: *A History of Jews in Albania,* Morrisville 2012.

Kühmel, Bernhard: *Deutschland und Albanien 1943–1944: die Auswirkungen der Besetzung auf die innenpolitische Entwicklung des Landes (Dissertation),* Bochum 1981.

Lamaj, Idriz, *Xhafer Deva,* Prishtina 2022.

Lampe, John R.: *Balkans into Southeastern Europe: a century of war and transition,* Basingstoke 2006.

Lanz, Hubert: *Partisanenkämpfe im Gebirge auf Grund der Erfahrungen in Griechenland und in Südalbanien 1943/44,* Freiburg i. Br. 1951.

Lita, Qerim (Hg.): *Tokat e Liruara (1941–1944), Vëllimi I, përzgjedhjen, përkthimin, redaktimin dhe hyrjen: Qerim Lita,* Skopje 2016.

Lolja, Saimir: *The Rescue of Jews in Kosova,* in: https://www.zemrashqiptare.net/news/22599/saimir-lolja-the-rescue-of-jews-in-kosova.html.

Longerich, Peter; Pohl, Dieter (Hgg.): *Die Ermordung der europäischen Juden: Eine umfassende Dokumentation des Holocaust 1941–1945,* München u.a. 1989.

Luku, Esilda: *Why Did Albanians and their Collaborationist Governments Rescue Jews during the Holocaust?,* in: Hiperborea. Journal of History 2 (2019), S. 33–49.

Malcolm, Noel: *Kosovo: A Short History,* London 1998.

Mandil, Gavra: *'Temunot Be-Shahor-Lavan',* Hertsliyah 2002.

Manoschek, Walter: *„Serbien ist judenfrei": militärische Besatzungspolitik und Judenvernichtung in Serbien 1941/42,* München 1993.

Mantelli, Brunello: *Die Italiener auf dem Balkan 1941–1943, in: Klinkhammer, Lutz, Dipper, Christof (Hgg.), Europäische Sozialgeschichte: Festschrift für Wolfgang Schieder,* Berlin 2000, S. 57–74.

Mantelli, brunello: *I fascismi europei 1919–1945: Materiali e proposte di lavoro interdisciplinari,* Torino 2004.

Marcus, Simon: *Albania,* in: Skolnik, Fred; Berenbaum, Michael (Hgg.) *Encyclopaedia Judaica, Bd. 1,* Granite Hill 2007.

Matkovski, Aleksandar: *A History of the Jews in Macedonia,* Skopje 1982.

Meershoek, Guus; Solchany, Jean; Meyer Ahlrich; Schreiber, Gerhard; Rondholz, Eberhard (Hgg.), *Repression und Kriegsverbrechen; Die Bekämpfung von Widerstands- und Partisanenbewegungen gegen die deutsche Besatzung in West- und Südeuropa,* Berlin 1997.

Nadège Ragaru: *Et les Juifs bulgares furent sauvés... »: Une histoire des savoirs sur la Shoah en Bulgarie,* Paris 2020.

Neumann, Johanna: *Umweg über Albanien. Ein persönlicher Bericht,* Bochum 2003.

Neuwirth, Hubert: *Widerstand und Kollaboration in Albanien 1939–1944,* Wiesbaden 2008.

Nidam-Orvieto, Iael; Steinfeldt, Irena: *The Rescue of Jews in Albania Through the Perspective of the Yad Vashem Files of the Righteous Among the Nations.,* in: http://www.yadvashem.org/yv/en/righteous/resources.asp.

Nika, Nevila & Liliana Vorpsi: *Guidebook: a reference to records about Jews in Albania before, during, and after the Second World War,* Tirana 2006.

Olhausen, Klaus: *Zwischenspiel auf dem Balkan, Die deutsche Balkanpolitik gegenüber Jugoslawien und Griechenland von März bis Juli 1941,* München 1973.

Pavle Dželetović Ivanov: *Jevreji Kosova i Metohije,* Belgrad 1988

Pearson, Owen: *Albania in Occupation and War: From Fascism to Communism, 1940–1945,* London 2005.

Pisarri, Milovan: *La Shoah in Serbia a Macedonia (1941–1943),* in: Brazzo, Laura; Sarfatti, Michele (Hgg.): *Gli ebrei in Albania sotto il fascism Una storia da ricostruire,* Florenz 2010, S. 169–198.

Rama, Fatmira: *Dukuri arsimore gjatë Luftës Së Dytë Botërore në Shqipëri,* Tirana 2005.

Ramaj, Albert: *Shpëtimi i hebrenjve në Shqipëri dhe në Kosove,* in: Universitas, Revistë për Shoqëri, Shkencë dhe Kulture, 8 (2006), S. 41–62.

Ramaj, Albert: *Rettung von Juden in Albanien,* in: Ökumenisches Forum für Religion und Gesellschaft in Ost und West, G2W, 2 (2007), S. 17–19.

Ramaj, Albert: *Bedrängte Juden im Kosovo,* in: Ökumenisches Forum für Religion und Gesellschaft in Ost und West, G2W, 2 (2007), S. 20–21.

Ramaj, Albert: *Ein jüdisches Mädel aus Wien in Albanien – T. Scarlett Epstein (1922–2014),* in: David, 4 (2020), in: https://davidkultur.at/artikel/ein-juedisches-mae-delaus-wien-in-albanien-t-scarlett-epstein-1922-2014.

Rochat, Giorgio: *Le guerre italiane 1935–1943: Dall'impero d'Etiopia alla disfatta,* Turin 2005.

Rodogno, Davide: *Il nuovo ordine mediterraneo: le politiche di occupazione dell'Italia fascista in Europa (1940–1943),* Torino 2003.

Said, Edward: *Orientalism,* New York 2003.

Sarfatti, Michele: *"Grazie, Albania",* in: *Bota Shqiptare. Gazeta e shqiptarëve në Itali 127 (2005),* 27. Januar 2005, in: http://www.giovanniarmillotta.it/ospiti/sarfatti.html.

Sarfatti, Michele: *La condizione degli ebrei in Albania fra il 1938 e il 1943,* in: Brazzo, Laura, Sarfatti, Michele: *Gli ebrei in Albania sotto il fascismo: una storia da ricostruire,* Firenze 2010, S. 125–151.

Sarfatti, Michele: *Tra uccisione e protezione. I rifugiati ebrei in Kosovo nel marzo 1942 e le autorità tedesche, italiane e albanesi,* in *"La rassegna mensile di Israel",* 3 (2010), S. 223–242.

Sarfatti, Michele: *I confini di una persecuzione,* Roma 2023.

Sarner, Harvey: *Rescue in Albania : One Hundred Percent of Jews in Albania Rescued from Holocaust,* Cathedral City 1997.

Schmider, Klaus: *Der jugoslawische Kriegsschauplatz (Januar 1943 bis Mai 1945),* in: Frieser, Karl-Heinz (Hg.), *Die Ostfront 1943/44: Der Krieg im Osten und an den Nebenfronten,* München 2007, S. 1009–1088.

Schmider, Klaus: *Partisanenkrieg in Jugoslawien 1941–1944,* Hamburg 2002.

Schmidt-Neke, Michael: *Albanien – ein sicherer Zufluchtsort?,* in: Benz, Wolfgang; Wetzel, Juliane (Hgg.), *Solidarität und Hilfe für Juden während der NS-Zeit, Regionalstudien Bd. 3,* Berlin 1999, S. 247–270.

Schmitt, Oliver Jens; Frantz, Eva Anne (Hgg.): *Albanische Geschichte: Stand und Perspektiven der Forschung,* München 2009.

Schmitt, Oliver Jens: *Kosovo: Kurze Geschichte einer zentralbalkanischen Landschaft,* Wien 2008.

Schukalla, Karl-Josef: *Nationale Minderheiten in Albanien,* in: Grothusen, Klaus-Detlev (Hg.), *Albanien,* in: Südosteuropa-Handbuch, Bd. VII, Göttingen 1993, S. 514–516.

Schwander-Sievers, Stephanie; Fischer, Bernd J. (Hgg.): *Albanian Identities: Myth and History,* Bloomington 2002.

SECKENDORF, MARTIN; KEBER, GÜNTER; KOMOROWSKI, JUTTA; MUDER, HORST; STÖCKING, HERBERT (HGG.): *Die Okkupationspolitik des deutschen Faschismus in Jugoslawien, Griechenland, Albanien, Italien und Ungarn (1941–1945),* Berlin 1992.

SERRA, ALESSANDRO: *Albania, 8 Settembre 1943/9 Marzo 1944,* Mailand 1974.

SPECTOR, SHMUEL; WIGODER, GEOFFREY (Hgg.): *The Encyclopedia of Jewish Life Before and During the Holocaust: A-J 1,* New York 2008.

SINANI, SHABAN: *Hebrenjtë në Shqipëri: prania dhe shpëtimi,* Tirana 2009.

SINANI, SHABAN: *Albanians and Jews: Protection and Salvation,* Tirana 2014.

SPITALER, GEORG; VIDIKAL, ELKE; SCHWARZ, WERNER MICHAEL (Hgg.): *Das Rote Wien 1919–1934: Ideen, Debatten, Praxis,* Basel 2019.

STAMM, CHRISTOPH: *Zur deutschen Besetzung Albaniens 1943–1944,* in: Militärgeschichtliche Mitteilungen 2(1981), S. 99–120.

SUNDHAUSSEN, HOLM: *Südosteuropa in der nationalsozialistischen Kriegswirtschaft,* in: Südostforschungen 32 (1973), S. 233–266.

SUNDHAUSSEN, HOLM: *Kosovo: ‚Himmlisches Reich' und irdischer Kriegsschauplatz, Kontroversen über Recht, Unrecht und Gerechtigkeit,* in: Südosteuropa, 5/6 (1999), S. 237–257.

SUNDHAUSSEN, HOLM: *Geschichte Serbiens, 19.–21. Jahrhundert,* Wien 2007.

TODOROVA, MARIJA NIKOLAEVA: *Imagining the Balkans,* Oxford 2009.

TOMASEVICH, JOZO: *War and Revolution in Yugoslavia, 1941–1945: The Chetniks,* Stanford 1975.

TOMASEVICH, JOZO: *War and Revolution in Yugoslavia, 1941–1945: Occupation and Collaboration,* Stanford 2001.

TÖNNES, BERNHARD: *Sonderfall Albanien: Enver Hoxhas „eigener Weg" und die historischen Ursprünge seiner Ideologie,* München 1980.

TRANI, SILVIA: *L'unione fra l'Albania e l'Italia: Censimento delle fonti (1939–1945) conservate negli archivi pubblici e privati di Roma,* Rom 2007.

VICKERS, MIRANDA: *Between Serb and Albanian: A History of Kosovo,* London 1998.

VICKERS, MIRANDA: *The Albanians: A Modern History,* 2. Aufl., London 2014.

Villari, Giovanni: *Presenza ebraica in Albania,* in: Italia Contemporanea, giugno–settembre (2005), S. 333–342.

Villari, Giovanni: *Il Sistema di occupazione fascista in Albania,* in: Brazzo, Laura; Sarfatti, Michele (Hgg.): *Gli ebrei in Albania sotto il fascism Una storia da ricostruire,* Florenz 2010, S. 93–124.

Villari, Giovanni: *The Status of Albanians Under Italian Occupation (1939–1943),* in: Berhe, Simona; De Napoli, Olindo (Hgg.): *Citizens and Subjects of the Italian Colonies: Legal Constructions and Social Practices, 1882–1943,* London 2021, S. 131–153.

Vogel, Rudolf: *Erinnerungen, Bd. 1, Unter Skipetaren – Albanische Erinnerungen 1943/44,* unveröffentlicht 1989.

Vrusho, Simon: *Jews of Berat (Hebrenjtë e Beratit),* Tirana 2010.

Vulesica, Marija: *From Zagreb to Palestine. Yugoslav Zionist Aid Networks for European Jews, 1933–1941,* Berlin 2025

Weinstein, Jay: *Rescue in Albania: One Hundred Percent of Jews in Albania Rescued From Holocaust,* in: Michigan sociological review (1998), S. 141–146.

Zaugg, Franziska et al.: *Transnational Guerrillas in the 'shatter zones' of the Balkans and Eastern Front,* in: Gildea, Robert; Tames, Ismee (Hgg.): *Fighters across Frontiers. Transnational Resistance in Europe, 1936–1948,* Manchester 2020, S. 155–179.

Zaugg, Franziska: *Albanische Muslime in der Waffen-SS, Von „Großalbanien" zur Division „Skanderbeg",* Paderborn 2016.

Zaugg, Franziska: *Die „lange Dauer". Gewalt und Erinnerung in Kosovo im 20. und 21. Jahrhundert mit Beispielen aus Mitrovica,* in: Thyroff, Julia; Ziegler, Béatrice (Hgg.): *Die Jugoslawienkriege in Geschichtskultur und Geschichtsvermittlung,* Zürich 2020, S. 155–168.

Zaugg, Franziska: *Rekrutierungen für die Waffen-SS in Südosteuropa. Ideen, Ideale und Realitäten einer Vielvölkerarmee,* Berlin 2021.

Zaugg, Franziska: *"Un centro d'intrighi": The Tainted Collaboration of the Axis Powers in the Borderlands of "Greater Albania",* in: Zaugg, Franziska; Mildaniović, Jovo (Hgg.): *War, Peace and Politics in Contested Territories,* special volume in Journal of Balkan and Black Sea Studies 2 (2021), S. 51–73.

Zaugg, Franziska: *Xhafer Deva: Nationalism, Collaboration and Mass Murder in Pursuit of a 'Greater Albanian' State,* in: Journal of Modern European History, 2 (2024), S. 151–168.

Abbildungen

Arhiv Jugoslavije, Belgrad: S. 73
Archivio Storico Diplomatico, Rom: S. 71
Benini, Zenone, Albania Fascista (Florenz 1940): S. 39
Bundesarchiv-Militärarchiv, Freiburg i.Br.: S. 80
Gershman, Norman, Fotoarchiv: S. 146
Grünbaum, Irene, Escape (London 1996): S. 259
Lolja, Saimir, The Rescue of Jews in Kosova: S. 133
LUCE Bildarchiv, Rom: S. 61, 62
Politisches Archiv des Auswärtigen Amtes, Berlin: S. 33
Sinani, Shaban, Albanians and Jews (Tirana 2014): S. 137, S. 278
United States Holocaust Memorial Museum, Washington D.C.: https://collections.ushmm.org/search/catalog/pa1178092 (Stand: 24.12.2024): S. 59
Nachlass Altarac, Jaša: S. 45, 55, 65, 66, 67, 145, 246, 291, 292, 293, 294, 296, 297, 298, 299, 301, 303
Nachlass Babamusta Familie: S. 286, 289
Nachlass Grünwald, Trude (Scarlett Epstein): S. 150, 156
Nachlass Mandil, Gavra: S. 56, 112, 122, 173, 174, 180, 183, 186, 189, 190, 191, 192, 193, 194, 195, 196, 304, 328, 333, 334
Nachlass Neumann, Johanna: S. 112, 210, 214, 222, 234, 235, 236, 331
Nachlass Teitelbaum, Raul: S. 63, 318, 320, 321, 322, 325
Yad Vashem, Jerusalem: S. 173, 247, 311, 312, 315, 314, 315, 316

Personenregister

Impressum

Herausgeber
Gedenkstätte Stille Helden
in der Stiftung Gedenkstätte Deutscher Widerstand
Stauffenbergstr. 13–14
10785 Berlin

Text
Dr. Franziska Zaugg

Redaktion
Dr. Diana Schulle

Gestaltung
Braun Engels Gestaltung, Ulm
Mitarbeit: Michaela Gleinser, Lucie Schäufele

Zitat Titel
„Albanien, wir überlebten die Besatzung
dank deiner Menschlichkeit."
Irene Grünbaum, Escape, S. 139.

Lukas Verlag GmbH
Kollwitzstraße 57
10405 Berlin
lukas.verlag@t-online.de
www.lukasverlag.com

1. Auflage 2026

Printed in Germany
ISBN 978-3-86732-504-2

Gefördert durch:

Gedenkstätte Deutscher Widerstand

Stille Helden
Widerstand gegen die Judenverfolgung in Europa 1933 bis 1945

Der Beauftragte der Bundesregierung für Kultur und Medien